# 江苏电网生产技改项目典型造价参考手册

国网江苏省电力有限公司经济技术研究院　组编

中国建筑工业出版社

图书在版编目（CIP）数据

江苏电网生产技改项目典型造价参考手册/国网江苏省电力有限公司经济技术研究院组编. —北京：中国建筑工业出版社，2022.8

ISBN 978-7-112-27702-5

Ⅰ.①江… Ⅱ.①国… Ⅲ.①电网—技改工程—工程造价—江苏—手册 Ⅳ.①F426.61-62

中国版本图书馆CIP数据核字（2022）第141526号

责任编辑：朱晓瑜
责任校对：党　蕾

## 江苏电网生产技改项目典型造价参考手册
国网江苏省电力有限公司经济技术研究院　组编

\*

中国建筑工业出版社出版、发行（北京海淀三里河路9号）
各地新华书店、建筑书店经销
北京建筑工业印刷厂制版
北京建筑工业印刷厂印刷

\*

开本：787毫米×1092毫米　1/16　印张：24¼　字数：461千字
2022年9月第一版　2022年9月第一次印刷
定价：89.00元
ISBN 978-7-112-27702-5
（39741）

**版权所有　翻印必究**
如有印装质量问题，可寄本社图书出版中心退换
（邮政编码100037）

# 本书编审委员会

**主　编**　王　旭　胡亚山

**副主编**　黄俊辉　陈　泉　吴　强

**参　编**　张　旺　诸德律　肖　莹　吴　雪　王　球
　　　　　孙海森　王静怡　卢　璐　陈　丹　仓　敏
　　　　　李国文　张　扬　陈　霄　何　育　袁　章
　　　　　孙　勇　杨　霄　翟晓萌　张　华　刘汇川
　　　　　徐佳琪　吴　霜　刘　迪　张成林　周　翔
　　　　　乔黎伟　徐　宁　王　波　郭　炜　薛　韬
　　　　　程　曦　陈　红　张建峰　李中烜　管维亚
　　　　　邵梦虞　田　笑　戚　文　史　静　沈继忠
　　　　　谢　亮　韩　伟　高　扬　徐晓明　陆春锋
　　　　　樊长鑫　冯兴明　张可抒　朱鑫鑫　张　恒
　　　　　李舒仪　王国胜　孙　翔　高　波　何　春
　　　　　黄其昱　吴　蓉　徐　昊　朱　妍　余云川
　　　　　高银霞　周豪奇　刘录清　陈珺文　王丽娜
　　　　　黄正洋　朱锐芝

# 前 言

随着国家电网有限公司电网生产技改项目精益化管理要求的不断提升,科学合理控制电网生产技改项目造价水平显得尤为重要。为此,国网江苏省电力有限公司经济技术研究院在国网江苏省电力有限公司设备管理部的大力支持下,依据国家法律法规、行业规程规范、国家电网有限公司规章制度,组织相关专家编写完成《江苏电网生产技改项目典型造价参考手册》。参考手册的编写对于提高电网生产技改项目概预算编制的准确性,实现电网生产技改项目造价管理高质量控制目标具有重要意义。

本手册编写体现了三个特点:一是典型性,通过对大量实际工程的统计、分析,结合江苏电网生产技改工程建设实际特点,选择重点技改类型形成典型方案;二是合理性,统一造价参考手册的编制原则、编制深度和编制依据,综合考虑工程建设实际情况,工程量选取适中,体现近年江苏电网生产技改工程造价的综合平均水平;三是适用性,通过分析实际工作的适应性,提出有一定代表性、能满足当前工程技术要求的方案,依据现行的概预算规定编制造价,使参考手册更合理、更科学。

本手册共分为总论、变电技改、输电技改、系统二次技改四个篇章。其中,总论篇主要阐述了编制及应用背景、参考手册范围、参考造价工作内容、使用说明、编制依据、编码规则等内容;变电技改篇分为十个章节,包括更换变压器、断路器、隔离开关、电抗器、高压开关柜、接地变及消弧线圈成套装置、电流互感器、电压互感器、电容器、避雷器，涉及 61 项不同设备型式；输电技改篇分为九个章节，包括更换杆塔（塔身）工程、杆塔基础、架空导线、普通地线、绝缘子，加装（更换）避雷器，电缆本体改造，更换 OPGW 光缆、ADSS 光缆，涉及 42 项不同设备型式/材料；系统二次技改篇分为六个章节，包括更换主变保护、母线保护、线路保护、断路器保护、变电站综合自动化系统、交直流系统，涉及 15 项不同设备型式。

  本手册既可以为技改项目概预算编制提供参考指导，也可以为技改项目管理和投资控制提供管控工具。在编制过程中，编制组收集了大量参考资料数据，经过了多次校核修正，力求数据完整准确。由于编者水平所限，文中难免存在不足之处，恳请各位同行和读者提出宝贵意见。同时，为适应电网生产技改发展新形势，科学反映电网生产技改项目技术发展、资源要素消耗水平以及市场价格变化情况，本手册也将适时修编更新。

编　者

2022 年 6 月

# 目 录

## 第1篇 总 论

### 第1章 参考手册总说明 ······················································ 2
1.1 参考手册编制说明 ················································· 2
1.2 参考手册编制依据 ················································· 3
1.3 参考手册编码规则 ················································· 4
1.4 参考手册一览表 ···················································· 4

## 第2篇 典型方案典型造价（变电技改）

### 第2章 更换变压器 ······························································ 16
2.1 A1-1 更换 220kV 三相三绕组 180MVA 变压器 ········ 16
2.2 A1-2 更换 220kV 三相双绕组 120MVA 变压器 ········ 20
2.3 A1-3 更换 110kV 三相三绕组 50MVA 变压器 ········· 24
2.4 A1-4 更换 110kV 三相双绕组 50MVA 变压器 ········· 28
2.5 A1-5 更换 110kV 三相三绕组 40MVA 变压器 ········· 32
2.6 A1-6 更换 110kV 三相三绕组 31.5MVA 变压器 ······ 36

### 第3章 更换断路器 ······························································ 40
3.1 A2-1 更换 220kV $SF_6$ 瓷柱式额定短路开断
电流 50kA 断路器ــ························································ 40
3.2 A2-2 更换 220kV $SF_6$ 瓷柱式额定短路开断
电流 40kA 断路器 ···················································· 43

3.3　A2-3 更换 110kV SF$_6$ 瓷柱式额定短路开断
电流 40kA 断路器 …………………………………… 47

3.4　A2-4 更换 35kV SF$_6$ 瓷柱式额定短路开断
电流 31.5kA 断路器 ………………………………… 51

3.5　A2-5 更换 35kV SF$_6$ 瓷柱式额定短路开断
电流 25kA 断路器 …………………………………… 54

## 第 4 章　更换隔离开关 ……………………………………… 59

4.1　A3-1 更换 220kV 户外三柱不接地隔离开关 ………… 59
4.2　A3-2 更换 220kV 户外三柱单接地隔离开关 ………… 62
4.3　A3-3 更换 220kV 户外三柱双接地隔离开关 ………… 65
4.4　A3-4 更换 220kV 户外双柱不接地隔离开关 ………… 69
4.5　A3-5 更换 220kV 户外双柱双接地隔离开关 ………… 72
4.6　A3-6 更换 220kV 户外单柱不接地隔离开关 ………… 76
4.7　A3-7 更换 220kV 户外单柱单接地隔离开关 ………… 79
4.8　A3-8 更换 110kV 户外双柱不接地隔离开关 ………… 83
4.9　A3-9 更换 110kV 户外双柱单接地隔离开关 ………… 86
4.10　A3-10 更换 110kV 户外双柱双接地隔离开关 ……… 90
4.11　A3-11 更换 35kV 户外双柱不接地隔离开关 ………… 93
4.12　A3-12 更换 35kV 户外双柱单接地隔离开关 ………… 96
4.13　A3-13 更换 35kV 户外双柱双接地隔离开关 ……… 100

## 第 5 章　更换电抗器 ……………………………………… 104

5.1　A4-1 更换 35kV 油浸铁芯 60Mvar 电抗器 ………… 104
5.2　A4-2 更换 35kV 油浸铁芯 10Mvar 电抗器 ………… 107
5.3　A4-3 更换 35kV 油浸铁芯 7.2Mvar 电抗器 ………… 111
5.4　A4-4 更换 10kV 油浸铁芯 6Mvar 电抗器 ………… 114
5.5　A4-5 更换 10kV 干式空芯 6Mvar 电抗器 ………… 117

5.6　A4-6 更换 10kV 油浸铁芯 3Mvar 电抗器 ················ 121

## 第 6 章　更换高压开关柜 ························································ 125

6.1　A5-1 更换 35kV $SF_6$ 含断路器开关柜 ················ 125

6.2　A5-2 更换 35kV $SF_6$ 不含断路器开关柜 ············ 128

6.3　A5-3 更换 35kV 真空含断路器开关柜 ·············· 131

6.4　A5-4 更换 35kV 真空不含断路器开关柜 ·········· 135

6.5　A5-5 更换 10kV 真空含断路器开关柜 ·············· 138

6.6　A5-6 更换 10kV 真空不含断路器开关柜 ·········· 142

## 第 7 章　更换接地变及消弧线圈成套装置 ·························· 146

7.1　A6-1 更换 10kV 额定容量 1200kVA 接地变及消弧线圈成套装置 ························································ 146

7.2　A6-2 更换 10kV 额定容量 1000kVA 接地变及消弧线圈成套装置 ························································ 149

7.3　A6-3 更换 10kV 额定容量 630kVA 接地变及消弧线圈成套装置 ························································ 153

## 第 8 章　更换电流互感器 ························································ 158

8.1　A7-1 更换 500kV 油浸式电流互感器 ················ 158

8.2　A7-2 更换 220kV 油浸式电流互感器 ················ 161

8.3　A7-3 更换 110kV 油浸式电流互感器 ················ 164

8.4　A7-4 更换 35kV 油浸式电流互感器 ·················· 168

8.5　A7-5 更换 35kV 干式电流互感器 ······················ 171

## 第 9 章　更换电压互感器 ························································ 176

9.1　A8-1 更换 500kV 电容式电压互感器 ················ 176

9.2　A8-2 更换 220kV 电容式电压互感器 ················ 179

9.3　A8-3 更换 110kV 电容式电压互感器 ················ 182

9.4　A8-4　更换35kV电容式电压互感器……186

## 第10章　更换电容器……190

10.1　A9-1　更换35kV框架式60Mvar电容器……190

10.2　A9-2　更换35kV框架式10Mvar电容器……193

10.3　A9-3　更换35kV框架式6Mvar电容器……197

10.4　A9-4　更换10kV框架式6Mvar电容器……200

10.5　A9-5　更换10kV框架式4.8Mvar电容器……203

10.6　A9-6　更换10kV框架式4Mvar电容器……207

10.7　A9-7　更换10kV框架式3.6Mvar电容器……210

10.8　A9-8　更换10kV框架式3Mvar电容器……214

10.9　A9-9　更换10kV框架式2Mvar电容器……217

10.10　A9-10　更换10kV框架式1Mvar电容器……221

## 第11章　更换避雷器……225

11.1　A10-1　更换220kV瓷避雷器……225

11.2　A10-2　更换110kV瓷避雷器……228

11.3　A10-3　更换35kV瓷避雷器……231

# 第3篇　典型方案典型造价（输电技改）

## 第12章　更换杆塔（塔身）工程……236

12.1　B1-1　35kV钢管杆……236

12.2　B1-2　35kV角钢塔……238

12.3　B1-3　110kV钢管杆……240

12.4　B1-4　110kV角钢塔……243

12.5　B1-5　220kV角钢塔……245

12.6　B1-6　500kV角钢塔……247

## 第13章　更换杆塔基础 ··············································251

### 13.1　B2-1　35kV 台阶式 ····································251
### 13.2　B2-2　35kV 灌注桩 ····································253
### 13.3　B2-3　110kV 灌注桩 ··································255
### 13.4　B2-4　220kV 灌注桩 ··································257
### 13.5　B2-5　500kV 灌注桩 ··································260

## 第14章　更换架空导线 ··············································263

### 14.1　B3-1　35kV 钢芯铝绞线 $1\times120mm^2$ ··············263
### 14.2　B3-2　35kV 钢芯铝绞线 $1\times150mm^2$ ··············265
### 14.3　B3-3　35kV 钢芯铝绞线 $1\times185mm^2$ ··············267
### 14.4　B3-4　35kV 钢芯铝绞线 $1\times240mm^2$ ··············269
### 14.5　B3-5　110kV 钢芯铝绞线 $1\times240mm^2$ ············271
### 14.6　B3-6　110kV 钢芯铝绞线 $1\times300mm^2$ ············273
### 14.7　B3-7　110kV 钢芯铝绞线 $1\times400mm^2$ ············275
### 14.8　B3-8　110kV 钢芯铝绞线 $2\times300mm^2$ ············277

## 第15章　更换普通地线 ··············································280

### 15.1　B4-1　35kV 钢绞线 $35mm^2$ ··························280
### 15.2　B4-2　35kV 钢绞线 $50mm^2$ ··························282
### 15.3　B4-3　110kV 钢绞线 $50mm^2$ ························284
### 15.4　B4-4　220kV 钢绞线 $50mm^2$ ························286

## 第16章　更换绝缘子 ··················································289

### 16.1　B5-1　35kV 合成绝缘子 ······························289
### 16.2　B5-2　35kV 瓷绝缘子 ·································291
### 16.3　B5-3　110kV 合成绝缘子 ····························293
### 16.4　B5-4　110kV 瓷绝缘子 ·······························295
### 16.5　B5-5　220kV 合成绝缘子 ····························297

16.6　B5-6　220kV 瓷绝缘子 ································· 299

16.7　B5-7　500kV 合成绝缘子 ····························· 301

16.8　B5-8　500kV 瓷绝缘子 ································· 303

## 第 17 章　加装（更换）避雷器 ································· 306

17.1　B6-1　35kV 加装（更换）避雷器 ··················· 306

17.2　B6-2　110kV 加装（更换）避雷器 ················· 308

## 第 18 章　电缆本体改造 ············································· 311

18.1　B7-1　35kV 电缆本体改造 300mm² ··············· 311

18.2　B7-2　35kV 电缆本体改造 400mm² ··············· 313

## 第 19 章　更换 OPGW 光缆 ······································· 316

19.1　B8-1　35kV 更换 OPGW 光缆 24 芯 ············· 316

19.2　B8-2　110kV 更换 OPGW 光缆 24 芯 ··········· 318

19.3　B8-3　220kV 更换 OPGW 光缆 36 芯 ··········· 320

## 第 20 章　更换 ADSS 光缆 ········································· 323

20.1　B9-1　35kV 更换 ADSS 光缆 24 芯 ··············· 323

20.2　B9-2　110kV 更换 ADSS 光缆 24 芯 ············· 325

20.3　B9-3　220kV 更换 ADSS 光缆 24 芯 ············· 327

20.4　B9-4　220kV 更换 ADSS 光缆 36 芯 ············· 329

# 第 4 篇　典型方案典型造价（系统二次技改）

## 第 21 章　更换主变保护 ············································· 334

21.1　C1-1　更换 35kV 主变保护 ···························· 334

21.2　C1-2　更换 110kV 主变保护 ·························· 336

21.3　C1-3　更换 220kV 主变保护 ·························· 339

## 第22章 更换母线保护 ········ 342

22.1 C2-1 更换 110kV 母线保护 ········ 342

22.2 C2-2 更换 220kV 母线保护 ········ 344

## 第23章 更换线路保护 ········ 348

23.1 C3-1 更换 110kV 线路保护 ········ 348

23.2 C3-2 更换 220kV 线路保护 ········ 350

## 第24章 更换断路器保护 ········ 354

24.1 C4-1 更换 110kV 断路器保护 ········ 354

24.2 C4-2 更换 220kV 断路器保护 ········ 356

## 第25章 更换变电站综合自动化系统 ········ 360

25.1 C5-1 更换 35kV 变电站综合自动化系统 ········ 360

25.2 C5-2 更换 110kV 变电站综合自动化系统 ········ 363

25.3 C5-3 更换 220kV 变电站综合自动化系统 ········ 365

## 第26章 更换交直流系统 ········ 369

26.1 C6-1 更换 35kV 交直流系统 ········ 369

26.2 C6-2 更换 110kV 交直流系统 ········ 371

26.3 C6-3 更换 220kV 交直流系统 ········ 373

# 第1篇

# 总　论

# 第1章 参考手册总说明

## 1.1 参考手册编制说明

（1）编制及应用背景

为进一步提升电网生产技改项目精益化管理水平，提高电网生产技改项目概预算编制的准确性，国网江苏省电力有限公司经济技术研究院（简称"国网江苏经研院"）在国网江苏电力设备部的大力支持下，组织开展江苏电网生产技改工程造价参考手册编制工作。

根据实际设备改造需求，统一工程取费标准，补充典型工程造价，编制变电、输电、系统二次专业共25类、118项（其中变电61项、输电42项、系统二次15项）不同规格参数设备型式／材料的典型工程造价，形成本手册。

编制过程体现了三个特点：一是典型性，通过对大量实际工程的统计、分析，结合江苏电网生产技改工程建设实际特点，选择重点技改类型形成典型方案。二是合理性，统一造价参考手册的编制原则、编制深度和编制依据，综合考虑工程建设实际情况，工程量选取适中，体现近年江苏电网生产技改工程造价的综合平均水平。三是适用性，通过分析实际工作的适应性，提出有一定代表性、能满足当前工程技术要求的方案，依据现行的概预算规定编制造价，使参考手册更合理、更科学。

（2）参考手册范围

参考手册样本类型来源：近年完成工程竣工决算的江苏电网生产技改及受托运维总部、分部资产的生产技改计划项目。专业类型分为变电、输电、系统二次3个部分，专业范围主要覆盖变电、输电、继电保护、通信、综合自动化等生产技改设备专业，电压等级覆盖35～500kV电压等级，开关柜、接地变及消弧线圈成套装置等含10kV电压等级。对于样本积累少、个体差异较大的工程类型，暂不纳入参考手册范围。

（3）参考造价工作内容

参考手册以一般设计文件为依据，按照预规及定额估价表的计价规则为依据，参考《江苏公司10～500kV生产技改工程调试定额应用指导意见（试行）》规则计列调试费用，得出更换该类型生产技改工程的总投资。

（4）参考手册使用说明

本参考手册在应用中应注意以下三点：① 参考手册中各项费用为更换单台

设备的费用，即单位造价，实际使用中如遇同一工程中更换多台或多种类型设备时，需将单位造价组合使用，并应考虑部分费用计列是否重复或调试定额系数是否相应改变。② 与实际工作协调，从工程实际出发，充分考虑影响工程造价的各类因素，应处理好与工程实际的关系，充分考虑两者的异同，相互补充，合理利用（设备价可用最新一期信息价或招标价格替代）。③ 因地制宜，加强对影响工程造价各类费用的控制。参考手册按照《电网技术改造工程预算编制与计算规定（2020年版）》计算每个方案的各分项费用，易于与概预算编制对应，对于建设场地征用及清理费等差异较大、计价依据未明确的费用，应进行合理的比较、分析与控制。

## 1.2 参考手册编制依据

①《国网设备部关于印发公司电网生产技术改造和设备大修原则的通知》（设备计划〔2020〕72号）。

②《国家电网有限公司电网生产技术改造工作管理规定》（国网（运检2）157-2020）。

③ 项目划分及取费执行国家能源局发布的《电网技术改造工程预算编制与计算规定（2020年版）》。

④ 定额执行《电网技术改造工程概算定额（2020年版）》《电网技术改造工程预算定额（2020年版）》《电网拆除工程预算定额（2020年版）》等。

⑤ 编制基准期价差按照《电力工程造价与定额管理总站关于发布2020版电网技术改造及检修工程概预算定额2021年下半年价格水平调整系数的通知》（定额〔2022〕4号）执行。

⑥ 税金按照《电力工程造价与定额管理总站关于调整电力工程计价依据增值税税率的通知》（定额〔2019〕13号）执行。

⑦ 社保费率按照《国网江苏电力建设定额站关于调整电网工程建设预算中社会保险费缴费费率的通知》（苏电定〔2019〕2号）执行。

⑧ 设备运杂费按照设备供货商直接将设备运输到施工现场指定地点，只计取卸车费及保管费，按设备费的0.7%计算。软件不计取设备运杂费。

⑨ 设备价格按2021年第三季度信息价计列，不足部分按已完工同类型工程合同价进行编制；安装主材按国家电网公司电力建设定额站发布的《电力工程装置性材料预算价格（2018年版）》计算；土建材料按照地方信息价进行编制，实际发生时按当地实际价格和预算价格之差进行调整。

## 1.3 参考手册编码规则

典型方案编码包括三个层级：一级（专业分类）＋二级（工程类别）＋三级（技术方案），例 A1-1，表示变电专业变压器更换第一种技术方案。

专业分类编码规则如表 1-1 所示，工程类别编码规则如表 1-2 所示。

专业分类编码规则　　　　　　　　　　　　　　表 1-1

| 专业分类 | 变电 | 输电 | 系统二次 |
|---|---|---|---|
| 代码 | A | B | C |

工程类别编码规则　　　　　　　　　　　　　　表 1-2

| 代码 | 变电 | 输电 | 系统二次 |
|---|---|---|---|
| 1 | 变压器 | 杆塔（塔身） | 主变保护 |
| 2 | 断路器 | 杆塔基础 | 母线保护 |
| 3 | 隔离开关 | 架空导线 | 线路保护 |
| 4 | 并联电抗器 | 普通地线 | 断路器保护 |
| 5 | 高压开关柜 | 绝缘子 | 变电站综合自动化系统 |
| 6 | 接地变及消弧线圈成套装置 | 避雷器 | 交直流系统 |
| 7 | 电流互感器 | 电缆本体 | — |
| 8 | 电压互感器 | OPGW 光缆 | — |
| 9 | 并联电容器 | ADSS 光缆 | — |
| 10 | 避雷器 | — | — |

## 1.4 参考手册一览表

### 1.4.1 更换变压器工程

更换变压器各技术方案工程参考价如表 1-3 所示。

更换变压器各技术方案工程参考价　　　　　　　　表 1-3

| 电压等级 | 设备型式 | 单位造价（万元/台） | 分项费用（万元） | | | | | 方案编码 |
|---|---|---|---|---|---|---|---|---|
| | | | 建筑工程费 | 设备购置费 | 安装工程费 | 拆除工程费 | 其他费用 | |
| 220kV | 三相三绕组，180MVA | 847.37 | 11.69 | 732.11 | 50.25 | 8.12 | 45.2 | A1-1 |
| | 三相双绕组，120MVA | 637.83 | 11.19 | 533.77 | 43.8 | 7.23 | 41.84 | A1-2 |

续表

| 电压等级 | 设备型式 | 单位造价（万元/台） | 分项费用（万元） | | | | | 方案编码 |
|---|---|---|---|---|---|---|---|---|
| | | | 建筑工程费 | 设备购置费 | 安装工程费 | 拆除工程费 | 其他费用 | |
| 110kV | 三相三绕组，50MVA | 341.88 | 9.08 | 269.83 | 31.38 | 4.86 | 26.73 | A1-3 |
| | 三相双绕组，50MVA | 303.01 | 9.08 | 234.23 | 30.7 | 4.3 | 24.7 | A1-4 |
| | 三相三绕组，40MVA | 305.3 | 8.75 | 235.55 | 31.38 | 4.75 | 24.87 | A1-5 |
| | 三相三绕组，31.5MVA | 321.32 | 8.75 | 253.4 | 29.07 | 4.75 | 25.35 | A1-6 |

### 1.4.2 更换断路器工程

更换断路器工程各技术方案参考价如表 1-4 所示。

更换断路器工程各技术方案参考价　　　　表 1-4

| 电压等级 | 设备型式 | 额定短路开断电流（kA） | 单位造价（万元/台） | 分项费用（万元） | | | | | 方案编码 |
|---|---|---|---|---|---|---|---|---|---|
| | | | | 建筑工程费 | 设备购置费 | 安装工程费 | 拆除工程费 | 其他费用 | |
| 220kV | SF$_6$ 瓷柱式 | 50 | 49.51 | 3.17 | 28.41 | 10.82 | 1.77 | 5.34 | A2-1 |
| | | 40 | 40.77 | 3.06 | 20.45 | 10.82 | 1.74 | 4.7 | A2-2 |
| 110kV | SF$_6$ 瓷柱式 | 40 | 30.06 | 2.19 | 14.35 | 8.74 | 1.22 | 3.56 | A2-3 |
| 35kV | SF$_6$ 瓷柱式 | 31.5 | 21.59 | 2.19 | 7.19 | 8.23 | 1.09 | 2.89 | A2-4 |
| | | 25 | 21.5 | 2.19 | 7.11 | 8.23 | 1.09 | 2.88 | A2-5 |

### 1.4.3 更换隔离开关工程

更换隔离开关工程各技术方案参考价如表 1-5 所示。

更换隔离开关工程各技术方案参考价　　　　表 1-5

| 电压等级 | 设备型式 | 单位造价（万元/组） | 分项费用（万元） | | | | | 方案编码 |
|---|---|---|---|---|---|---|---|---|
| | | | 建筑工程费 | 设备购置费 | 安装工程费 | 拆除工程费 | 其他费用 | |
| 220kV | 户外三柱不接地 | 26.33 | 3.66 | 13.71 | 4.89 | 1.06 | 3.01 | A3-1 |
| | 户外三柱单接地 | 29.0 | 3.81 | 15.91 | 4.97 | 1.08 | 3.23 | A3-2 |
| | 户外三柱双接地 | 31.1 | 3.81 | 17.8 | 5.01 | 1.1 | 3.38 | A3-3 |
| | 户外双柱不接地 | 28.33 | 3.66 | 15.48 | 4.96 | 1.07 | 3.16 | A3-4 |

续表

| 电压等级 | 设备型式 | 单位造价（万元/组） | 分项费用（万元） | | | | | 方案编码 |
|---|---|---|---|---|---|---|---|---|
| | | | 建筑工程费 | 设备购置费 | 安装工程费 | 拆除工程费 | 其他费用 | |
| 220kV | 户外双柱双接地 | 31.94 | 3.81 | 18.5 | 5.07 | 1.11 | 3.45 | A3-5 |
| | 户外单柱不接地 | 27.69 | 3.59 | 14.2 | 5.52 | 1.2 | 3.18 | A3-6 |
| | 户外单柱单接地 | 27.66 | 3.64 | 14.08 | 5.57 | 1.19 | 3.18 | A3-7 |
| 110kV | 户外双柱不接地 | 16.32 | 2.29 | 7.49 | 3.88 | 0.66 | 2.00 | A3-8 |
| | 户外双柱单接地 | 17.12 | 2.57 | 7.9 | 3.9 | 0.66 | 2.09 | A3-9 |
| | 户外双柱双接地 | 18.96 | 2.71 | 9.42 | 3.91 | 0.68 | 2.24 | A3-10 |
| 35kV | 户外双柱不接地 | 10.15 | 2.07 | 2.28 | 3.72 | 0.58 | 1.50 | A3-11 |
| | 户外双柱单接地 | 11.74 | 2.21 | 3.56 | 3.74 | 0.59 | 1.64 | A3-12 |
| | 户外双柱双接地 | 12.4 | 2.35 | 3.97 | 3.77 | 0.6 | 1.71 | A3-13 |

### 1.4.4 更换低压并联电抗器工程

更换电抗器工程各技术方案参考价如表 1-6 所示。

更换电抗器工程各技术方案参考价　　　表 1-6

| 电压等级 | 设备型式 | 单位造价（万元/组） | 分项费用（万元） | | | | | 方案编码 |
|---|---|---|---|---|---|---|---|---|
| | | | 建筑工程费 | 设备购置费 | 安装工程费 | 拆除工程费 | 其他费用 | |
| 35kV | 油浸铁芯 60Mvar | 251.53 | 5.79 | 216.89 | 11.21 | 3.87 | 13.77 | A4-1 |
| | 油浸铁芯 10Mvar | 129.24 | 4.69 | 102.92 | 8.34 | 2.68 | 10.61 | A4-2 |
| | 油浸铁芯 7.2Mvar | 95.88 | 4.69 | 71.58 | 8.34 | 2.68 | 8.59 | A4-3 |
| 10kV | 油浸铁芯 6Mvar | 68.63 | 4.04 | 51.75 | 5.11 | 1.59 | 6.14 | A4-4 |
| | 干式空芯 6Mvar | 35.14 | 4.04 | 21.95 | 4.18 | 1.36 | 3.61 | A4-5 |
| | 油浸铁芯 3Mvar | 51.38 | 4.04 | 35.74 | 5.11 | 1.59 | 4.9 | A4-6 |

### 1.4.5 更换高压开关柜工程

更换高压开关柜工程各技术方案参考价如表 1-7 所示。

更换高压开关柜工程各技术方案参考价　　　表 1-7

| 电压等级 | 设备型式 | 单位造价（万元/组） | 分项费用（万元） | | | | | 方案编码 |
|---|---|---|---|---|---|---|---|---|
| | | | 建筑工程费 | 设备购置费 | 安装工程费 | 拆除工程费 | 其他费用 | |
| 35kV | $SF_6$ 含断路器 | 42.72 | 6.23 | 25.1 | 5.01 | 1.86 | 4.52 | A5-1 |
| | $SF_6$ 不含断路器 | 38.75 | 6.23 | 21.77 | 4.72 | 1.83 | 4.2 | A5-2 |

续表

| 电压等级 | 设备型式 | 单位造价（万元/组） | 分项费用（万元） | | | | | 方案编码 |
|---|---|---|---|---|---|---|---|---|
| | | | 建筑工程费 | 设备购置费 | 安装工程费 | 拆除工程费 | 其他费用 | |
| 35kV | 真空含断路器 | 32.53 | 5.79 | 16.27 | 5.0 | 1.74 | 3.73 | A5-3 |
| | 真空不含断路器 | 28.39 | 5.78 | 12.76 | 4.72 | 1.72 | 3.4 | A5-4 |
| 10kV | 真空含断路器 | 25.73 | 3.6 | 13.63 | 4.45 | 1.14 | 2.91 | A5-5 |
| | 真空不含断路器 | 21.0 | 3.6 | 9.38 | 4.35 | 1.12 | 2.55 | A5-6 |

### 1.4.6 更换接地变及消弧线圈成套装置

更换接地变及消弧线圈成套装置工程各技术方案参考价如表1-8所示。

更换接地变及消弧线圈成套装置工程各技术方案参考价　　表1-8

| 电压等级 | 额定容量（kVA） | 单位造价（万元/套） | 分项费用（万元） | | | | | 方案编码 |
|---|---|---|---|---|---|---|---|---|
| | | | 建筑工程费 | 设备购置费 | 安装工程费 | 拆除工程费 | 其他费用 | |
| 10kV | 1200 | 51.94 | 3.5 | 26.06 | 14.61 | 1.55 | 6.22 | A6-1 |
| | 1000 | 43.13 | 3.5 | 18.17 | 14.41 | 1.55 | 5.5 | A6-2 |
| | 630 | 40.24 | 3.5 | 15.62 | 14.32 | 1.54 | 5.26 | A6-3 |

### 1.4.7 更换电流互感器工程

更换电流互感器工程各技术方案参考价如表1-9所示。

更换电流互感器工程各技术方案参考价　　表1-9

| 电压等级 | 设备型式 | 单位造价（万元/台） | 分项费用（万元） | | | | | 方案编码 |
|---|---|---|---|---|---|---|---|---|
| | | | 建筑工程费 | 设备购置费 | 安装工程费 | 拆除工程费 | 其他费用 | |
| 500kV | 油式 | 40.82 | 1.97 | 24.34 | 9.4 | 0.73 | 4.38 | A7-1 |
| 220kV | 油式 | 8.28 | 1.97 | 5.04 | 8.04 | 0.64 | 2.59 | A7-2 |
| 110kV | 油式 | 14.72 | 1.72 | 3.65 | 6.61 | 0.6 | 2.14 | A7-3 |
| 35kV | 油式 | 13.68 | 1.72 | 3.75 | 5.67 | 0.59 | 1.95 | A7-4 |
| | 干式 | 11.05 | 1.72 | 1.31 | 5.67 | 0.59 | 1.76 | A7-5 |

### 1.4.8 更换电压互感器工程

更换电压互感器工程各技术方案参考价如表1-10所示。

更换电压互感器工程各技术方案参考价　　　表 1-10

| 电压等级 | 设备型式 | 单位造价（万元/台） | 分项费用（万元） | | | | | 方案编码 |
|---|---|---|---|---|---|---|---|---|
| | | | 建筑工程费 | 设备购置费 | 安装工程费 | 拆除工程费 | 其他费用 | |
| 500kV | 电容式 | 35.89 | 1.65 | 12.27 | 16.4 | 0.73 | 4.84 | A8-1 |
| 220kV | 电容式 | 25.0 | 1.22 | 4.84 | 14.59 | 0.58 | 3.77 | A8-2 |
| 110kV | 电容式 | 22.35 | 1.22 | 4.09 | 13.07 | 0.58 | 3.39 | A8-3 |
| 35kV | 电容式 | 21.56 | 1.11 | 4.62 | 12.07 | 0.55 | 3.21 | A8-4 |

### 1.4.9　更换并联电容器工程

更换并联电容器工程各技术方案参考价如表 1-11 所示。

更换并联电容器工程各技术方案参考价　　　表 1-11

| 电压等级 | 容量（Mvar） | 单位造价（万元/台） | 分项费用（万元） | | | | | 方案编码 |
|---|---|---|---|---|---|---|---|---|
| | | | 建筑工程费 | 设备购置费 | 安装工程费 | 拆除工程费 | 其他费用 | |
| 35kV | 框架 60 | 114.51 | 5.79 | 80.16 | 14.72 | 3.19 | 10.65 | A9-1 |
| | 框架 10 | 49.61 | 5.79 | 20.38 | 14.25 | 3.06 | 6.13 | A9-2 |
| | 框架 6 | 42.94 | 4.69 | 16.41 | 13.77 | 2.63 | 5.44 | A9-3 |
| 10kV | 框架 6 | 32.94 | 4.68 | 12.07 | 9.5 | 2.5 | 4.19 | A9-4 |
| | 框架 4.8 | 32.08 | 4.68 | 11.59 | 9.28 | 2.43 | 4.1 | A9-5 |
| | 框架 4 | 29.9 | 4.62 | 9.8 | 9.17 | 2.39 | 3.92 | A9-6 |
| | 框架 3.6 | 29.45 | 4.62 | 9.55 | 9.05 | 2.36 | 3.87 | A9-7 |
| | 框架 3 | 27.53 | 4.62 | 7.93 | 8.94 | 2.32 | 3.72 | A9-8 |
| | 框架 2 | 27.04 | 4.62 | 7.63 | 8.83 | 2.29 | 3.67 | A9-9 |
| | 框架 1 | 25.97 | 4.62 | 6.8 | 8.72 | 2.25 | 3.58 | A9-10 |

### 1.4.10　更换避雷器工程

更换避雷器工程各技术方案参考价如表 1-12 所示。

更换避雷器工程各技术方案参考价　　　表 1-12

| 电压等级 | 设备型式 | 单位造价（万元/台） | 分项费用（万元） | | | | | 方案编码 |
|---|---|---|---|---|---|---|---|---|
| | | | 建筑工程费 | 设备购置费 | 安装工程费 | 拆除工程费 | 其他费用 | |
| 220kV | 瓷 | 8.66 | 2.11 | 0.86 | 3.6 | 0.70 | 1.39 | A10-1 |

续表

| 电压等级 | 设备型式 | 单位造价（万元/台） | 分项费用（万元） | | | | | 方案编码 |
|---|---|---|---|---|---|---|---|---|
| | | | 建筑工程费 | 设备购置费 | 安装工程费 | 拆除工程费 | 其他费用 | |
| 110kV | 硅橡胶 | 7.28 | 2.04 | 0.39 | 2.98 | 0.66 | 1.21 | A10-2 |
| 35kV | 硅橡胶 | 6.63 | 1.93 | 0.22 | 2.76 | 0.60 | 1.12 | A10-3 |

#### 1.4.11 更换杆塔（塔身）工程

更换杆塔（塔身）工程各技术方案参考价如表 1-13 所示。

更换杆塔（塔身）工程各技术方案参考价　　表 1-13

| 电压等级 | 杆塔型式 | 样本取值（基） | 单位造价（万元/基） | 分项费用（万元） | | | | 方案编码 |
|---|---|---|---|---|---|---|---|---|
| | | | | 安装工程费 | | 拆除工程费 | 其他费用 | |
| | | | | 金额 | 其中：装置性材料 | 金额 | 金额 | |
| 500kV | 角钢塔 | 10 | 53.97 | 388.79 | 336.55 | 20.04 | 130.87 | B1-6 |
| 220kV | 角钢塔 | 10 | 33.26 | 234.73 | 201.93 | 8.02 | 89.83 | B1-5 |
| 110kV | 角钢塔 | 10 | 15.34 | 85.89 | 71.8 | 3.21 | 64.32 | B1-4 |
| | 钢管杆 | 10 | 18.16 | 139.8 | 126.3 | 4.4 | 37.43 | B1-3 |
| 35kV | 角钢塔 | 10 | 10.30 | 44.53 | 35.9 | 1.99 | 56.48 | B1-2 |
| | 钢管杆 | 10 | 11.18 | 81.4 | 72.8 | 3.2 | 27.2 | B1-1 |

#### 1.4.12 更换杆塔基础工程

更换杆塔基础工程各技术方案参考价如表 1-14 所示。

更换杆塔基础工程各技术方案参考价　　表 1-14

| 电压等级 | 基础型式 | 样本取值（基） | 单位造价（万元/基） | 分项费用（万元） | | | | 方案编码 |
|---|---|---|---|---|---|---|---|---|
| | | | | 安装工程费 | | 拆除工程费 | 其他费用 | |
| | | | | 金额 | 其中：装置性材料 | 金额 | 金额 | |
| 500kV | 灌注桩 | 10 | 46.81 | 384 | — | 5.67 | 78.41 | B2-5 |
| 220kV | 灌注桩 | 10 | 31.38 | 253.2 | — | 4.5 | 56.08 | B2-4 |
| 110kV | 灌注桩 | 10 | 23.79 | 189.03 | — | 3.38 | 45.45 | B2-3 |
| 35kV | 灌注桩 | 10 | 12.34 | 92 | — | 2.27 | 29.11 | B2-2 |
| | 台阶式 | 10 | 13.13 | 107.94 | — | 1.69 | 21.7 | B2-1 |

### 1.4.13 更换架空导线工程

更换架空导线工程各技术方案参考价如表 1-15 所示。

更换架空导线工程各技术方案参考价　　　　　表 1-15

| 电压等级 | 导线材质 | 导线型式 | 样本取值（km） | 单位造价（万元/km） | 分项费用（万元） | | 拆除工程费 | 其他费用 | 方案编码 |
|---|---|---|---|---|---|---|---|---|---|
| | | | | | 安装工程费 | | | | |
| | | | | | 金额 | 其中：装置性材料 | 金额 | 金额 | |
| 35kV | 钢芯铝绞线 | 1×120 | 5 | 7.45 | 29.56 | 14.33 | 0.41 | 7.28 | B3-1 |
| | | 1×150 | 5 | 8.69 | 34.8 | 19.54 | 0.41 | 8.26 | B3-2 |
| | | 1×185 | 5 | 10.51 | 42.44 | 27.14 | 0.41 | 9.69 | B3-3 |
| | | 1×240 | 5 | 11.13 | 45.06 | 29.69 | 0.41 | 10.18 | B3-4 |
| 110kV | 钢芯铝绞线 | 1×240 | 5 | 24.08 | 93.69 | 59.39 | 6.91 | 19.79 | B3-5 |
| | | 1×300 | 5 | 25.72 | 102.53 | 68.15 | 5.07 | 21.01 | B3-6 |
| | | 1×400 | 5 | 31.59 | 127.51 | 91.38 | 5.07 | 25.36 | B3-7 |
| | | 2×300 | 5 | 45.34 | 186.45 | 140.13 | 5.07 | 35.17 | B3-8 |

### 1.4.14 更换普通地线工程

更换普通地线工程各技术方案参考价如表 1-16 所示。

更换普通地线工程各技术方案参考价　　　　　表 1-16

| 电压等级 | 导线材质 | 导线型式 | 样本取值（km） | 单位造价（万元/km） | 分项费用（万元） | | 拆除工程费 | 其他费用 | 方案编码 |
|---|---|---|---|---|---|---|---|---|---|
| | | | | | 安装工程费 | | | | |
| | | | | | 金额 | 其中：装置性材料 | 金额 | 金额 | |
| 220kV | 钢绞线 | 50 | 5 | 2.40 | 6.48 | 4.43 | 1.84 | 2.98 | B4-4 |
| 110kV | 钢绞线 | 50 | 5 | 2.11 | 5.71 | 3.69 | 1.84 | 2.98 | B4-3 |
| 35kV | 钢绞线 | 50 | 5 | 1.43 | 2.85 | 1.85 | 1.84 | 2.45 | B4-2 |
| | | 35 | 5 | 1.29 | 2.12 | 1.24 | 1.84 | 2.38 | B4-1 |

### 1.4.15 更换绝缘子工程

更换绝缘子工程各技术方案参考价如表 1-17 所示。

更换绝缘子工程各技术方案参考价　　　　表 1-17

| 电压等级 | 导线材质 | 样本取值（串） | 单位造价（万元/串） | 分项费用（万元） | | | | 方案编码 |
|---|---|---|---|---|---|---|---|---|
| | | | | 安装工程费 | | 拆除工程费 | 其他费用 | |
| | | | | 金额 | 其中：装置性材料 | 金额 | 金额 | |
| 35kV | 合成绝缘子 | 24 | 0.1 | 1.14 | 0.84 | 0.04 | 1.19 | B5-1 |
| | 瓷绝缘子 | 36 | 0.56 | 9.85 | 3.95 | 2.31 | 2.85 | B5-2 |
| 110kV | 合成绝缘子 | 24 | 0.16 | 1.61 | 1.01 | 0.11 | 2.22 | B5-3 |
| | 瓷绝缘子 | 36 | 1.04 | 24.44 | 12.47 | 6.11 | 6.92 | B5-4 |
| 220kV | 合成绝缘子 | 24 | 0.25 | 2.94 | 1.71 | 0.19 | 2.9 | B5-5 |
| | 瓷绝缘子 | 36 | 1.69 | 42.71 | 16.69 | 6.92 | 11.03 | B5-6 |
| 500kV | 合成绝缘子 | 24 | 0.53 | 6.7 | 4.31 | 0.29 | 5.73 | B5-7 |
| | 瓷绝缘子 | 36 | 2.75 | 67.3 | 28.82 | 13.43 | 18.44 | B5-8 |

#### 1.4.16 加装（更换）避雷器工程

加装（更换）避雷器工程各技术方案参考价如表 1-18 所示。

加装（更换）避雷器工程各技术方案参考价　　　　表 1-18

| 电压等级 | 样本数量 | 单位造价（万元/组） | 分项费用（万元） | | | | | 方案编码 |
|---|---|---|---|---|---|---|---|---|
| | | | 设备购置费 | 安装工程费 | | 拆除工程费 | 其他费用 | |
| | | | 金额 | 金额 | 其中：装置性材料 | 金额 | 金额 | |
| 110kV | 10 | 1.86 | 11.77 | 3.35 | — | | 3.45 | B6-2 |
| 35kV | 10 | 1.03 | 6.76 | 1.78 | — | | 1.74 | B6-1 |

#### 1.4.17 电缆本体改造工程

电缆本体改造工程各技术方案参考价如表 1-19 所示。

电缆本体改造工程各技术方案参考价　　　　表 1-19

| 电压等级 | 电缆截面 | 样本取值（km） | 单位造价（万元/km） | 分项费用（万元） | | | | | 方案编码 |
|---|---|---|---|---|---|---|---|---|---|
| | | | | 设备购置费 | 安装工程费 | | 拆除工程费 | 其他费用 | |
| | | | | 金额 | 金额 | 其中装置性材料 | 金额 | 金额 | |
| 35kV | 300 | 1 | 104.42 | 87.52 | 8.16 | — | | 8.74 | B7-1 |
| | 400 | 1 | 123.34 | 106.76 | 8.16 | — | | 8.42 | B7-2 |

### 1.4.18 更换 OPGW 光缆工程

更换 OPGW 光缆工程各技术方案参考价如表 1-20 所示。

更换 OPGW 光缆工程各技术方案参考价　　　　表 1-20

| 电压等级 | 芯数 | 样本取值（km） | 单位造价（万元/km） | 分项费用（万元） | | | | 方案编码 |
| --- | --- | --- | --- | --- | --- | --- | --- | --- |
| | | | | 安装工程费 | | 拆除工程费 | 其他费用 | |
| | | | | 金额 | 其中：装置性材料 | 金额 | 金额 | |
| 220kV | 36 | 5 | 5.12 | 17.9 | 8.35 | 1.84 | 5.85 | B8-3 |
| 110kV | 24 | 5 | 4.89 | 17.36 | 7.75 | 1.84 | 5.21 | B8-2 |
| 35kV | 24 | 5 | 4.33 | 15.84 | 6.85 | 1.84 | 3.95 | B8-1 |

### 1.4.19 更换 ADSS 光缆工程

更换 ADSS 光缆工程各技术方案参考价如表 1-21 所示。

更换 ADSS 光缆工程各技术方案参考价　　　　表 1-21

| 电压等级 | 芯数 | 样本取值（km） | 单位造价（万元/km） | 分项费用（万元） | | | | 方案编码 |
| --- | --- | --- | --- | --- | --- | --- | --- | --- |
| | | | | 安装工程费 | | 拆除工程费 | 其他费用 | |
| | | | | 金额 | 其中：装置性材料 | 金额 | 金额 | |
| 220kV | 36 | 5 | 4.31 | 14.5 | 4.91 | 1.84 | 5.21 | B9-4 |
| | 24 | 5 | 4.08 | 13.55 | 4.61 | 1.84 | 5.03 | B9-3 |
| 110kV | 24 | 5 | 3.97 | 13.54 | 4.61 | 1.84 | 4..03 | B9-2 |
| 35kV | 24 | 5 | 3.78 | 13.54 | 4.61 | 1.84 | 3.51 | B9-1 |

### 1.4.20 更换主变保护工程

更换主变保护工程各技术方案平均造价如表 1-22 所示。

更换主变保护工程各技术方案平均造价　　　　表 1-22

| 电压等级 | 单位造价（万元/间隔） | 分项费用（万元） | | | | 方案编码 |
| --- | --- | --- | --- | --- | --- | --- |
| | | 设备购置费 | 安装工程费 | 拆除工程费 | 其他费用 | |
| 35kV | 25.05 | 11.78 | 9.26 | 0.83 | 3.18 | C1-1 |
| 110kV | 32.59 | 17.08 | 10.72 | 0.83 | 3.96 | C1-2 |
| 220kV | 66.19 | 29.65 | 25.34 | 2.74 | 8.46 | C1-3 |

### 1.4.21 更换母线保护

更换母线保护工程各技术方案参考价如表 1-23 所示。

更换母线保护工程各技术方案参考价　　　　表 1-23

| 电压等级 | 单位造价（万元/间隔） | 分项费用（万元） | | | | 方案编码 |
|---|---|---|---|---|---|---|
| | | 设备购置费 | 安装工程费 | 拆除工程费 | 其他费用 | |
| 110kV | 33.83 | 10.45 | 16.86 | 1.71 | 4.81 | C2-1 |
| 220kV | 60.95 | 29.89 | 21.30 | 2.22 | 7.54 | C2-2 |

### 1.4.22 更换线路保护

更换线路保护工程各技术方案参考价如表 1-24 所示。

更换线路保护工程各技术方案参考价　　　　表 1-24

| 电压等级 | 单位造价（万元/间隔） | 分项费用（万元） | | | | 方案编码 |
|---|---|---|---|---|---|---|
| | | 设备购置费 | 安装工程费 | 拆除工程费 | 其他费用 | |
| 110kV | 19.11 | 5.76 | 9.68 | 0.91 | 2.76 | C3-1 |
| 220kV | 46.99 | 25.30 | 14.67 | 1.43 | 5.59 | C3-2 |

### 1.4.23 更换断路器保护

更换断路器保护工程各技术方案参考价如表 1-25 所示。

更换断路器保护工程各技术方案参考价　　　　表 1-25

| 电压等级 | 单位造价（万元/间隔） | 分项费用（万元） | | | | 方案编码 |
|---|---|---|---|---|---|---|
| | | 设备购置费 | 安装工程费 | 拆除工程费 | 其他费用 | |
| 110kV | 20.58 | 10.07 | 6.93 | 1.03 | 2.55 | C4-1 |
| 220kV | 24.94 | 11.41 | 9.32 | 1.03 | 3.18 | C4-2 |

### 1.4.24 更换变电站综合自动化系统

更换变电站综合自动化系统各技术方案参考价如表 1-26 所示。

更换变电站综合自动化系统各技术方案参考价　　　　表 1-26

| 电压等级 | 单位造价（万元/站） | 分项费用（万元） | | | | 方案编码 |
|---|---|---|---|---|---|---|
| | | 设备购置费 | 安装工程费 | 拆除工程费 | 其他费用 | |
| 35kV | 165.65 | 105.97 | 40.65 | 1.60 | 17.43 | C5-1 |
| 110kV | 343.13 | 214.61 | 89.40 | 5.98 | 33.14 | C5-2 |
| 220kV | 690.56 | 384.19 | 222.74 | 15.95 | 67.68 | C5-3 |

## 1.4.25 更换交直流系统

更换交直流系统各技术方案参考价如表 1-27 所示。

更换交直流系统各技术方案参考价　　　　表 1-27

| 电压等级 | 单位造价（万元/项） | 分项费用（万元） | | | | 方案编码 |
| --- | --- | --- | --- | --- | --- | --- |
| | | 设备购置费 | 安装工程费 | 拆除工程费 | 其他费用 | |
| 35kV | 22.29 | 12.59 | 6.76 | 0.28 | 2.66 | C6-1 |
| 110kV | 41.44 | 17.62 | 16.99 | 1.40 | 5.43 | C6-2 |
| 220kV | 85.17 | 26.18 | 42.47 | 4.41 | 12.11 | C6-3 |

# 第2篇

# 典型方案典型造价
# （变电技改）

# 第 2 章 更换变压器

## 2.1 A1-1 更换 220kV 三相三绕组 180MVA 变压器

### 2.1.1 典型方案主要内容

更换 220kV 三相三绕组 180MVA 变压器。

### 2.1.2 典型方案工程量表

典型方案 A1-1 电气设备材料如表 2-1 所示。典型方案 A1-1 工程量如表 2-2 所示。

典型方案 A1-1 电气设备材料表　　　　表 2-1

| 序号 | 设备材料名称 | 规格及型号 | 单位 | 设计用量 |
|---|---|---|---|---|
| | 安装工程 | | | |
| | 220kV 电力变压器 | 220kV，180MVA，三相，220/110/35，有载，三绕组 | 台 | 1 |
| BZ103 | 220kV 软导线引下线 | | 组（三相） | 1 |
| BZ204 | 220kV 软导线设备连线 | | 组（三相） | 1 |
| C02030501 | 电站电瓷 高压棒式支柱绝缘子 | ZSW2-110/8.5 | 只 | 12 |
| C04460108 | 变电 管形母线伸缩节 | MGS-100×10 | 件 | 12 |
| C04140308 | 变电 矩形母线平放固定金具 | MWP-204（JWP-212） | 件 | 12 |
| FZ801 | 电缆保护管 | 钢管 $\phi$50 | t | 1.78 |
| N03030103 | 电缆防火堵料 | 柔性 JZD 型 | l | 0.1 |
| N03020101 | 电缆防火涂料 | G60-3 型 | t | 0.1 |
| N03050106 | 防火隔板 | WFB | $m^2$ | 15 |
| BZ904 | 220kV 变电站控制电缆 | | km | 2 |
| BZ804 | 220kV 变电站电力电缆 | | km | 0.1 |
| X04010101 | 绝缘铜绞线 | 100$mm^2$ | t | 0.018 |
| X03010101 | 铜排 | -30×4 | t | 0.021 |
| H05010101 | 扁钢 | -80×10 | t | 0.19 |

典型方案 A1-1 工程量表　　　　表 2-2

| 序号 | 材料名称 | 单位 | 设计用量 |
|---|---|---|---|
| | 建筑工程 | | |
| JGT2-8 | 独立基础 钢筋混凝土基础 | $m^3$ | 2.2 |

续表

| 序号 | 材料名称 | 单位 | 设计用量 |
|---|---|---|---|
| JGT9-36 | 不含土方基础支架 钢管设备支架 | t | 0.35 |
| JGT7-11 | 钢筋、铁件 普通钢筋 | t | 0.209 |
| JGT2-12 | 设备基础 变压器基础 | m³ | 55 |
| JGT1-11 | 人工施工土方 基坑土方 挖深2m以内 | m³ | 137.5 |
| JGT7-11 | 钢筋、铁件 普通钢筋 | t | 2.82 |
| JYT8-12 | 地面垫层 油池铺填卵石 | m³ | 11 |
|  | 灭火器充氮系统 | 项 | 1 |

### 2.1.3 典型方案概算书

典型方案概算书如表2-3～表2-7所示。

典型方案A1-1总概算汇总表　　　　表2-3

金额单位：万元

| 序号 | 工程或费用名称 | 含税金额 | 占工程静态投资的比例（%） |
|---|---|---|---|
| 一 | 建筑工程费 | 11.69 | 1.38 |
| 二 | 安装工程费 | 50.25 | 5.93 |
| 三 | 拆除工程费 | 8.12 | 0.96 |
| 四 | 设备购置费 | 732.11 | 86.4 |
|  | 其中：编制基准期价差 | 3.75 | 0.44 |
| 五 | 小计 | 802.17 | 94.67 |
|  | 其中：甲供设备材料费 | 739.44 | 87.26 |
| 六 | 其他费用 | 45.2 | 5.33 |
| 七 | 基本预备费 |  |  |
| 八 | 工程投资合计 | 847.37 | 100 |

典型方案A1-1安装工程专业汇总表　　　　表2-4

金额单位：元

| 序号 | 工程或费用名称 | 安装工程费 | | | 设备购置费 | 合计 |
|---|---|---|---|---|---|---|
|  |  | 主要材料费 | 安装费 | 小计 |  |  |
|  | 安装工程 | 70248 | 432290 | 502537 | 7321080 | 7823617 |
| 一 | 主变压器系统 | 18452 | 201885 | 220337 | 7321080 | 7541417 |

续表

| 序号 | 工程或费用名称 | 安装工程费 | | | 设备购置费 | 合计 |
|---|---|---|---|---|---|---|
| | | 主要材料费 | 安装费 | 小计 | | |
| 1 | 主变压器 | 18452 | 201885 | 220337 | 7321080 | 7541417 |
| 1.1 | 变压器本体 | 18452 | 201885 | 220337 | 7321080 | 7541417 |
| 四 | 控制及直流系统 | | 20000 | 20000 | | 20000 |
| 1 | 监控或监测系统 | | 20000 | 20000 | | 20000 |
| 1.1 | 计算机监控系统 | | 20000 | 20000 | | 20000 |
| 六 | 电缆防护设施 | 47754 | 29791 | 77546 | | 77546 |
| 1 | 电缆桥支架 | 10652 | | 10652 | | 10652 |
| 2 | 电缆防火 | 3278 | 5697 | 8975 | | 8975 |
| 3 | 电缆 | 33824 | 24094 | 57918 | | 57918 |
| 七 | 全站接地 | 4041 | 3995 | 8036 | | 8036 |
| 1 | 接地网 | 4041 | 3995 | 8036 | | 8036 |
| 九 | 调试 | | 176619 | 176619 | | 176619 |
| 1 | 分系统调试 | | 66338 | 66338 | | 66338 |
| 3 | 特殊调试 | | 110281 | 110281 | | 110281 |
| | 合计 | 70248 | 432290 | 502537 | 7321080 | 7823617 |

典型方案 A1-1 建筑工程专业汇总表　　　　　表 2-5

金额单位：元

| 序号 | 工程或费用名称 | 设备费 | 主要材料费 | 建筑费 | 建筑工程费合计 |
|---|---|---|---|---|---|
| 一 | 建筑工程 | | | 116935 | 116935 |
| 二 | 主变压器及配电装置建筑 | | | 106935 | 106935 |
| 1 | 主变压器系统 | | | 106935 | 106935 |
| 1.1 | 构支架及基础 | | | 9301 | 9301 |
| 1.2 | 主变压器设备基础 | | | 91838 | 91838 |
| 1.3 | 主变压器油坑及卵石 | | | 5796 | 5796 |
| 三 | 供水系统建筑 | | | 10000 | 10000 |
| 4 | 特殊消防系统 | | | 10000 | 10000 |
| | 合计 | | | 116935 | 116935 |

典型方案 A1-1 拆除工程专业汇总表　　　　　　　　　　表 2-6

金额单位：元

| 序号 | 工程或费用名称 | 拆除工程费 |
|---|---|---|
|  | 拆除工程 | 81167 |
|  | 建筑拆除 | 32752 |
| 二 | 主变压器及配电装置建筑 | 32752 |
| 1 | 主变压器系统 | 32752 |
| 1.1 | 构支架及基础 | 32752 |
|  | 安装拆除 | 48415 |
| 一 | 主变压器系统 | 48415 |
| 1 | 主变压器 | 48415 |
| 1.1 | 变压器本体 | 48415 |
|  | 合计 | 81167 |

典型方案 A1-1 其他费用概算表　　　　　　　　　　表 2-7

金额单位：元

| 序号 | 工程或费用项目名称 | 编制依据及计算说明 | 合价 |
|---|---|---|---|
| 2 | 项目管理费 |  | 126881 |
| 2.1 | 管理经费 | （建筑工程费＋安装工程费＋拆除工程费）×3.53% | 24733 |
| 2.2 | 招标费 | （建筑工程费＋安装工程费＋拆除工程费）×1.81% | 12682 |
| 2.3 | 工程监理费 | （建筑工程费＋安装工程费＋拆除工程费）×4.41% | 30898 |
| 2.4 | 设备材料监造费 | （设备购置费）×0.8% | 58569 |
| 3 | 项目技术服务费 |  | 325139 |
| 3.1 | 前期工作费 | （建筑工程费＋安装工程费）×3.05% | 18894 |
| 3.3 | 工程勘察设计费 |  | 293035 |
| 3.3.2 | 设计费 | （设计费）×100% | 293035 |
| 3.4 | 设计文件评审费 |  | 9497 |
| 3.4.1 | 初步设计文件评审费 | （基本设计费）×3.5% | 9497 |
| 3.5 | 施工过程造价咨询及竣工结算审核费 | （建筑工程费＋安装工程费＋拆除工程费）×0.53% | 3713 |
|  | 合计 |  | 452020 |

## 2.2 A1-2 更换 220kV 三相双绕组 120MVA 变压器

### 2.2.1 典型方案主要内容

更换 220kV 三相双绕组 120MVA 变压器。

### 2.2.2 典型方案工程量表

典型方案工程量如表 2-8、表 2-9 所示。

典型方案 A1-2 电气设备材料表　　　　表 2-8

| 序号 | 设备材料名称 | 规格及型号 | 单位 | 设计用量 |
|---|---|---|---|---|
|  | 安装工程 |  |  |  |
|  | 220kV 电力变压器 | 220kV，120MVA，三相，220/10，无励磁，双绕组 | 台 | 1 |
| BZ103 | 220kV 软导线引下线 |  | 组（三相） | 1 |
| BZ204 | 220kV 软导线设备连线 |  | 组（三相） | 1 |
| C02030501 | 电站电瓷 高压棒式支柱绝缘子 | ZSW2-110/8.5 | 只 | 12 |
| C04460108 | 变电 管形母线伸缩节 | MGS-100×10 | 件 | 12 |
| C04140308 | 变电 矩形母线平放固定金具 | MWP-204（JWP-212） | 件 | 12 |
| FZ801 | 电缆保护管 | 钢管 $\phi 50$ | t | 1.78 |
| N03030103 | 电缆防火堵料 | 柔性 JZD 型 | t | 0.1 |
| N03020101 | 电缆防火涂料 | G60-3 型 | t | 0.1 |
| N03050106 | 防火隔板 | WFB | $m^2$ | 15 |
| BZ904 | 220kV 变电站控制电缆 |  | km | 2 |
| BZ804 | 220kV 变电站电力电缆 |  | km | 0.1 |
| X04010101 | 绝缘铜绞线 | $100mm^2$ | t | 0.018 |
| X03010101 | 铜排 | -30×4 | t | 0.021 |
| H05010101 | 扁钢 | -80×10 | t | 0.19 |

典型方案 A1-2 工程量表　　　　表 2-9

| 序号 | 材料名称 | 单位 | 设计用量 |
|---|---|---|---|
|  | 建筑工程 |  |  |
| JGT2-8 | 独立基础 钢筋混凝土基础 | $m^3$ | 2.2 |
| 换 JGT9-36 | 不含土方基础支架 钢管设备支架 | t | 0.35 |

续表

| 序号 | 材料名称 | 单位 | 设计用量 |
|---|---|---|---|
| JGT7-11 | 钢筋、铁件 普通钢筋 | t | 0.209 |
| JGT2-12 | 设备基础 变压器基础 | m³ | 52 |
| JGT1-11 | 人工施工土方 基坑土方 挖深2m以内 | m³ | 130 |
| JGT7-11 | 钢筋、铁件 普通钢筋 | t | 2.667 |
| JYT8-12 | 地面垫层 油池铺填卵石 | m³ | 11 |
|  | 灭火器充氮系统 | 项 | 1 |

### 2.2.3 典型方案概算书

典型方案概算书如表 2-10～表 2-14 所示。

典型方案 A1-2 总概算汇总表　　　表 2-10

金额单位：万元

| 序号 | 工程或费用名称 | 含税金额 | 占工程静态投资的比例（%） |
|---|---|---|---|
| 一 | 建筑工程费 | 11.19 | 1.75 |
| 二 | 安装工程费 | 43.8 | 6.87 |
| 三 | 拆除工程费 | 7.23 | 1.13 |
| 四 | 设备购置费 | 533.77 | 83.69 |
|  | 其中：编制基准期价差 | 3.47 | 0.54 |
| 五 | 小计 | 595.99 | 93.44 |
|  | 其中：甲供设备材料费 | 541.1 | 84.83 |
| 六 | 其他费用 | 41.84 | 6.56 |
| 七 | 基本预备费 |  |  |
| 八 | 工程静态投资合计 | 637.83 | 100 |

典型方案 A1-2 安装工程专业汇总表　　　表 2-11

金额单位：元

| 序号 | 工程或费用名称 | 安装工程费 | | | 设备购置费 | 合计 |
|---|---|---|---|---|---|---|
|  |  | 主要材料费 | 安装费 | 小计 |  |  |
|  | 安装工程 | 70248 | 367787 | 438035 | 5337696 | 5775731 |
| 一 | 主变压器系统 | 18452 | 156336 | 174788 | 5337696 | 5512484 |
| 1 | 主变压器 | 18452 | 156336 | 174788 | 5337696 | 5512484 |

续表

| 序号 | 工程或费用名称 | 安装工程费 | | | 设备购置费 | 合计 |
|---|---|---|---|---|---|---|
| | | 主要材料费 | 安装费 | 小计 | | |
| 1.1 | 变压器本体 | 18452 | 156336 | 174788 | 5337696 | 5512484 |
| 四 | 控制及直流系统 | | 20000 | 20000 | | 20000 |
| 1 | 监控或监测系统 | | 20000 | 20000 | | 20000 |
| 1.1 | 计算机监控系统 | | 20000 | 20000 | | 20000 |
| 六 | 电缆防护设施 | 47754 | 29791 | 77546 | | 77546 |
| 1 | 电缆桥支架 | 10652 | | 10652 | | 10652 |
| 2 | 电缆防火 | 3278 | 5697 | 8975 | | 8975 |
| 3 | 电缆 | 33824 | 24094 | 57918 | | 57918 |
| 七 | 全站接地 | 4041 | 3995 | 8036 | | 8036 |
| 1 | 接地网 | 4041 | 3995 | 8036 | | 8036 |
| 九 | 调试 | | 157665 | 157665 | | 157665 |
| 1 | 分系统调试 | | 47384 | 47384 | | 47384 |
| 3 | 特殊调试 | | 110281 | 110281 | | 110281 |
| | 合计 | 70248 | 367787 | 438035 | 5337696 | 5775731 |

典型方案 A1-2 建筑工程专业汇总表　　　　　表 2-12

金额单位：元

| 序号 | 工程或费用名称 | 设备费 | 主要材料费 | 建筑费 | 建筑工程费合计 |
|---|---|---|---|---|---|
| 一 | 建筑工程 | | | 111933 | 111933 |
| 二 | 主变压器及配电装置建筑 | | | 101933 | 101933 |
| 1 | 主变压器系统 | | | 101933 | 101933 |
| 1.1 | 构支架及基础 | | | 9301 | 9301 |
| 1.2 | 主变压器设备基础 | | | 86836 | 86836 |
| 1.3 | 主变压器油坑及卵石 | | | 5796 | 5796 |
| 三 | 供水系统建筑 | | | 10000 | 10000 |
| 4 | 特殊消防系统 | | | 10000 | 10000 |
| | 合计 | | | 111933 | 111933 |

### 典型方案 A1-2 拆除工程专业汇总表　　表 2-13

金额单位：元

| 序号 | 工程或费用名称 | 拆除工程费 |
|---|---|---|
|  | 拆除工程 | 72293 |
|  | 建筑拆除 | 31043 |
| 二 | 主变压器及配电装置建筑 | 31043 |
| 1 | 主变压器系统 | 31043 |
| 1.1 | 构支架及基础 | 31043 |
|  | 安装拆除 | 41250 |
| 一 | 主变压器系统 | 41250 |
| 1 | 主变压器 | 41250 |
| 1.1 | 变压器本体 | 41250 |
|  | 合计 | 72293 |

### 典型方案 A1-2 其他费用概算表　　表 2-14

金额单位：元

| 序号 | 工程或费用项目名称 | 编制依据及计算说明 | 合价 |
|---|---|---|---|
| 2 | 项目管理费 |  | 103372 |
| 2.1 | 管理经费 | （建筑工程费＋安装工程费＋拆除工程费）×3.53% | 21966 |
| 2.2 | 招标费 | （建筑工程费＋安装工程费＋拆除工程费）×1.81% | 11263 |
| 2.3 | 工程监理费 | （建筑工程费＋安装工程费＋拆除工程费）×4.41% | 27442 |
| 2.4 | 设备材料监造费 | （设备购置费）×0.8% | 42702 |
| 3 | 项目技术服务费 |  | 315028 |
| 3.1 | 前期工作费 | （建筑工程费＋安装工程费）×3.05% | 16774 |
| 3.3 | 工程勘察设计费 |  | 285697 |
| 3.3.2 | 设计费 | （设计费）×100% | 285697 |
| 3.4 | 设计文件评审费 |  | 9259 |
| 3.4.1 | 初步设计文件评审费 | （基本设计费）×3.5% | 9259 |
| 3.5 | 施工过程造价咨询及竣工结算审核费 | （建筑工程费＋安装工程费＋拆除工程费）×0.53% | 3298 |
|  | 合计 |  | 418400 |

## 2.3 A1-3 更换 110kV 三相三绕组 50MVA 变压器

### 2.3.1 典型方案主要内容

更换 110kV 三相三绕组 50MVA 变压器。

### 2.3.2 典型方案工程量表

典型方案工程量如表 2-15、表 2-16 所示。

典型方案 A1-3 电气设备材料表　　　　　表 2-15

| 序号 | 设备材料名称 | 规格及型号 | 单位 | 设计用量 |
|---|---|---|---|---|
| | 安装工程 | | | |
| | 110kV 电力变压器 | 110kV，50MVA，110/35/10，有载，三绕组 | 台 | 1 |
| BZ102 | 110kV 软导线引下线 | | 组（三相） | 1 |
| BZ202 | 110kV 软导线设备连线 | | 组（三相） | 1 |
| C02030501 | 电站电瓷 高压棒式支柱绝缘子 | ZSW2-110/8.5 | 只 | 12 |
| C04460108 | 变电 管形母线伸缩节 | MGS-100×10 | 件 | 12 |
| C04140308 | 变电 矩形母线平放固定金具 | MWP-204（JWP-212） | 件 | 12 |
| FZ801 | 电缆保护管 | 钢管 $\phi 50$ | t | 0.566 |
| N03030103 | 电缆防火堵料 | 柔性 JZD 型 | t | 0.1 |
| N03020101 | 电缆防火涂料 | G60-3 型 | t | 0.1 |
| N03050106 | 防火隔板 | WFB | $m^2$ | 15 |
| BZ903 | 110kV 变电站控制电缆 | | km | 0.5 |
| BZ803 | 110kV 变电站电力电缆 | | km | 0.1 |
| X03010101 | 铜排 | -100×10 | t | 0.267 |
| X03010101 | 铜排 | -80×8 | t | 0.114 |
| H05010101 | 扁钢 | -80×10 | t | 0.19 |

典型方案 A1-3 工程量表　　　　　表 2-16

| 序号 | 材料名称 | 单位 | 设计用量 |
|---|---|---|---|
| | 建筑工程 | | |
| | 主变压器设备基础 | | |
| JGT2-8 | 独立基础 钢筋混凝土基础 | $m^3$ | 2 |

续表

| 序号 | 材料名称 | 单位 | 设计用量 |
|---|---|---|---|
| JGT9-36 | 不含土方基础支架 钢管设备支架 | t | 0.3 |
| JGT7-11 | 钢筋、铁件 普通钢筋 | t | 0.19 |
| JGT2-12 | 设备基础 变压器基础 | m³ | 40 |
| JGT1-11 | 人工施工土方 基坑土方 挖深2m以内 | m³ | 100 |
| JGT7-11 | 钢筋、铁件 普通钢筋 | t | 2.051 |
| JYT8-12 | 地面垫层 油池铺填卵石 | m³ | 11 |
|  | 灭火器充氮系统 | 项 | 1 |

### 2.3.3 典型方案概算书

典型方案概算书如表2-17～表2-21所示。

典型方案A1-3总概算汇总表　　　　　表2-17

金额单位：万元

| 序号 | 工程或费用名称 | 含税金额 | 占工程静态投资的比例（%） |
|---|---|---|---|
| 一 | 建筑工程费 | 9.08 | 2.66 |
| 二 | 安装工程费 | 31.38 | 9.18 |
| 三 | 拆除工程费 | 4.86 | 1.42 |
| 四 | 设备购置费 | 269.83 | 78.93 |
|  | 其中：编制基准期价差 | 2.58 | 0.75 |
| 五 | 小计 | 315.15 | 92.18 |
|  | 其中：甲供设备材料费 | 276.06 | 80.75 |
| 六 | 其他费用 | 26.73 | 7.82 |
| 七 | 基本预备费 |  |  |
| 八 | 特殊项目 |  |  |
| 九 | 工程投资合计 | 341.88 | 100 |

典型方案A1-3安装工程专业汇总表　　　　　表2-18

金额单位：元

| 序号 | 工程或费用名称 | 安装工程费 | | | 设备购置费 | 合计 |
|---|---|---|---|---|---|---|
|  |  | 主要材料费 | 安装费 | 小计 |  |  |
|  | 安装工程 | 59869 | 253950 | 313818 | 2698254 | 3012072 |
| 一 | 主变压器系统 | 14296 | 99145 | 113441 | 2698254 | 2811695 |

续表

| 序号 | 工程或费用名称 | 安装工程费 | | | 设备购置费 | 合计 |
|---|---|---|---|---|---|---|
| | | 主要材料费 | 安装费 | 小计 | | |
| 1 | 主变压器 | 14296 | 99145 | 113441 | 2698254 | 2811695 |
| 1.1 | 变压器本体 | 14296 | 99145 | 113441 | 2698254 | 2811695 |
| 四 | 控制及直流系统 | | 20000 | 20000 | | 20000 |
| 1 | 监控或监测系统 | | 20000 | 20000 | | 20000 |
| 1.1 | 计算机监控系统 | | 20000 | 20000 | | 20000 |
| 六 | 电缆防护设施 | 17424 | 12610 | 30034 | | 30034 |
| 1 | 电缆桥支架 | 3387 | | 3387 | | 3387 |
| 2 | 电缆防火 | 3278 | 5697 | 8975 | | 8975 |
| 3 | 电缆 | 10759 | 6913 | 17672 | | 17672 |
| 七 | 全站接地 | 28149 | 4591 | 32739 | | 32739 |
| 1 | 接地网 | 28149 | 4591 | 32739 | | 32739 |
| 九 | 调试 | | 117604 | 117604 | | 117604 |
| 1 | 分系统调试 | | 47574 | 47574 | | 47574 |
| 3 | 特殊调试 | | 70030 | 70030 | | 70030 |
| | 合计 | 59869 | 253950 | 313818 | 2698254 | 3012072 |

典型方案 A1-3 建筑工程专业汇总表　　　　表 2-19

金额单位：元

| 序号 | 工程或费用名称 | 设备费 | 主要材料费 | 建筑费 | 建筑工程费合计 |
|---|---|---|---|---|---|
| 一 | 建筑工程 | | | 90786 | 90786 |
| 二 | 主变压器及配电装置建筑 | | | 80786 | 80786 |
| 1 | 主变压器系统 | | | 80786 | 80786 |
| 1.1 | 构支架及基础 | | | 8199 | 8199 |
| 1.2 | 主变压器设备基础 | | | 66792 | 66792 |
| 1.3 | 主变压器油坑及卵石 | | | 5796 | 5796 |
| 三 | 供水系统建筑 | | | 10000 | 10000 |
| 4 | 特殊消防系统 | | | 10000 | 10000 |
| | 合计 | | | 90786 | 90786 |

### 典型方案 A1-3 拆除工程专业汇总表　　　　表 2-20

金额单位：元

| 序号 | 工程或费用名称 | 拆除工程费 |
|---|---|---|
|  | 拆除工程 | 48623 |
|  | 建筑拆除 | 24069 |
| 二 | 主变压器及配电装置建筑 | 24069 |
| 1 | 主变压器系统 | 24069 |
| 1.1 | 构支架及基础 | 24069 |
|  | 安装拆除 | 24554 |
| 一 | 主变压器系统 | 24554 |
| 1 | 主变压器 | 24554 |
| 1.1 | 变压器本体 | 24554 |
|  | 合计 | 48623 |

### 典型方案 A1-3 其他费用概算表　　　　表 2-21

金额单位：元

| 序号 | 工程或费用项目名称 | 编制依据及计算说明 | 合价 |
|---|---|---|---|
| 2 | 项目管理费 |  | 65776 |
| 2.1 | 管理经费 | （建筑工程费＋安装工程费＋拆除工程费）×3.53% | 15999 |
| 2.2 | 招标费 | （建筑工程费＋安装工程费＋拆除工程费）×1.81% | 8203 |
| 2.3 | 工程监理费 | （建筑工程费＋安装工程费＋拆除工程费）×4.41% | 19987 |
| 2.4 | 设备材料监造费 | （设备购置费）×0.8% | 21586 |
| 3 | 项目技术服务费 |  | 201566 |
| 3.1 | 前期工作费 | （建筑工程费＋安装工程费）×3.05% | 12340 |
| 3.3 | 工程勘察设计费 |  | 180959 |
| 3.3.2 | 设计费 | （设计费）×100% | 180959 |
| 3.4 | 设计文件评审费 |  | 5864 |
| 3.4.1 | 初步设计文件评审费 | （基本设计费）×3.5% | 5864 |
| 3.5 | 施工过程造价咨询及竣工结算审核费 | （建筑工程费＋安装工程费＋拆除工程费）×0.53% | 2402 |
|  | 合计 |  | 267341 |

## 2.4 A1-4 更换 110kV 三相双绕组 50MVA 变压器

### 2.4.1 典型方案主要内容

更换 110kV 三相双绕组 50MVA 变压器。

### 2.4.2 典型方案工程量表

典型方案工程量如表 2-22、表 2-23 所示。

典型方案 A1-4 电气设备材料表　　　　　表 2-22

| 序号 | 设备材料名称 | 规格及型号 | 单位 | 设计用量 |
|---|---|---|---|---|
|  | 安装工程 |  |  |  |
|  | 110kV 电力变压器 | 110kV, 50MVA, 110/10, 有载, 双绕组 | 台 | 1 |
| BZ102 | 110kV 软导线引下线 |  | 组（三相） | 1 |
| BZ202 | 110kV 软导线设备连线 |  | 组（三相） | 1 |
| C02030501 | 电站电瓷 高压棒式支柱绝缘子 | ZSW2-110/8.5 | 只 | 12 |
| C04460108 | 变电 管形母线伸缩节 | MGS-100×10 | 件 | 12 |
| C04140308 | 变电 矩形母线平放固定金具 | MWP-204（JWP-212） | 件 | 12 |
| FZ801 | 电缆保护管 | 钢管 $\phi$50 | t | 0.566 |
| N03030103 | 电缆防火堵料 | 柔性 JZD 型 | t | 0.1 |
| N03020101 | 电缆防火涂料 | G60-3 型 | t | 0.1 |
| N03050106 | 防火隔板 | WFB | $m^2$ | 15 |
| BZ903 | 110kV 变电站控制电缆 |  | km | 0.5 |
| BZ803 | 110kV 变电站电力电缆 |  | km | 0.1 |
| X03010101 | 铜排 | -100×10 | t | 0.267 |
| X03010101 | 铜排 | -80×8 | t | 0.114 |

典型方案 A1-4 工程量表　　　　　表 2-23

| 序号 | 材料名称 | 单位 | 设计用量 |
|---|---|---|---|
|  | 建筑工程 |  |  |
| JGT2-8 | 独立基础 钢筋混凝土基础 | $m^3$ | 2 |
| JGT9-36 | 不含土方基础支架 钢管设备支架 | t | 0.3 |
| JGT7-11 | 钢筋、铁件 普通钢筋 | t | 0.19 |

续表

| 序号 | 材料名称 | 单位 | 设计用量 |
|---|---|---|---|
| JGT2-12 | 设备基础 变压器基础 | m³ | 40 |
| JGT1-11 | 人工施工土方 基坑土方 挖深2m以内 | m³ | 100 |
| JGT7-11 | 钢筋、铁件 普通钢筋 | t | 2.051 |
| JYT8-12 | 地面垫层 油池铺填卵石 | m³ | 11 |
|  | 灭火器充氮系统 | 项 | 1 |

### 2.4.3 典型方案概算书

典型方案概算书如表2-24~表2-28所示。

典型方案A1-4总概算汇总表　　　　表2-24

金额单位：万元

| 序号 | 工程或费用名称 | 含税金额 | 占工程静态投资的比例（%） |
|---|---|---|---|
| 一 | 建筑工程费 | 9.08 | 3 |
| 二 | 安装工程费 | 30.7 | 10.13 |
| 三 | 拆除工程费 | 4.3 | 1.42 |
| 四 | 设备购置费 | 234.23 | 77.3 |
|  | 其中：编制基准期价差 | 2.56 | 0.84 |
| 五 | 小计 | 278.31 | 91.85 |
|  | 其中：甲供设备材料费 | 240.47 | 79.36 |
| 六 | 其他费用 | 24.7 | 8.15 |
| 七 | 基本预备费 |  |  |
| 八 | 特殊项目 |  |  |
| 九 | 工程投资合计 | 303.01 | 100 |

典型方案A1-4安装工程专业汇总表　　　　表2-25

金额单位：元

| 序号 | 工程或费用名称 | 安装工程费 | | | 设备购置费 | 合计 |
|---|---|---|---|---|---|---|
|  |  | 主要材料费 | 安装费 | 小计 |  |  |
|  | 安装工程 | 59869 | 247153 | 307022 | 2342340 | 2649362 |
| 一 | 主变压器系统 | 14296 | 99145 | 113441 | 2342340 | 2455781 |

续表

| 序号 | 工程或费用名称 | 安装工程费 | | | 设备购置费 | 合计 |
|---|---|---|---|---|---|---|
| | | 主要材料费 | 安装费 | 小计 | | |
| 1 | 主变压器 | 14296 | 99145 | 113441 | 2342340 | 2455781 |
| 1.1 | 变压器本体 | 14296 | 99145 | 113441 | 2342340 | 2455781 |
| 四 | 控制及直流系统 | | 20000 | 20000 | | 20000 |
| 1 | 监控或监测系统 | | 20000 | 20000 | | 20000 |
| 1.1 | 计算机监控系统 | | 20000 | 20000 | | 20000 |
| 六 | 电缆防护设施 | 17424 | 12610 | 30034 | | 30034 |
| 1 | 电缆桥支架 | 3387 | | 3387 | | 3387 |
| 2 | 电缆防火 | 3278 | 5697 | 8975 | | 8975 |
| 3 | 电缆 | 10759 | 6913 | 17672 | | 17672 |
| 七 | 全站接地 | 28149 | 4591 | 32739 | | 32739 |
| 1 | 接地网 | 28149 | 4591 | 32739 | | 32739 |
| 九 | 调试 | | 110808 | 110808 | | 110808 |
| 1 | 分系统调试 | | 40778 | 40778 | | 40778 |
| 3 | 特殊调试 | | 70030 | 70030 | | 70030 |
| | 合计 | 59869 | 247153 | 307022 | 2342340 | 2649362 |

典型方案 A1-4 建筑工程专业汇总表　　　　表 2-26

金额单位：元

| 序号 | 工程或费用名称 | 设备费 | 主要材料费 | 建筑费 | 建筑工程费合计 |
|---|---|---|---|---|---|
| 一 | 建筑工程 | | | 90786 | 90786 |
| 二 | 主变压器及配电装置建筑 | | | 80786 | 80786 |
| 1 | 主变压器系统 | | | 80786 | 80786 |
| 1.1 | 构支架及基础 | | | 8199 | 8199 |
| 1.2 | 主变压器设备基础 | | | 66792 | 66792 |
| 1.3 | 主变压器油坑及卵石 | | | 5796 | 5796 |
| 三 | 供水系统建筑 | | | 10000 | 10000 |
| 4 | 特殊消防系统 | | | 10000 | 10000 |
| | 合计 | | | 90786 | 90786 |

### 典型方案 A1-4 拆除工程专业汇总表　　　　表 2-27

金额单位：元

| 序号 | 工程或费用名称 | 拆除工程费 |
|---|---|---|
|  | 拆除工程 | 43037 |
|  | 建筑拆除 | 24069 |
| 二 | 主变压器及配电装置建筑 | 24069 |
| 1 | 主变压器系统 | 24069 |
| 1.1 | 构支架及基础 | 24069 |
|  | 安装拆除 | 18968 |
| 一 | 主变压器系统 | 18968 |
| 1 | 主变压器 | 18968 |
| 1.1 | 变压器本体 | 18968 |
|  | 合计 | 43037 |

### 典型方案 A1-4 其他费用概算表　　　　表 2-28

金额单位：元

| 序号 | 工程或费用项目名称 | 编制依据及计算说明 | 合价 |
|---|---|---|---|
| 2 | 项目管理费 |  | 61721 |
| 2.1 | 管理经费 | （建筑工程费＋安装工程费＋拆除工程费）×3.53% | 15562 |
| 2.2 | 招标费 | （建筑工程费＋安装工程费＋拆除工程费）×1.81% | 7979 |
| 2.3 | 工程监理费 | （建筑工程费＋安装工程费＋拆除工程费）×4.41% | 19441 |
| 2.4 | 设备材料监造费 | （设备购置费）×0.8% | 18739 |
| 3 | 项目技术服务费 |  | 185259 |
| 3.1 | 前期工作费 | （建筑工程费＋安装工程费）×3.05% | 12133 |
| 3.3 | 工程勘察设计费 |  | 165428 |
| 3.3.2 | 设计费 | （设计费）×100% | 165428 |
| 3.4 | 设计文件评审费 |  | 5361 |
| 3.4.1 | 初步设计文件评审费 | （基本设计费）×3.5% | 5361 |
| 3.5 | 施工过程造价咨询及竣工结算审核费 | （建筑工程费＋安装工程费＋拆除工程费）×0.53% | 2336 |
|  | 合计 |  | 246980 |

## 2.5 A1-5 更换 110kV 三相三绕组 40MVA 变压器

### 2.5.1 典型方案主要内容

更换 110kV 三相三绕组 40MVA 变压器。

### 2.5.2 典型方案工程量表

典型方案工程量如表 2-29、表 2-30 所示。

典型方案 A1-5 电气设备材料表　　　　　表 2-29

| 序号 | 设备材料名称 | 规格及型号 | 单位 | 设计用量 |
|---|---|---|---|---|
| | 安装工程 | | | |
| | 110kV 电力变压器 | 110kV，40MVA，110/35/10，有载，三绕组 | 台 | 1 |
| BZ102 | 110kV 软导线引下线 | | 组（三相） | 1 |
| BZ202 | 110kV 软导线设备连线 | | 组（三相） | 1 |
| C02030501 | 电站电瓷 高压棒式支柱绝缘子 | ZSW2-110/8.5 | 只 | 12 |
| C04460108 | 变电 管形母线伸缩节 | MGS-100×10 | 件 | 12 |
| C04140308 | 变电 矩形母线平放固定金具 | MWP-204（JWP-212） | 件 | 12 |
| FZ801 | 电缆保护管 | 钢管 $\phi 50$ | t | 0.566 |
| N03030103 | 电缆防火堵料 | 柔性 JZD 型 | t | 0.1 |
| N03020101 | 电缆防火涂料 | G60-3 型 | t | 0.1 |
| N03050106 | 防火隔板 | WFB | $m^2$ | 15 |
| BZ903 | 110kV 变电站控制电缆 | | km | 0.5 |
| BZ803 | 110kV 变电站电力电缆 | | km | 0.1 |
| X03010101 | 铜排 | -100×10 | t | 0.267 |
| X03010101 | 铜排 | -80×8 | t | 0.114 |
| H05010101 | 扁钢 | -80×10 | t | 0.19 |

典型方案 A1-5 工程量表　　　　　表 2-30

| 序号 | 材料名称 | 单位 | 设计用量 |
|---|---|---|---|
| | 建筑工程 | | |
| JGT2-8 | 独立基础 钢筋混凝土基础 | $m^3$ | 2 |
| JGT9-36 | 不含土方基础支架 钢管设备支架 | t | 0.3 |
| JGT7-11 | 钢筋、铁件 普通钢筋 | t | 0.19 |

续表

| 序号 | 材料名称 | 单位 | 设计用量 |
|---|---|---|---|
| JGT2-12 | 设备基础 变压器基础 | m³ | 38 |
| JGT1-11 | 人工施工土方 基坑土方 挖深 2m 以内 | m³ | 95 |
| JGT7-11 | 钢筋、铁件 普通钢筋 | t | 1.949 |
| JYT8-12 | 地面垫层 油池铺填卵石 | m³ | 11 |
|  | 灭火器充氮系统 | 项 | 1 |

### 2.5.3 典型方案概算书

典型方案概算书如表 2-31～表 2-35 所示。

**典型方案 A1-5 总概算汇总表**　　　　表 2-31

金额单位：万元

| 序号 | 工程或费用名称 | 含税金额 | 占工程静态投资的比例（%） |
|---|---|---|---|
| 一 | 建筑工程费 | 8.75 | 2.87 |
| 二 | 安装工程费 | 31.38 | 10.28 |
| 三 | 拆除工程费 | 4.75 | 1.56 |
| 四 | 设备购置费 | 235.55 | 77.15 |
|  | 其中：编制基准期价差 | 2.49 | 0.82 |
| 五 | 小计 | 280.43 | 91.85 |
|  | 其中：甲供设备材料费 | 241.79 | 79.2 |
| 六 | 其他费用 | 24.87 | 8.15 |
| 七 | 基本预备费 |  |  |
| 八 | 特殊项目 |  |  |
| 九 | 工程投资合计 | 305.3 | 100 |

**典型方案 A1-5 安装工程专业汇总表**　　　　表 2-32

金额单位：元

| 序号 | 工程或费用名称 | 安装工程费 ||| 设备购置费 | 合计 |
|---|---|---|---|---|---|---|
|  |  | 主要材料费 | 安装费 | 小计 |  |  |
|  | 安装工程 | 59869 | 253950 | 313818 | 2355522 | 2669340 |
| 一 | 主变压器系统 | 14296 | 99145 | 113441 | 2355522 | 2468963 |

续表

| 序号 | 工程或费用名称 | 安装工程费 | | | 设备购置费 | 合计 |
|---|---|---|---|---|---|---|
| | | 主要材料费 | 安装费 | 小计 | | |
| 1 | 主变压器 | 14296 | 99145 | 113441 | 2355522 | 2468963 |
| 1.1 | 变压器本体 | 14296 | 99145 | 113441 | 2355522 | 2468963 |
| 四 | 控制及直流系统 | | 20000 | 20000 | | 20000 |
| 1 | 监控或监测系统 | | 20000 | 20000 | | 20000 |
| 1.1 | 计算机监控系统 | | 20000 | 20000 | | 20000 |
| 六 | 电缆防护设施 | 17424 | 12610 | 30034 | | 30034 |
| 1 | 电缆桥支架 | 3387 | | 3387 | | 3387 |
| 2 | 电缆防火 | 3278 | 5697 | 8975 | | 8975 |
| 3 | 电缆 | 10759 | 6913 | 17672 | | 17672 |
| 七 | 全站接地 | 28149 | 4591 | 32739 | | 32739 |
| 1 | 接地网 | 28149 | 4591 | 32739 | | 32739 |
| 九 | 调试 | | 117604 | 117604 | | 117604 |
| 1 | 分系统调试 | | 47574 | 47574 | | 47574 |
| 3 | 特殊调试 | | 70030 | 70030 | | 70030 |
| | 合计 | 59869 | 253950 | 313818 | 2355522 | 2669340 |

典型方案 A1-5 建筑工程专业汇总表　　　　表 2-33

全额单位：元

| 序号 | 工程或费用名称 | 设备费 | 主要材料费 | 建筑费 | 建筑工程费合计 |
|---|---|---|---|---|---|
| 一 | 建筑工程 | | | 87452 | 87452 |
| 二 | 主变压器及配电装置建筑 | | | 77452 | 77452 |
| 1 | 主变压器系统 | | | 77452 | 77452 |
| 1.1 | 构支架及基础 | | | 8199 | 8199 |
| 1.2 | 主变压器设备基础 | | | 63457 | 63457 |
| 1.3 | 主变压器油坑及卵石 | | | 5796 | 5796 |
| 三 | 供水系统建筑 | | | 10000 | 10000 |
| 4 | 特殊消防系统 | | | 10000 | 10000 |
| | 合计 | | | 87452 | 87452 |

## 典型方案 A1-5 拆除工程专业汇总表　　表 2-34

金额单位：元

| 序号 | 工程或费用名称 | 拆除工程费 |
|---|---|---|
|  | 拆除工程 | 47484 |
|  | 建筑拆除 | 22930 |
| 二 | 主变压器及配电装置建筑 | 22930 |
| 1 | 主变压器系统 | 22930 |
| 1.1 | 构支架及基础 | 22930 |
|  | 安装拆除 | 24554 |
| 一 | 主变压器系统 | 24554 |
| 1 | 主变压器 | 24554 |
| 1.1 | 变压器本体 | 24554 |
|  | 合计 | 47484 |

## 典型方案 A1-5 其他费用概算表　　表 2-35

金额单位：元

| 序号 | 工程或费用项目名称 | 编制依据及计算说明 | 合价 |
|---|---|---|---|
| 2 | 项目管理费 |  | 62598 |
| 2.1 | 管理经费 | （建筑工程费＋安装工程费＋拆除工程费）×3.53% | 15841 |
| 2.2 | 招标费 | （建筑工程费＋安装工程费＋拆除工程费）×1.81% | 8122 |
| 2.3 | 工程监理费 | （建筑工程费＋安装工程费＋拆除工程费）×4.41% | 19790 |
| 2.4 | 设备材料监造费 | （设备购置费）×0.8% | 18844 |
| 3 | 项目技术服务费 |  | 186136 |
| 3.1 | 前期工作费 | （建筑工程费＋安装工程费）×3.05% | 12239 |
| 3.3 | 工程勘察设计费 |  | 166135 |
| 3.3.2 | 设计费 | （设计费）×100% | 166135 |
| 3.4 | 设计文件评审费 |  | 5384 |
| 3.4.1 | 初步设计文件评审费 | （基本设计费）×3.5% | 5384 |
| 3.5 | 施工过程造价咨询及竣工结算审核费 | （建筑工程费＋安装工程费＋拆除工程费）×0.53% | 2378 |
|  | 合计 |  | 248734 |

## 2.6 A1-6 更换 110kV 三相三绕组 31.5MVA 变压器

### 2.6.1 典型方案主要内容

更换 110kV 三相三绕组 31.5MVA 变压器。

### 2.6.2 典型方案工程量表

典型方案工程量如表 2-36、表 2-37 所示。

典型方案 A1-6 电气设备材料表　　　　　　表 2-36

| 序号 | 设备材料名称 | 规格及型号 | 单位 | 设计用量 |
|---|---|---|---|---|
|  | 安装工程 |  |  |  |
|  | 110kV 电力变压器 | 110kV，31.5MVA，110/35/10，有载，三绕组 | 台 | 1 |
| BZ102 | 110kV 软导线引下线 |  | 组（三相） | 1 |
| BZ202 | 110kV 软导线设备连线 |  | 组（三相） | 1 |
| C02030501 | 电站电瓷 高压棒式支柱绝缘子 | ZSW2-110/8.5 | 只 | 12 |
| C04460108 | 变电 管形母线伸缩节 | MGS-100×10 | 件 | 12 |
| C04140308 | 变电 矩形母线平放固定金具 | MWP-204（JWP-212） | 件 | 12 |
| FZ801 | 电缆保护管 | 钢管 $\phi$50 | t | 0.566 |
| N03030103 | 电缆防火堵料 | 柔性 JZD 型 | t | 0.1 |
| N03020101 | 电缆防火涂料 | G60-3 型 | t | 0.1 |
| N03050106 | 防火隔板 | WFB | m$^2$ | 15 |
| BZ903 | 110kV 变电站控制电缆 |  | km | 0.5 |
| BZ803 | 110kV 变电站电力电缆 |  | km | 0.1 |
| X03010101 | 铜排 | -100×10 | t | 0.267 |
| X03010101 | 铜排 | -80×8 | t | 0.114 |
| H05010101 | 扁钢 | -80×10 | t | 0.19 |

典型方案 A1-6 工程量表　　　　　　表 2-37

| 序号 | 材料名称 | 单位 | 设计用量 |
|---|---|---|---|
|  | 建筑工程 |  |  |
| JGT2-8 | 独立基础 钢筋混凝土基础 | m$^3$ | 2 |
| JGT9-36 | 不含土方基础支架 钢管设备支架 | t | 0.3 |

续表

| 序号 | 材料名称 | 单位 | 设计用量 |
|---|---|---|---|
| JGT7-11 | 钢筋、铁件 普通钢筋 | t | 0.19 |
| JGT2-12 | 设备基础 变压器基础 | m³ | 38 |
| JGT1-11 | 人工施工土方 基坑土方 挖深 2m 以内 | m³ | 95 |
| JGT7-11 | 钢筋、铁件 普通钢筋 | t | 1.949 |
| YJ8-12 | 地面垫层 油池铺填卵石 | m³ | 11 |
|  | 灭火器充氮系统 | 项 | 1 |

### 2.6.3 典型方案概算书

典型方案概算书如表 2-38～表 2-42 所示。

典型方案 A1-6 总概算汇总表　　　　表 2-38

金额单位：万元

| 序号 | 工程或费用名称 | 含税金额 | 占工程静态投资的比例（%） |
|---|---|---|---|
| 一 | 建筑工程费 | 8.75 | 2.72 |
| 二 | 安装工程费 | 29.07 | 9.05 |
| 三 | 拆除工程费 | 4.75 | 1.48 |
| 四 | 设备购置费 | 253.4 | 78.86 |
|  | 其中：编制基准期价差 | 2.44 | 0.76 |
| 五 | 小计 | 295.97 | 92.11 |
|  | 其中：甲供设备材料费 | 259.63 | 80.8 |
| 六 | 其他费用 | 25.35 | 7.89 |
| 七 | 基本预备费 |  |  |
| 八 | 特殊项目 |  |  |
| 九 | 工程投资合计 | 321.32 | 100 |

典型方案 A1-6 安装工程专业汇总表　　　　表 2-39

金额单位：元

| 序号 | 工程或费用名称 | 安装工程费 | | | 设备购置费 | 合计 |
|---|---|---|---|---|---|---|
|  |  | 主要材料费 | 安装费 | 小计 |  |  |
|  | 安装工程 | 59461 | 229234 | 288696 | 2467150 | 2755846 |
| 一 | 主变压器系统 | 14196 | 75436 | 89632 | 2467150 | 2556782 |

续表

| 序号 | 工程或费用名称 | 安装工程费 | | | 设备购置费 | 合计 |
| --- | --- | --- | --- | --- | --- | --- |
| | | 主要材料费 | 安装费 | 小计 | | |
| 1 | 主变压器 | 14196 | 75436 | 89632 | 2467150 | 2556782 |
| | 安装工程 | 59869 | 230875 | 290744 | 2533986 | 2824730 |
| 一 | 主变压器系统 | 14296 | 76071 | 90366 | 2533986 | 2624352 |
| 1 | 主变压器 | 14296 | 76071 | 90366 | 2533986 | 2624352 |
| 1.1 | 变压器本体 | 14296 | 76071 | 90366 | 2533986 | 2624352 |
| 四 | 控制及直流系统 | | 20000 | 20000 | | 20000 |
| 1 | 监控或监测系统 | | 20000 | 20000 | | 20000 |
| 1.1 | 计算机监控系统 | | 20000 | 20000 | | 20000 |
| 六 | 电缆防护设施 | 17424 | 12610 | 30034 | | 30034 |
| 1 | 电缆桥支架 | 3387 | | 3387 | | 3387 |
| 2 | 电缆防火 | 3278 | 5697 | 8975 | | 8975 |
| 3 | 电缆 | 10759 | 6913 | 17672 | | 17672 |
| 七 | 全站接地 | 28149 | 4591 | 32739 | | 32739 |
| 1 | 接地网 | 28149 | 4591 | 32739 | | 32739 |
| 九 | 调试 | | 117604 | 117604 | | 117604 |
| 1 | 分系统调试 | | 47574 | 47574 | | 47574 |
| 3 | 特殊调试 | | 70030 | 70030 | | 70030 |
| | 合计 | 59869 | 230875 | 290744 | 2533986 | 2824730 |

典型方案 A1-6 建筑工程专业汇总表　　　　表 2-40

金额单位：元

| 序号 | 工程或费用名称 | 设备费 | 主要材料费 | 建筑费 | 建筑工程费合计 |
| --- | --- | --- | --- | --- | --- |
| | 建筑工程 | | | 87325 | 87325 |
| 二 | 主变压器及配电装置建筑 | | | 77325 | 77325 |
| 1 | 主变压器系统 | | | 77325 | 77325 |
| 1.1 | 构支架及基础 | | | 8193 | 8193 |
| 1.2 | 主变压器设备基础 | | | 63350 | 63350 |
| 1.3 | 主变压器油坑及卵石 | | | 5781 | 5781 |
| 三 | 供水系统建筑 | | | 10000 | 10000 |
| 4 | 特殊消防系统 | | | 10000 | 10000 |

典型方案 A1-6 拆除工程专业汇总表　　　　　　表 2-41

金额单位：元

| 序号 | 工程或费用名称 | 拆除工程费 |
|---|---|---|
|  | 拆除工程 | 47484 |
|  | 建筑拆除 | 22930 |
| 二 | 主变压器及配电装置建筑 | 22930 |
| 1 | 主变压器系统 | 22930 |
| 1.1 | 构支架及基础 | 22930 |
|  | 安装拆除 | 24554 |
| 一 | 主变压器系统 | 24554 |
| 1 | 主变压器 | 24554 |
| 1.1 | 变压器本体 | 24554 |
|  | 合计 | 47484 |

典型方案 A1-6 其他费用概算表　　　　　　表 2-42

金额单位：元

| 序号 | 工程或费用项目名称 | 编制依据及计算说明 | 合价 |
|---|---|---|---|
| 2 | 项目管理费 |  | 61776 |
| 2.1 | 管理经费 | （建筑工程费+安装工程费+拆除工程费）×3.53% | 15026 |
| 2.2 | 招标费 | （建筑工程费+安装工程费+拆除工程费）×1.81% | 7705 |
| 2.3 | 工程监理费 | （建筑工程费+安装工程费+拆除工程费）×4.41% | 18772 |
| 2.4 | 设备材料监造费 | （设备购置费）×0.8% | 20272 |
| 3 | 项目技术服务费 |  | 191731 |
| 3.1 | 前期工作费 | （建筑工程费+安装工程费）×3.05% | 11535 |
| 3.3 | 工程勘察设计费 |  | 172355 |
| 3.3.2 | 设计费 | （设计费）×100% | 172355 |
| 3.4 | 设计文件评审费 |  | 5586 |
| 3.4.1 | 初步设计文件评审费 | （基本设计费）×3.5% | 5586 |
| 3.5 | 施工过程造价咨询及竣工结算审核费 | （建筑工程费+安装工程费+拆除工程费）×0.53% | 2256 |
|  | 合计 |  | 253507 |

# 第 3 章 更换断路器

## 3.1 A2-1 更换 220kV SF$_6$ 瓷柱式额定短路开断电流 50kA 断路器

### 3.1.1 典型方案主要内容

更换 220kV SF$_6$ 瓷柱式额定短路开断电流 50kA 断路器。

### 3.1.2 典型方案工程量表

典型方案工程量如表 3-1、表 3-2 所示。

典型方案 A2-1 电气设备材料表　　　　表 3-1

| 序号 | 设备材料名称 | 规格及型号 | 单位 | 设计用量 |
|---|---|---|---|---|
|  | 安装工程 |  |  |  |
|  | 220kV 断路器 | AC220kV，4000A，50kA，SF$_6$ | 台 | 1 |
| BZ103 | 220kV 软导线引下线 |  | 组（三相） | 1 |
| BZ204 | 220kV 软导线及设备连线 |  | 组（三相） | 1 |
| X03010101 | 铜排 | −25×4 | t | 0.011 |
| FZ801 | 电缆保护管 | 钢管 $\phi$50 | t | 0.189 |
| N03030103 | 电缆防火堵料 | 柔性 JZD 型 | t | 0.1 |
| N03020101 | 电缆防火涂料 | G60-3 型 | t | 0.1 |
| BZ904 | 220kV 变电站控制电缆 |  | km | 0.5 |
| BZ804 | 220kV 变电站电力电缆 |  | km | 0.1 |
| H05010101 | 扁钢 | −60×8 | t | 0.038 |

典型方案 A2-1 工程量表　　　　表 3-2

| 序号 | 材料名称 | 单位 | 设计用量 |
|---|---|---|---|
|  | 建筑工程 |  |  |
| JGT2-8 | 独立基础 钢筋混凝土基础 | m$^3$ | 14.5 |
| JGT1-11 | 人工施工土方 基坑土方 挖深 2m 以内 | m$^3$ | 36.25 |
| JGT7-11 | 钢筋、铁件 普通钢筋 | t | 1.376 |

### 3.1.3 典型方案概算书

典型方案概算书如表 3-3~表 3-7 所示。

### 典型方案 A2-1 总概算汇总表    表 3-3

金额单位：万元

| 序号 | 工程或费用名称 | 含税金额 | 占工程静态投资的比例（%） |
|---|---|---|---|
| 一 | 建筑工程费 | 3.17 | 6.4 |
| 二 | 安装工程费 | 10.82 | 21.85 |
| 三 | 拆除工程费 | 1.77 | 3.58 |
| 四 | 设备购置费 | 28.41 | 57.38 |
|  | 其中：编制基准期价差 | 1.04 | 2.1 |
| 五 | 小计 | 44.17 | 89.21 |
|  | 其中：甲供设备材料费 | 30.5 | 61.6 |
| 六 | 其他费用 | 5.34 | 10.79 |
| 七 | 基本预备费 |  |  |
| 八 | 特殊项目 |  |  |
| 九 | 工程投资合计 | 49.51 | 100 |

### 典型方案 A2-1 安装工程专业汇总表    表 3-4

金额单位：元

| 序号 | 工程或费用名称 | 安装工程费 | | | 设备购置费 | 合计 |
|---|---|---|---|---|---|---|
|  |  | 主要材料费 | 安装费 | 小计 |  |  |
| 一 | 安装工程 | 21165 | 87041 | 108206 | 284075 | 392281 |
| 二 | 配电装置 | 6296 | 25898 | 32194 | 284075 | 316269 |
| 2 | 屋外配电装置 | 6296 | 25898 | 32194 | 284075 | 316269 |
| 2.1 | 220kV 配电装置 | 6296 | 25898 | 32194 | 284075 | 316269 |
| 四 | 控制及直流系统 |  | 20000 | 20000 |  | 20000 |
| 1 | 监控或监测系统 |  | 20000 | 20000 |  | 20000 |
| 1.1 | 计算机监控系统 |  | 20000 | 20000 |  | 20000 |
| 六 | 电缆防护设施 | 14611 | 9871 | 24482 |  | 24482 |
| 1 | 电缆桥支架 | 1123 |  | 1123 |  | 1123 |
| 2 | 电缆防火 | 2205 | 2955 | 5160 |  | 5160 |
| 3 | 电缆 | 11283 | 6916 | 18199 |  | 18199 |
| 七 | 全站接地 | 258 | 520 | 779 |  | 779 |

续表

| 序号 | 工程或费用名称 | 安装工程费 | | | 设备购置费 | 合计 |
|---|---|---|---|---|---|---|
| | | 主要材料费 | 安装费 | 小计 | | |
| 1 | 接地网 | 258 | 520 | 779 | | 779 |
| 九 | 调试 | | 30752 | 30752 | | 30752 |
| 1 | 分系统调试 | | 6753 | 6753 | | 6753 |
| 3 | 特殊调试 | | 23999 | 23999 | | 23999 |
| | 合计 | 21165 | 87041 | 108206 | 284075 | 392281 |

典型方案 A2-1 建筑工程专业汇总表　　　表 3-5

金额单位：元

| 序号 | 工程或费用名称 | 设备费 | 主要材料费 | 建筑费 | 建筑工程费合计 |
|---|---|---|---|---|---|
| | 建筑工程 | | | 31736 | 31736 |
| 二 | 主变压器及配电装置建筑 | | | 31736 | 31736 |
| 2 | ××kV 构架及设备基础 | | | 31736 | 31736 |
| 2.1 | 构架及基础 | | | 31736 | 31736 |
| | 合计 | | | 31736 | 31736 |

典型方案 A2-1 拆除工程专业汇总表　　　表 3-6

金额单位：元

| 序号 | 工程或费用名称 | 拆除工程费 |
|---|---|---|
| | 拆除工程 | 17724 |
| | 建筑拆除 | 8260 |
| 二 | 主变压器及配电装置建筑 | 8260 |
| 2 | ××kV 构架及设备基础 | 8260 |
| 2.2 | 设备支架及基础 | 8260 |
| | 安装拆除 | 9464 |
| 二 | 配电装置 | 9464 |
| 2 | 屋外配电装置 | 9464 |

续表

| 序号 | 工程或费用名称 | 拆除工程费 |
|---|---|---|
| 2.1 | ××kV 配电装置 | 9464 |
|  | 合计 | 17724 |

典型方案 A2-1 其他费用概算表　　　　表 3-7

金额单位：元

| 序号 | 工程或费用项目名称 | 编制依据及计算说明 | 合价 |
|---|---|---|---|
| 2 | 项目管理费 |  | 15372 |
| 2.1 | 管理经费 | （建筑工程费＋安装工程费＋拆除工程费）×3.53% | 5566 |
| 2.2 | 招标费 | （建筑工程费＋安装工程费＋拆除工程费）×1.81% | 2854 |
| 2.3 | 工程监理费 | （建筑工程费＋安装工程费＋拆除工程费）×4.41% | 6953 |
| 3 | 项目技术服务费 |  | 38057 |
| 3.1 | 前期工作费 | （建筑工程费＋安装工程费）×3.05% | 4268 |
| 3.2 | 知识产权转让及研究试验费 |  |  |
| 3.3 | 工程勘察设计费 |  | 31918 |
| 3.3.1 | 勘察费 | （勘察费）×100% |  |
| 3.3.2 | 设计费 | （设计费）×100% | 31918 |
| 3.4 | 设计文件评审费 |  | 1034 |
| 3.4.1 | 初步设计文件评审费 | （基本设计费）×3.5% | 1034 |
| 3.5 | 施工过程造价咨询及竣工结算审核费 | （建筑工程费＋安装工程费＋拆除工程费）×0.53% | 836 |
|  | 合计 |  | 53429 |

## 3.2　A2-2 更换 220kV $SF_6$ 瓷柱式额定短路开断电流 40kA 断路器

### 3.2.1　典型方案主要内容

更换 220kV $SF_6$ 瓷柱式额定短路开断电流 40kA 断路器。

### 3.2.2　典型方案工程量表

典型方案工程量如表 3-8、表 3-9 所示。

典型方案 A2-2 电气设备材料表　　　　　　　　　表 3-8

| 序号 | 设备材料名称 | 规格及型号 | 单位 | 设计用量 |
|---|---|---|---|---|
|  | 安装工程 |  |  |  |
|  | 220kV 断路器 | AC220kV, 3150A, 40kA, $SF_6$ | 台 | 1 |
| BZ103 | 220kV 软导线引下线 |  | 组（三相） | 1 |
| BZ204 | 220kV 软导线及设备连线 |  | 组（三相） | 1 |
| X03010101 | 铜排 | −25×4 | t | 0.011 |
| FZ801 | 电缆保护管 | 钢管 $\phi50$ | t | 0.189 |
| N03030103 | 电缆防火堵料 | 柔性 JZD 型 | t | 0.1 |
| N03020101 | 电缆防火涂料 | G60-3 型 | t | 0.1 |
| BZ904 | 220kV 变电站控制电缆 |  | km | 0.5 |
| BZ804 | 220kV 变电站电力电缆 |  | km | 0.1 |
| H05010101 | 扁钢 | −60×8 | t | 0.038 |

典型方案 A2-2 工程量表　　　　　　　　　表 3-9

| 序号 | 材料名称 | 单位 | 设计用量 |
|---|---|---|---|
|  | 建筑工程 |  |  |
| JGT2-8 | 独立基础 钢筋混凝土基础 | m³ | 14 |
| JGT1-11 | 人工施工土方 基坑土方 挖深 2m 以内 | m³ | 35 |
| JGT7-11 | 钢筋、铁件 普通钢筋 | t | 1.329 |

### 3.2.3　典型方案概算书

典型方案概算书如表 3-10～表 3-14 所示。

典型方案 A2-2 总概算汇总表　　　　　　　　　表 3-10

金额单位：万元

| 序号 | 工程或费用名称 | 含税金额 | 占工程静态投资的比例（%） |
|---|---|---|---|
| 一 | 建筑工程费 | 3.06 | 7.51 |
| 二 | 安装工程费 | 10.82 | 26.54 |
| 三 | 拆除工程费 | 1.74 | 4.27 |

续表

| 序号 | 工程或费用名称 | 含税金额 | 占工程静态投资的比例（%） |
|---|---|---|---|
| 四 | 设备购置费 | 20.45 | 50.16 |
| | 其中：编制基准期价差 | 1.01 | 2.48 |
| 五 | 小计 | 36.07 | 88.47 |
| | 其中：甲供设备材料费 | 22.54 | 55.29 |
| 六 | 其他费用 | 4.7 | 11.53 |
| 七 | 基本预备费 | | |
| 八 | 特殊项目 | | |
| 九 | 工程投资合计 | 40.77 | 100 |

典型方案 A2-2 安装工程专业汇总表　　　　表 3-11

金额单位：元

| 序号 | 工程或费用名称 | 安装工程费 | | | 设备购置费 | 合计 |
|---|---|---|---|---|---|---|
| | | 主要材料费 | 安装费 | 小计 | | |
| 一 | 安装工程 | 21165 | 87041 | 108206 | 204522 | 312728 |
| 二 | 配电装置 | 6296 | 25898 | 32194 | 204522 | 236716 |
| 2 | 屋外配电装置 | 6296 | 25898 | 32194 | 204522 | 236716 |
| 2.1 | 220kV 配电装置 | 6296 | 25898 | 32194 | 204522 | 236716 |
| 四 | 控制及直流系统 | | 20000 | 20000 | | 20000 |
| 1 | 监控或监测系统 | | 20000 | 20000 | | 20000 |
| 1.1 | 计算机监控系统 | | 20000 | 20000 | | 20000 |
| 六 | 电缆防护设施 | 14611 | 9871 | 24482 | | 24482 |
| 1 | 电缆桥支架 | 1123 | | 1123 | | 1123 |
| 2 | 电缆防火 | 2205 | 2955 | 5160 | | 5160 |
| 3 | 电缆 | 11283 | 6916 | 18199 | | 18199 |
| 七 | 全站接地 | 258 | 520 | 779 | | 779 |
| 1 | 接地网 | 258 | 520 | 779 | | 779 |
| 九 | 调试 | | 30752 | 30752 | | 30752 |
| 1 | 分系统调试 | | 6753 | 6753 | | 6753 |
| 3 | 特殊调试 | | 23999 | 23999 | | 23999 |
| | 合计 | 21165 | 87041 | 108206 | 204522 | 312728 |

典型方案 A2-2 建筑工程专业汇总表　　　　表 3-12

金额单位：元

| 序号 | 工程或费用名称 | 设备费 | 主要材料费 | 建筑费 | 建筑工程费合计 |
|---|---|---|---|---|---|
| 一 | 建筑工程 | | | 30645 | 30645 |
| 二 | 主变压器及配电装置建筑 | | | 30645 | 30645 |
| 2 | ××kV 构架及设备基础 | | | 30645 | 30645 |
| 2.1 | 构架及基础 | | | 30645 | 30645 |
| | 合计 | | | 30645 | 30645 |

典型方案 A2-2 拆除工程专业汇总表　　　　表 3-13

金额单位：元

| 序号 | 工程或费用名称 | 拆除工程费 |
|---|---|---|
| | 拆除工程 | 17439 |
| 一 | 建筑拆除 | 7975 |
| 二 | 主变压器及配电装置建筑 | 7975 |
| 2 | ××kV 构架及设备基础 | 7975 |
| 2.2 | 设备支架及基础 | 7975 |
| | 安装拆除 | 9464 |
| 二 | 配电装置 | 9464 |
| 2 | 屋外配电装置 | 9464 |
| 2.1 | ××kV 配电装置 | 9464 |
| | 合计 | 17439 |

典型方案 A2-2 其他费用概算表　　　　表 3-14

金额单位：元

| 序号 | 工程或费用项目名称 | 编制依据及计算说明 | 合价 |
|---|---|---|---|
| 2 | 项目管理费 | | 15238 |
| 2.1 | 管理经费 | （建筑工程费＋安装工程费＋拆除工程费）×3.53% | 5517 |
| 2.2 | 招标费 | （建筑工程费＋安装工程费＋拆除工程费）×1.81% | 2829 |
| 2.3 | 工程监理费 | （建筑工程费＋安装工程费＋拆除工程费）×4.41% | 6892 |
| 3 | 项目技术服务费 | | 31749 |

续表

| 序号 | 工程或费用项目名称 | 编制依据及计算说明 | 合价 |
|---|---|---|---|
| 3.1 | 前期工作费 | (建筑工程费+安装工程费)×3.05% | 4235 |
| 3.3 | 工程勘察设计费 | | 25848 |
| 3.3.2 | 设计费 | (设计费)×100% | 25848 |
| 3.4 | 设计文件评审费 | | 838 |
| 3.4.1 | 初步设计文件评审费 | (基本设计费)×3.5% | 838 |
| 3.5 | 施工过程造价咨询及竣工结算审核费 | (建筑工程费+安装工程费+拆除工程费)×0.53% | 828 |
| | 合计 | | 46987 |

## 3.3 A2-3 更换 110kV SF$_6$ 瓷柱式额定短路开断电流 40kA 断路器

### 3.3.1 典型方案主要内容

更换 110kV SF$_6$ 瓷柱式额定短路开断电流 40kA 断路器。

### 3.3.2 典型方案工程量表

典型方案工程量如表 3-15、表 3-16 所示。

典型方案 A2-3 电气设备材料表　　表 3-15

| 序号 | 设备材料名称 | 规格及型号 | 单位 | 设计用量 |
|---|---|---|---|---|
| | 安装工程 | | | |
| | 110kV 断路器 | AC110kV, 3150A, 40kA, SF$_6$ | 台 | 1 |
| BZ102 | 110kV 软导线引下线 | | 组(三相) | 1 |
| BZ202 | 110kV 软导线设备连线 | | 组(三相) | 1 |
| X03010101 | 铜排 | −25×4 | t | 0.011 |
| FZ801 | 电缆保护管 | 钢管 $\phi$50 | t | 0.189 |
| N03030103 | 电缆防火堵料 | 柔性 JZD 型 | t | 0.05 |
| N03020101 | 电缆防火涂料 | G60-3 型 | t | 0.1 |
| BZ803 | 110kV 变电站电力电缆 | | km | 0.1 |
| BZ903 | 110kV 变电站控制电缆 | | km | 0.4 |
| H05010101 | 扁钢 | −60×8 | t | 0.038 |

典型方案 A2-3 工程量表　　　　　　　　　表 3-16

| 序号 | 材料名称 | 单位 | 设计用量 |
|---|---|---|---|
|  | 建筑工程 |  |  |
| JGT2-8 | 独立基础 钢筋混凝土基础 | m³ | 10 |
| JGT1-11 | 人工施工土方 基坑土方 挖深 2m 以内 | m³ | 25 |
| JGT7-11 | 钢筋、铁件 普通钢筋 | t | 0.949 |

### 3.3.3 典型方案概算书

典型方案概算书如表 3-17～表 3-21 所示。

典型方案 A2-3 总概算汇总表　　　　　　　表 3-17

金额单位：万元

| 序号 | 工程或费用名称 | 含税金额 | 占工程静态投资的比例（%） |
|---|---|---|---|
| 一 | 建筑工程费 | 2.19 | 7.29 |
| 二 | 安装工程费 | 8.74 | 29.08 |
| 三 | 拆除工程费 | 1.22 | 4.06 |
| 四 | 设备购置费 | 14.35 | 47.74 |
|  | 其中：编制基准期价差 | 0.73 | 2.43 |
| 五 | 小计 | 26.5 | 88.16 |
|  | 其中：甲供设备材料费 | 15.73 | 52.33 |
| 八 | 其他费用 | 3.56 | 11.84 |
| 七 | 基本预备费 |  |  |
| 八 | 特殊项目 |  |  |
| 九 | 工程投资合计 | 30.06 | 100 |

典型方案 A2-3 安装工程专业汇总表　　　　表 3-18

金额单位：元

| 序号 | 工程或费用名称 | 安装工程费 | | | 设备购置费 | 合计 |
|---|---|---|---|---|---|---|
|  |  | 主要材料费 | 安装费 | 小计 |  |  |
|  | 安装工程 | 14034 | 73412 | 87446 | 143498 | 230943 |
| 二 | 配电装置 | 1474 | 17999 | 19473 | 143498 | 162971 |

续表

| 序号 | 工程或费用名称 | 安装工程费 | | | 设备购置费 | 合计 |
|---|---|---|---|---|---|---|
| | | 主要材料费 | 安装费 | 小计 | | |
| 2 | 屋外配电装置 | 1474 | 17999 | 19473 | 143498 | 162971 |
| 2.1 | 110kV 配电装置 | 1474 | 17999 | 19473 | 143498 | 162971 |
| 四 | 控制及直流系统 | | 20000 | 20000 | | 20000 |
| 1 | 监控或监测系统 | | 20000 | 20000 | | 20000 |
| 1.1 | 计算机监控系统 | | 20000 | 20000 | | 20000 |
| 六 | 电缆防护设施 | 12301 | 8447 | 20748 | | 20748 |
| 1 | 电缆桥支架 | 1123 | | 1123 | | 1123 |
| 2 | 电缆防火 | 1981 | 2676 | 4657 | | 4657 |
| 3 | 电缆 | 9197 | 5771 | 14968 | | 14968 |
| 七 | 全站接地 | 258 | 520 | 779 | | 779 |
| 1 | 接地网 | 258 | 520 | 779 | | 779 |
| 九 | 调试 | | 26446 | 26446 | | 26446 |
| 1 | 分系统调试 | | 4881 | 4881 | | 4881 |
| 3 | 特殊调试 | | 21565 | 21565 | | 21565 |
| | 合计 | 14034 | 73412 | 87446 | 143498 | 230943 |

**典型方案 A2-3 建筑工程专业汇总表**  表 3-19

金额单位：元

| 序号 | 工程或费用名称 | 设备费 | 主要材料费 | 建筑费 | 建筑工程费合计 |
|---|---|---|---|---|---|
| 一 | 建筑工程 | | | 21887 | 21887 |
| 二 | 主变压器及配电装置建筑 | | | 21887 | 21887 |
| 2 | ××kV 构架及设备基础 | | | 21887 | 21887 |
| 2.1 | 构架及基础 | | | 21887 | 21887 |
| | 合计 | | | 21887 | 21887 |

典型方案 A2-3 拆除工程专业汇总表　　　　表 3-20

金额单位：元

| 序号 | 工程或费用名称 | 拆除工程费 |
|---|---|---|
|  | 拆除工程 | 12183 |
|  | 建筑拆除 | 5697 |
| 二 | 主变压器及配电装置建筑 | 5697 |
| 2 | ××kV 构架及设备基础 | 5697 |
| 2.2 | 设备支架及基础 | 5697 |
|  | 安装拆除 | 6486 |
| 二 | 配电装置 | 6486 |
| 2 | 屋外配电装置 | 6486 |
| 2.1 | ××kV 配电装置 | 6486 |
|  | 合计 | 12183 |

典型方案 A2-3 其他费用概算表　　　　表 3-21

金额单位：元

| 序号 | 工程或费用项目名称 | 编制依据及计算说明 | 合价 |
|---|---|---|---|
| 2 | 项目管理费 |  | 11848 |
| 2.1 | 管理经费 | （建筑工程费＋安装工程费＋拆除工程费）×3.53% | 4290 |
| 2.2 | 招标费 | （建筑工程费＋安装工程费＋拆除工程费）×1.81% | 2199 |
| 2.3 | 工程监理费 | （建筑工程费＋安装工程费＋拆除工程费）×4.41% | 5359 |
| 3 | 项目技术服务费 |  | 23783 |
| 3.1 | 前期工作费 | （建筑工程费＋安装工程费）×3.05% | 3335 |
| 3.3 | 工程勘察设计费 |  | 19032 |
| 3.3.1 | 勘察费 | （勘察费）×100% |  |
| 3.3.2 | 设计费 | （设计费）×100% | 19032 |
| 3.4 | 设计文件评审费 |  | 617 |
| 3.4.1 | 初步设计文件评审费 | （基本设计费）×3.5% | 617 |

续表

| 序号 | 工程或费用项目名称 | 编制依据及计算说明 | 合价 |
|---|---|---|---|
| 3.5 | 施工过程造价咨询及竣工结算审核费 | (建筑工程费+安装工程费+拆除工程费)×0.53% | 800 |
| | 合计 | | 35631 |

## 3.4 A2-4 更换 35kV SF$_6$ 瓷柱式额定短路开断电流 31.5kA 断路器

### 3.4.1 典型方案主要内容

更换 35kV SF$_6$ 瓷柱式额定短路开断电流 31.5kA 断路器。

### 3.4.2 典型方案工程量表

典型方案工程量如表 3-22、表 3-23 所示。

典型方案 A2-4 电气设备材料表　　表 3-22

| 序号 | 设备材料名称 | 规格及型号 | 单位 | 设计用量 |
|---|---|---|---|---|
| | 安装工程 | | | |
| | 35kV 断路器 | AC35kV,3150A,31.5kA,SF$_6$ | 台 | 1 |
| BZ101 | 35kV 软导线引下线 | | 组(三相) | 1 |
| BZ201 | 35kV 软导线设备连线 | | 组(三相) | 1 |
| X03010101 | 铜排 | -25×4 | t | 0.011 |
| FZ801 | 电缆保护管 | 钢管$\phi$50 | t | 0.189 |
| N03030103 | 电缆防火堵料 | 柔性 JZD 型 | t | 0.05 |
| N03020101 | 电缆防火涂料 | G60-3 型 | t | 0.1 |
| BZ801 | 35kV 变电站电力电缆 | | km | 0.1 |
| BZ901 | 35kV 变电站控制电缆 | | km | 0.3 |
| H05010101 | 扁钢 | -60×8 | t | 0.038 |

典型方案 A2-4 工程量表　　表 3-23

| 序号 | 材料名称 | 单位 | 设计用量 |
|---|---|---|---|
| JGT2-8 | 独立基础 钢筋混凝土基础 | m³ | 10 |
| JGT1-11 | 人工施工土方 基坑土方 挖深 2m 以内 | m³ | 25 |
| JGT7-11 | 钢筋、铁件 普通钢筋 | t | 0.949 |

### 3.4.3 典型方案概算书

典型方案概算书如表 3-24～表 3-28 所示。

典型方案 A2-4 总概算汇总表　　　　　　　　表 3-24

金额单位：万元

| 序号 | 工程或费用名称 | 含税金额 | 占工程静态投资的比例（%） |
|---|---|---|---|
| 一 | 建筑工程费 | 2.19 | 10.14 |
| 二 | 安装工程费 | 8.23 | 38.12 |
| 三 | 拆除工程费 | 1.09 | 5.05 |
| 四 | 设备购置费 | 7.19 | 33.3 |
|  | 其中：编制基准期价差 | 0.72 | 3.33 |
| 五 | 小计 | 18.7 | 86.61 |
|  | 其中：甲供设备材料费 | 8.35 | 38.68 |
| 六 | 其他费用 | 2.89 | 13.39 |
| 七 | 基本预备费 |  |  |
| 八 | 特殊项目 |  |  |
| 九 | 工程投资合计 | 21.59 | 100 |

典型方案 A2-4 安装工程专业汇总表　　　　　　表 3-25

金额单位：元

| 序号 | 工程或费用名称 | 安装工程费 | | | 设备购置费 | 合计 |
|---|---|---|---|---|---|---|
|  |  | 主要材料费 | 安装费 | 小计 |  |  |
|  | 安装工程 | 11813 | 70458 | 82271 | 71900 | 154171 |
| 二 | 配电装置 | 1216 | 17993 | 19210 | 71900 | 91110 |
| 2 | 屋外配电装置 | 1216 | 17993 | 19210 | 71900 | 91110 |
| 2.1 | 220kV 配电装置 | 1216 | 17993 | 19210 | 71900 | 91110 |
| 四 | 控制及直流系统 |  | 20000 | 20000 |  | 20000 |
| 1 | 监控或监测系统 |  | 20000 | 20000 |  | 20000 |
| 1.1 | 计算机监控系统 |  | 20000 | 20000 |  | 20000 |
| 六 | 电缆防护设施 | 10338 | 7300 | 17638 |  | 17638 |

续表

| 序号 | 工程或费用名称 | 安装工程费 | | | 设备购置费 | 合计 |
|---|---|---|---|---|---|---|
| | | 主要材料费 | 安装费 | 小计 | | |
| 1 | 电缆桥支架 | 1123 | | 1123 | | 1123 |
| 2 | 电缆防火 | 1981 | 2676 | 4657 | | 4657 |
| 3 | 电缆 | 7234 | 4624 | 11858 | | 11858 |
| 七 | 全站接地 | 258 | 520 | 779 | | 779 |
| 1 | 接地网 | 258 | 520 | 779 | | 779 |
| 九 | 调试 | | 24644 | 24644 | | 24644 |
| 1 | 分系统调试 | | 3096 | 3096 | | 3096 |
| 3 | 特殊调试 | | 21548 | 21548 | | 21548 |
| | 合计 | 11813 | 70458 | 82271 | 71900 | 154171 |

**典型方案 A2-4 建筑工程专业汇总表**　　　　表 3-26

金额单位：元

| 序号 | 工程或费用名称 | 设备费 | 主要材料费 | 建筑费 | 建筑工程费合计 |
|---|---|---|---|---|---|
| | 建筑工程 | | | 21887 | 21887 |
| 二 | 主变压器及配电装置建筑 | | | 21887 | 21887 |
| 2 | ××kV 构架及设备基础 | | | 21887 | 21887 |
| 2.1 | 构架及基础 | | | 21887 | 21887 |
| | 合计 | | | 21887 | 21887 |

**典型方案 A2-4 拆除工程专业汇总表**　　　　表 3-27

金额单位：元

| 序号 | 工程或费用名称 | 拆除工程费 |
|---|---|---|
| | 拆除工程 | 10879 |
| | 建筑拆除 | 5697 |
| 二 | 主变压器及配电装置建筑 | 5697 |
| 2 | ××kV 构架及设备基础 | 5697 |
| 2.2 | 设备支架及基础 | 5697 |

续表

| 序号 | 工程或费用名称 | 拆除工程费 |
|---|---|---|
| | 安装拆除 | 5182 |
| 二 | 配电装置 | 5182 |
| 2 | 屋外配电装置 | 5182 |
| 2.1 | ××kV 配电装置 | 5182 |
| | 合计 | 10879 |

典型方案 A2-4 其他费用概算表　　　　表 3-28

金额单位：元

| 序号 | 工程或费用项目名称 | 编制依据及计算说明 | 合价 |
|---|---|---|---|
| 2 | 项目管理费 | | 11216 |
| 2.1 | 管理经费 | （建筑工程费＋安装工程费＋拆除工程费）×3.53% | 4061 |
| 2.2 | 招标费 | （建筑工程费＋安装工程费＋拆除工程费）×1.81% | 2082 |
| 2.3 | 工程监理费 | （建筑工程费＋安装工程费＋拆除工程费）×4.41% | 5073 |
| 3 | 项目技术服务费 | | 17659 |
| 3.1 | 前期工作费 | （建筑工程费＋安装工程费）×3.05% | 3177 |
| 3.3 | 工程勘察设计费 | | 13253 |
| 3.3.2 | 设计费 | （设计费）×100% | 13253 |
| 3.4 | 设计文件评审费 | | 429 |
| 3.4.1 | 初步设计文件评审费 | （基本设计费）×3.5% | 429 |
| 3.5 | 施工过程造价咨询及竣工结算审核费 | （建筑工程费＋安装工程费＋拆除工程费）×0.53% | 800 |
| | 合计 | | 28875 |

## 3.5　A2-5 更换 35kV SF$_6$ 瓷柱式额定短路开断电流 25kA 断路器

### 3.5.1　典型方案主要内容

更换 35kV SF$_6$ 瓷柱式额定短路开断电流 25kA 断路器。

### 3.5.2　典型方案工程量表

典型方案工程量如表 3-29、表 3-30 所示。

典型方案 A2-5 电气设备材料表　　　　　　　表 3-29

| 序号 | 设备材料名称 | 规格及型号 | 单位 | 设计用量 |
|---|---|---|---|---|
|  | 安装工程 |  |  |  |
|  | 35kV 断路器 | AC35kV，3150A，25kA，$SF_6$ | 台 | 1 |
| BZ101 | 35kV 软导线引下线 |  | 组（三相） | 1 |
| BZ201 | 35kV 软导线设备连线 |  | 组（三相） | 1 |
| X03010101 | 铜排 | $-25 \times 4$ | t | 0.011 |
| FZ801 | 电缆保护管 | 钢管 $\phi 50$ | t | 0.189 |
| N03030103 | 电缆防火堵料 | 柔性 JZD 型 | t | 0.05 |
| N03020101 | 电缆防火涂料 | G60-3 型 | t | 0.1 |
| BZ801 | 35kV 变电站电力电缆 |  | km | 0.1 |
| BZ901 | 35kV 变电站控制电缆 |  | km | 0.3 |
| H05010101 | 扁钢 | $-60 \times 8$ | t | 0.038 |

典型方案 A2-5 工程量表　　　　　　　表 3-30

| 序号 | 材料名称 | 单位 | 设计用量 |
|---|---|---|---|
|  | 建筑工程 |  |  |
| JGT2-8 | 独立基础 钢筋混凝土基础 | $m^3$ | 10 |
| JGT1-11 | 人工施工土方 基坑土方 挖深 2m 以内 | $m^3$ | 25 |
| JGT7-11 | 钢筋、铁件 普通钢筋 | t | 0.949 |

### 3.5.3　典型方案概算书

典型方案概算书如表 3-31～表 3-35 所示。

典型方案 A2-5 总概算汇总表　　　　　　　表 3-31

金额单位：万元

| 序号 | 工程或费用名称 | 含税金额 | 占工程静态投资的比例（%） |
|---|---|---|---|
| 一 | 建筑工程费 | 2.19 | 10.19 |
| 二 | 安装工程费 | 8.23 | 38.28 |
| 三 | 拆除工程费 | 1.09 | 5.07 |
| 四 | 设备购置费 | 7.11 | 33.07 |

续表

| 序号 | 工程或费用名称 | 含税金额 | 占工程静态投资的比例（%） |
|---|---|---|---|
| | 其中：编制基准期价差 | 0.72 | 3.35 |
| 五 | 小计 | 18.62 | 86.6 |
| | 其中：甲供设备材料费 | 8.26 | 38.42 |
| 六 | 其他费用 | 2.88 | 13.4 |
| 七 | 基本预备费 | | |
| 八 | 特殊项目 | | |
| 九 | 工程投资合计 | 21.5 | 100 |

典型方案 A2-5 安装工程专业汇总表　　　表 3-32

金额单位：元

| 序号 | 工程或费用名称 | 安装工程费 | | | 设备购置费 | 合计 |
|---|---|---|---|---|---|---|
| | | 主要材料费 | 安装费 | 小计 | | |
| 一 | 安装工程 | 11813 | 70458 | 82271 | 71056 | 153327 |
| 二 | 配电装置 | 1216 | 17993 | 19210 | 71056 | 90266 |
| 2 | 屋外配电装置 | 1216 | 17993 | 19210 | 71056 | 90266 |
| 2.1 | 220kV 配电装置 | 1216 | 17993 | 19210 | 71056 | 90266 |
| 四 | 控制及直流系统 | | 20000 | 20000 | | 20000 |
| 1 | 监控或监测系统 | | 20000 | 20000 | | 20000 |
| 1.1 | 计算机监控系统 | | 20000 | 20000 | | 20000 |
| 六 | 电缆防护设施 | 10338 | 7300 | 17638 | | 17638 |
| 1 | 电缆桥支架 | 1123 | | 1123 | | 1123 |
| 2 | 电缆防火 | 1981 | 2676 | 4657 | | 4657 |
| 3 | 电缆 | 7234 | 4624 | 11858 | | 11858 |
| 七 | 全站接地 | 258 | 520 | 779 | | 779 |
| 1 | 接地网 | 258 | 520 | 779 | | 779 |
| 九 | 调试 | | 24644 | 24644 | | 24644 |
| 1 | 分系统调试 | | 3096 | 3096 | | 3096 |
| 3 | 特殊调试 | | 21548 | 21548 | | 21548 |
| | 合计 | 11813 | 70458 | 82271 | 71056 | 153327 |

典型方案 A2-5 建筑工程专业汇总表　　　　　表 3-33

金额单位：元

| 序号 | 工程或费用名称 | 设备费 | 主要材料费 | 建筑费 | 建筑工程费合计 |
|---|---|---|---|---|---|
| 一 | 建筑工程 | | | 21887 | 21887 |
| 二 | 主变压器及配电装置建筑 | | | 21887 | 21887 |
| 2 | ××kV 构架及设备基础 | | | 21887 | 21887 |
| 2.1 | 构架及基础 | | | 21887 | 21887 |
| | 合计 | | | 21887 | 21887 |

典型方案 A2-5 拆除工程专业汇总表　　　　　表 3-34

金额单位：元

| 序号 | 工程或费用名称 | 拆除工程费 |
|---|---|---|
| | 拆除工程 | 10879 |
| | 建筑拆除 | 5697 |
| 二 | 主变压器及配电装置建筑 | 5697 |
| 2 | ××kV 构架及设备基础 | 5697 |
| 2.2 | 设备支架及基础 | 5697 |
| | 安装拆除 | 5182 |
| 二 | 配电装置 | 5182 |
| 2 | 屋外配电装置 | 5182 |
| 2.1 | ××kV 配电装置 | 5182 |
| | 合计 | 10879 |

典型方案 A2-5 其他费用概算表　　　　　表 3-35

金额单位：元

| 序号 | 工程或费用项目名称 | 编制依据及计算说明 | 合价 |
|---|---|---|---|
| 2 | 项目管理费 | | 11216 |
| 2.1 | 管理经费 | （建筑工程费＋安装工程费＋拆除工程费）×3.53% | 4061 |
| 2.2 | 招标费 | （建筑工程费＋安装工程费＋拆除工程费）×1.81% | 2082 |
| 2.3 | 工程监理费 | （建筑工程费＋安装工程费＋拆除工程费）×4.41% | 5073 |
| 3 | 项目技术服务费 | | 17594 |

续表

| 序号 | 工程或费用项目名称 | 编制依据及计算说明 | 合价 |
| --- | --- | --- | --- |
| 3.1 | 前期工作费 | （建筑工程费＋安装工程费）×3.05% | 3177 |
| 3.3 | 工程勘察设计费 | | 13189 |
| 3.3.2 | 设计费 | （设计费）×100% | 13189 |
| 3.4 | 设计文件评审费 | | 427 |
| 3.4.1 | 初步设计文件评审费 | （基本设计费）×3.5% | 427 |
| 3.5 | 施工过程造价咨询及竣工结算审核费 | （建筑工程费＋安装工程费＋拆除工程费）×0.53% | 800 |
| | 合计 | | 28810 |

# 第4章 更换隔离开关

## 4.1 A3-1更换220kV户外三柱不接地隔离开关

### 4.1.1 典型方案主要内容

更换220kV户外三柱不接地隔离开关。

### 4.1.2 典型方案工程量表

典型方案工程量如表4-1、表4-2所示。

典型方案A3-1电气设备材料表　　　　　　　　表4-1

| 序号 | 设备材料名称 | 规格及型号 | 单位 | 设计用量 |
|---|---|---|---|---|
| | 安装工程 | | | |
| | 220kV隔离开关 | AC220kV，50kA，4000A，不接地，三柱水平旋转 | 组 | 1 |
| BZ103 | 220kV软导线引下线 | | 组（三相） | 1 |
| BZ204 | 220kV软导线及设备连线 | | 组（三相） | 1 |
| FZ801 | 电缆保护管 | 钢管φ50 | t | 0.053 |
| N03030103 | 电缆防火堵料 | 柔性JZD型 | t | 0.1 |
| N03020101 | 电缆防火涂料 | G60-3型 | t | 0.1 |
| BZ904 | 220kV变电站控制电缆 | | km | 0.5 |
| BZ804 | 220kV变电站电力电缆 | | km | 0.1 |
| X04010101 | 绝缘铜绞线 | 100mm² | t | 0.018 |
| H05010101 | 扁钢 | -60×8 | t | 0.038 |

典型方案A3-1工程量表　　　　　　　　表4-2

| 序号 | 材料名称 | 单位 | 设计用量 |
|---|---|---|---|
| | 建筑工程 | | |
| JGT2-8 | 独立基础 钢筋混凝土基础 | m³ | 9 |
| JGT1-11 | 人工施工土方 基坑土方 挖深2m以内 | m³ | 22.5 |
| JGT9-36 | 不含土方基础支架 钢管设备支架 | t | 1.2 |
| JGT7-11 | 钢筋、铁件 普通钢筋 | t | 0.854 |

### 4.1.3 典型方案概算书

典型方案概算书如表 4-3～表 4-7 所示。

典型方案 A3-1 总概算汇总表　　　　　　　表 4-3

金额单位：万元

| 序号 | 工程或费用名称 | 含税金额 | 占工程静态投资的比例（%） |
|---|---|---|---|
| 一 | 建筑工程费 | 3.66 | 13.9 |
| 二 | 安装工程费 | 4.89 | 18.57 |
| 三 | 拆除工程费 | 1.06 | 4.03 |
| 四 | 设备购置费 | 13.71 | 52.07 |
|  | 其中：编制基准期价差 | 0.62 | 2.35 |
| 五 | 小计 | 23.32 | 88.57 |
|  | 其中：甲供设备材料费 | 17.27 | 65.59 |
| 六 | 其他费用 | 3.01 | 11.43 |
| 七 | 基本预备费 |  |  |
| 八 | 特殊项目 |  |  |
| 九 | 工程投资合计 | 26.33 | 100 |

典型方案 A3-1 安装工程专业汇总表　　　　　　　表 4-4

金额单位：元

| 序号 | 工程或费用名称 | 安装工程费 | | | 设备购置费 | 合计 |
|---|---|---|---|---|---|---|
|  |  | 主要材料费 | 安装费 | 小计 |  |  |
|  | 安装工程 | 20847 | 28058 | 48905 | 137053 | 185957 |
| 二 | 配电装置 | 5526 | 14222 | 19748 | 137053 | 156801 |
| 2 | 屋外配电装置 | 5526 | 14222 | 19748 | 137053 | 156801 |
| 2.1 | 220kV 配电装置 | 5526 | 14222 | 19748 | 137053 | 156801 |
| 六 | 电缆防护设施 | 13802 | 9871 | 23673 |  | 23673 |
| 1 | 电缆桥支架 | 315 |  | 315 |  | 315 |
| 2 | 电缆防火 | 2205 | 2955 | 5160 |  | 5160 |
| 3 | 电缆 | 11283 | 6916 | 18199 |  | 18199 |
| 七 | 全站接地 | 1518 | 1714 | 3232 |  | 3232 |
| 1 | 接地网 | 1518 | 1714 | 3232 |  | 3232 |
| 九 | 调试 |  | 2251 | 2251 |  | 2251 |

续表

| 序号 | 工程或费用名称 | 安装工程费 | | | 设备购置费 | 合计 |
|---|---|---|---|---|---|---|
| | | 主要材料费 | 安装费 | 小计 | | |
| 1 | 分系统调试 | | 2251 | 2251 | | 2251 |
| | 合计 | 20847 | 28058 | 48905 | 137053 | 185957 |

**典型方案 A3-1 建筑工程专业汇总表**　　　　　　　　　　表 4-5

金额单位：元

| 序号 | 工程或费用名称 | 设备费 | 主要材料费 | 建筑费 | 建筑工程费合计 |
|---|---|---|---|---|---|
| | 建筑工程 | | | 36644 | 36644 |
| 二 | 主变压器及配电装置建筑 | | | 36644 | 36644 |
| 2 | ××kV 构架及设备基础 | | | 36644 | 36644 |
| 2.1 | 构架及基础 | | | 36644 | 36644 |
| | 合计 | | | 36644 | 36644 |

**典型方案 A3-1 拆除工程专业汇总表**　　　　　　　　　　表 4-6

金额单位：元

| 序号 | 工程或费用名称 | 拆除工程费 |
|---|---|---|
| | 拆除工程 | 10628 |
| | 建筑拆除 | 5127 |
| 二 | 主变压器及配电装置建筑 | 5127 |
| 2 | ××kV 构架及设备基础 | 5127 |
| 2.2 | 设备支架及基础 | 5127 |
| | 安装拆除 | 5501 |
| 二 | 配电装置 | 5501 |
| 2 | 屋外配电装置 | 5501 |
| 2.1 | ××kV 配电装置 | 5501 |
| | 合计 | 10628 |

**典型方案 A3-1 其他费用概算表**　　　　　　　　　　表 4-7

金额单位：元

| 序号 | 工程或费用项目名称 | 编制依据及计算说明 | 合价 |
|---|---|---|---|
| 2 | 项目管理费 | | 9377 |
| 2.1 | 管理经费 | （建筑工程费＋安装工程费＋拆除工程费）×3.53% | 3395 |

续表

| 序号 | 工程或费用项目名称 | 编制依据及计算说明 | 合价 |
|---|---|---|---|
| 2.2 | 招标费 | （建筑工程费＋安装工程费＋拆除工程费）×1.81% | 1741 |
| 2.3 | 工程监理费 | （建筑工程费＋安装工程费＋拆除工程费）×4.41% | 4241 |
| 3 | 项目技术服务费 | | 20709 |
| 3.1 | 前期工作费 | （建筑工程费＋安装工程费）×3.05% | 2609 |
| 3.3 | 工程勘察设计费 | | 16757 |
| 3.3.2 | 设计费 | （设计费）×100% | 16757 |
| 3.4 | 设计文件评审费 | | 543 |
| 3.4.1 | 初步设计文件评审费 | （基本设计费）×3.5% | 543 |
| 3.5 | 施工过程造价咨询及竣工结算审核费 | （建筑工程费＋安装工程费＋拆除工程费）×0.53% | 800 |
| | 合计 | | 30086 |

## 4.2 A3-2 更换 220kV 户外三柱单接地隔离开关

### 4.2.1 典型方案主要内容

更换 220kV 户外三柱单接地隔离开关。

### 4.2.2 典型方案工程量表

典型方案工程量如表 4-8、表 4-9 所示。

典型方案 A3-2 电气设备材料表　　　　　　表 4-8

| 序号 | 设备材料名称 | 规格及型号 | 单位 | 设计用量 |
|---|---|---|---|---|
| | 安装工程 | | | |
| | 220kV 隔离开关 | AC220kV，63kA，5000A，单接地，三柱水平旋转 | 组 | 1 |
| BZ103 | 220kV 软导线引下线 | | 组（三相） | 1 |
| BZ204 | 220kV 软导线及设备连线 | | 组（三相） | 1 |
| FZ801 | 电缆保护管 | 钢管 $\phi 50$ | t | 0.053 |
| N03030103 | 电缆防火堵料 | 柔性 JZD 型 | t | 0.1 |
| N03020101 | 电缆防火涂料 | G60-3 型 | t | 0.1 |

续表

| 序号 | 设备材料名称 | 规格及型号 | 单位 | 设计用量 |
|---|---|---|---|---|
| BZ904 | 220kV 变电站控制电缆 |  | km | 0.5 |
| BZ804 | 220kV 变电站电力电缆 |  | km | 0.1 |
| X04010101 | 绝缘铜绞线 | 100mm² | t | 0.018 |
| H05010101 | 扁钢 | −60×8 | t | 0.038 |

典型方案 A3-2 工程量表　　表 4-9

| 序号 | 材料名称 | 单位 | 设计用量 |
|---|---|---|---|
|  | 建筑工程 |  |  |
| JGT2-8 | 独立基础 钢筋混凝土基础 | m³ | 9 |
| JGT1-11 | 人工施工土方 基坑土方 挖深2m以内 | m³ | 22.5 |
| JGT9-36 | 不含土方基础支架 钢管设备支架 | t | 1.3 |
| JGT7-11 | 钢筋、铁件 普通钢筋 | t | 0.854 |

### 4.2.3　典型方案概算书

典型方案概算书如表 4-10～表 4-14 所示。

典型方案 A3-2 总概算汇总表　　表 4-10

金额单位：万元

| 序号 | 工程或费用名称 | 含税金额 | 占工程静态投资的比例(%) |
|---|---|---|---|
| 一 | 建筑工程费 | 3.81 | 13.14 |
| 二 | 安装工程费 | 4.97 | 17.14 |
| 三 | 拆除工程费 | 1.08 | 3.72 |
| 四 | 设备购置费 | 15.91 | 54.86 |
|  | 其中：编制基准期价差 | 0.63 | 2.17 |
| 五 | 小计 | 25.77 | 88.86 |
|  | 其中：甲供设备材料费 | 19.6 | 67.59 |
| 六 | 其他费用 | 3.23 | 11.14 |
| 七 | 基本预备费 |  |  |
| 八 | 特殊项目 |  |  |
| 九 | 工程投资合计 | 29 | 100 |

典型方案 A3-2 安装工程专业汇总表　　　　表 4-11

金额单位：元

| 序号 | 工程或费用名称 | 安装工程费 | | | 设备购置费 | 合计 |
|---|---|---|---|---|---|---|
| | | 主要材料费 | 安装费 | 小计 | | |
| 一 | 安装工程 | 20847 | 28810 | 49657 | 159106 | 208763 |
| 二 | 配电装置 | 5526 | 14974 | 20500 | 159106 | 179606 |
| 2 | 屋外配电装置 | 5526 | 14974 | 20500 | 159106 | 179606 |
| 2.1 | 220kV 配电装置 | 5526 | 14974 | 20500 | 159106 | 179606 |
| 六 | 电缆防护设施 | 13802 | 9871 | 23673 | | 23673 |
| 1 | 电缆桥支架 | 315 | | 315 | | 315 |
| 2 | 电缆防火 | 2205 | 2955 | 5160 | | 5160 |
| 3 | 电缆 | 11283 | 6916 | 18199 | | 18199 |
| 七 | 全站接地 | 1518 | 1714 | 3232 | | 3232 |
| 1 | 接地网 | 1518 | 1714 | 3232 | | 3232 |
| 九 | 调试 | | 2251 | 2251 | | 2251 |
| 1 | 分系统调试 | | 2251 | 2251 | | 2251 |
| | 合计 | 20847 | 28810 | 49657 | 159106 | 208763 |

典型方案 A3-2 建筑工程专业汇总表　　　　表 4-12

金额单位：元

| 序号 | 工程或费用名称 | 设备费 | 主要材料费 | 建筑费 | 建筑工程费合计 |
|---|---|---|---|---|---|
| 一 | 建筑工程 | | | 38056 | 38056 |
| 二 | 主变压器及配电装置建筑 | | | 38056 | 38056 |
| 2 | ××kV 构架及设备基础 | | | 38056 | 38056 |
| 2.1 | 构架及基础 | | | 38056 | 38056 |
| | 合计 | | | 38056 | 38056 |

典型方案 A3-2 拆除工程专业汇总表　　　　表 4-13

金额单位：元

| 序号 | 工程或费用名称 | 拆除工程费 |
|---|---|---|
| 一 | 拆除工程 | 10819 |
| | 建筑拆除 | 5127 |

续表

| 序号 | 工程或费用名称 | 拆除工程费 |
|---|---|---|
| 二 | 主变压器及配电装置建筑 | 5127 |
| 2 | ××kV构架及设备基础 | 5127 |
| 2.2 | 设备支架及基础 | 5127 |
|  | 安装拆除 | 5692 |
| 二 | 配电装置 | 5692 |
| 2 | 屋外配电装置 | 5692 |
| 2.1 | ××kV配电装置 | 5692 |
|  | 合计 | 10819 |

典型方案A3-2其他费用概算表　　　　表4-14

金额单位：元

| 序号 | 工程或费用项目名称 | 编制依据及计算说明 | 合价 |
|---|---|---|---|
| 2 | 项目管理费 |  | 9607 |
| 2.1 | 管理经费 | （建筑工程费＋安装工程费＋拆除工程费）×3.53% | 3478 |
| 2.2 | 招标费 | （建筑工程费＋安装工程费＋拆除工程费）×1.81% | 1783 |
| 2.3 | 工程监理费 | （建筑工程费＋安装工程费＋拆除工程费）×4.41% | 4345 |
| 3 | 项目技术服务费 |  | 22657 |
| 3.1 | 前期工作费 | （建筑工程费＋安装工程费）×3.05% | 2675 |
| 3.3 | 工程勘察设计费 |  | 18580 |
| 3.3.2 | 设计费 | （设计费）×100% | 18580 |
| 3.4 | 设计文件评审费 |  | 602 |
| 3.4.1 | 初步设计文件评审费 | （基本设计费）×3.5% | 602 |
| 3.5 | 施工过程造价咨询及竣工结算审核费 | （建筑工程费＋安装工程费＋拆除工程费）×0.53% | 800 |
|  | 合计 |  | 32264 |

## 4.3　A3-3 更换220kV户外三柱双接地隔离开关

### 4.3.1　典型方案主要内容

更换220kV户外三柱双接地隔离开关。

### 4.3.2 典型方案工程量表

典型方案工程量如表 4-15、表 4-16 所示。

典型方案 A3-3 电气设备材料表　　　　表 4-15

| 序号 | 设备材料名称 | 规格及型号 | 单位 | 设计用量 |
|---|---|---|---|---|
| | 安装工程 | | | |
| | 220kV 隔离开关 | AC220kV,50kA,4000A,双接地,三柱水平旋转 | 组 | 1 |
| BZ103 | 220kV 软导线引下线 | | 组（三相） | 1 |
| BZ204 | 220kV 软导线及设备连线 | | 组（三相） | 1 |
| FZ801 | 电缆保护管 | 钢管 φ50 | t | 0.053 |
| N03030103 | 电缆防火堵料 | 柔性 JZD 型 | t | 0.1 |
| N03020101 | 电缆防火涂料 | G60-3 型 | t | 0.1 |
| BZ904 | 220kV 变电站控制电缆 | | km | 0.5 |
| BZ804 | 220kV 变电站电力电缆 | | km | 0.1 |
| X04010101 | 绝缘铜绞线 | 100mm$^2$ | t | 0.018 |
| H05010101 | 扁钢 | -60×8 | t | 0.038 |

典型方案 A3-3 工程量表　　　　表 4-16

| 序号 | 材料名称 | 单位 | 设计用量 |
|---|---|---|---|
| | 建筑工程 | | |
| JGT2-8 | 独立基础 钢筋混凝土基础 | m$^3$ | 9 |
| JGT1-11 | 人工施工土方 基坑土方 挖深 2m 以内 | m$^3$ | 22.5 |
| JGT9-36 | 不含土方基础支架 钢管设备支架 | t | 1.3 |
| JGT7-11 | 钢筋、铁件 普通钢筋 | t | 0.854 |

### 4.3.3 典型方案概算书

典型方案概算书如表 4-17～表 4-21 所示。

典型方案 A3-3 总概算汇总表　　　　表 4-17

金额单位：万元

| 序号 | 工程或费用名称 | 含税金额 | 占工程静态投资的比例（%） |
|---|---|---|---|
| 一 | 建筑工程费 | 3.81 | 12.25 |
| 二 | 安装工程费 | 5.01 | 16.11 |

续表

| 序号 | 工程或费用名称 | 含税金额 | 占工程静态投资的比例(%) |
|---|---|---|---|
| 三 | 拆除工程费 | 1.1 | 3.54 |
| 四 | 设备购置费 | 17.8 | 57.23 |
|  | 其中：编制基准期价差 | 0.63 | 2.03 |
| 五 | 小计 | 27.72 | 89.13 |
|  | 其中：甲供设备材料费 | 21.49 | 69.1 |
| 六 | 其他费用 | 3.38 | 10.87 |
| 七 | 基本预备费 |  |  |
| 八 | 特殊项目 |  |  |
| 九 | 工程投资合计 | 31.1 | 100 |

典型方案 A3-3 安装工程专业汇总表　　　　表 4-18

金额单位：元

| 序号 | 工程或费用名称 | 安装工程费 | | | 设备购置费 | 合计 |
|---|---|---|---|---|---|---|
|  |  | 主要材料费 | 安装费 | 小计 |  |  |
| 一 | 安装工程 | 20847 | 29284 | 50131 | 178038 | 228168 |
| 二 | 配电装置 | 5526 | 15438 | 20964 | 178038 | 199002 |
| 2 | 屋外配电装置 | 5526 | 15438 | 20964 | 178038 | 199002 |
| 2.1 | 220kV 配电装置 | 5526 | 15438 | 20964 | 178038 | 199002 |
| 六 | 电缆防护设施 | 13802 | 9878 | 23680 |  | 23680 |
| 1 | 电缆桥支架 | 315 |  | 315 |  | 315 |
| 2 | 电缆防火 | 2205 | 2959 | 5163 |  | 5163 |
| 3 | 电缆 | 11283 | 6919 | 18202 |  | 18202 |
| 七 | 全站接地 | 1518 | 1715 | 3234 |  | 3234 |
| 1 | 接地网 | 1518 | 1715 | 3234 |  | 3234 |
| 九 | 调试 |  | 2252 | 2252 |  | 2252 |
| 1 | 分系统调试 |  | 2252 | 2252 |  | 2252 |
|  | 合计 | 20847 | 29284 | 50131 | 178038 | 228168 |

典型方案 A3-3 建筑工程专业汇总表　　　　　表 4-19

金额单位：元

| 序号 | 工程或费用名称 | 设备费 | 主要材料费 | 建筑费 | 建筑工程费合计 |
|---|---|---|---|---|---|
|  | 建筑工程 |  |  | 38063 | 38063 |
| 二 | 主变压器及配电装置建筑 |  |  | 38063 | 38063 |
| 2 | ××kV 构架及设备基础 |  |  | 38063 | 38063 |
| 2.1 | 构架及基础 |  |  | 38063 | 38063 |
|  | 合计 |  |  | 38063 | 38063 |

典型方案 A3-3 拆除工程专业汇总表　　　　　表 4-20

金额单位：元

| 序号 | 工程或费用名称 | 拆除工程费 |
|---|---|---|
|  | 拆除工程 | 10950 |
|  | 建筑拆除 | 5131 |
| 二 | 主变压器及配电装置建筑 | 5131 |
| 2 | ××kV 构架及设备基础 | 5131 |
| 2.2 | 设备支架及基础 | 5131 |
|  | 安装拆除 | 5820 |
| 二 | 配电装置 | 5820 |
| 2 | 屋外配电装置 | 5820 |
| 2.1 | ××kV 配电装置 | 5820 |
|  | 合计 | 10950 |

典型方案 A3-3 其他费用概算表　　　　　表 4-21

金额单位：元

| 序号 | 工程或费用项目名称 | 编制依据及计算说明 | 合价 |
|---|---|---|---|
| 2 | 项目管理费 |  | 9667 |
| 2.1 | 管理经费 | （建筑工程费＋安装工程费＋拆除工程费）×3.53% | 3500 |
| 2.2 | 招标费 | （建筑工程费＋安装工程费＋拆除工程费）×1.81% | 1795 |
| 2.3 | 工程监理费 | （建筑工程费＋安装工程费＋拆除工程费）×4.41% | 4372 |
| 3 | 项目技术服务费 |  | 24180 |

续表

| 序号 | 工程或费用项目名称 | 编制依据及计算说明 | 合价 |
|---|---|---|---|
| 3.1 | 前期工作费 | （建筑工程费＋安装工程费）×3.05% | 2690 |
| 3.3 | 工程勘察设计费 | | 20041 |
| 3.3.2 | 设计费 | （设计费）×100% | 20041 |
| 3.4 | 设计文件评审费 | | 649 |
| 3.4.1 | 初步设计文件评审费 | （基本设计费）×3.5% | 649 |
| 3.5 | 施工过程造价咨询及竣工结算审核费 | （建筑工程费＋安装工程费＋拆除工程费）×0.53% | 800 |
| | 合计 | | 33847 |

## 4.4  A3-4 更换 220kV 户外双柱不接地隔离开关

### 4.4.1  典型方案主要内容

更换 220kV 户外双柱不接地隔离开关。

### 4.4.2  典型方案工程量表

典型方案工程量如表 4-22、表 4-23 所示。

典型方案 A3-4 电气设备材料表　　　表 4-22

| 序号 | 设备材料名称 | 规格及型号 | 单位 | 设计用量 |
|---|---|---|---|---|
| | 安装工程 | | | |
| | 220kV 隔离开关 | AC220kV，50kA，4000A，不接地，双柱水平旋转 | 组 | 1 |
| BZ103 | 220kV 软导线引下线 | | 组（三相） | 1 |
| BZ204 | 220kV 软导线及设备连线 | | 组（三相） | 1 |
| FZ801 | 电缆保护管 | 钢管 $\phi 50$ | t | 0.053 |
| N03030103 | 电缆防火堵料 | 柔性 JZD 型 | t | 0.1 |
| N03020101 | 电缆防火涂料 | G60-3 型 | t | 0.1 |
| BZ904 | 220kV 变电站控制电缆 | | km | 0.5 |
| BZ804 | 220kV 变电站电力电缆 | | km | 0.1 |
| X04010101 | 绝缘铜绞线 | 100mm$^2$ | t | 0.018 |
| H05010101 | 扁钢 | $-60\times 8$ | t | 0.038 |

典型方案 A3-4 工程量表　　　　　　　　　　表 4-23

| 序号 | 材料名称 | 单位 | 设计用量 |
|---|---|---|---|
|  | 建筑工程 |  |  |
| JGT2-8 | 独立基础 钢筋混凝土基础 | m³ | 9 |
| JGT1-11 | 人工施工土方 基坑土方 挖深 2m 以内 | m³ | 22.5 |
| JGT9-36 | 不含土方基础支架 钢管设备支架 | t | 1.2 |
| JGT7-11 | 钢筋、铁件 普通钢筋 | t | 0.854 |

### 4.4.3 典型方案概算书

典型方案概算书如表 4-24～表 4-28 所示。

典型方案 A3-4 总概算汇总表　　　　　　　　　表 4-24

金额单位：万元

| 序号 | 工程或费用名称 | 含税金额 | 占工程静态投资的比例（%） |
|---|---|---|---|
| 一 | 建筑工程费 | 3.66 | 12.92 |
| 二 | 安装工程费 | 4.96 | 17.51 |
| 三 | 拆除工程费 | 1.07 | 3.78 |
| 四 | 设备购置费 | 15.48 | 54.64 |
|  | 其中：编制基准期价差 | 0.63 | 2.22 |
| 五 | 小计 | 25.17 | 88.85 |
|  | 其中：甲供设备材料费 | 19.04 | 67.21 |
| 六 | 其他费用 | 3.16 | 11.15 |
| 七 | 基本预备费 |  |  |
| 八 | 特殊项目 |  |  |
| 九 | 工程投资合计 | 28.33 | 100 |

典型方案 A3-4 安装工程专业汇总表　　　　　　表 4-25

金额单位：元

| 序号 | 工程或费用名称 | 安装工程费 | | | 设备购置费 | 合计 |
|---|---|---|---|---|---|---|
|  |  | 主要材料费 | 安装费 | 小计 |  |  |
|  | 安装工程 | 20847 | 28794 | 49640 | 154776 | 204416 |
| 二 | 配电装置 | 5526 | 14958 | 20484 | 154776 | 175260 |

续表

| 序号 | 工程或费用名称 | 安装工程费 | | | 设备购置费 | 合计 |
|---|---|---|---|---|---|---|
| | | 主要材料费 | 安装费 | 小计 | | |
| 2 | 屋外配电装置 | 5526 | 14958 | 20484 | 154776 | 175260 |
| 2.1 | 220kV 配电装置 | 5526 | 14958 | 20484 | 154776 | 175260 |
| 六 | 电缆防护设施 | 13802 | 9871 | 23673 | | 23673 |
| 1 | 电缆桥支架 | 315 | | 315 | | 315 |
| 2 | 电缆防火 | 2205 | 2955 | 5160 | | 5160 |
| 3 | 电缆 | 11283 | 6916 | 18199 | | 18199 |
| 七 | 全站接地 | 1518 | 1714 | 3232 | | 3232 |
| 1 | 接地网 | 1518 | 1714 | 3232 | | 3232 |
| 九 | 调试 | | 2251 | 2251 | | 2251 |
| 1 | 分系统调试 | | 2251 | 2251 | | 2251 |
| | 合计 | 20847 | 28794 | 49640 | 154776 | 204416 |

**典型方案 A3-4 建筑工程专业汇总表**　　表 4-26

金额单位：元

| 序号 | 工程或费用名称 | 设备费 | 主要材料费 | 建筑费 | 建筑工程费合计 |
|---|---|---|---|---|---|
| | 建筑工程 | | | 36644 | 36644 |
| 二 | 主变压器及配电装置建筑 | | | 36644 | 36644 |
| 2 | ××kV 构架及设备基础 | | | 36644 | 36644 |
| 2.1 | 构架及基础 | | | 36644 | 36644 |
| | 合计 | | | 36644 | 36644 |

**典型方案 A3-4 拆除工程专业汇总表**　　表 4-27

金额单位：元

| 序号 | 工程或费用名称 | 拆除工程费 |
|---|---|---|
| | 拆除工程 | 10741 |
| | 建筑拆除 | 5127 |
| 二 | 主变压器及配电装置建筑 | 5127 |
| 2 | ××kV 构架及设备基础 | 5127 |

续表

| 序号 | 工程或费用名称 | 拆除工程费 |
|---|---|---|
| 2.2 | 设备支架及基础 | 5127 |
|  | 安装拆除 | 5614 |
| 二 | 配电装置 | 5614 |
| 2 | 屋外配电装置 | 5614 |
| 2.1 | ××kV 配电装置 | 5614 |
|  | 合计 | 10741 |

典型方案 A3-4 其他费用概算表　　　　表 4-28

金额单位：元

| 序号 | 工程或费用项目名称 | 编制依据及计算说明 | 合价 |
|---|---|---|---|
| 2 | 项目管理费 |  | 9460 |
| 2.1 | 管理经费 | （建筑工程费＋安装工程费＋拆除工程费）×3.53% | 3425 |
| 2.2 | 招标费 | （建筑工程费＋安装工程费＋拆除工程费）×1.81% | 1756 |
| 2.3 | 工程监理费 | （建筑工程费＋安装工程费＋拆除工程费）×4.41% | 4279 |
| 3 | 项目技术服务费 |  | 22166 |
| 3.1 | 前期工作费 | （建筑工程费＋安装工程费）×3.05% | 2632 |
| 3.3 | 工程勘察设计费 |  | 18146 |
| 3.3.2 | 设计费 | （设计费）×100% | 18146 |
| 3.4 | 设计文件评审费 |  | 588 |
| 3.4.1 | 初步设计文件评审费 | （基本设计费）×3.5% | 588 |
| 3.5 | 施工过程造价咨询及竣工结算审核费 | （建筑工程费＋安装工程费＋拆除工程费）×0.53% | 800 |
|  | 合计 |  | 31626 |

## 4.5　A3-5 更换 220kV 户外双柱双接地隔离开关

### 4.5.1　典型方案主要内容

更换 220kV 户外双柱双接地隔离开关。

### 4.5.2　典型方案工程量表

典型方案工程量如表 4-29、表 4-30 所示。

典型方案 A3-5 电气设备材料表  表 4-29

| 序号 | 设备材料名称 | 规格及型号 | 单位 | 设计用量 |
|---|---|---|---|---|
| | 安装工程 | | | |
| | 220kV 隔离开关 | AC220kV,50kA,4000A,双接地,双柱水平旋转 | 组 | 1 |
| BZ103 | 220kV 软导线引下线 | | 组(三相) | 1 |
| BZ204 | 220kV 软导线及设备连线 | | 组(三相) | 1 |
| FZ801 | 电缆保护管 | 钢管 $\phi 50$ | t | 0.053 |
| N03030103 | 电缆防火堵料 | 柔性 JZD 型 | t | 0.1 |
| N03020101 | 电缆防火涂料 | G60-3 型 | t | 0.1 |
| BZ904 | 220kV 变电站控制电缆 | | km | 0.5 |
| BZ804 | 220kV 变电站电力电缆 | | km | 0.1 |
| X04010101 | 绝缘铜绞线 | 100mm$^2$ | t | 0.018 |
| H05010101 | 扁钢 | $-60 \times 8$ | t | 0.038 |

典型方案 A3-5 工程量表  表 4-30

| 序号 | 材料名称 | 单位 | 设计用量 |
|---|---|---|---|
| | 建筑工程 | | |
| JGT2-8 | 独立基础 钢筋混凝土基础 | m$^3$ | 9 |
| JGT1-11 | 人工施工土方 基坑土方 挖深 2m 以内 | m$^3$ | 22.5 |
| JGT9-36 | 不含土方基础支架 钢管设备支架 | t | 1.3 |
| JGT7-11 | 钢筋、铁件 普通钢筋 | t | 0.854 |

### 4.5.3 典型方案概算书

典型方案概算书如表 4-31～表 4-35 所示。

典型方案 A3-5 总概算汇总表  表 4-31

金额单位: 万元

| 序号 | 工程或费用名称 | 含税金额 | 占工程静态投资的比例(%) |
|---|---|---|---|
| 一 | 建筑工程费 | 3.81 | 11.93 |
| 二 | 安装工程费 | 5.07 | 15.87 |

续表

| 序号 | 工程或费用名称 | 含税金额 | 占工程静态投资的比例(%) |
|---|---|---|---|
| 三 | 拆除工程费 | 1.11 | 3.48 |
| 四 | 设备购置费 | 18.5 | 57.92 |
|  | 其中：编制基准期价差 | 0.63 | 1.97 |
| 五 | 小计 | 28.49 | 89.2 |
|  | 其中：甲供设备材料费 | 22.18 | 69.44 |
| 六 | 其他费用 | 3.45 | 10.8 |
| 七 | 基本预备费 |  |  |
| 八 | 特殊项目 |  |  |
| 九 | 工程投资合计 | 31.94 | 100 |

典型方案 A3-5 安装工程专业汇总表　　　　表 4-32

金额单位：元

| 序号 | 工程或费用名称 | 安装工程费 | | | 设备购置费 | 合计 |
|---|---|---|---|---|---|---|
|  |  | 主要材料费 | 安装费 | 小计 |  |  |
| 一 | 安装工程 | 20847 | 29807 | 50653 | 184986 | 235639 |
| 二 | 配电装置 | 5526 | 15971 | 21497 | 184986 | 206483 |
| 2 | 屋外配电装置 | 5526 | 15971 | 21497 | 184986 | 206483 |
| 2.1 | 220kV 配电装置 | 5526 | 15971 | 21497 | 184986 | 206483 |
| 六 | 电缆防护设施 | 13802 | 9871 | 23673 |  | 23673 |
| 1 | 电缆桥支架 | 315 |  | 315 |  | 315 |
| 2 | 电缆防火 | 2205 | 2955 | 5160 |  | 5160 |
| 3 | 电缆 | 11283 | 6916 | 18199 |  | 18199 |
| 七 | 全站接地 | 1518 | 1714 | 3232 |  | 3232 |
| 1 | 接地网 | 1518 | 1714 | 3232 |  | 3232 |
| 九 | 调试 |  | 2251 | 2251 |  | 2251 |
| 1 | 分系统调试 |  | 2251 | 2251 |  | 2251 |
|  | 合计 | 20847 | 29807 | 50653 | 184986 | 235639 |

典型方案 A3-5 建筑工程专业汇总表  表 4-33

金额单位：元

| 序号 | 工程或费用名称 | 设备费 | 主要材料费 | 建筑费 | 建筑工程费合计 |
|---|---|---|---|---|---|
| | 建筑工程 | | | 38056 | 38056 |
| 二 | 主变压器及配电装置建筑 | | | 38056 | 38056 |
| 2 | ××kV 构架及设备基础 | | | 38056 | 38056 |
| 2.1 | 构架及基础 | | | 38056 | 38056 |
| | 合计 | | | 38056 | 38056 |

典型方案 A3-5 拆除工程专业汇总表  表 4-34

金额单位：元

| 序号 | 工程或费用名称 | 拆除工程费 |
|---|---|---|
| | 拆除工程 | 11089 |
| | 建筑拆除 | 5127 |
| 二 | 主变压器及配电装置建筑 | 5127 |
| 2 | ××kV 构架及设备基础 | 5127 |
| 2.2 | 设备支架及基础 | 5127 |
| | 安装拆除 | 5962 |
| 二 | 配电装置 | 5962 |
| 2 | 屋外配电装置 | 5962 |
| 2.1 | ××kV 配电装置 | 5962 |
| | 合计 | 11089 |

典型方案 A3-5 其他费用概算表  表 4-35

金额单位：元

| 序号 | 工程或费用项目名称 | 编制依据及计算说明 | 合价 |
|---|---|---|---|
| 2 | 项目管理费 | | 9730 |
| 2.1 | 管理经费 | （建筑工程费＋安装工程费＋拆除工程费）×3.53% | 3523 |
| 2.2 | 招标费 | （建筑工程费＋安装工程费＋拆除工程费）×1.81% | 1806 |
| 2.3 | 工程监理费 | （建筑工程费＋安装工程费＋拆除工程费）×4.41% | 4401 |
| 3 | 项目技术服务费 | | 24776 |
| 3.1 | 前期工作费 | （建筑工程费＋安装工程费）×3.05% | 2706 |

续表

| 序号 | 工程或费用项目名称 | 编制依据及计算说明 | 合价 |
|---|---|---|---|
| 3.3 | 工程勘察设计费 | | 20603 |
| 3.3.2 | 设计费 | （设计费）×100% | 20603 |
| 3.4 | 设计文件评审费 | | 668 |
| 3.4.1 | 初步设计文件评审费 | （基本设计费）×3.5% | 668 |
| 3.5 | 施工过程造价咨询及竣工结算审核费 | （建筑工程费＋安装工程费＋拆除工程费）×0.53% | 800 |
| | 合计 | | 34506 |

## 4.6  A3-6 更换 220kV 户外单柱不接地隔离开关

### 4.6.1  典型方案主要内容

更换 220kV 户外单柱不接地隔离开关。

### 4.6.2  典型方案工程量表

典型方案工程量如表 4-36、表 4-37 所示。

典型方案 A3-6 电气设备材料表　　　表 4-36

| 序号 | 设备材料名称 | 规格及型号 | 单位 | 设计用量 |
|---|---|---|---|---|
| | 安装工程 | | | |
| | 220kV 隔离开关 | AC220kV，50kA，4000A，不接地，单臂垂直伸缩 | 组 | 1 |
| BZ103 | 220kV 软导线引下线 | | 组（三相） | 1 |
| BZ204 | 220kV 软导线及设备连线 | | 组（三相） | 1 |
| FZ801 | 电缆保护管 | 钢管 $\phi50$ | t | 0.053 |
| N03030103 | 电缆防火堵料 | 柔性 JZD 型 | t | 0.1 |
| N03020101 | 电缆防火涂料 | G60-3 型 | t | 0.1 |
| BZ904 | 220kV 变电站控制电缆 | | km | 0.5 |
| BZ804 | 220kV 变电站电力电缆 | | km | 0.1 |
| X04010101 | 绝缘铜绞线 | 100mm$^2$ | t | 0.018 |
| H05010101 | 扁钢 | －60×8 | t | 0.038 |

典型方案 A3-6 工程量表　　　　　　　　　　表 4-37

| 序号 | 材料名称 | 单位 | 设计用量 |
|---|---|---|---|
|  | 建筑工程 |  |  |
| JGT2-8 | 独立基础 钢筋混凝土基础 | m³ | 9 |
| JGT1-11 | 人工施工土方 基坑土方 挖深 2m 以内 | m³ | 22.5 |
| JGT9-36 | 不含土方基础支架 钢管设备支架 | t | 1.15 |
| JGT7-11 | 钢筋、铁件 普通钢筋 | t | 0.854 |

### 4.6.3　典型方案概算书

典型方案概算书如表 4-38～表 4-42 所示。

典型方案 A3-6 总概算汇总表　　　　　　　　　表 4-38

金额单位：万元

| 序号 | 工程或费用名称 | 含税金额 | 占工程静态投资的比例（%） |
|---|---|---|---|
| 一 | 建筑工程费 | 3.59 | 12.96 |
| 二 | 安装工程费 | 5.52 | 19.93 |
| 三 | 拆除工程费 | 1.2 | 4.33 |
| 四 | 设备购置费 | 14.2 | 51.28 |
|  | 其中：编制基准期价差 | 0.64 | 2.31 |
| 五 | 小计 | 24.51 | 88.52 |
|  | 其中：甲供设备材料费 | 17.7 | 63.92 |
| 六 | 其他费用 | 3.18 | 11.48 |
| 七 | 基本预备费 |  |  |
| 八 | 特殊项目 |  |  |
| 九 | 工程投资合计 | 27.69 | 100 |

典型方案 A3-6 安装工程专业汇总表　　　　　　表 4-39

金额单位：元

| 序号 | 工程或费用名称 | 安装工程费 | | | 设备购置费 | 合计 |
|---|---|---|---|---|---|---|
|  |  | 主要材料费 | 安装费 | 小计 |  |  |
| 一 | 安装工程 | 20847 | 34352 | 55199 | 141987 | 197186 |
| 二 | 配电装置 | 5526 | 20516 | 26042 | 141987 | 168029 |

续表

| 序号 | 工程或费用名称 | 安装工程费 | | | 设备购置费 | 合计 |
|---|---|---|---|---|---|---|
| | | 主要材料费 | 安装费 | 小计 | | |
| 2 | 屋外配电装置 | 5526 | 20516 | 26042 | 141987 | 168029 |
| 2.1 | 220kV 配电装置 | 5526 | 20516 | 26042 | 141987 | 168029 |
| 六 | 电缆防护设施 | 13802 | 9871 | 23673 | | 23673 |
| 1 | 电缆桥支架 | 315 | | 315 | | 315 |
| 2 | 电缆防火 | 2205 | 2955 | 5160 | | 5160 |
| 3 | 电缆 | 11283 | 6916 | 18199 | | 18199 |
| 七 | 全站接地 | 1518 | 1714 | 3232 | | 3232 |
| 1 | 接地网 | 1518 | 1714 | 3232 | | 3232 |
| 九 | 调试 | | 2251 | 2251 | | 2251 |
| 1 | 分系统调试 | | 2251 | 2251 | | 2251 |
| | 合计 | 20847 | 34352 | 55199 | 141987 | 197186 |

**典型方案 A3-6 建筑工程专业汇总表**　　　　表 4-40

金额单位：元

| 序号 | 工程或费用名称 | 设备费 | 主要材料费 | 建筑费 | 建筑工程费合计 |
|---|---|---|---|---|---|
| | 建筑工程 | | | 35938 | 35938 |
| 二 | 主变压器及配电装置建筑 | | | 35938 | 35938 |
| 2 | ××kV 构架及设备基础 | | | 35938 | 35938 |
| 2.1 | 构架及基础 | | | 35938 | 35938 |
| | 合计 | | | 35938 | 35938 |

**典型方案 A3-6 拆除工程专业汇总表**　　　　表 4-41

金额单位：元

| 序号 | 工程或费用名称 | 拆除工程费 |
|---|---|---|
| | 拆除工程 | 11975 |
| | 建筑拆除 | 5127 |
| 二 | 主变压器及配电装置建筑 | 5127 |
| 2 | ××kV 构架及设备基础 | 5127 |

续表

| 序号 | 工程或费用名称 | 拆除工程费 |
|---|---|---|
| 2.2 | 设备支架及基础 | 5127 |
|  | 安装拆除 | 6848 |
| 二 | 配电装置 | 6848 |
| 2 | 屋外配电装置 | 6848 |
| 2.1 | ××kV 配电装置 | 6848 |
|  | 合计 | 11975 |

典型方案 A3-6 其他费用概算表　　　　表 4-42

金额单位：元

| 序号 | 工程或费用项目名称 | 编制依据及计算说明 | 合价 |
|---|---|---|---|
| 2 | 项目管理费 |  | 10053 |
| 2.1 | 管理经费 | （建筑工程费＋安装工程费＋拆除工程费）×3.53% | 3640 |
| 2.2 | 招标费 | （建筑工程费＋安装工程费＋拆除工程费）×1.81% | 1866 |
| 2.3 | 工程监理费 | （建筑工程费＋安装工程费＋拆除工程费）×4.41% | 4547 |
| 3 | 项目技术服务费 |  | 21697 |
| 3.1 | 前期工作费 | （建筑工程费＋安装工程费）×3.05% | 2780 |
| 3.3 | 工程勘察设计费 |  | 17549 |
| 3.3.2 | 设计费 | （设计费）×100% | 17549 |
| 3.4 | 设计文件评审费 |  | 569 |
| 3.4.1 | 初步设计文件评审费 | （基本设计费）×3.5% | 569 |
| 3.5 | 施工过程造价咨询及竣工结算审核费 | （建筑工程费＋安装工程费＋拆除工程费）×0.53% | 800 |
|  | 合计 |  | 31750 |

## 4.7　A3-7 更换 220kV 户外单柱单接地隔离开关

### 4.7.1　典型方案主要内容

更换 220kV 户外单柱单接地隔离开关。

### 4.7.2　典型方案工程量表

典型方案工程量如表 4-43、表 4-44 所示。

典型方案 A3-7 电气设备材料表　　　　　　　表 4-43

| 序号 | 设备材料名称 | 规格及型号 | 单位 | 设计用量 |
|---|---|---|---|---|
| | 安装工程 | | | |
| | 220kV 隔离开关 | AC220kV，50kA，4000A，单接地，单臂垂直伸缩 | 组 | 1 |
| BZ103 | 220kV 软导线引下线 | | 组（三相） | 1 |
| BZ204 | 220kV 软导线及设备连线 | | 组（三相） | 1 |
| FZ801 | 电缆保护管 | 钢管 $\phi 50$ | t | 0.053 |
| N03030103 | 电缆防火堵料 | 柔性 JZD 型 | t | 0.1 |
| N03020101 | 电缆防火涂料 | G60-3 型 | t | 0.1 |
| BZ904 | 220kV 变电站控制电缆 | | km | 0.5 |
| BZ804 | 220kV 变电站电力电缆 | | km | 0.1 |
| X04010101 | 绝缘铜绞线 | 100mm² | t | 0.018 |
| H05010101 | 扁钢 | -60×8 | t | 0.038 |

典型方案 A3-7 工程量表　　　　　　　表 4-44

| 序号 | 材料名称 | 单位 | 设计用量 |
|---|---|---|---|
| | 建筑工程 | | |
| JGT2-8 | 独立基础 钢筋混凝土基础 | m³ | 9 |
| JCT1 11 | 人工施工土方 基坑土方 挖深 2m 以内 | m³ | 22.5 |
| JGT9-36 | 不含土方基础支架 钢管设备支架 | t | 1.18 |
| JGT7-11 | 钢筋、铁件 普通钢筋 | t | 0.854 |

### 4.7.3　典型方案概算书

典型方案概算书如表 4-45～表 4-49 所示。

典型方案 A3-7 总概算汇总表　　　　　　　表 4-45

金额单位：万元

| 序号 | 工程或费用名称 | 含税金额 | 占工程静态投资的比例（%） |
|---|---|---|---|
| 一 | 建筑工程费 | 3.64 | 13.16 |
| 二 | 安装工程费 | 5.57 | 20.14 |

续表

| 序号 | 工程或费用名称 | 含税金额 | 占工程静态投资的比例(%) |
|---|---|---|---|
| 三 | 拆除工程费 | 1.19 | 4.3 |
| 四 | 设备购置费 | 14.08 | 50.9 |
|  | 其中：编制基准期价差 | 0.64 | 2.31 |
| 五 | 小计 | 24.48 | 88.5 |
|  | 其中：甲供设备材料费 | 17.61 | 63.67 |
| 六 | 其他费用 | 3.18 | 11.5 |
| 七 | 基本预备费 |  |  |
| 八 | 特殊项目 |  |  |
| 九 | 工程投资合计 | 27.66 | 100 |

典型方案 A3-7 安装工程专业汇总表　　　　表 4-46

金额单位：元

| 序号 | 工程或费用名称 | 安装工程费 | | | 设备购置费 | 合计 |
|---|---|---|---|---|---|---|
|  |  | 主要材料费 | 安装费 | 小计 |  |  |
|  | 安装工程 | 20847 | 34809 | 55656 | 140779 | 196435 |
| 二 | 配电装置 | 5526 | 20974 | 26500 | 140779 | 167278 |
| 2 | 屋外配电装置 | 5526 | 20974 | 26500 | 140779 | 167278 |
| 2.1 | 220kV 配电装置 | 5526 | 20974 | 26500 | 140779 | 167278 |
| 六 | 电缆防护设施 | 13802 | 9871 | 23673 |  | 23673 |
| 1 | 电缆桥支架 | 315 |  | 315 |  | 315 |
| 2 | 电缆防火 | 2205 | 2955 | 5160 |  | 5160 |
| 3 | 电缆 | 11283 | 6916 | 18199 |  | 18199 |
| 七 | 全站接地 | 1518 | 1714 | 3232 |  | 3232 |
| 1 | 接地网 | 1518 | 1714 | 3232 |  | 3232 |
| 九 | 调试 |  | 2251 | 2251 |  | 2251 |
| 1 | 分系统调试 |  | 2251 | 2251 |  | 2251 |
|  | 合计 | 20847 | 34809 | 55656 | 140779 | 196435 |

典型方案 A3-7 建筑工程专业汇总表　　　　表 4-47

金额单位：元

| 序号 | 工程或费用名称 | 设备费 | 主要材料费 | 建筑费 | 建筑工程费合计 |
|---|---|---|---|---|---|
| | 建筑工程 | | | 36361 | 36361 |
| 二 | 主变压器及配电装置建筑 | | | 36361 | 36361 |
| 2 | ××kV 构架及设备基础 | | | 36361 | 36361 |
| 2.1 | 构架及基础 | | | 36361 | 36361 |
| | 合计 | | | 36361 | 36361 |

典型方案 A3-7 拆除工程专业汇总表　　　　表 4-48

金额单位：元

| 序号 | 工程或费用名称 | 拆除工程费 |
|---|---|---|
| | 拆除工程 | 11866 |
| | 建筑拆除 | 5127 |
| 二 | 主变压器及配电装置建筑 | 5127 |
| 2 | ××kV 构架及设备基础 | 5127 |
| 2.2 | 设备支架及基础 | 5127 |
| | 安装拆除 | 6739 |
| 二 | 配电装置 | 6739 |
| 2 | 屋外配电装置 | 6739 |
| 2.1 | ××kV 配电装置 | 6739 |
| | 合计 | 11866 |

典型方案 A3-7 其他费用概算表　　　　表 4-49

金额单位：元

| 序号 | 工程或费用项目名称 | 编制依据及计算说明 | 合价 |
|---|---|---|---|
| 2 | 项目管理费 | | 10129 |
| 2.1 | 管理经费 | （建筑工程费＋安装工程费＋拆除工程费）×3.53% | 3667 |
| 2.2 | 招标费 | （建筑工程费＋安装工程费＋拆除工程费）×1.81% | 1880 |
| 2.3 | 工程监理费 | （建筑工程费＋安装工程费＋拆除工程费）×4.41% | 4581 |
| 3 | 项目技术服务费 | | 21698 |
| 3.1 | 前期工作费 | （建筑工程费＋安装工程费）×3.05% | 2807 |

续表

| 序号 | 工程或费用项目名称 | 编制依据及计算说明 | 合价 |
|---|---|---|---|
| 3.3 | 工程勘察设计费 | | 17524 |
| 3.3.2 | 设计费 | （设计费）×100% | 17524 |
| 3.4 | 设计文件评审费 | | 568 |
| 3.4.1 | 初步设计文件评审费 | （基本设计费）×3.5% | 568 |
| 3.5 | 施工过程造价咨询及竣工结算审核费 | （建筑工程费+安装工程费+拆除工程费）×0.53% | 800 |
| | 合计 | | 31827 |

## 4.8 A3-8 更换 110kV 户外双柱不接地隔离开关

### 4.8.1 典型方案主要内容

更换 110kV 户外双柱不接地隔离开关。

### 4.8.2 典型方案工程量表

典型方案工程量如表 4-50、表 4-51 所示。

典型方案 A3-8 电气设备材料表　　　表 4-50

| 序号 | 设备材料名称 | 规格及型号 | 单位 | 设计用量 |
|---|---|---|---|---|
| | 安装工程 | | | |
| | 110kV 隔离开关 | AC110kV，40kA，3150A，不接地，双臂垂直伸缩 | 组 | 1 |
| BZ102 | 110kV 软导线引下线 | | 组（三相） | 1 |
| BZ202 | 110kV 软导线设备连线 | | 组（三相） | 1 |
| FZ801 | 电缆保护管 | 钢管 $\phi 50$ | t | 0.053 |
| N03030103 | 电缆防火堵料 | 柔性 JZD 型 | t | 0.1 |
| N03020101 | 电缆防火涂料 | G60-3 型 | t | 0.1 |
| BZ903 | 110kV 变电站控制电缆 | | km | 0.5 |
| BZ803 | 110kV 变电站电力电缆 | | km | 0.1 |
| X04010101 | 绝缘铜绞线 | 100mm$^2$ | t | 0.018 |
| H05010101 | 扁钢 | -60×8 | t | 0.038 |

典型方案 A3-8 工程量表  表 4-51

| 序号 | 材料名称 | 单位 | 设计用量 |
|---|---|---|---|
|  | 建筑工程 |  |  |
| JGT2-8 | 独立基础 钢筋混凝土基础 | m³ | 4 |
| JGT1-11 | 人工施工土方 基坑土方 挖深 2m 以内 | m³ | 10 |
| JGT9-36 | 不含土方基础支架 钢管设备支架 | t | 1 |
| JGT7-11 | 钢筋、铁件 普通钢筋 | t | 0.38 |

### 4.8.3 典型方案概算书

典型方案概算书如表 4-52～表 4-56 所示。

典型方案 A3-8 总概算汇总表  表 4-52

金额单位：万元

| 序号 | 工程或费用名称 | 含税金额 | 占工程静态投资的比例（%） |
|---|---|---|---|
| 一 | 建筑工程费 | 2.29 | 14.03 |
| 二 | 安装工程费 | 3.88 | 23.77 |
| 三 | 拆除工程费 | 0.66 | 4.04 |
| 四 | 设备购置费 | 7.49 | 45.89 |
|  | 其中：编制基准期价差 | 0.3 | 1.84 |
| 五 | 小计 | 14.32 | 87.75 |
|  | 其中：甲供设备材料费 | 10.26 | 62.87 |
| 六 | 其他费用 | 2 | 12.25 |
| 七 | 基本预备费 |  |  |
| 八 | 特殊项目 |  |  |
| 九 | 工程投资合计 | 16.32 | 100 |

典型方案 A3-8 安装工程专业汇总表  表 4-53

金额单位：元

| 序号 | 工程或费用名称 | 安装工程费 | | | 设备购置费 | 合计 |
|---|---|---|---|---|---|---|
|  |  | 主要材料费 | 安装费 | 小计 |  |  |
| 一 | 安装工程 | 15426 | 23351 | 38777 | 74921 | 113698 |
| 二 | 配电装置 | 704 | 10143 | 10847 | 74921 | 85768 |
| 2 | 屋外配电装置 | 704 | 10143 | 10847 | 74921 | 85768 |
| 2.1 | 220kV 配电装置 | 704 | 10143 | 10847 | 74921 | 85768 |

续表

| 序号 | 工程或费用名称 | 安装工程费 | | | 设备购置费 | 合计 |
|---|---|---|---|---|---|---|
| | | 主要材料费 | 安装费 | 小计 | | |
| 六 | 电缆防护设施 | 13204 | 9868 | 23072 | | 23072 |
| 1 | 电缆桥支架 | 315 | | 315 | | 315 |
| 2 | 电缆防火 | 2205 | 2955 | 5159 | | 5159 |
| 3 | 电缆 | 10684 | 6913 | 17598 | | 17598 |
| 七 | 全站接地 | 1518 | 1714 | 3232 | | 3232 |
| 1 | 接地网 | 1518 | 1714 | 3232 | | 3232 |
| 九 | 调试 | | 1626 | 1626 | | 1626 |
| 1 | 分系统调试 | | 1626 | 1626 | | 1626 |
| | 合计 | 15426 | 23351 | 38777 | 74921 | 113698 |

**典型方案 A3-8 建筑工程专业汇总表**　　表 4-54

金额单位：元

| 序号 | 工程或费用名称 | 设备费 | 主要材料费 | 建筑费 | 建筑工程费合计 |
|---|---|---|---|---|---|
| 一 | 建筑工程 | | | 22880 | 22880 |
| 二 | 主变压器及配电装置建筑 | | | 22880 | 22880 |
| 2 | ××kV 构架及设备基础 | | | 22880 | 22880 |
| 2.1 | 构架及基础 | | | 22880 | 22880 |
| | 合计 | | | 22880 | 22880 |

**典型方案 A3-8 拆除工程专业汇总表**　　表 4-55

金额单位：元

| 序号 | 工程或费用名称 | 拆除工程费 |
|---|---|---|
| | 拆除工程 | 6612 |
| | 建筑拆除 | 2279 |
| 二 | 主变压器及配电装置建筑 | 2279 |
| 2 | ××kV 构架及设备基础 | 2279 |
| 2.2 | 设备支架及基础 | 2279 |
| | 安装拆除 | 4333 |
| 二 | 配电装置 | 4333 |
| 2 | 屋外配电装置 | 4333 |

续表

| 序号 | 工程或费用名称 | 拆除工程费 |
|---|---|---|
| 2.1 | ××kV 配电装置 | 4333 |
| | 合计 | 6612 |

典型方案 A3-8 其他费用概算表　　　表 4-56

金额单位：元

| 序号 | 工程或费用项目名称 | 编制依据及计算说明 | 合价 |
|---|---|---|---|
| 2 | 项目管理费 | | 6656 |
| 2.1 | 管理经费 | （建筑工程费＋安装工程费＋拆除工程费）×3.53% | 2410 |
| 2.2 | 招标费 | （建筑工程费＋安装工程费＋拆除工程费）×1.81% | 1236 |
| 2.3 | 工程监理费 | （建筑工程费＋安装工程费＋拆除工程费）×4.41% | 3011 |
| 3 | 项目技术服务费 | | 13295 |
| 3.1 | 前期工作费 | （建筑工程费＋安装工程费）×3.05% | 1881 |
| 3.3 | 工程勘察设计费 | | 10281 |
| 3.3.2 | 设计费 | （设计费）×100% | 10281 |
| 3.4 | 设计文件评审费 | | 333 |
| 3.4.1 | 初步设计文件评审费 | （基本设计费）×3.5% | 333 |
| 3.5 | 施工过程造价咨询及竣工结算审核费 | （建筑工程费＋安装工程费＋拆除工程费）×0.53% | 800 |
| | 合计 | | 19951 |

## 4.9　A3-9 更换 110kV 户外双柱单接地隔离开关

### 4.9.1　典型方案主要内容

更换 110kV 户外双柱单接地隔离开关。

### 4.9.2　典型方案工程量表

典型方案如表 4-57、表 4-58 所示。

典型方案 A3-9 电气设备材料表　　　表 4-57

| 序号 | 设备材料名称 | 规格及型号 | 单位 | 设计用量 |
|---|---|---|---|---|
| | 安装工程 | | | |
| | 110kV 隔离开关 | AC110kV，40kA，3150A，单接地，双臂垂直伸缩 | 组 | 1 |

续表

| 序号 | 设备材料名称 | 规格及型号 | 单位 | 设计用量 |
|---|---|---|---|---|
| BZ102 | 110kV 软导线引下线 | | 组（三相） | 1 |
| BZ202 | 110kV 软导线设备连线 | | 组（三相） | 1 |
| FZ801 | 电缆保护管 | 钢管 $\phi$50 | t | 0.053 |
| N03030103 | 电缆防火堵料 | 柔性 JZD 型 | t | 0.1 |
| N03020101 | 电缆防火涂料 | G60-3 型 | t | 0.1 |
| BZ903 | 110kV 变电站控制电缆 | | km | 0.5 |
| BZ803 | 110kV 变电站电力电缆 | | km | 0.1 |
| X04010101 | 绝缘铜绞线 | 100mm$^2$ | t | 0.018 |
| H05010101 | 扁钢 | -60×8 | t | 0.038 |

典型方案 A3-9 建筑工程量表　　表 4-58

| 序号 | 材料名称 | 单位 | 设计用量 |
|---|---|---|---|
| | 建筑工程 | | |
| JGT2-8 | 独立基础 钢筋混凝土基础 | m$^3$ | 4 |
| JGT1-11 | 人工施工土方 基坑土方 挖深 2m 以内 | m$^3$ | 10 |
| JGT9-36 | 不含土方基础支架 钢管设备支架 | t | 1.2 |
| JGT7-11 | 钢筋、铁件 普通钢筋 | t | 0.38 |

### 4.9.3　典型方案概算书

典型方案概算书如表 4-59～表 4-63 所示。

典型方案 A3-9 总概算汇总表　　表 4-59

金额单位：万元

| 序号 | 工程或费用名称 | 含税金额 | 占工程静态投资的比例（%） |
|---|---|---|---|
| 一 | 建筑工程费 | 2.57 | 15.01 |
| 二 | 安装工程费 | 3.9 | 22.78 |
| 三 | 拆除工程费 | 0.66 | 3.86 |
| 四 | 设备购置费 | 7.9 | 46.14 |
| | 其中：编制基准期价差 | 0.3 | 1.75 |
| 五 | 小计 | 15.03 | 87.79 |

续表

| 序号 | 工程或费用名称 | 含税金额 | 占工程静态投资的比例(%) |
|---|---|---|---|
| | 其中:甲供设备材料费 | 10.92 | 63.79 |
| 六 | 其他费用 | 2.09 | 12.21 |
| 七 | 基本预备费 | | |
| 八 | 特殊项目 | | |
| 九 | 工程投资合计 | 17.12 | 100 |

典型方案 A3-9 安装工程专业汇总表　　　　表 4-60

金额单位:元

| 序号 | 工程或费用名称 | 安装工程费 | | | 设备购置费 | 合计 |
|---|---|---|---|---|---|---|
| | | 主要材料费 | 安装费 | 小计 | | |
| 一 | 安装工程 | 15426 | 23588 | 39014 | 79050 | 118064 |
| 二 | 配电装置 | 704 | 10380 | 11084 | 79050 | 90133 |
| 2 | 屋外配电装置 | 704 | 10380 | 11084 | 79050 | 90133 |
| 2.1 | 220kV 配电装置 | 704 | 10380 | 11084 | 79050 | 90133 |
| 六 | 电缆防护设施 | 13204 | 9868 | 23072 | | 23072 |
| 1 | 电缆桥支架 | 315 | | 315 | | 315 |
| 2 | 电缆防火 | 2205 | 2955 | 5159 | | 5159 |
| 3 | 电缆 | 10684 | 6913 | 17598 | | 17598 |
| 七 | 全站接地 | 1518 | 1714 | 3232 | | 3232 |
| 1 | 接地网 | 1518 | 1714 | 3232 | | 3232 |
| 九 | 调试 | | 1626 | 1626 | | 1626 |
| 1 | 分系统调试 | | 1626 | 1626 | | 1626 |
| | 合计 | 15426 | 23588 | 39014 | 79050 | 118064 |

典型方案 A3-9 建筑工程专业汇总表　　　　表 4-61

金额单位:元

| 序号 | 工程或费用名称 | 设备费 | 主要材料费 | 建筑费 | 建筑工程费合计 |
|---|---|---|---|---|---|
| 一 | 建筑工程 | | | 25705 | 25705 |
| 二 | 主变压器及配电装置建筑 | | | 25705 | 25705 |
| 2 | ××kV 构架及设备基础 | | | 25705 | 25705 |

续表

| 序号 | 工程或费用名称 | 设备费 | 主要材料费 | 建筑费 | 建筑工程费合计 |
|---|---|---|---|---|---|
| 2.1 | 构架及基础 | | | 25705 | 25705 |
| | 合计 | | | 25705 | 25705 |

典型方案 A3-9 拆除工程专业汇总表　　　　表 4-62

金额单位：元

| 序号 | 工程或费用名称 | 拆除工程费 |
|---|---|---|
| | 拆除工程 | 6612 |
| | 建筑拆除 | 2279 |
| 二 | 主变压器及配电装置建筑 | 2279 |
| 2 | ××kV 构架及设备基础 | 2279 |
| 2.2 | 设备支架及基础 | 2279 |
| | 安装拆除 | 4333 |
| 二 | 配电装置 | 4333 |
| 2 | 屋外配电装置 | 4333 |
| 2.1 | ××kV 配电装置 | 4333 |
| | 合计 | 6612 |

典型方案 A3-9 其他费用概算表　　　　表 4-63

金额单位：元

| 序号 | 工程或费用项目名称 | 编制依据及计算说明 | 合价 |
|---|---|---|---|
| 2 | 项目管理费 | | 6955 |
| 2.1 | 管理经费 | （建筑工程费＋安装工程费＋拆除工程费）×3.53% | 2518 |
| 2.2 | 招标费 | （建筑工程费＋安装工程费＋拆除工程费）×1.81% | 1291 |
| 2.3 | 工程监理费 | （建筑工程费＋安装工程费＋拆除工程费）×4.41% | 3146 |
| 3 | 项目技术服务费 | | 13947 |
| 3.1 | 前期工作费 | （建筑工程费＋安装工程费）×3.05% | 1974 |
| 3.3 | 工程勘察设计费 | | 10822 |
| 3.3.2 | 设计费 | （设计费）×100% | 10822 |
| 3.4 | 设计文件评审费 | | 351 |
| 3.4.1 | 初步设计文件评审费 | （基本设计费）×3.5% | 351 |
| 3.5 | 施工过程造价咨询及竣工结算审核费 | （建筑工程费＋安装工程费＋拆除工程费）×0.53% | 800 |
| | 合计 | | 20902 |

## 4.10 A3-10 更换 110kV 户外双柱双接地隔离开关

### 4.10.1 典型方案主要内容

更换 110kV 户外双柱双接地隔离开关。

### 4.10.2 典型方案工程量表

典型方案工程量如表 4-64、表 4-65 所示。

典型方案 A3-10 电气设备材料表　　　　　表 4-64

| 序号 | 设备材料名称 | 规格及型号 | 单位 | 设计用量 |
|---|---|---|---|---|
| | 安装工程 | | | |
| | 110kV 隔离开关 | AC110kV，40kA，3150A，双接地，双柱水平旋转 | 组 | 1 |
| BZ102 | 110kV 软导线引下线 | | 组（三相） | 1 |
| BZ202 | 110kV 软导线设备连线 | | 组（三相） | 1 |
| FZ801 | 电缆保护管 | 钢管 $\phi 50$ | t | 0.053 |
| N03030103 | 电缆防火堵料 | 柔性 JZD 型 | t | 0.1 |
| N03020101 | 电缆防火涂料 | G60-3 型 | t | 0.1 |
| BZ903 | 110kV 变电站控制电缆 | | km | 0.5 |
| BZ803 | 110kV 变电站电力电缆 | | km | 0.1 |
| X04010101 | 绝缘铜绞线 | $100mm^2$ | t | 0.018 |
| H05010101 | 扁钢 | $-60 \times 8$ | t | 0.038 |

典型方案 A3-10 建筑工程量表　　　　　表 4-65

| 序号 | 材料名称 | 单位 | 设计用量 |
|---|---|---|---|
| | 建筑工程 | | |
| JGT2-8 | 独立基础 钢筋混凝土基础 | $m^3$ | 4 |
| JGT1-11 | 人工施工土方 基坑土方 挖深 2m 以内 | $m^3$ | 10 |
| JGT9-36 | 不含土方基础支架 钢管设备支架 | t | 1.3 |
| JGT7-11 | 钢筋、铁件 普通钢筋 | t | 0.38 |

### 4.10.3 典型方案概算书

典型方案概算书如表 4-66～表 4-70 所示。

**典型方案 A3-10 总概算汇总表**　　　　　　　　　　　表 4-66

金额单位：万元

| 序号 | 工程或费用名称 | 含税金额 | 占工程静态投资的比例（%） |
|---|---|---|---|
| 一 | 建筑工程费 | 2.71 | 14.29 |
| 二 | 安装工程费 | 3.91 | 20.62 |
| 三 | 拆除工程费 | 0.68 | 3.59 |
| 四 | 设备购置费 | 9.42 | 49.68 |
|  | 其中：编制基准期价差 | 0.3 | 1.58 |
| 五 | 小计 | 16.72 | 88.19 |
|  | 其中：甲供设备材料费 | 12.56 | 66.24 |
| 六 | 其他费用 | 2.24 | 11.81 |
| 七 | 基本预备费 |  |  |
| 八 | 特殊项目 |  |  |
| 九 | 工程投资合计 | 18.96 | 100 |

**典型方案 A3-10 安装工程专业汇总表**　　　　　　　表 4-67

金额单位：元

| 序号 | 工程或费用名称 | 安装工程费 | | | 设备购置费 | 合计 |
|---|---|---|---|---|---|---|
|  |  | 主要材料费 | 安装费 | 小计 |  |  |
|  | 安装工程 | 15426 | 23721 | 39147 | 94155 | 133302 |
| 二 | 配电装置 | 704 | 10513 | 11217 | 94155 | 105371 |
| 2 | 屋外配电装置 | 704 | 10513 | 11217 | 94155 | 105371 |
| 2.1 | 220kV 配电装置 | 704 | 10513 | 11217 | 94155 | 105371 |
| 六 | 电缆防护设施 | 13204 | 9868 | 23072 |  | 23072 |
| 1 | 电缆桥支架 | 315 |  | 315 |  | 315 |
| 2 | 电缆防火 | 2205 | 2955 | 5159 |  | 5159 |
| 3 | 电缆 | 10684 | 6913 | 17598 |  | 17598 |
| 七 | 全站接地 | 1518 | 1714 | 3232 |  | 3232 |
| 1 | 接地网 | 1518 | 1714 | 3232 |  | 3232 |
| 九 | 调试 |  | 1626 | 1626 |  | 1626 |
| 1 | 分系统调试 |  | 1626 | 1626 |  | 1626 |
|  | 合计 | 15426 | 23721 | 39147 | 94155 | 133302 |

**典型方案 A3-10 建筑工程专业汇总表**　　　　表 4-68

金额单位：元

| 序号 | 工程或费用名称 | 设备费 | 主要材料费 | 建筑费 | 建筑工程费合计 |
|---|---|---|---|---|---|
| | 建筑工程 | | | 27117 | 27117 |
| 二 | 主变压器及配电装置建筑 | | | 27117 | 27117 |
| 2 | ××kV 构架及设备基础 | | | 27117 | 27117 |
| 2.1 | 构架及基础 | | | 27117 | 27117 |
| | 合计 | | | 27117 | 27117 |

**典型方案 A3-10 拆除工程专业汇总表**　　　　表 4-69

金额单位：元

| 序号 | 工程或费用名称 | 拆除工程费 |
|---|---|---|
| | 拆除工程 | 6788 |
| | 建筑拆除 | 2279 |
| 二 | 主变压器及配电装置建筑 | 2279 |
| 2 | ××kV 构架及设备基础 | 2279 |
| 2.2 | 设备支架及基础 | 2279 |
| | 安装拆除 | 4509 |
| 二 | 配电装置 | 4509 |
| 2 | 屋外配电装置 | 4509 |
| 2.1 | ××kV 配电装置 | 4509 |
| | 合计 | 6788 |

**典型方案 A3-10 其他费用概算表**　　　　表 4-70

金额单位：元

| 序号 | 工程或费用项目名称 | 编制依据及计算说明 | 合价 |
|---|---|---|---|
| 2 | 项目管理费 | | 7123 |
| 2.1 | 管理经费 | （建筑工程费＋安装工程费＋拆除工程费）×3.53% | 2579 |
| 2.2 | 招标费 | （建筑工程费＋安装工程费＋拆除工程费）×1.81% | 1322 |
| 2.3 | 工程监理费 | （建筑工程费＋安装工程费＋拆除工程费）×4.41% | 3222 |
| 3 | 项目技术服务费 | | 15288 |
| 3.1 | 前期工作费 | （建筑工程费＋安装工程费）×3.05% | 2021 |

续表

| 序号 | 工程或费用项目名称 | 编制依据及计算说明 | 合价 |
|---|---|---|---|
| 3.3 | 工程勘察设计费 | | 12076 |
| 3.3.2 | 设计费 | （设计费）×100% | 12076 |
| 3.4 | 设计文件评审费 | | 391 |
| 3.4.1 | 初步设计文件评审费 | （基本设计费）×3.5% | 391 |
| 3.5 | 施工过程造价咨询及竣工结算审核费 | （建筑工程费＋安装工程费＋拆除工程费）×0.53% | 800 |
| | 合计 | | 22411 |

## 4.11　A3-11更换35kV户外双柱不接地隔离开关

### 4.11.1　典型方案主要内容

更换35kV户外双柱不接地隔离开关。

### 4.11.2　典型方案工程量表

典型方案工程量如表4-71、表4-72所示。

典型方案A3-11电气设备材料表　　　表4-71

| 序号 | 设备材料名称 | 规格及型号 | 单位 | 设计用量 |
|---|---|---|---|---|
| | 安装工程 | | | |
| | 35kV隔离开关 | AC35kV，40kA，3150A，不接地，双臂垂直伸缩 | 组 | 1 |
| BZ101 | 35kV软导线引下线 | | 组（三相） | 1 |
| BZ201 | 35kV软导线设备连线 | | 组（三相） | 1 |
| FZ801 | 电缆保护管 | 钢管$\phi50$ | t | 0.053 |
| N03030103 | 电缆防火堵料 | 柔性JZD型 | t | 0.1 |
| N03020101 | 电缆防火涂料 | G60-3型 | t | 0.1 |
| BZ901 | 35kV变电站控制电缆 | | km | 0.5 |
| BZ801 | 35kV变电站电力电缆 | | km | 0.1 |
| X04010101 | 绝缘铜绞线 | 100mm$^2$ | t | 0.018 |
| H05010101 | 扁钢 | $-60\times8$ | t | 0.038 |

典型方案 A3-11 建筑工程量表　　　　　　表 4-72

| 序号 | 材料名称 | | 单位 | 设计用量 |
|---|---|---|---|---|
| | 建筑工程 | | | |
| JGT2-8 | 独立基础 | 钢筋混凝土基础 | m³ | 3 |
| JGT1-11 | 人工施工土方 基坑土方 挖深 2m 以内 | | m³ | 7.5 |
| JGT9-36 | 不含土方基础支架 钢管设备支架 | | t | 1 |
| JGT7-11 | 钢筋、铁件 普通钢筋 | | t | 0.285 |

### 4.11.3 典型方案概算书

典型方案概算书如表 4-73～表 4-77 所示。

典型方案 A3-11 总概算汇总表　　　　　　表 4-73

金额单位：万元

| 序号 | 工程或费用名称 | 含税金额 | 占工程静态投资的比例（%） |
|---|---|---|---|
| 一 | 建筑工程费 | 2.07 | 20.39 |
| 二 | 安装工程费 | 3.72 | 36.65 |
| 三 | 拆除工程费 | 0.58 | 5.71 |
| 四 | 设备购置费 | 2.28 | 22.46 |
| | 其中：编制基准期价差 | 0.23 | 2.27 |
| 五 | 小计 | 8.65 | 85.22 |
| | 其中：甲供设备材料费 | 5.03 | 49.56 |
| 六 | 其他费用 | 1.5 | 14.78 |
| 七 | 基本预备费 | | |
| 八 | 特殊项目 | | |
| 九 | 工程投资合计 | 10.15 | 100 |

典型方案 A3-11 安装工程专业汇总表　　　　　　表 4-74

金额单位：元

| 序号 | 工程或费用名称 | 安装工程费 | | | 设备购置费 | 合计 |
|---|---|---|---|---|---|---|
| | | 主要材料费 | 安装费 | 小计 | | |
| 一 | 安装工程 | 15288 | 21882 | 37171 | 22758 | 59929 |
| 二 | 配电装置 | 446 | 9268 | 9715 | 22758 | 32473 |
| 2 | 屋外配电装置 | 446 | 9268 | 9715 | 22758 | 32473 |

续表

| 序号 | 工程或费用名称 | 安装工程费 | | | 设备购置费 | 合计 |
|---|---|---|---|---|---|---|
| | | 主要材料费 | 安装费 | 小计 | | |
| 2.1 | 220kV 配电装置 | 446 | 9268 | 9715 | 22758 | 32473 |
| 六 | 电缆防护设施 | 13324 | 9868 | 23192 | | 23192 |
| 1 | 电缆桥支架 | 315 | | 315 | | 315 |
| 2 | 电缆防火 | 2205 | 2955 | 5159 | | 5159 |
| 3 | 电缆 | 10804 | 6913 | 17718 | | 17718 |
| 七 | 全站接地 | 1518 | 1714 | 3232 | | 3232 |
| 1 | 接地网 | 1518 | 1714 | 3232 | | 3232 |
| 九 | 调试 | | 1032 | 1032 | | 1032 |
| 1 | 分系统调试 | | 1032 | 1032 | | 1032 |
| | 合计 | 15288 | 21882 | 37171 | 22758 | 59929 |

**典型方案 A3-11 建筑工程专业汇总表**　　　　　　　　　表 4-75

金额单位：元

| 序号 | 工程或费用名称 | 设备费 | 主要材料费 | 建筑费 | 建筑工程费合计 |
|---|---|---|---|---|---|
| 一 | 建筑工程 | | | 20691 | 20691 |
| 二 | 主变压器及配电装置建筑 | | | 20691 | 20691 |
| 2 | ××kV 构架及设备基础 | | | 20691 | 20691 |
| 2.1 | 构架及基础 | | | 20691 | 20691 |
| | 合计 | | | 20691 | 20691 |

**典型方案 A3-11 拆除工程专业汇总表**　　　　　　　　　表 4-76

金额单位：元

| 序号 | 工程或费用名称 | 拆除工程费 |
|---|---|---|
| 一 | 拆除工程 | 5836 |
| | 建筑拆除 | 1709 |
| 二 | 主变压器及配电装置建筑 | 1709 |
| 2 | ××kV 构架及设备基础 | 1709 |
| 2.2 | 设备支架及基础 | 1709 |

续表

| 序号 | 工程或费用名称 | 拆除工程费 |
|---|---|---|
| | 安装拆除 | 4127 |
| 二 | 配电装置 | 4127 |
| 2 | 屋外配电装置 | 4127 |
| 2.1 | ××kV 配电装置 | 4127 |
| | 合计 | 5836 |

典型方案 A3-11 其他费用概算表　　　表 4-77

金额单位：元

| 序号 | 工程或费用项目名称 | 编制依据及计算说明 | 合价 |
|---|---|---|---|
| 2 | 项目管理费 | | 6211 |
| 2.1 | 管理经费 | （建筑工程费＋安装工程费＋拆除工程费）×3.53% | 2249 |
| 2.2 | 招标费 | （建筑工程费＋安装工程费＋拆除工程费）×1.81% | 1153 |
| 2.3 | 工程监理费 | （建筑工程费＋安装工程费＋拆除工程费）×4.41% | 2809 |
| 3 | 项目技术服务费 | | 8830 |
| 3.1 | 前期工作费 | （建筑工程费＋安装工程费）×3.05% | 1765 |
| 3.3 | 工程勘察设计费 | | 6069 |
| 3.3.2 | 设计费 | （设计费）×100% | 6069 |
| 3.4 | 设计文件评审费 | | 197 |
| 3.4.1 | 初步设计文件评审费 | （基本设计费）×3.5% | 197 |
| 3.5 | 施工过程造价咨询及竣工结算审核费 | （建筑工程费＋安装工程费＋拆除工程费）×0.53% | 800 |
| | 合计 | | 15041 |

## 4.12　A3-12 更换 35kV 户外双柱单接地隔离开关

### 4.12.1　典型方案主要内容

更换 35kV 户外双柱单接地隔离开关。

### 4.12.2　典型方案工程量表

典型方案工程量如表 4-78、表 4-79 所示。

典型方案 A3-12 电气设备材料表  表 4-78

| 序号 | 设备材料名称 | 规格及型号 | 单位 | 设计用量 |
|---|---|---|---|---|
| | 安装工程 | | | |
| | 35kV 隔离开关 | AC35kV，40kA，3150A，单接地，双臂垂直伸缩 | 组 | 1 |
| BZ101 | 35kV 软导线引下线 | | 组（三相） | 1 |
| BZ201 | 35kV 软导线设备连线 | | 组（三相） | 1 |
| FZ801 | 电缆保护管 | 钢管 $\phi$50 | t | 0.053 |
| N03030103 | 电缆防火堵料 | 柔性 JZD 型 | t | 0.1 |
| N03020101 | 电缆防火涂料 | G60-3 型 | t | 0.1 |
| BZ901 | 35kV 变电站控制电缆 | | km | 0.5 |
| BZ801 | 35kV 变电站电力电缆 | | km | 0.1 |
| X04010101 | 绝缘铜绞线 | 100mm$^2$ | t | 0.018 |
| H05010101 | 扁钢 | -60×8 | t | 0.038 |

典型方案 A3-12 建筑工程量表  表 4-79

| 序号 | 材料名称 | 单位 | 设计用量 |
|---|---|---|---|
| | 建筑工程 | | |
| JGT2-8 | 独立基础 钢筋混凝土基础 | m$^3$ | 3 |
| JGT1-11 | 人工施工土方 基坑土方 挖深 2m 以内 | m$^3$ | 7.5 |
| JGT9-36 | 不含土方基础支架 钢管设备支架 | t | 1.1 |
| JGT7-11 | 钢筋、铁件 普通钢筋 | t | 0.285 |

### 4.12.3 典型方案概算书

典型方案概算书如表 4-80～表 4-84 所示。

典型方案 A3-12 总概算汇总表  表 4-80

金额单位：万元

| 序号 | 工程或费用名称 | 含税金额 | 占工程静态投资的比例（%） |
|---|---|---|---|
| 一 | 建筑工程费 | 2.21 | 18.82 |
| 二 | 安装工程费 | 3.74 | 31.86 |
| 三 | 拆除工程费 | 0.59 | 5.03 |
| 四 | 设备购置费 | 3.56 | 30.32 |

续表

| 序号 | 工程或费用名称 | 含税金额 | 占工程静态投资的比例(%) |
|---|---|---|---|
| | 其中：编制基准期价差 | 0.23 | 1.96 |
| 五 | 小计 | 10.1 | 86.03 |
| | 其中：甲供设备材料费 | 6.44 | 54.86 |
| 六 | 其他费用 | 1.64 | 13.97 |
| 七 | 基本预备费 | | |
| 八 | 特殊项目 | | |
| 九 | 工程投资合计 | 11.74 | 100 |

**典型方案 A3-12 安装工程专业汇总表**　　　　　表 4-81

金额单位：元

| 序号 | 工程或费用名称 | 安装工程费 | | | 设备购置费 | 合计 |
|---|---|---|---|---|---|---|
| | | 主要材料费 | 安装费 | 小计 | | |
| 一 | 安装工程 | 15288 | 22103 | 37392 | 35648 | 73039 |
| 二 | 配电装置 | 446 | 9489 | 9936 | 35648 | 45583 |
| 2 | 屋外配电装置 | 446 | 9489 | 9936 | 35648 | 45583 |
| 2.1 | 220kV 配电装置 | 446 | 9489 | 9936 | 35648 | 45583 |
| 六 | 电缆防护设施 | 13324 | 9868 | 23192 | | 23192 |
| 1 | 电缆桥支架 | 315 | | 315 | | 315 |
| 2 | 电缆防火 | 2205 | 2955 | 5159 | | 5159 |
| 3 | 电缆 | 10804 | 6913 | 17718 | | 17718 |
| 七 | 全站接地 | 1518 | 1714 | 3232 | | 3232 |
| 1 | 接地网 | 1518 | 1714 | 3232 | | 3232 |
| 九 | 调试 | | 1032 | 1032 | | 1032 |
| 1 | 分系统调试 | | 1032 | 1032 | | 1032 |
| | 合计 | 15288 | 22103 | 37392 | 35648 | 73039 |

**典型方案 A3-12 建筑工程专业汇总表**　　　　　表 4-82

金额单位：元

| 序号 | 工程或费用名称 | 设备费 | 主要材料费 | 建筑费 | 建筑工程费合计 |
|---|---|---|---|---|---|
| 一 | 建筑工程 | | | 22103 | 22103 |
| 二 | 主变压器及配电装置建筑 | | | 22103 | 22103 |
| 2 | ××kV 构架及设备基础 | | | 22103 | 22103 |

续表

| 序号 | 工程或费用名称 | 设备费 | 主要材料费 | 建筑费 | 建筑工程费合计 |
|---|---|---|---|---|---|
| 2.1 | 构架及基础 | | | 22103 | 22103 |
| | 合计 | | | 22103 | 22103 |

典型方案 A3-12 拆除工程专业汇总表　　　　　　　　表 4-83

金额单位：元

| 序号 | 工程或费用名称 | 拆除工程费 |
|---|---|---|
| | 拆除工程 | 5915 |
| | 建筑拆除 | 1709 |
| 二 | 主变压器及配电装置建筑 | 1709 |
| 2 | ××kV 构架及设备基础 | 1709 |
| 2.2 | 设备支架及基础 | 1709 |
| | 安装拆除 | 4205 |
| 二 | 配电装置 | 4205 |
| 2 | 屋外配电装置 | 4205 |
| 2.1 | ××kV 配电装置 | 4205 |
| | 合计 | 5915 |

典型方案 A3-12 其他费用概算表　　　　　　　　表 4-84

金额单位：元

| 序号 | 工程或费用项目名称 | 编制依据及计算说明 | 合价 |
|---|---|---|---|
| 2 | 项目管理费 | | 6377 |
| 2.1 | 管理经费 | （建筑工程费＋安装工程费＋拆除工程费）×3.53% | 2309 |
| 2.2 | 招标费 | （建筑工程费＋安装工程费＋拆除工程费）×1.81% | 1184 |
| 2.3 | 工程监理费 | （建筑工程费＋安装工程费＋拆除工程费）×4.41% | 2885 |
| 3 | 项目技术服务费 | | 10009 |
| 3.1 | 前期工作费 | （建筑工程费＋安装工程费）×3.05% | 1815 |
| 3.3 | 工程勘察设计费 | | 7162 |
| 3.3.2 | 设计费 | （设计费）×100% | 7162 |
| 3.4 | 设计文件评审费 | | 232 |

续表

| 序号 | 工程或费用项目名称 | 编制依据及计算说明 | 合价 |
|---|---|---|---|
| 3.4.1 | 初步设计文件评审费 | （基本设计费）×3.5% | 232 |
| 3.5 | 施工过程造价咨询及竣工结算审核费 | （建筑工程费＋安装工程费＋拆除工程费）×0.53% | 800 |
| | 合计 | | 16386 |

## 4.13  A3-13 更换 35kV 户外双柱双接地隔离开关

### 4.13.1  典型方案主要内容

更换 35kV 户外双柱双接地隔离开关。

### 4.13.2  典型方案工程量表

典型方案工程量如表 4-85、表 4-86 所示。

典型方案 A3-13 电气设备材料表　　　　表 4-85

| 序号 | 设备材料名称 | 规格及型号 | 单位 | 设计用量 |
|---|---|---|---|---|
| | 安装工程 | | | |
| | 35kV 隔离开关 | AC35kV，40kA，3150A，双接地，双臂垂直伸缩 | 组 | 1 |
| BZ101 | 35kV 软导线引下线 | | 组（三相） | 1 |
| BZ201 | 35kV 软导线设备连线 | | 组（三相） | 1 |
| FZ801 | 电缆保护管 | 钢管 $\phi 50$ | t | 0.053 |
| N03030103 | 电缆防火堵料 | 柔性 JZD 型 | t | 0.1 |
| N03020101 | 电缆防火涂料 | G60-3 型 | t | 0.1 |
| BZ901 | 35kV 变电站控制电缆 | | km | 0.5 |
| BZ801 | 35kV 变电站电力电缆 | | km | 0.1 |
| X04010101 | 绝缘铜绞线 | $100 mm^2$ | t | 0.018 |
| H05010101 | 扁钢 | $-60 \times 8$ | t | 0.038 |

典型方案 A3-13 建筑工程量表　　　　表 4-86

| 序号 | 材料名称 | 单位 | 设计用量 |
|---|---|---|---|
| | 建筑工程 | | |
| JGT2-8 | 独立基础 钢筋混凝土基础 | $m^3$ | 3 |

续表

| 序号 | 材料名称 | 单位 | 设计用量 |
|---|---|---|---|
| JGT1-11 | 人工施工土方 基坑土方 挖深 2m 以内 | m³ | 7.5 |
| JGT9-36 | 不含土方基础支架 钢管设备支架 | t | 1.2 |
| JGT7-11 | 钢筋、铁件 普通钢筋 | t | 0.285 |

### 4.13.3 典型方案概算书

典型方案概算书如表 4-87～4-91 所示。

**典型方案 A3-13 总概算汇总表**　　　　　表 4-87

金额单位：万元

| 序号 | 工程或费用名称 | 含税金额 | 占工程静态投资的比例（%） |
|---|---|---|---|
| 一 | 建筑工程费 | 2.35 | 18.95 |
| 二 | 安装工程费 | 3.77 | 30.4 |
| 三 | 拆除工程费 | 0.6 | 4.84 |
| 四 | 设备购置费 | 3.97 | 32.02 |
|  | 其中：编制基准期价差 | 0.24 | 1.94 |
| 五 | 小计 | 10.69 | 86.21 |
|  | 其中：甲供设备材料费 | 6.97 | 56.21 |
| 六 | 其他费用 | 1.71 | 13.79 |
| 七 | 基本预备费 |  |  |
| 八 | 特殊项目 |  |  |
| 九 | 工程投资合计 | 12.4 | 100 |

**典型方案 A3-13 安装工程专业汇总表**　　　　　表 4-88

金额单位：元

| 序号 | 工程或费用名称 | 安装工程费 主要材料费 | 安装工程费 安装费 | 安装工程费 小计 | 设备购置费 | 合计 |
|---|---|---|---|---|---|---|
| 一 | 安装工程 | 15288 | 22395 | 37683 | 39676 | 77359 |
| 二 | 配电装置 | 446 | 9781 | 10227 | 39676 | 49903 |
| 2 | 屋外配电装置 | 446 | 9781 | 10227 | 39676 | 49903 |
| 2.1 | 220kV 配电装置 | 446 | 9781 | 10227 | 39676 | 49903 |
| 六 | 电缆防护设施 | 13324 | 9868 | 23192 |  | 23192 |

续表

| 序号 | 工程或费用名称 | 安装工程费 | | | 设备购置费 | 合计 |
| --- | --- | --- | --- | --- | --- | --- |
|  |  | 主要材料费 | 安装费 | 小计 |  |  |
| 1 | 电缆桥支架 | 315 |  | 315 |  | 315 |
| 2 | 电缆防火 | 2205 | 2955 | 5159 |  | 5159 |
| 3 | 电缆 | 10804 | 6913 | 17718 |  | 17718 |
| 七 | 全站接地 | 1518 | 1714 | 3232 |  | 3232 |
| 1 | 接地网 | 1518 | 1714 | 3232 |  | 3232 |
| 九 | 调试 |  | 1032 | 1032 |  | 1032 |
| 1 | 分系统调试 |  | 1032 | 1032 |  | 1032 |
|  | 合计 | 15288 | 22395 | 37683 | 39676 | 77359 |

**典型方案 A3-13 建筑工程专业汇总表**　　　　表 4-89

金额单位：元

| 序号 | 工程或费用名称 | 设备费 | 主要材料费 | 建筑费 | 建筑工程费合计 |
| --- | --- | --- | --- | --- | --- |
|  | 建筑工程 |  |  | 23515 | 23515 |
| 二 | 主变压器及配电装置建筑 |  |  | 23515 | 23515 |
| 2 | ××kV 构架及设备基础 |  |  | 23515 | 23515 |
| 2.1 | 构架及基础 |  |  | 23515 | 23515 |
|  | 合计 |  |  | 23515 | 23515 |

**典型方案 A3-13 拆除工程专业汇总表**　　　　表 4-90

金额单位：元

| 序号 | 工程或费用名称 | 拆除工程费 |
| --- | --- | --- |
|  | 拆除工程 | 5969 |
|  | 建筑拆除 | 1709 |
| 二 | 主变压器及配电装置建筑 | 1709 |
| 2 | ××kV 构架及设备基础 | 1709 |
| 2.2 | 设备支架及基础 | 1709 |
|  | 安装拆除 | 4260 |
| 二 | 配电装置 | 4260 |
| 2 | 屋外配电装置 | 4260 |

续表

| 序号 | 工程或费用名称 | 拆除工程费 |
|---|---|---|
| 2.1 | ××kV 配电装置 | 4260 |
|  | 合计 | 5969 |

典型方案 A3-13 其他费用概算表　　　表 4-91

金额单位：元

| 序号 | 工程或费用项目名称 | 编制依据及计算说明 | 合价 |
|---|---|---|---|
| 2 | 项目管理费 |  | 6549 |
| 2.1 | 管理经费 | （建筑工程费＋安装工程费＋拆除工程费）×3.53% | 2371 |
| 2.2 | 招标费 | （建筑工程费＋安装工程费﹢拆除工程费）×1.81% | 1216 |
| 2.3 | 工程监理费 | （建筑工程费＋安装工程费＋拆除工程费）×4.41% | 2962 |
| 3 | 项目技术服务费 |  | 10506 |
| 3.1 | 前期工作费 | （建筑工程费＋安装工程费）×3.05% | 1867 |
| 3.3 | 工程勘察设计费 |  | 7593 |
| 3.3.2 | 设计费 | （设计费）×100% | 7593 |
| 3.4 | 设计文件评审费 |  | 246 |
| 3.4.1 | 初步设计文件评审费 | （基本设计费）×3.5% | 246 |
| 3.5 | 施工过程造价咨询及竣工结算审核费 | （建筑工程费＋安装工程费＋拆除工程费）×0.53% | 800 |
|  | 合计 |  | 17055 |

# 第5章 更换电抗器

## 5.1 A4-1更换35kV油浸铁芯60Mvar电抗器

### 5.1.1 典型方案主要内容

更换35kV油浸铁芯60Mvar电抗器。

### 5.1.2 典型方案工程量表

典型方案工程量如表5-1、表5-2所示。

典型方案A4-1电气设备材料表　　　　表5-1

| 序号 | 设备材料名称 | 规格及型号 | 单位 | 设计用量 |
|---|---|---|---|---|
|  | 安装工程 |  |  |  |
|  | 并联电抗器 | AC35kV，60Mvar 油浸，铁芯 | 台 | 1 |
| BZ101 | 35kV 软导线引下线 |  | 组（三相） | 1 |
| BZ201 | 35kV 软导线设备连线 |  | 组（三相） | 1 |
| FZ801 | 电缆保护管 | 钢管$\phi$50 | t | 0.3 |
| N03030103 | 电缆防火堵料 | 柔性 JZD 型 | t | 0.2 |
| N03020101 | 电缆防火涂料 | G60-3 型 | t | 0.1 |
| BZ801 | 35kV 变电站电力电缆 |  | km | 0.2 |
| BZ901 | 35kV 变电站控制电缆 |  | km | 0.5 |
| X04010101 | 绝缘铜绞线 | 100mm$^2$ | t | 0.018 |
| H05010101 | 扁钢 | -60×8 | t | 0.038 |

典型方案A4-1工程量表　　　　表5-2

| 序号 | 材料名称 | 单位 | 设计用量 |
|---|---|---|---|
|  | 建筑工程 |  |  |
| JGT2-8 | 独立基础 钢筋混凝土基础 | m$^3$ | 20 |
| JGT1-11 | 人工施工土方 基坑土方 挖深2m以内 | m$^3$ | 50 |
| JGT9-36 | 不含土方基础支架 钢管设备支架 | t | 1 |
| JGT7-11 | 钢筋、铁件 普通钢筋 | t | 1.898 |

### 5.1.3 典型方案概算书

典型方案概算书如表 5-3～表 5-7 所示。

典型方案 A4-1 总概算汇总表　　　　　　表 5-3

金额单位：万元

| 序号 | 工程或费用名称 | 含税金额 | 占工程静态投资的比例（%） |
|---|---|---|---|
| 一 | 建筑工程费 | 5.79 | 2.3 |
| 二 | 安装工程费 | 11.21 | 4.46 |
| 三 | 拆除工程费 | 3.87 | 1.54 |
| 四 | 设备购置费 | 216.89 | 86.23 |
|  | 其中：编制基准期价差 | 1.5 | 0.6 |
| 五 | 小计 | 237.76 | 94.53 |
|  | 其中：甲供设备材料费 | 220.03 | 87.48 |
| 六 | 其他费用 | 13.77 | 5.47 |
| 七 | 基本预备费 |  |  |
| 八 | 特殊项目 |  |  |
| 九 | 工程投资合计 | 251.53 | 100 |

典型方案 A4-1 安装工程专业汇总表　　　　　　表 5-4

金额单位：元

| 序号 | 工程或费用名称 | 安装工程费 | | | 设备购置费 | 合计 |
|---|---|---|---|---|---|---|
|  |  | 主要材料费 | 安装费 | 小计 |  |  |
|  | 安装工程 | 19083 | 93054 | 112137 | 2168946 | 2281083 |
| 三 | 无功补偿装置 | 446 | 54156 | 54603 | 2168946 | 2223549 |
| 3 | 低压电抗器 | 446 | 54156 | 54603 | 2168946 | 2223549 |
| 六 | 电缆防护设施 | 17118 | 11615 | 28733 |  | 28733 |
| 1 | 电缆桥支架 | 1783 |  | 1783 |  | 1783 |
| 2 | 电缆防火 | 2652 | 3512 | 6164 |  | 6164 |
| 3 | 电缆 | 12683 | 8103 | 20786 |  | 20786 |
| 七 | 全站接地 | 1518 | 1714 | 3232 |  | 3232 |
| 1 | 接地网 | 1518 | 1714 | 3232 |  | 3232 |

续表

| 序号 | 工程或费用名称 | 安装工程费 | | | 设备购置费 | 合计 |
|---|---|---|---|---|---|---|
| | | 主要材料费 | 安装费 | 小计 | | |
| 九 | 调试 | | 25569 | 25569 | | 25569 |
| 1 | 分系统调试 | | 12383 | 12383 | | 12383 |
| 3 | 特殊调试 | | 13186 | 13186 | | 13186 |
| | 合计 | 19083 | 93054 | 112137 | 2168946 | 2281083 |

典型方案 A4-1 建筑工程专业汇总表　　　　　　　　　表 5-5

金额单位：元

| 序号 | 工程或费用名称 | 设备费 | 主要材料费 | 建筑费 | 建筑工程费合计 |
|---|---|---|---|---|---|
| | 建筑工程 | | | 57896 | 57896 |
| 二 | 主变压器及配电装置建筑 | | | 57896 | 57896 |
| 2 | ××kV 构架及设备基础 | | | 57896 | 57896 |
| 2.1 | 构架及基础 | | | 57896 | 57896 |
| | 合计 | | | 57896 | 57896 |

典型方案 A4-1 拆除工程专业汇总表　　　　　　　　　表 5-6

金额单位：元

| 序号 | 工程或费用名称 | 拆除工程费 |
|---|---|---|
| | 拆除工程 | 38664 |
| | 建筑拆除 | 12230 |
| 二 | 主变压器及配电装置建筑 | 12230 |
| 2 | ××kV 构架及设备基础 | 12230 |
| 2.2 | 设备支架及基础 | 12230 |
| | 安装拆除 | 26434 |
| 二 | 配电装置 | 26434 |
| 2 | 屋外配电装置 | 26434 |
| 2.1 | ××kV 配电装置 | 26434 |
| | 合计 | 38664 |

典型方案 A4-1 其他费用概算表　　　表 5-7

金额单位：元

| 序号 | 工程或费用项目名称 | 编制依据及计算说明 | 合价 |
|---|---|---|---|
| 2 | 项目管理费 |  | 20348 |
| 2.1 | 管理经费 | （建筑工程费＋安装工程费＋拆除工程费）×3.53% | 7367 |
| 2.2 | 招标费 | （建筑工程费＋安装工程费＋拆除工程费）×1.81% | 3777 |
| 2.3 | 工程监理费 | （建筑工程费＋安装工程费＋拆除工程费）×4.41% | 9204 |
| 3 | 项目技术服务费 |  | 117390 |
| 3.1 | 前期工作费 | （建筑工程费＋安装工程费）×3.05% | 5186 |
| 3.3 | 工程勘察设计费 |  | 107610 |
| 3.3.2 | 设计费 | （设计费）×100% | 107610 |
| 3.4 | 设计文件评审费 |  | 3487 |
| 3.4.1 | 初步设计文件评审费 | （基本设计费）×3.5% | 3487 |
| 3.5 | 施工过程造价咨询及竣工结算审核费 | （建筑工程费＋安装工程费＋拆除工程费）×0.53% | 1106 |
|  | 合计 |  | 137738 |

## 5.2　A4-2 更换 35kV 油浸铁芯 10Mvar 电抗器

### 5.2.1　典型方案主要内容

更换 35kV 油浸铁芯 10Mvar 电抗器。

### 5.2.2　典型方案工程量表

典型方案工程量如表 5-8、表 5-9 所示。

典型方案 A4-2 电气设备材料表　　　表 5-8

| 序号 | 设备材料名称 | 规格及型号 | 单位 | 设计用量 |
|---|---|---|---|---|
|  | 安装工程 |  |  |  |
|  | 并联电抗器 | AC35kV，10Mvar 油浸，铁芯 | 台 | 1 |
| BZ101 | 35kV 软导线引下线 |  | 组（三相） | 1 |
| BZ201 | 35kV 软导线设备连线 |  | 组（三相） | 1 |
| FZ801 | 电缆保护管 | 钢管 $\phi 50$ | t | 0.3 |
| N03030103 | 电缆防火堵料 | 柔性 JZD 型 | t | 0.2 |

续表

| 序号 | 设备材料名称 | 规格及型号 | 单位 | 设计用量 |
|---|---|---|---|---|
| N03020101 | 电缆防火涂料 | G60-3 型 | t | 0.1 |
| BZ801 | 35kV 变电站电力电缆 | | km | 0.2 |
| BZ901 | 35kV 变电站控制电缆 | | km | 0.5 |
| X04010101 | 绝缘铜绞线 | 100mm$^2$ | t | 0.018 |
| H05010101 | 扁钢 | −60×8 | t | 0.038 |

典型方案 A4-2 工程量表　　　表 5-9

| 序号 | 材料名称 | 单位 | 设计用量 |
|---|---|---|---|
| | 建筑工程 | | |
| JGT2-8 | 独立基础 钢筋混凝土基础 | m$^3$ | 15 |
| JGT1-11 | 人工施工土方 基坑土方 挖深 2m 以内 | m$^3$ | 37.5 |
| JGT9-36 | 不含土方基础支架 钢管设备支架 | t | 1 |
| JGT7-11 | 钢筋、铁件 普通钢筋 | t | 1.423 |
| JGT2-8 | 独立基础 钢筋混凝土基础 | m$^3$ | 15 |

### 5.2.3　典型方案概算书

典型方案概算书如表 5-10~表 5-14 所示。

典型方案 A4-2 总概算汇总表　　　表 5-10

金额单位：万元

| 序号 | 工程或费用名称 | 含税金额 | 占工程静态投资的比例（%） |
|---|---|---|---|
| 一 | 建筑工程费 | 4.69 | 3.63 |
| 二 | 安装工程费 | 8.34 | 6.45 |
| 三 | 拆除工程费 | 2.68 | 2.07 |
| 四 | 设备购置费 | 102.92 | 79.63 |
| | 其中：编制基准期价差 | 1.11 | 0.86 |
| 五 | 小计 | 118.63 | 91.79 |
| | 其中：甲供设备材料费 | 106.05 | 82.06 |
| 六 | 其他费用 | 10.61 | 8.21 |
| 七 | 基本预备费 | | |

续表

| 序号 | 工程或费用名称 | 含税金额 | 占工程静态投资的比例(%) |
|---|---|---|---|
| 八 | 特殊项目 | | |
| 九 | 工程投资合计 | 129.24 | 100 |

典型方案 A4-2 安装工程专业汇总表　　　　　　　表 5-11

金额单位：元

| 序号 | 工程或费用名称 | 安装工程费 | | | 设备购置费 | 合计 |
|---|---|---|---|---|---|---|
| | | 主要材料费 | 安装费 | 小计 | | |
| | 安装工程 | 19083 | 64304 | 83386 | 1029210 | 1112596 |
| 三 | 无功补偿装置 | 446 | 25406 | 25852 | 1029210 | 1055062 |
| 3 | 低压电抗器 | 446 | 25406 | 25852 | 1029210 | 1055062 |
| 六 | 电缆防护设施 | 17118 | 11615 | 28733 | | 28733 |
| 1 | 电缆桥支架 | 1783 | | 1783 | | 1783 |
| 2 | 电缆防火 | 2652 | 3512 | 6164 | | 6164 |
| 3 | 电缆 | 12683 | 8103 | 20786 | | 20786 |
| 七 | 全站接地 | 1518 | 1714 | 3232 | | 3232 |
| 1 | 接地网 | 1518 | 1714 | 3232 | | 3232 |
| 九 | 调试 | | 25569 | 25569 | | 25569 |
| 1 | 分系统调试 | | 12383 | 12383 | | 12383 |
| 3 | 特殊调试 | | 13186 | 13186 | | 13186 |
| | 合计 | 19083 | 64304 | 83386 | 1029210 | 1112596 |

典型方案 A4-2 建筑工程专业汇总表　　　　　　　表 5-12

金额单位：元

| 序号 | 工程或费用名称 | 设备费 | 主要材料费 | 建筑费 | 建筑工程费合计 |
|---|---|---|---|---|---|
| | 建筑工程 | | | 46948 | 46948 |
| 二 | 主变压器及配电装置建筑 | | | 46948 | 46948 |
| 2 | ××kV 构架及设备基础 | | | 46948 | 46948 |
| 2.1 | 构架及基础 | | | 46948 | 46948 |
| | 合计 | | | 46948 | 46948 |

## 典型方案 A4-2 拆除工程专业汇总表　　　　表 5-13

金额单位：元

| 序号 | 工程或费用名称 | 拆除工程费 |
|---|---|---|
|  | 拆除工程 | 26841 |
|  | 建筑拆除 | 9382 |
| 二 | 主变压器及配电装置建筑 | 9382 |
| 2 | ××kV 构架及设备基础 | 9382 |
| 2.2 | 设备支架及基础 | 9382 |
|  | 安装拆除 | 17459 |
| 二 | 配电装置 | 17459 |
| 2 | 屋外配电装置 | 17459 |
| 2.1 | ××kV 配电装置 | 17459 |
|  | 合计 | 26841 |

## 典型方案 A4-2 其他费用概算表　　　　表 5-14

金额单位：元

| 序号 | 工程或费用项目名称 | 编制依据及计算说明 | 合价 |
|---|---|---|---|
| 2 | 项目管理费 |  | 15325 |
| 2.1 | 管理经费 | （建筑工程费＋安装工程费＋拆除工程费）×3.53% | 5548 |
| 2.2 | 招标费 | （建筑工程费＋安装工程费＋拆除工程费）×1.81% | 2845 |
| 2.3 | 工程监理费 | （建筑工程费＋安装工程费＋拆除工程费）×4.41% | 6931 |
| 3 | 项目技术服务费 |  | 90786 |
| 3.1 | 前期工作费 | （建筑工程费＋安装工程费）×3.05% | 3975 |
| 3.3 | 工程勘察设计费 |  | 83278 |
| 3.3.2 | 设计费 | （设计费）×100% | 83278 |
| 3.4 | 设计文件评审费 |  | 2699 |
| 3.4.1 | 初步设计文件评审费 | （基本设计费）×3.5% | 2699 |
| 3.5 | 施工过程造价咨询及竣工结算审核费 | （建筑工程费＋安装工程费＋拆除工程费）×0.53% | 833 |
|  | 合计 |  | 106110 |

## 5.3 A4-3 更换 35kV 油浸铁芯 7.2Mvar 电抗器

### 5.3.1 典型方案主要内容

更换 35kV 油浸铁芯 7.2Mvar 电抗器。

### 5.3.2 典型方案工程量表

典型方案工程量如表 5-15、表 5-16 所示。

典型方案 A4-3 电气设备材料表　　　　　　表 5-15

| 序号 | 设备材料名称 | 规格及型号 | 单位 | 设计用量 |
|---|---|---|---|---|
|  | 安装工程 |  |  |  |
|  | 并联电抗器 | AC35kV，7.2Mvar 油浸，铁芯 | 台 | 1 |
| BZ101 | 35kV 软导线引下线 |  | 组（三相） | 1 |
| BZ201 | 35kV 软导线设备连线 |  | 组（三相） | 1 |
| FZ801 | 电缆保护管 | 钢管 $\phi50$ | t | 0.3 |
| N03030103 | 电缆防火堵料 | 柔性 JZD 型 | t | 0.2 |
| N03020101 | 电缆防火涂料 | G60-3 型 | t | 0.1 |
| BZ801 | 35kV 变电站电力电缆 |  | km | 0.2 |
| BZ901 | 35kV 变电站控制电缆 |  | km | 0.5 |
| X04010101 | 绝缘铜绞线 | 100mm$^2$ | t | 0.018 |
| H05010101 | 扁钢 | -60×8 | t | 0.038 |

典型方案 A4-3 工程量表　　　　　　表 5-16

| 序号 | 材料名称 | 单位 | 设计用量 |
|---|---|---|---|
|  | 建筑工程 |  |  |
| JGT2-8 | 独立基础 钢筋混凝土基础 | m$^3$ | 15 |
| JGT1-11 | 人工施工土方 基坑土方 挖深 2m 以内 | m$^3$ | 37.5 |
| JGT9-36 | 不含土方基础支架 钢管设备支架 | t | 1 |
| JGT7-11 | 钢筋、铁件 普通钢筋 | t | 1.423 |

### 5.3.3 典型方案概算书

典型方案概算书如表 5-17～表 5-21 所示。

典型方案 A4-3 总概算汇总表　　　　　　　　　　表 5-17

金额单位：万元

| 序号 | 工程或费用名称 | 含税金额 | 占工程静态投资的比例（%） |
|---|---|---|---|
| 一 | 建筑工程费 | 4.69 | 4.89 |
| 二 | 安装工程费 | 8.34 | 8.7 |
| 三 | 拆除工程费 | 2.68 | 2.8 |
| 四 | 设备购置费 | 71.58 | 74.66 |
|  | 其中：编制基准期价差 | 1.11 | 1.16 |
| 五 | 小计 | 87.29 | 91.04 |
|  | 其中：甲供设备材料费 | 74.71 | 77.92 |
| 六 | 其他费用 | 8.59 | 8.96 |
| 七 | 基本预备费 |  |  |
| 八 | 特殊项目 |  |  |
| 九 | 工程投资合计 | 95.88 | 100 |

典型方案 A4-3 安装工程专业汇总表　　　　　　　　　表 5-18

金额单位：元

| 序号 | 工程或费用名称 | 安装工程费 | | | 设备购置费 | 合计 |
|---|---|---|---|---|---|---|
|  |  | 主要材料费 | 安装费 | 小计 |  |  |
|  | 安装工程 | 19083 | 64304 | 83386 | 715783 | 799169 |
| 三 | 无功补偿装置 | 446 | 25406 | 25852 | 715783 | 741635 |
| 3 | 低压电抗器 | 446 | 25406 | 25852 | 715783 | 741035 |
| 六 | 电缆防护设施 | 17118 | 11615 | 28733 |  | 28733 |
| 1 | 电缆桥支架 | 1783 |  | 1783 |  | 1783 |
| 2 | 电缆防火 | 2652 | 3512 | 6164 |  | 6164 |
| 3 | 电缆 | 12683 | 8103 | 20786 |  | 20786 |
| 七 | 全站接地 | 1518 | 1714 | 3232 |  | 3232 |
| 1 | 接地网 | 1518 | 1714 | 3232 |  | 3232 |
| 九 | 调试 |  | 25569 | 25569 |  | 25569 |
| 1 | 分系统调试 |  | 12383 | 12383 |  | 12383 |
| 3 | 特殊调试 |  | 13186 | 13186 |  | 13186 |
|  | 合计 | 19083 | 64304 | 83386 | 715783 | 799169 |

### 典型方案 A4-3 建筑工程专业汇总表      表 5-19

金额单位：元

| 序号 | 工程或费用名称 | 设备费 | 主要材料费 | 建筑费 | 建筑工程费合计 |
|---|---|---|---|---|---|
|  | 建筑工程 |  |  | 46948 | 46948 |
| 二 | 主变压器及配电装置建筑 |  |  | 46948 | 46948 |
| 2 | ××kV 构架及设备基础 |  |  | 46948 | 46948 |
| 2.1 | 构架及基础 |  |  | 46948 | 46948 |
|  | 合计 |  |  | 46948 | 46948 |

### 典型方案 A4-3 拆除工程专业汇总表      表 5-20

金额单位：元

| 序号 | 工程或费用名称 | 拆除工程费 |
|---|---|---|
|  | 拆除工程 | 26841 |
|  | 建筑拆除 | 9382 |
| 二 | 主变压器及配电装置建筑 | 9382 |
| 2 | ××kV 构架及设备基础 | 9382 |
| 2.2 | 设备支架及基础 | 9382 |
|  | 安装拆除 | 17459 |
| 二 | 配电装置 | 17459 |
| 2 | 屋外配电装置 | 17459 |
| 2.1 | ××kV 配电装置 | 17459 |
|  | 合计 | 26841 |

### 典型方案 A4-3 其他费用概算表      表 5-21

金额单位：元

| 序号 | 工程或费用项目名称 | 编制依据及计算说明 | 合价 |
|---|---|---|---|
| 2 | 项目管理费 |  | 15325 |
| 2.1 | 管理经费 | （建筑工程费＋安装工程费＋拆除工程费）×3.53% | 5548 |
| 2.2 | 招标费 | （建筑工程费＋安装工程费＋拆除工程费）×1.81% | 2845 |
| 2.3 | 工程监理费 | （建筑工程费＋安装工程费＋拆除工程费）×4.41% | 6931 |
| 3 | 项目技术服务费 |  | 70565 |
| 3.1 | 前期工作费 | （建筑工程费＋安装工程费）×3.05% | 3975 |

续表

| 序号 | 工程或费用项目名称 | 编制依据及计算说明 | 合价 |
|---|---|---|---|
| 3.3 | 工程勘察设计费 | | 63692 |
| 3.3.2 | 设计费 | （设计费）×100% | 63692 |
| 3.4 | 设计文件评审费 | | 2064 |
| 3.4.1 | 初步设计文件评审费 | （基本设计费）×3.5% | 2064 |
| 3.5 | 施工过程造价咨询及竣工结算审核费 | （建筑工程费＋安装工程费＋拆除工程费）×0.53% | 833 |
| | 合计 | | 85889 |

## 5.4　A4-4 更换 10kV 油浸铁芯 6Mvar 电抗器

### 5.4.1　典型方案主要内容

更换 10kV 油浸铁芯 6Mvar 电抗器。

### 5.4.2　典型方案工程量表

典型方案工程量如表 5-22、表 5-23 所示。

典型方案 A4-4 电气设备材料表　　　　表 5-22

| 序号 | 设备材料名称 | 规格及型号 | 单位 | 设计用量 |
|---|---|---|---|---|
| | 安装工程 | | | |
| | 并联电抗器 | AC10kV，6Mvar 油浸，铁芯 | 台 | 1 |
| BZ101 | 35kV 软导线引下线 | | 组（三相） | 1 |
| BZ201 | 35kV 软导线设备连线 | | 组（三相） | 1 |
| FZ801 | 电缆保护管 | 钢管 $\phi50$ | t | 0.3 |
| N03030103 | 电缆防火堵料 | 柔性 JZD 型 | t | 0.2 |
| N03020101 | 电缆防火涂料 | G60-3 型 | t | 0.1 |
| BZ801 | 35kV 变电站电力电缆 | | km | 0.2 |
| BZ901 | 35kV 变电站控制电缆 | | km | 0.5 |
| X04010101 | 绝缘铜绞线 | 100mm$^2$ | t | 0.018 |
| H05010101 | 扁钢 | -60×8 | t | 0.038 |

典型方案 A4-4 工程量表　　　　　　　　　　表 5-23

| 序号 | 材料名称 | 单位 | 设计用量 |
|---|---|---|---|
|  | 建筑工程 |  |  |
| JGT2-8 | 独立基础 钢筋混凝土基础 | m³ | 12 |
| JGT1-11 | 人工施工土方 基坑土方 挖深 2m 以内 | m³ | 30 |
| JGT9-36 | 不含土方基础支架 钢管设备支架 | t | 1 |
| JGT7-11 | 钢筋、铁件 普通钢筋 | t | 1.139 |

### 5.4.3 典型方案概算书

典型方案概算书如表 5-24～表 5-28 所示。

典型方案 A4-4 总概算汇总表　　　　　　　　表 5-24

金额单位：万元

| 序号 | 工程或费用名称 | 含税金额 | 占工程静态投资的比例（%） |
|---|---|---|---|
| 一 | 建筑工程费 | 4.04 | 5.89 |
| 二 | 安装工程费 | 5.11 | 7.45 |
| 三 | 拆除工程费 | 1.59 | 2.32 |
| 四 | 设备购置费 | 51.75 | 75.4 |
|  | 其中：编制基准期价差 | 0.84 | 1.22 |
| 五 | 小计 | 62.49 | 91.05 |
|  | 其中：甲供设备材料费 | 54.89 | 79.98 |
| 六 | 其他费用 | 6.14 | 8.95 |
| 七 | 基本预备费 |  |  |
| 八 | 特殊项目 |  |  |
| 九 | 工程投资合计 | 68.63 | 100 |

典型方案 A4-4 安装工程专业汇总表　　　　　　表 5-25

金额单位：元

| 序号 | 工程或费用名称 | 安装工程费 | | | 设备购置费 | 合计 |
|---|---|---|---|---|---|---|
|  |  | 主要材料费 | 安装费 | 小计 |  |  |
|  | 安装工程 | 19083 | 32061 | 51144 | 517546 | 568689 |
| 三 | 无功补偿装置 | 446 | 14054 | 14500 | 517546 | 532045 |

续表

| 序号 | 工程或费用名称 | 安装工程费 | | | 设备购置费 | 合计 |
|---|---|---|---|---|---|---|
| | | 主要材料费 | 安装费 | 小计 | | |
| 3 | 低压电抗器 | 446 | 14054 | 14500 | 517546 | 532045 |
| 六 | 电缆防护设施 | 17118 | 11615 | 28733 | | 28733 |
| 1 | 电缆桥支架 | 1783 | | 1783 | | 1783 |
| 2 | 电缆防火 | 2652 | 3512 | 6164 | | 6164 |
| 3 | 电缆 | 12683 | 8103 | 20786 | | 20786 |
| 七 | 全站接地 | 1518 | 1714 | 3232 | | 3232 |
| 1 | 接地网 | 1518 | 1714 | 3232 | | 3232 |
| 九 | 调试 | | 4679 | 4679 | | 4679 |
| 1 | 分系统调试 | | 4679 | 4679 | | 4679 |
| | 合计 | 19083 | 32061 | 51144 | 517546 | 568689 |

**典型方案 A4-4 建筑工程专业汇总表**　　　　表 5-26

金额单位：元

| 序号 | 工程或费用名称 | 设备费 | 主要材料费 | 建筑费 | 建筑工程费合计 |
|---|---|---|---|---|---|
| 一 | 建筑工程 | | | 40388 | 40388 |
| 二 | 主变压器及配电装置建筑 | | | 40388 | 40388 |
| 2 | ××kV 构架及设备基础 | | | 40388 | 40388 |
| 2.1 | 构架及基础 | | | 40388 | 40388 |
| | 合计 | | | 40388 | 40388 |

**典型方案 A4-4 拆除工程专业汇总表**　　　　表 5-27

金额单位：元

| 序号 | 工程或费用名称 | 拆除工程费 |
|---|---|---|
| | 拆除工程 | 15937 |
| 一 | 建筑拆除 | 7673 |
| 二 | 主变压器及配电装置建筑 | 7673 |
| 2 | ××kV 构架及设备基础 | 7673 |
| 2.2 | 设备支架及基础 | 7673 |

续表

| 序号 | 工程或费用名称 | 拆除工程费 |
|---|---|---|
| | 安装拆除 | 8265 |
| 二 | 配电装置 | 8265 |
| 2 | 屋外配电装置 | 8265 |
| 2.1 | ××kV 配电装置 | 8265 |
| | 合计 | 15937 |

典型方案 A4-4 其他费用概算表　　　　表 5-28

金额单位：元

| 序号 | 工程或费用项目名称 | 编制依据及计算说明 | 合价 |
|---|---|---|---|
| 2 | 项目管理费 | | 10478 |
| 2.1 | 管理经费 | （建筑工程费＋安装工程费＋拆除工程费）×3.53% | 3794 |
| 2.2 | 招标费 | （建筑工程费＋安装工程费＋拆除工程费）×1.81% | 1945 |
| 2.3 | 工程监理费 | （建筑工程费＋安装工程费＋拆除工程费）×4.41% | 4739 |
| 3 | 项目技术服务费 | | 50926 |
| 3.1 | 前期工作费 | （建筑工程费＋安装工程费）×3.05% | 2792 |
| 3.3 | 工程勘察设计费 | | 45849 |
| 3.3.2 | 设计费 | （设计费）×100% | 45849 |
| 3.4 | 设计文件评审费 | | 1486 |
| 3.4.1 | 初步设计文件评审费 | （基本设计费）×3.5% | 1486 |
| 3.5 | 施工过程造价咨询及竣工结算审核费 | （建筑工程费＋安装工程费＋拆除工程费）×0.53% | 800 |
| | 合计 | | 61405 |

## 5.5　A4-5 更换 10kV 干式空芯 6Mvar 电抗器

### 5.5.1　典型方案主要内容

更换 10kV 干式空芯 6Mvar 电抗器。

### 5.5.2　典型方案工程量表

典型方案如表 5-29、表 5-30 所示。

典型方案 A4-5 电气设备材料表　　　　　　　　　　表 5-29

| 序号 | 设备材料名称 | 规格及型号 | 单位 | 设计用量 |
|---|---|---|---|---|
|  | 安装工程 |  |  |  |
|  | 并联电抗器 | AC10kV，6Mvar，干式，空芯 | 台 | 1 |
| BZ101 | 35kV 软导线引下线 |  | 组（三相） | 1 |
| BZ201 | 35kV 软导线设备连线 |  | 组（三相） | 1 |
| FZ801 | 电缆保护管 | 钢管 $\phi50$ | t | 0.3 |
| N03030103 | 电缆防火堵料 | 柔性 JZD 型 | t | 0.2 |
| N03020101 | 电缆防火涂料 | G60-3 型 | t | 0.1 |
| BZ801 | 35kV 变电站电力电缆 |  | km | 0.2 |
| BZ901 | 35kV 变电站控制电缆 |  | km | 0.5 |
| X04010101 | 绝缘铜绞线 | 100mm$^2$ | t | 0.018 |
| H05010101 | 扁钢 | $-60\times8$ | t | 0.038 |

典型方案 A4-5 工程量表　　　　　　　　　　表 5-30

| 序号 | 材料名称 | 单位 | 设计用量 |
|---|---|---|---|
|  | 建筑工程 |  |  |
| JGT2-8 | 独立基础 钢筋混凝土基础 | m$^3$ | 12 |
| JGT1-11 | 人工施工土方 基坑土方 挖深 2m 以内 | m$^3$ | 30 |
| JGT9-36 | 不含土方基础支架 钢管设备支架 | t | 1 |
| JGT7-11 | 钢筋、铁件 普通钢筋 | t | 1.139 |

### 5.5.3　典型方案概算书

典型方案概算书如表 5-31～表 5-35 所示。

典型方案 A4-5 总概算汇总表　　　　　　　　　　表 5-31

金额单位：万元

| 序号 | 工程或费用名称 | 含税金额 | 占工程静态投资的比例（%） |
|---|---|---|---|
| 一 | 建筑工程费 | 4.04 | 11.5 |
| 二 | 安装工程费 | 4.18 | 11.9 |
| 三 | 拆除工程费 | 1.36 | 3.87 |
| 四 | 设备购置费 | 21.95 | 62.46 |
|  | 其中：编制基准期价差 | 0.81 | 2.31 |

续表

| 序号 | 工程或费用名称 | 含税金额 | 占工程静态投资的比例（%） |
|---|---|---|---|
| 五 | 小计 | 31.53 | 89.73 |
|  | 其中：甲供设备材料费 | 25.09 | 71.4 |
| 六 | 其他费用 | 3.61 | 10.27 |
| 七 | 基本预备费 |  |  |
| 八 | 特殊项目 |  |  |
| 九 | 工程投资合计 | 35.14 | 100 |

典型方案 A4-5 安装工程专业汇总表　　　　表 5-32

金额单位：元

| 序号 | 工程或费用名称 | 安装工程费 | | | 设备购置费 | 合计 |
|---|---|---|---|---|---|---|
|  |  | 主要材料费 | 安装费 | 小计 |  |  |
|  | 安装工程 | 19083 | 22750 | 41833 | 219531 | 261364 |
| 三 | 无功补偿装置 | 446 | 4743 | 5189 | 219531 | 224720 |
| 3 | 低压电抗器 | 446 | 4743 | 5189 | 219531 | 224720 |
| 六 | 电缆防护设施 | 17118 | 11615 | 28733 |  | 28733 |
| 1 | 电缆桥支架 | 1783 |  | 1783 |  | 1783 |
| 2 | 电缆防火 | 2652 | 3512 | 6164 |  | 6164 |
| 3 | 电缆 | 12683 | 8103 | 20786 |  | 20786 |
| 七 | 全站接地 | 1518 | 1714 | 3232 |  | 3232 |
| 1 | 接地网 | 1518 | 1714 | 3232 |  | 3232 |
| 九 | 调试 |  | 4679 | 4679 |  | 4679 |
| 1 | 分系统调试 |  | 4679 | 4679 |  | 4679 |
|  | 合计 | 19083 | 22750 | 41833 | 219531 | 261364 |

典型方案 A4-5 建筑工程专业汇总表　　　　表 5-33

金额单位：元

| 序号 | 工程或费用名称 | 设备费 | 主要材料费 | 建筑费 | 建筑工程费合计 |
|---|---|---|---|---|---|
|  | 建筑工程 |  |  | 40388 | 40388 |
| 二 | 主变压器及配电装置建筑 |  |  | 40388 | 40388 |
| 2 | ××kV 构架及设备基础 |  |  | 40388 | 40388 |

续表

| 序号 | 工程或费用名称 | 设备费 | 主要材料费 | 建筑费 | 建筑工程费合计 |
|---|---|---|---|---|---|
| 2.1 | 构架及基础 | | | 40388 | 40388 |
| | 合计 | | | 40388 | 40388 |

典型方案 A4-5 拆除工程专业汇总表　　　表 5-34

金额单位：元

| 序号 | 工程或费用名称 | 拆除工程费 |
|---|---|---|
| | 拆除工程 | 13560 |
| | 建筑拆除 | 7673 |
| 二 | 主变压器及配电装置建筑 | 7673 |
| 2 | ××kV 构架及设备基础 | 7673 |
| 2.2 | 设备支架及基础 | 7673 |
| | 安装拆除 | 5888 |
| 二 | 配电装置 | 5888 |
| 2 | 屋外配电装置 | 5888 |
| 2.1 | ××kV 配电装置 | 5888 |
| | 合计 | 13560 |

典型方案 A4-5 其他费用概算表　　　表 5-35

金额单位：元

| 序号 | 工程或费用项目名称 | 编制依据及计算说明 | 合价 |
|---|---|---|---|
| 2 | 项目管理费 | | 9339 |
| 2.1 | 管理经费 | （建筑工程费+安装工程费+拆除工程费）×3.53% | 3381 |
| 2.2 | 招标费 | （建筑工程费+安装工程费+拆除工程费）×1.81% | 1734 |
| 2.3 | 工程监理费 | （建筑工程费+安装工程费+拆除工程费）×4.41% | 4224 |
| 3 | 项目技术服务费 | | 26759 |
| 3.1 | 前期工作费 | （建筑工程费+安装工程费）×3.05% | 2508 |
| 3.3 | 工程勘察设计费 | | 22715 |
| 3.3.2 | 设计费 | （设计费）×100% | 22715 |
| 3.4 | 设计文件评审费 | | 736 |
| 3.4.1 | 初步设计文件评审费 | （基本设计费）×3.5% | 736 |

续表

| 序号 | 工程或费用项目名称 | 编制依据及计算说明 | 合价 |
|---|---|---|---|
| 3.5 | 施工过程造价咨询及竣工结算审核费 | (建筑工程费+安装工程费+拆除工程费)×0.53% | 800 |
| | 合计 | | 36097 |

## 5.6　A4-6 更换 10kV 油浸铁芯 3Mvar 电抗器

### 5.6.1　典型方案主要内容

更换 10kV 油浸铁芯 3Mvar 电抗器。

### 5.6.2　典型方案工程量表

典型方案工程量如表 5-36、表 5-37 所示。

典型方案 A4-6 电气设备材料表　　表 5-36

| 序号 | 设备材料名称 | 规格及型号 | 单位 | 设计用量 |
|---|---|---|---|---|
| | 安装工程 | | | |
| | 并联电抗器 | AC10kV，3Mvar，油浸，铁芯 | 台 | 1 |
| BZ101 | 35kV 软导线引下线 | | 组(三相) | 1 |
| BZ201 | 35kV 软导线设备连线 | | 组(三相) | 1 |
| FZ801 | 电缆保护管 | 钢管 $\phi50$ | t | 0.3 |
| N03030103 | 电缆防火堵料 | 柔性 JZD 型 | t | 0.2 |
| N03020101 | 电缆防火涂料 | G60-3 型 | t | 0.1 |
| BZ801 | 35kV 变电站电力电缆 | | km | 0.2 |
| BZ901 | 35kV 变电站控制电缆 | | km | 0.5 |
| X04010101 | 绝缘铜绞线 | 100mm$^2$ | t | 0.018 |
| H05010101 | 扁钢 | -60×8 | t | 0.038 |

典型方案 A4-6 工程量表　　表 5-37

| 序号 | 材料名称 | 单位 | 设计用量 |
|---|---|---|---|
| | 建筑工程 | | |
| JGT2-8 | 独立基础 钢筋混凝土基础 | m$^3$ | 12 |
| JGT1-11 | 人工施工土方 基坑土方 挖深 2m 以内 | m$^3$ | 30 |

续表

| 序号 | 材料名称 | 单位 | 设计用量 |
|---|---|---|---|
| JGT9-36 | 不含土方基础支架 钢管设备支架 | t | 1 |
| JGT7-11 | 钢筋、铁件 普通钢筋 | t | 1.139 |

### 5.6.3 典型方案概算书

典型方案概算书如表 5-38～表 5-42 所示。

典型方案 A4-6 总概算汇总表　　　　　表 5-38

金额单位：万元

| 序号 | 工程或费用名称 | 含税金额 | 占工程静态投资的比例(%) |
|---|---|---|---|
| 一 | 建筑工程费 | 4.04 | 7.86 |
| 二 | 安装工程费 | 5.11 | 9.95 |
| 三 | 拆除工程费 | 1.59 | 3.09 |
| 四 | 设备购置费 | 35.74 | 69.56 |
|  | 其中：编制基准期价差 | 0.84 | 1.63 |
| 五 | 小计 | 46.48 | 90.46 |
|  | 其中：甲供设备材料费 | 38.88 | 75.67 |
| 六 | 其他费用 | 4.9 | 9.54 |
| 七 | 基本预备费 |  |  |
| 八 | 特殊项目 |  |  |
| 九 | 工程投资合计 | 51.38 | 100 |

典型方案 A4-6 安装工程专业汇总表　　　　　表 5-39

金额单位：元

| 序号 | 工程或费用名称 | 安装工程费 | | | 设备购置费 | 合计 |
|---|---|---|---|---|---|---|
|  |  | 主要材料费 | 安装费 | 小计 |  |  |
|  | 安装工程 | 19083 | 32061 | 51144 | 357435 | 408579 |
| 三 | 无功补偿装置 | 446 | 14054 | 14500 | 357435 | 371935 |
| 3 | 低压电抗器 | 446 | 14054 | 14500 | 357435 | 371935 |
| 六 | 电缆防护设施 | 17118 | 11615 | 28733 |  | 28733 |
| 1 | 电缆桥支架 | 1783 |  | 1783 |  | 1783 |
| 2 | 电缆防火 | 2652 | 3512 | 6164 |  | 6164 |

续表

| 序号 | 工程或费用名称 | 安装工程费 | | | 设备购置费 | 合计 |
|---|---|---|---|---|---|---|
| | | 主要材料费 | 安装费 | 小计 | | |
| 3 | 电缆 | 12683 | 8103 | 20786 | | 20786 |
| 七 | 全站接地 | 1518 | 1714 | 3232 | | 3232 |
| 1 | 接地网 | 1518 | 1714 | 3232 | | 3232 |
| 九 | 调试 | | 4679 | 4679 | | 4679 |
| 1 | 分系统调试 | | 4679 | 4679 | | 4679 |
| | 合计 | 19083 | 32061 | 51144 | 357435 | 408579 |

典型方案 A4-6 建筑工程专业汇总表　　　表 5-40

金额单位：元

| 序号 | 工程或费用名称 | 设备费 | 主要材料费 | 建筑费 | 建筑工程费合计 |
|---|---|---|---|---|---|
| | 建筑工程 | | | 40388 | 40388 |
| 二 | 主变压器及配电装置建筑 | | | 40388 | 40388 |
| 2 | ××kV 构架及设备基础 | | | 40388 | 40388 |
| 2.1 | 构架及基础 | | | 40388 | 40388 |
| | 合计 | | | 40388 | 40388 |

典型方案 A4-6 拆除工程专业汇总表　　　表 5-41

金额单位：元

| 序号 | 工程或费用名称 | 拆除工程费 |
|---|---|---|
| | 拆除工程 | 15937 |
| | 建筑拆除 | 7673 |
| 二 | 主变压器及配电装置建筑 | 7673 |
| 2 | ××kV 构架及设备基础 | 7673 |
| 2.2 | 设备支架及基础 | 7673 |
| | 安装拆除 | 8265 |
| 二 | 配电装置 | 8265 |
| 2 | 屋外配电装置 | 8265 |
| 2.1 | ××kV 配电装置 | 8265 |
| | 合计 | 15937 |

典型方案 A4-6 其他费用概算表　　　　表 5-42

金额单位：元

| 序号 | 工程或费用项目名称 | 编制依据及计算说明 | 合价 |
|---|---|---|---|
| 2 | 项目管理费 | | 10478 |
| 2.1 | 管理经费 | （建筑工程费＋安装工程费＋拆除工程费）×3.53% | 3794 |
| 2.2 | 招标费 | （建筑工程费＋安装工程费＋拆除工程费）×1.81% | 1945 |
| 2.3 | 工程监理费 | （建筑工程费＋安装工程费＋拆除工程费）×4.41% | 4739 |
| 3 | 项目技术服务费 | | 38483 |
| 3.1 | 前期工作费 | （建筑工程费＋安装工程费）×3.05% | 2792 |
| 3.3 | 工程勘察设计费 | | 33796 |
| 3.3.2 | 设计费 | （设计费）×100% | 33796 |
| 3.4 | 设计文件评审费 | | 1095 |
| 3.4.1 | 初步设计文件评审费 | （基本设计费）×3.5% | 1095 |
| 3.5 | 施工过程造价咨询及竣工结算审核费 | （建筑工程费＋安装工程费＋拆除工程费）×0.53% | 800 |
| | 合计 | | 48962 |

# 第6章 更换高压开关柜

## 6.1 A5-1更换35kV SF$_6$含断路器开关柜

### 6.1.1 典型方案主要内容

更换35kV SF$_6$含断路器开关柜。

### 6.1.2 典型方案工程量表

典型方案工程量如表6-1、表6-2所示。

典型方案A5-1电气设备材料表　　　　表6-1

| 序号 | 设备材料名称 | 规格及型号 | 单位 | 设计用量 |
|---|---|---|---|---|
| | 安装工程 | | | |
| | 高压开关柜 | AC35kV，进线开关柜，1250A，25kA | 台 | 1 |
| BZ101 | 35kV 软导线引下线 | | 组（三相） | 1 |
| BZ201 | 35kV 软导线设备连线 | | 组（三相） | 1 |
| FZ801 | 电缆保护管 | 钢管$\phi$50 | t | 0.5 |
| N03030103 | 电缆防火堵料 | 柔性JZD型 | t | 0.2 |
| N03020101 | 电缆防火涂料 | G60-3型 | t | 0.2 |
| BZ801 | 35kV 变电站电力电缆 | | km | 0.3 |
| BZ901 | 35kV 变电站控制电缆 | | km | 0.5 |
| X04010101 | 绝缘铜绞线 | 100mm$^2$ | t | 0.018 |
| H05010101 | 扁钢 | -60×8 | t | 0.038 |

典型方案A5-1工程量表　　　　表6-2

| 序号 | 材料名称 | 单位 | 设计用量 |
|---|---|---|---|
| | 建筑工程 | | |
| JGT2-8 | 独立基础 钢筋混凝土基础 | m$^3$ | 22 |
| JGT1-11 | 人工施工土方 基坑土方 挖深2m以内 | m$^3$ | 55 |
| JGT9-36 | 不含土方基础支架 钢管设备支架 | t | 1 |
| JGT7-11 | 钢筋、铁件 普通钢筋 | t | 2.088 |

### 6.1.3 典型方案概算书

典型方案概算书如表6-3～表6-7所示。

典型方案 A5-1 总概算汇总表　　　　　　　　　　表 6-3

金额单位：万元

| 序号 | 工程或费用名称 | 含税金额 | 占工程静态投资的比例（%） |
|---|---|---|---|
| 一 | 建筑工程费 | 6.23 | 14.58 |
| 二 | 安装工程费 | 5.01 | 11.73 |
| 三 | 拆除工程费 | 1.86 | 4.35 |
| 四 | 设备购置费 | 25.1 | 58.75 |
|  | 其中：编制基准期价差 | 1.44 | 3.37 |
| 五 | 小计 | 38.2 | 89.42 |
|  | 其中：甲供设备材料费 | 28.72 | 67.23 |
| 六 | 其他费用 | 4.52 | 10.58 |
| 七 | 基本预备费 |  |  |
| 八 | 特殊项目 |  |  |
| 九 | 工程投资合计 | 42.72 | 100 |

典型方案 A5-1 安装工程专业汇总表　　　　　　　　表 6-4

金额单位：元

| 序号 | 工程或费用名称 | 安装工程费 | | | 设备购置费 | 合计 |
|---|---|---|---|---|---|---|
|  |  | 主要材料费 | 安装费 | 小计 |  |  |
| 一 | 安装工程 | 23907 | 26185 | 50092 | 251045 | 301138 |
| 二 | 配电装置 | 446 | 8238 | 8684 | 251045 | 259729 |
| 2 | 屋外配电装置 | 446 | 8238 | 8684 | 251045 | 259729 |
| 2.1 | 220kV 配电装置 | 446 | 8238 | 8684 | 251045 | 259729 |
| 六 | 电缆防护设施 | 21943 | 15202 | 37145 |  | 37145 |
| 1 | 电缆桥支架 | 2971 |  | 2971 |  | 2971 |
| 2 | 电缆防火 | 4409 | 5910 | 10319 |  | 10319 |
| 3 | 电缆 | 14562 | 9292 | 23855 |  | 23855 |
| 七 | 全站接地 | 1518 | 1714 | 3232 |  | 3232 |
| 1 | 接地网 | 1518 | 1714 | 3232 |  | 3232 |
| 九 | 调试 |  | 1032 | 1032 |  | 1032 |
| 1 | 分系统调试 |  | 1032 | 1032 |  | 1032 |
|  | 合计 | 23907 | 26185 | 50092 | 251045 | 301138 |

典型方案 A5-1 建筑工程专业汇总表  表 6-5

金额单位：元

| 序号 | 工程或费用名称 | 设备费 | 主要材料费 | 建筑费 | 建筑工程费合计 |
|---|---|---|---|---|---|
| 一 | 建筑工程 | | | 62275 | 62275 |
| 二 | 主变压器及配电装置建筑 | | | 62275 | 62275 |
| 2 | ××kV 构架及设备基础 | | | 62275 | 62275 |
| 2.1 | 构架及基础 | | | 62275 | 62275 |
| | 合计 | | | 62275 | 62275 |

典型方案 A5-1 拆除工程专业汇总表  表 6-6

金额单位：元

| 序号 | 工程或费用名称 | 拆除工程费 |
|---|---|---|
| 一 | 拆除工程 | 18570 |
| | 建筑拆除 | 13370 |
| 二 | 主变压器及配电装置建筑 | 13370 |
| 2 | ××kV 构架及设备基础 | 13370 |
| 2.2 | 设备支架及基础 | 13370 |
| | 安装拆除 | 5200 |
| 二 | 配电装置 | 5200 |
| 2 | 屋外配电装置 | 5200 |
| 2.1 | ××kV 配电装置 | 5200 |
| | 合计 | 18570 |

典型方案 A5-1 其他费用概算表  表 6-7

金额单位：元

| 序号 | 工程或费用项目名称 | 编制依据及计算说明 | 合价 |
|---|---|---|---|
| 2 | 项目管理费 | | 12766 |
| 2.1 | 管理经费 | （建筑工程费＋安装工程费＋拆除工程费）×3.53% | 4622 |
| 2.2 | 招标费 | （建筑工程费＋安装工程费＋拆除工程费）×1.81% | 2370 |
| 2.3 | 工程监理费 | （建筑工程费＋安装工程费＋拆除工程费）×4.41% | 5774 |
| 3 | 项目技术服务费 | | 32470 |
| 3.1 | 前期工作费 | （建筑工程费＋安装工程费）×3.05% | 3427 |

续表

| 序号 | 工程或费用项目名称 | 编制依据及计算说明 | 合价 |
|---|---|---|---|
| 3.3 | 工程勘察设计费 | | 27356 |
| 3.3.2 | 设计费 | （设计费）×100% | 27356 |
| 3.4 | 设计文件评审费 | | 887 |
| 3.4.1 | 初步设计文件评审费 | （基本设计费）×3.5% | 887 |
| 3.5 | 施工过程造价咨询及竣工结算审核费 | （建筑工程费＋安装工程费＋拆除工程费）×0.53% | 800 |
| | 合计 | | 45236 |

## 6.2 A5-2 更换 35kV $SF_6$ 不含断路器开关柜

### 6.2.1 典型方案主要内容

更换 35kV $SF_6$ 不含断路器开关柜。

### 6.2.2 典型方案工程量表

典型方案工程量如表 6-8、表 6-9 所示。

典型方案 A5-2 电气设备材料表　　　表 6-8

| 序号 | 设备材料名称 | 规格及型号 | 单位 | 设计用量 |
|---|---|---|---|---|
| | 安装工程 | | | |
| | 高压开关柜 | AC35kV，母线设备柜，1250A，无开关 | 台 | 1 |
| BZ101 | 35kV 软导线引下线 | | 组（三相） | 1 |
| BZ201 | 35kV 软导线设备连线 | | 组（三相） | 1 |
| FZ801 | 电缆保护管 | 钢管 | t | 0.5 |
| N03030103 | 电缆防火堵料 | 柔性 JZD 型 | t | 0.2 |
| N03020101 | 电缆防火涂料 | G60-3 型 | t | 0.2 |
| BZ801 | 35kV 变电站电力电缆 | | km | 0.3 |
| BZ901 | 35kV 变电站控制电缆 | | km | 0.5 |
| X04010101 | 绝缘铜绞线 | 100$mm^2$ | t | 0.018 |
| H05010101 | 扁钢 | －60×8 | t | 0.038 |

典型方案 A5-2 工程量表　　　　　　　　表 6-9

| 序号 | 材料名称 | 单位 | 设计用量 |
|---|---|---|---|
|  | 建筑工程 |  |  |
| JGT2-8 | 独立基础 钢筋混凝土基础 | $m^3$ | 22 |
| JGT1-11 | 人工施工土方 基坑土方 挖深 2m 以内 | $m^3$ | 55 |
| JGT9-36 | 不含土方基础支架 钢管设备支架 | t | 1 |
| JGT7-11 | 钢筋、铁件 普通钢筋 | t | 2.088 |

### 6.2.3　典型方案概算书

典型方案概算书如表 6-10～表 6-14 所示。

典型方案 A5-2 总概算汇总表　　　　　　表 6-10

金额单位：万元

| 序号 | 工程或费用名称 | 含税金额 | 占工程静态投资的比例（%） |
|---|---|---|---|
| 一 | 建筑工程费 | 6.23 | 16.08 |
| 二 | 安装工程费 | 4.72 | 12.18 |
| 三 | 拆除工程费 | 1.83 | 4.72 |
| 四 | 设备购置费 | 21.77 | 56.18 |
|  | 其中：编制基准期价差 | 1.44 | 3.72 |
| 五 | 小计 | 34.55 | 89.16 |
|  | 其中：甲供设备材料费 | 25.39 | 65.52 |
| 六 | 其他费用 | 4.2 | 10.84 |
| 七 | 基本预备费 |  |  |
| 八 | 特殊项目 |  |  |
| 九 | 工程投资合计 | 38.75 | 100 |

典型方案 A5-2 安装工程专业汇总表　　　　表 6-11

金额单位：元

| 序号 | 工程或费用名称 | 安装工程费 | | | 设备购置费 | 合计 |
|---|---|---|---|---|---|---|
|  |  | 主要材料费 | 安装费 | 小计 |  |  |
| 一 | 安装工程 | 23907 | 23326 | 47233 | 217713 | 264946 |
| 二 | 配电装置 | 446 | 5378 | 5824 | 217713 | 223538 |

续表

| 序号 | 工程或费用名称 | 安装工程费 | | | 设备购置费 | 合计 |
|---|---|---|---|---|---|---|
| | | 主要材料费 | 安装费 | 小计 | | |
| 2 | 屋外配电装置 | 446 | 5378 | 5824 | 217713 | 223538 |
| 2.1 | 220kV 配电装置 | 446 | 5378 | 5824 | 217713 | 223538 |
| 六 | 电缆防护设施 | 21943 | 15202 | 37145 | | 37145 |
| 1 | 电缆桥支架 | 2971 | | 2971 | | 2971 |
| 2 | 电缆防火 | 4409 | 5910 | 10319 | | 10319 |
| 3 | 电缆 | 14562 | 9292 | 23855 | | 23855 |
| 七 | 全站接地 | 1518 | 1714 | 3232 | | 3232 |
| 1 | 接地网 | 1518 | 1714 | 3232 | | 3232 |
| 九 | 调试 | | 1032 | 1032 | | 1032 |
| 1 | 分系统调试 | | 1032 | 1032 | | 1032 |
| | 合计 | 23907 | 23326 | 47233 | 217713 | 264946 |

**典型方案 A5-2 建筑工程专业汇总表**　　　表 6-12

金额单位：元

| 序号 | 工程或费用名称 | 设备费 | 主要材料费 | 建筑费 | 建筑工程费合计 |
|---|---|---|---|---|---|
| | 建筑工程 | | | 62275 | 62275 |
| 二 | 主变压器及配电装置建筑 | | | 62275 | 62275 |
| 2 | ××kV 构架及设备基础 | | | 62275 | 62275 |
| 2.1 | 构架及基础 | | | 62275 | 62275 |
| | 合计 | | | 62275 | 62275 |

**典型方案 A5-2 拆除工程专业汇总表**　　　表 6-13

金额单位：元

| 序号 | 工程或费用名称 | 拆除工程费 |
|---|---|---|
| | 拆除工程 | 18315 |
| | 建筑拆除 | 13370 |
| 二 | 主变压器及配电装置建筑 | 13370 |
| 2 | ××kV 构架及设备基础 | 13370 |

续表

| 序号 | 工程或费用名称 | 拆除工程费 |
|---|---|---|
| 2.2 | 设备支架及基础 | 13370 |
|  | 安装拆除 | 4945 |
| 二 | 配电装置 | 4945 |
| 2 | 屋外配电装置 | 4945 |
| 2.1 | ××kV配电装置 | 4945 |
|  | 合计 | 18315 |

典型方案A5-2 其他费用概算表　　　表6-14

金额单位：元

| 序号 | 工程或费用项目名称 | 编制依据及计算说明 | 合价 |
|---|---|---|---|
| 2 | 项目管理费 |  | 12463 |
| 2.1 | 管理经费 | （建筑工程费＋安装工程费＋拆除工程费）×3.53% | 4512 |
| 2.2 | 招标费 | （建筑工程费＋安装工程费＋拆除工程费）×1.81% | 2314 |
| 2.3 | 工程监理费 | （建筑工程费＋安装工程费＋拆除工程费）×4.41% | 5637 |
| 3 | 项目技术服务费 |  | 29570 |
| 3.1 | 前期工作费 | （建筑工程费＋安装工程费）×3.05% | 3340 |
| 3.3 | 工程勘察设计费 |  | 24632 |
| 3.3.2 | 设计费 | （设计费）×100% | 24632 |
| 3.4 | 设计文件评审费 |  | 798 |
| 3.4.1 | 初步设计文件评审费 | （基本设计费）×3.5% | 798 |
| 3.5 | 施工过程造价咨询及竣工结算审核费 | （建筑工程费＋安装工程费＋拆除工程费）×0.53% | 800 |
|  | 合计 |  | 42033 |

## 6.3　A5-3 更换35kV真空含断路器开关柜

### 6.3.1　典型方案主要内容

更换35kV真空含断路器开关柜。

### 6.3.2　典型方案工程量表

典型方案如表6-15、表6-16所示。

典型方案 A5-3 电气设备材料表　　　　　表 6-15

| 序号 | 设备材料名称 | 规格及型号 | 单位 | 设计用量 |
|---|---|---|---|---|
|  | 安装工程 |  |  |  |
|  | 高压开关柜 | AC35kV，馈线开关柜，1250A，31.5kA | 台 | 1 |
| BZ101 | 35kV 软导线引下线 |  | 组（三相） | 1 |
| BZ201 | 35kV 软导线设备连线 |  | 组（三相） | 1 |
| FZ801 | 电缆保护管 | 钢管 $\phi 50$ | t | 0.5 |
| N03030103 | 电缆防火堵料 | 柔性 JZD 型 | t | 0.2 |
| N03020101 | 电缆防火涂料 | G60-3 型 | t | 0.2 |
| BZ801 | 35kV 变电站电力电缆 |  | km | 0.3 |
| BZ901 | 35kV 变电站控制电缆 |  | km | 0.5 |
| X04010101 | 绝缘铜绞线 | 100mm$^2$ | t | 0.018 |
| H05010101 | 扁钢 | $-60\times 8$ | t | 0.038 |

典型方案 A5-3 工程量表　　　　　表 6-16

| 序号 | 材料名称 | 单位 | 设计用量 |
|---|---|---|---|
|  | 建筑工程 |  |  |
| JGT2-8 | 独立基础 钢筋混凝土基础 | m$^3$ | 20 |
| JG11-11 | 人工施工土方 基坑土方 挖深 2m 以内 | m$^2$ | 50 |
| JGT9-36 | 不含土方基础支架 钢管设备支架 | t | 1 |
| JGT7-11 | 钢筋、铁件 普通钢筋 | t | 1.898 |

### 6.3.3　典型方案概算书

典型方案概算书如表 6-17～表 6-21 所示。

典型方案 A5-3 总概算汇总表　　　　　表 6-17

金额单位：万元

| 序号 | 工程或费用名称 | 含税金额 | 占工程静态投资的比例（%） |
|---|---|---|---|
| 一 | 建筑工程费 | 5.79 | 17.8 |
| 二 | 安装工程费 | 5 | 15.37 |

续表

| 序号 | 工程或费用名称 | 含税金额 | 占工程静态投资的比例（%） |
|---|---|---|---|
| 三 | 拆除工程费 | 1.74 | 5.35 |
| 四 | 设备购置费 | 16.27 | 50.02 |
|  | 其中：编制基准期价差 | 1.32 | 4.06 |
| 五 | 小计 | 28.8 | 88.53 |
|  | 其中：甲供设备材料费 | 19.89 | 61.14 |
| 六 | 其他费用 | 3.73 | 11.47 |
| 七 | 基本预备费 |  |  |
| 八 | 特殊项目 |  |  |
| 九 | 工程投资合计 | 32.53 | 100 |

典型方案 A5-3 安装工程专业汇总表　　　　表 6-18

金额单位：元

| 序号 | 工程或费用名称 | 安装工程费 | | | 设备购置费 | 合计 |
|---|---|---|---|---|---|---|
|  |  | 主要材料费 | 安装费 | 小计 |  |  |
| 一 | 安装工程 | 23907 | 26047 | 49955 | 162731 | 212686 |
| 二 | 配电装置 | 446 | 8100 | 8546 | 162731 | 171277 |
| 2 | 屋外配电装置 | 446 | 8100 | 8546 | 162731 | 171277 |
| 2.1 | 220kV 配电装置 | 446 | 8100 | 8546 | 162731 | 171277 |
| 六 | 电缆防护设施 | 21943 | 15202 | 37145 |  | 37145 |
| 1 | 电缆桥支架 | 2971 |  | 2971 |  | 2971 |
| 2 | 电缆防火 | 4409 | 5910 | 10319 |  | 10319 |
| 3 | 电缆 | 14562 | 9292 | 23855 |  | 23855 |
| 七 | 全站接地 | 1518 | 1714 | 3232 |  | 3232 |
| 1 | 接地网 | 1518 | 1714 | 3232 |  | 3232 |
| 九 | 调试 |  | 1032 | 1032 |  | 1032 |
| 1 | 分系统调试 |  | 1032 | 1032 |  | 1032 |
|  | 合计 | 23907 | 26047 | 49955 | 162731 | 212686 |

典型方案 A5-3 建筑工程专业汇总表　　　　表 6-19

金额单位：元

| 序号 | 工程或费用名称 | 设备费 | 主要材料费 | 建筑费 | 建筑工程费合计 |
|---|---|---|---|---|---|
| 一 | 建筑工程 | | | 57896 | 57896 |
| 二 | 主变压器及配电装置建筑 | | | 57896 | 57896 |
| 2 | ××kV 构架及设备基础 | | | 57896 | 57896 |
| 2.1 | 构架及基础 | | | 57896 | 57896 |
| | 合计 | | | 57896 | 57896 |

典型方案 A5-3 拆除工程专业汇总表　　　　表 6-20

金额单位：元

| 序号 | 工程或费用名称 | 拆除工程费 |
|---|---|---|
| 一 | 拆除工程 | 17430 |
| | 建筑拆除 | 12230 |
| 二 | 主变压器及配电装置建筑 | 12230 |
| 2 | ××kV 构架及设备基础 | 12230 |
| 2.2 | 设备支架及基础 | 12230 |
| | 安装拆除 | 5200 |
| 二 | 配电装置 | 5200 |
| 2 | 屋外配电装置 | 5200 |
| 2.1 | ××kV 配电装置 | 5200 |
| | 合计 | 17430 |

典型方案 A5-3 其他费用概算表　　　　表 6-21

金额单位：元

| 序号 | 工程或费用项目名称 | 编制依据及计算说明 | 合价 |
|---|---|---|---|
| 2 | 项目管理费 | | 12215 |
| 2.1 | 管理经费 | （建筑工程费＋安装工程费＋拆除工程费）×3.53% | 4422 |
| 2.2 | 招标费 | （建筑工程费＋安装工程费＋拆除工程费）×1.81% | 2268 |
| 2.3 | 工程监理费 | （建筑工程费＋安装工程费＋拆除工程费）×4.41% | 5525 |
| 3 | 项目技术服务费 | | 25118 |
| 3.1 | 前期工作费 | （建筑工程费＋安装工程费）×3.05% | 3289 |

续表

| 序号 | 工程或费用项目名称 | 编制依据及计算说明 | 合价 |
|---|---|---|---|
| 3.3 | 工程勘察设计费 | | 20368 |
| 3.3.2 | 设计费 | （设计费）×100% | 20368 |
| 3.4 | 设计文件评审费 | | 660 |
| 3.4.1 | 初步设计文件评审费 | （基本设计费）×3.5% | 660 |
| 3.5 | 施工过程造价咨询及竣工结算审核费 | （建筑工程费＋安装工程费＋拆除工程费）×0.53% | 800 |
| | 合计 | | 37333 |

## 6.4 A5-4 更换 35kV 真空不含断路器开关柜

### 6.4.1 典型方案主要内容

更换 35kV 真空不含断路器开关柜。

### 6.4.2 典型方案工程量表

典型方案工程量如表 6-22、表 6-23 所示。

典型方案 A5-4 电气设备材料表　　表 6-22

| 序号 | 设备材料名称 | 规格及型号 | 单位 | 设计用量 |
|---|---|---|---|---|
| | 安装工程 | | | |
| | 高压开关柜 | AC35kV，分段隔离柜，2500A，无开关 | 台 | 1 |
| BZ101 | 35kV 软导线引下线 | | 组（三相） | 1 |
| BZ201 | 35kV 软导线设备连线 | | 组（三相） | 1 |
| FZ801 | 电缆保护管 | 钢管 | t | 0.5 |
| N03030103 | 电缆防火堵料 | 柔性 JZD 型 | t | 0.2 |
| N03020101 | 电缆防火涂料 | G60-3 型 | t | 0.2 |
| BZ801 | 35kV 变电站电力电缆 | | km | 0.3 |
| BZ901 | 35kV 变电站控制电缆 | | km | 0.5 |
| X04010101 | 绝缘铜绞线 | 100mm$^2$ | t | 0.018 |
| H05010101 | 扁钢 | −60×8 | t | 0.038 |

典型方案 A5-4 工程量表　　　　　　　　　　表 6-23

| 序号 | 材料名称 | 单位 | 设计用量 |
|---|---|---|---|
| | 建筑工程 | | |
| JGT2-8 | 独立基础 钢筋混凝土基础 | m³ | 20 |
| JGT1-11 | 人工施工土方 基坑土方 挖深 2m 以内 | m³ | 50 |
| JGT9-36 | 不含土方基础支架 钢管设备支架 | t | 1 |
| JGT7-11 | 钢筋、铁件 普通钢筋 | t | 1.898 |

### 6.4.3 典型方案概算书

典型方案概算书如表 6-24～表 6-28 所示。

典型方案 A5-4 总概算汇总表　　　　　　　　表 6-24

金额单位：万元

| 序号 | 工程或费用名称 | 含税金额 | 占工程静态投资的比例（%） |
|---|---|---|---|
| 一 | 建筑工程费 | 5.79 | 20.39 |
| 二 | 安装工程费 | 4.72 | 16.63 |
| 三 | 拆除工程费 | 1.72 | 6.06 |
| 四 | 设备购置费 | 12.76 | 44.95 |
| | 其中：编制基准期价差 | 1.31 | 4.61 |
| 五 | 小计 | 24.99 | 88.02 |
| | 其中：甲供设备材料费 | 16.37 | 57.66 |
| 六 | 其他费用 | 3.4 | 11.98 |
| 七 | 基本预备费 | | |
| 八 | 特殊项目 | | |
| 九 | 工程投资合计 | 28.39 | 100 |

典型方案 A5-4 安装工程专业汇总表　　　　　　表 6-25

金额单位：元

| 序号 | 工程或费用名称 | 安装工程费 | | | 设备购置费 | 合计 |
|---|---|---|---|---|---|---|
| | | 主要材料费 | 安装费 | 小计 | | |
| 一 | 安装工程 | 23907 | 23326 | 47233 | 127587 | 174820 |
| 二 | 配电装置 | 446 | 5378 | 5824 | 127587 | 133411 |

续表

| 序号 | 工程或费用名称 | 安装工程费 | | | 设备购置费 | 合计 |
|---|---|---|---|---|---|---|
| | | 主要材料费 | 安装费 | 小计 | | |
| 2 | 屋外配电装置 | 446 | 5378 | 5824 | 127587 | 133411 |
| 2.1 | 220kV配电装置 | 446 | 5378 | 5824 | 127587 | 133411 |
| 六 | 电缆防护设施 | 21943 | 15202 | 37145 | | 37145 |
| 1 | 电缆桥支架 | 2971 | | 2971 | | 2971 |
| 2 | 电缆防火 | 4409 | 5910 | 10319 | | 10319 |
| 3 | 电缆 | 14562 | 9292 | 23855 | | 23855 |
| 七 | 全站接地 | 1518 | 1714 | 3232 | | 3232 |
| 1 | 接地网 | 1518 | 1714 | 3232 | | 3232 |
| 九 | 调试 | | 1032 | 1032 | | 1032 |
| 1 | 分系统调试 | | 1032 | 1032 | | 1032 |
| | 合计 | 23907 | 23326 | 47233 | 127587 | 174820 |

**典型方案A5-4建筑工程专业汇总表**　　　　　表6-26

金额单位：元

| 序号 | 工程或费用名称 | 设备费 | 主要材料费 | 建筑费 | 建筑工程费合计 |
|---|---|---|---|---|---|
| | 建筑工程 | | | 57896 | 57896 |
| 二 | 主变压器及配电装置建筑 | | | 57896 | 57896 |
| 2 | ××kV构架及设备基础 | | | 57896 | 57896 |
| 2.1 | 构架及基础 | | | 57896 | 57896 |
| | 合计 | | | 57896 | 57896 |

**典型方案A5-4拆除工程专业汇总表**　　　　　表6-27

金额单位：元

| 序号 | 工程或费用名称 | 拆除工程费 |
|---|---|---|
| | 拆除工程 | 17175 |
| | 建筑拆除 | 12230 |
| 二 | 主变压器及配电装置建筑 | 12230 |
| 2 | ××kV构架及设备基础 | 12230 |

续表

| 序号 | 工程或费用名称 | 拆除工程费 |
|---|---|---|
| 2.2 | 设备支架及基础 | 12230 |
|  | 安装拆除 | 4945 |
| 二 | 配电装置 | 4945 |
| 2 | 屋外配电装置 | 4945 |
| 2.1 | ××kV 配电装置 | 4945 |
|  | 合计 | 17175 |

典型方案 A5-3 其他费用概算表　　　　表 6-28

金额单位：元

| 序号 | 工程或费用项目名称 | 编制依据及计算说明 | 合价 |
|---|---|---|---|
| 2 | 项目管理费 |  | 11925 |
| 2.1 | 管理经费 | （建筑工程费＋安装工程费＋拆除工程费）×3.53% | 4317 |
| 2.2 | 招标费 | （建筑工程费＋安装工程费＋拆除工程费）×1.81% | 2214 |
| 2.3 | 工程监理费 | （建筑工程费＋安装工程费＋拆除工程费）×4.41% | 5394 |
| 3 | 项目技术服务费 |  | 22092 |
| 3.1 | 前期工作费 | （建筑工程费＋安装工程费）×3.05% | 3206 |
| 3.3 | 工程勘察设计费 |  | 17518 |
| 3.3.2 | 设计费 | （设计费）×100% | 17518 |
| 3.4 | 设计文件评审费 |  | 568 |
| 3.4.1 | 初步设计文件评审费 | （基本设计费）×3.5% | 568 |
| 3.5 | 施工过程造价咨询及竣工结算审核费 | （建筑工程费＋安装工程费＋拆除工程费）×0.53% | 800 |
|  | 合计 |  | 34017 |

## 6.5　A5-5 更换 10kV 真空含断路器开关柜

### 6.5.1　典型方案主要内容

更换 10kV 真空含断路器开关柜。

### 6.5.2　典型方案工程量表

典型方案工程量如表 6-29、表 6-30 所示。

典型方案 A5-5 电气设备材料表　　　　表 6-29

| 序号 | 设备材料名称 | 规格及型号 | 单位 | 设计用量 |
|---|---|---|---|---|
|  | 安装工程 |  |  |  |
|  | 高压开关柜 | AC10kV，分段断路器柜，1250A，31.5kA | 台 | 1 |
| BZ101 | 35kV 软导线引下线 |  | 组（三相） | 1 |
| BZ201 | 35kV 软导线设备连线 |  | 组（三相） | 1 |
| FZ801 | 电缆保护管 | 钢管 $\phi$50 | t | 0.5 |
| N03030103 | 电缆防火堵料 | 柔性 JZD 型 | t | 0.2 |
| N03020101 | 电缆防火涂料 | G60-3 型 | t | 0.2 |
| BZ801 | 35kV 变电站电力电缆 |  | km | 0.3 |
| BZ901 | 35kV 变电站控制电缆 |  | km | 0.5 |
| X04010101 | 绝缘铜绞线 | 100mm$^2$ | t | 0.018 |
| H05010101 | 扁钢 | -60×8 | t | 0.038 |

典型方案 A5-5 工程量表　　　　表 6-30

| 序号 | 材料名称 | 单位 | 设计用量 |
|---|---|---|---|
|  | 建筑工程 |  |  |
| JGT2-8 | 独立基础 钢筋混凝土基础 | m$^3$ | 10 |
| JGT1-11 | 人工施工土方 基坑土方 挖深 2m 以内 | m$^3$ | 25 |
| JGT9-36 | 不含土方基础支架 钢管设备支架 | t | 1 |
| JGT7-11 | 钢筋、铁件 普通钢筋 | t | 0.949 |

### 6.5.3　典型方案概算书

典型方案概算书如表 6-31～表 6-35 所示。

典型方案 A5-5 总概算汇总表　　　　表 6-31

金额单位：万元

| 序号 | 工程或费用名称 | 含税金额 | 占工程静态投资的比例（%） |
|---|---|---|---|
| 一 | 建筑工程费 | 3.6 | 13.99 |
| 二 | 安装工程费 | 4.45 | 17.29 |
| 三 | 拆除工程费 | 1.14 | 4.43 |

续表

| 序号 | 工程或费用名称 | 含税金额 | 占工程静态投资的比例（%） |
|---|---|---|---|
| 四 | 设备购置费 | 13.63 | 52.97 |
|  | 其中：编制基准期价差 | 0.68 | 2.64 |
| 五 | 小计 | 22.82 | 88.69 |
|  | 其中：甲供设备材料费 | 17.25 | 67.04 |
| 六 | 其他费用 | 2.91 | 11.31 |
| 七 | 基本预备费 |  |  |
| 八 | 特殊项目 |  |  |
| 九 | 工程投资合计 | 25.73 | 100 |

典型方案 A5-5 安装工程专业汇总表　　表 6-32

金额单位：元

| 序号 | 工程或费用名称 | 安装工程费 | | | 设备购置费 | 合计 |
|---|---|---|---|---|---|---|
|  |  | 主要材料费 | 安装费 | 小计 |  |  |
| 一 | 安装工程 | 23907 | 20558 | 44466 | 136348 | 180814 |
| 二 | 配电装置 | 446 | 3253 | 3699 | 136348 | 140047 |
| 2 | 屋外配电装置 | 446 | 3253 | 3699 | 136348 | 140047 |
| 2.1 | 220kV 配电装置 | 446 | 3253 | 3699 | 136348 | 140047 |
| 六 | 电缆防护设施 | 21943 | 15202 | 37145 |  | 37145 |
| 1 | 电缆桥支架 | 2971 |  | 2971 |  | 2971 |
| 2 | 电缆防火 | 4409 | 5910 | 10319 |  | 10319 |
| 3 | 电缆 | 14562 | 9292 | 23855 |  | 23855 |
| 七 | 全站接地 | 1518 | 1714 | 3232 |  | 3232 |
| 1 | 接地网 | 1518 | 1714 | 3232 |  | 3232 |
| 九 | 调试 |  | 390 | 390 |  | 390 |
| 1 | 分系统调试 |  | 390 | 390 |  | 390 |
|  | 合计 | 23907 | 20558 | 44466 | 136348 | 180814 |

典型方案 A5-5 建筑工程专业汇总表　　　　　　　　表 6-33

金额单位：元

| 序号 | 工程或费用名称 | 设备费 | 主要材料费 | 建筑费 | 建筑工程费合计 |
|---|---|---|---|---|---|
| | 建筑工程 | | | 36009 | 36009 |
| 二 | 主变压器及配电装置建筑 | | | 36009 | 36009 |
| 2 | ××kV 构架及设备基础 | | | 36009 | 36009 |
| 2.1 | 构架及基础 | | | 36009 | 36009 |
| | 合计 | | | 36009 | 36009 |

典型方案 A5-5 拆除工程专业汇总表　　　　　　　　表 6-34

金额单位：元

| 序号 | 工程或费用名称 | 拆除工程费 |
|---|---|---|
| | 拆除工程 | 11440 |
| | 建筑拆除 | 6533 |
| 二 | 主变压器及配电装置建筑 | 6533 |
| 2 | ××kV 构架及设备基础 | 6533 |
| 2.2 | 设备支架及基础 | 6533 |
| | 安装拆除 | 4907 |
| 二 | 配电装置 | 4907 |
| 2 | 屋外配电装置 | 4907 |
| 2.1 | ××kV 配电装置 | 4907 |
| | 合计 | 11440 |

典型方案 A5-5 其他费用概算表　　　　　　　　表 6-35

金额单位：元

| 序号 | 工程或费用项目名称 | 编制依据及计算说明 | 合价 |
|---|---|---|---|
| 2 | 项目管理费 | | 8962 |
| 2.1 | 管理经费 | （建筑工程费＋安装工程费＋拆除工程费）×3.53% | 3245 |
| 2.2 | 招标费 | （建筑工程费＋安装工程费＋拆除工程费）×1.81% | 1664 |
| 2.3 | 工程监理费 | （建筑工程费＋安装工程费＋拆除工程费）×4.41% | 4053 |
| 3 | 项目技术服务费 | | 20105 |
| 3.1 | 前期工作费 | （建筑工程费＋安装工程费）×3.05% | 2454 |

续表

| 序号 | 工程或费用项目名称 | 编制依据及计算说明 | 合价 |
|---|---|---|---|
| 3.3 | 工程勘察设计费 | | 16322 |
| 3.3.2 | 设计费 | （设计费）×100% | 16322 |
| 3.4 | 设计文件评审费 | | 529 |
| 3.4.1 | 初步设计文件评审费 | （基本设计费）×3.5% | 529 |
| 3.5 | 施工过程造价咨询及竣工结算审核费 | （建筑工程费＋安装工程费＋拆除工程费）×0.53% | 800 |
| | 合计 | | 29067 |

## 6.6　A5-6 更换 10kV 真空不含断路器开关柜

### 6.6.1　典型方案主要内容

更换 10kV 真空不含断路器开关柜。

### 6.6.2　典型方案工程量表

典型方案工程量如表 6-36、表 6-37 所示。

典型方案 A5-6 电气设备材料表　　　　表 6-36

| 序号 | 设备材料名称 | 规格及型号 | 单位 | 设计用量 |
|---|---|---|---|---|
| | 安装工程 | | | |
| | 高压开关柜 | AC10kV，分段隔离柜，4000A，无开关 | 台 | 1 |
| BZ101 | 35kV 软导线引下线 | | 组（三相） | 1 |
| BZ201 | 35kV 软导线设备连线 | | 组（三相） | 1 |
| FZ801 | 电缆保护管 | 钢管 $\phi50$ | t | 0.5 |
| N03030103 | 电缆防火堵料 | 柔性 JZD 型 | t | 0.2 |
| N03020101 | 电缆防火涂料 | G60-3 型 | t | 0.2 |
| BZ801 | 35kV 变电站电力电缆 | | km | 0.3 |
| BZ901 | 35kV 变电站控制电缆 | | km | 0.5 |
| X04010101 | 绝缘铜绞线 | 100mm$^2$ | t | 0.018 |
| H05010101 | 扁钢 | -60×8 | t | 0.038 |

典型方案 A5-6 工程量表　　　　　　　　　　　　表 6-37

| 序号 | 材料名称 | 单位 | 设计用量 |
|---|---|---|---|
|  | 建筑工程 |  |  |
| JGT2-8 | 独立基础 钢筋混凝土基础 | m³ | 10 |
| JGT1-11 | 人工施工土方 基坑土方 挖深 2m 以内 | m³ | 25 |
| JGT9-36 | 不含土方基础支架 钢管设备支架 | t | 1 |
| JGT7-11 | 钢筋、铁件 普通钢筋 | t | 0.949 |

### 6.6.3　典型方案概算书

典型方案概算书如表 6-38～表 6-42 所示。

典型方案 A5-6 总概算汇总表　　　　　　　　　　　表 6-38

金额单位：万元

| 序号 | 工程或费用名称 | 含税金额 | 占工程静态投资的比例（%） |
|---|---|---|---|
| 一 | 建筑工程费 | 3.6 | 17.14 |
| 二 | 安装工程费 | 4.35 | 20.71 |
| 三 | 拆除工程费 | 1.12 | 5.33 |
| 四 | 设备购置费 | 9.38 | 44.67 |
|  | 其中：编制基准期价差 | 0.68 | 3.24 |
| 五 | 小计 | 18.45 | 87.86 |
|  | 其中：甲供设备材料费 | 12.99 | 61.86 |
| 六 | 其他费用 | 2.55 | 12.14 |
| 七 | 基本预备费 |  |  |
| 八 | 特殊项目 |  |  |
| 九 | 工程投资合计 | 21 | 100 |

典型方案 A5-6 安装工程专业汇总表　　　　　　　　表 6-39

金额单位：元

| 序号 | 工程或费用名称 | 安装工程费 | | | 设备购置费 | 合计 |
|---|---|---|---|---|---|---|
|  |  | 主要材料费 | 安装费 | 小计 |  |  |
| 一 | 安装工程 | 23907 | 19560 | 43467 | 93752 | 137219 |
| 二 | 配电装置 | 446 | 2254 | 2701 | 93752 | 96452 |

续表

| 序号 | 工程或费用名称 | 安装工程费 | | | 设备购置费 | 合计 |
|---|---|---|---|---|---|---|
| | | 主要材料费 | 安装费 | 小计 | | |
| 2 | 屋外配电装置 | 446 | 2254 | 2701 | 93752 | 96452 |
| 2.1 | 220kV 配电装置 | 446 | 2254 | 2701 | 93752 | 96452 |
| 六 | 电缆防护设施 | 21943 | 15202 | 37145 | | 37145 |
| 1 | 电缆桥支架 | 2971 | | 2971 | | 2971 |
| 2 | 电缆防火 | 4409 | 5910 | 10319 | | 10319 |
| 3 | 电缆 | 14562 | 9292 | 23855 | | 23855 |
| 七 | 全站接地 | 1518 | 1714 | 3232 | | 3232 |
| 1 | 接地网 | 1518 | 1714 | 3232 | | 3232 |
| 九 | 调试 | | 390 | 390 | | 390 |
| 1 | 分系统调试 | | 390 | 390 | | 390 |
| | 合计 | 23907 | 19560 | 43467 | 93752 | 137219 |

**典型方案 A5-6 建筑工程专业汇总表**　　　　表 6-40

金额单位：元

| 序号 | 工程或费用名称 | 设备费 | 主要材料费 | 建筑费 | 建筑工程费合计 |
|---|---|---|---|---|---|
| 一 | 建筑工程 | | | 36009 | 36009 |
| 二 | 主变压器及配电装置建筑 | | | 36009 | 36009 |
| 2 | ××kV 构架及设备基础 | | | 36009 | 36009 |
| 2.1 | 构架及基础 | | | 36009 | 36009 |
| | 合计 | | | 36009 | 36009 |

**典型方案 A5-6 拆除工程专业汇总表**　　　　表 6-41

金额单位：元

| 序号 | 工程或费用名称 | 拆除工程费 |
|---|---|---|
| 一 | 拆除工程 | 11247 |
| | 建筑拆除 | 6533 |
| 二 | 主变压器及配电装置建筑 | 6533 |
| 2 | ××kV 构架及设备基础 | 6533 |
| 2.2 | 设备支架及基础 | 6533 |

续表

| 序号 | 工程或费用名称 | 拆除工程费 |
|---|---|---|
| | 安装拆除 | 4714 |
| 二 | 配电装置 | 4714 |
| 2 | 屋外配电装置 | 4714 |
| 2.1 | ××kV配电装置 | 4714 |
| | 合计 | 11247 |

典型方案A5-6 其他费用概算表　　　　表6-42

金额单位：元

| 序号 | 工程或费用项目名称 | 编制依据及计算说明 | 合价 |
|---|---|---|---|
| 2 | 项目管理费 | | 8846 |
| 2.1 | 管理经费 | （建筑工程费＋安装工程费＋拆除工程费）×3.53% | 3203 |
| 2.2 | 招标费 | （建筑工程费＋安装工程费＋拆除工程费）×1.81% | 1642 |
| 2.3 | 工程监理费 | （建筑工程费＋安装工程费＋拆除工程费）×4.41% | 4001 |
| 3 | 项目技术服务费 | | 16687 |
| 3.1 | 前期工作费 | （建筑工程费＋安装工程费）×3.05% | 2424 |
| 3.3 | 工程勘察设计费 | | 13040 |
| 3.3.2 | 设计费 | （设计费）×100% | 13040 |
| 3.4 | 设计文件评审费 | | 423 |
| 3.4.1 | 初步设计文件评审费 | （基本设计费）×3.5% | 423 |
| 3.5 | 施工过程造价咨询及竣工结算审核费 | （建筑工程费＋安装工程费＋拆除工程费）×0.53% | 800 |
| | 合计 | | 25532 |

# 第 7 章　更换接地变及消弧线圈成套装置

## 7.1　A6-1 更换 10kV 额定容量 1200kVA 接地变及消弧线圈成套装置

### 7.1.1　典型方案主要内容

更换 10kV 额定容量 1200kVA 接地变及消弧线圈成套装置。

### 7.1.2　典型方案工程量表

典型方案工程量如表 7-1、表 7-2 所示。

典型方案 A6-1 电气设备材料表　　　　表 7-1

| 序号 | 设备材料名称 | 规格及型号 | 单位 | 设计用量 |
|---|---|---|---|---|
|  | 安装工程 |  |  |  |
|  | 消弧线圈 | AC10kV，1200kVA，干式，165A，调匝 | 台 | 1 |
| N03030103 | 电缆防火堵料 | 柔性 JZD 型 | t | 0.1 |
| N03020101 | 电缆防火涂料 | G60-3 型 | t | 0.1 |
| N03050106 | 防火隔板 | WFB | $m^2$ | 20 |
| BZ903 | 110kV 变电站控制电缆 |  | km | 0.5 |
| L01210503 | 阻燃交联乙烯绝缘钢带铠装聚氯乙烯护套电力电缆 | ZR-YJV22 1kV 四芯 6 | km | 0.2 |
| L01230109 | 阻燃交联乙烯绝缘钢带铠装聚氯乙烯护套电力电缆 | ZR-YJV22 10kV 三芯 240 | km | 0.1 |
| BZ804 | 10kV 电缆终端 | 3×240，户内终端，冷缩，铜 | 套 | 1 |
| BZ804 | 10kV 电缆终端 | 3×240，户内终端，冷缩，铜 | 套 | 1 |
| X04010101 | 绝缘铜绞线 | 100$mm^2$ | t | 0.036 |
| X03010101 | 铜排 | -80×8 | t | 0.114 |
| H05010101 | 扁钢 | -60×8 | t | 0.114 |

典型方案 A6-1 工程量表　　　　表 7-2

| 序号 | 材料名称 | 单位 | 设计用量 |
|---|---|---|---|
|  | 建筑工程 |  |  |
| JGT2-12 | 设备基础 变压器基础 | $m^3$ | 15 |

续表

| 序号 | 材料名称 | 单位 | 设计用量 |
|---|---|---|---|
| JGT1-11 | 人工施工土方 基坑土方 挖深2m以内 | m³ | 37.5 |
| JGT7-11 | 钢筋、铁件 普通钢筋 | t | 0.769 |

### 7.1.3 典型方案概算书

典型方案概算书如表7-3～表7-7所示。

典型方案A6-1总概算汇总表　　　　表7-3

金额单位：万元

| 序号 | 工程或费用名称 | 含税金额 | 占工程静态投资的比例(%) |
|---|---|---|---|
| 一 | 建筑工程费 | 3.5 | 6.74 |
| 二 | 安装工程费 | 14.61 | 28.13 |
| 三 | 拆除工程费 | 1.55 | 2.98 |
| 四 | 设备购置费 | 26.06 | 50.17 |
|  | 其中：编制基准期价差 | 0.83 | 1.6 |
| 五 | 小计 | 45.72 | 88.02 |
|  | 其中：甲供设备材料费 | 33.8 | 65.08 |
| 六 | 其他费用 | 6.22 | 11.98 |
| 七 | 基本预备费 |  |  |
| 九 | 工程投资合计 | 51.94 | 100 |

典型方案A6-1安装工程专业汇总表　　　　表7-4

金额单位：元

| 序号 | 工程或费用名称 | 安装工程费 | | | 设备购置费 | 合计 |
|---|---|---|---|---|---|---|
|  |  | 主要材料费 | 安装费 | 小计 |  |  |
|  | 安装工程 | 78178 | 67952 | 146131 | 260612 | 406743 |
| 一 | 主变压器系统 |  | 3296 | 3296 | 260612 | 263907 |
| 1 | 主变压器 |  | 3296 | 3296 | 260612 | 263907 |
| 1.2 | 消弧线圈 |  | 3296 | 3296 | 260612 | 263907 |
| 四 | 控制及直流系统 |  | 20000 | 20000 |  | 20000 |
| 1 | 监控或监测系统 |  | 20000 | 20000 |  | 20000 |
| 1.1 | 计算机监控系统 |  | 20000 | 20000 |  | 20000 |

续表

| 序号 | 工程或费用名称 | 安装工程费 | | | 设备购置费 | 合计 |
|---|---|---|---|---|---|---|
| | | 主要材料费 | 安装费 | 小计 | | |
| 六 | 电缆防护设施 | 66903 | 16590 | 83493 | | 83493 |
| 2 | 电缆防火 | 3606 | 6610 | 10216 | | 10216 |
| 3 | 电缆 | 63298 | 9980 | 73277 | | 73277 |
| 七 | 全站接地 | 11275 | 5141 | 16416 | | 16416 |
| 1 | 接地网 | 11275 | 5141 | 16416 | | 16416 |
| 九 | 调试 | | 22926 | 22926 | | 22926 |
| 1 | 分系统调试 | | 22926 | 22926 | | 22926 |
| | 合计 | 78178 | 67952 | 146131 | 260612 | 406743 |

**典型方案 A6-1 建筑工程专业汇总表**　　　　表 7-5

金额单位：元

| 序号 | 工程或费用名称 | 设备费 | 主要材料费 | 建筑费 | 建筑工程费合计 |
|---|---|---|---|---|---|
| | 建筑工程 | | | 35046 | 35046 |
| 二 | 主变压器及配电装置建筑 | | | 25046 | 25046 |
| 1 | 主变压器系统 | | | 25046 | 25046 |
| 1.2 | 主变压器设备基础 | | | 25046 | 25046 |
| 三 | 供水系统建筑 | | | 10000 | 10000 |
| 4 | 特殊消防系统 | | | 10000 | 10000 |
| | 合计 | | | 35046 | 35046 |

**典型方案 A6-1 拆除工程专业汇总表**　　　　表 7-6

金额单位：元

| 序号 | 工程或费用名称 | 拆除工程费 |
|---|---|---|
| | 拆除工程 | 15477 |
| | 建筑拆除 | 8545 |
| 二 | 主变压器及配电装置建筑 | 8545 |
| 1 | 主变压器系统 | 8545 |
| 1.1 | 构支架及基础 | 8545 |
| | 安装拆除 | 6932 |

续表

| 序号 | 工程或费用名称 | 拆除工程费 |
|---|---|---|
| 一 | 主变压器系统 | 5779 |
| 1 | 主变压器 | 5779 |
| 1.2 | 消弧线圈 | 5779 |
| 四 | 控制及直流系统 | 1153 |
| 1 | 监控或监测系统 | 1153 |
| 1.1 | 计算机监控系统 | 1153 |
|  | 合计 | 15477 |

典型方案 A6-1 其他费用概算表    表 7-7

金额单位：元

| 序号 | 工程或费用项目名称 | 编制依据及计算说明 | 合价 |
|---|---|---|---|
| 2 | 项目管理费 |  | 21259 |
| 2.1 | 管理经费 | （建筑工程费＋安装工程费＋拆除工程费）×3.53% | 6942 |
| 2.2 | 招标费 | （建筑工程费＋安装工程费＋拆除工程费）×1.81% | 3559 |
| 2.3 | 工程监理费 | （建筑工程费＋安装工程费＋拆除工程费）×4.41% | 8672 |
| 2.4 | 设备材料监造费 | （设备购置费）×0.8% | 2085 |
| 3 | 项目技术服务费 |  | 40902 |
| 3.1 | 前期工作费 | （建筑工程费＋安装工程费）×3.05% | 5526 |
| 3.3 | 工程勘察设计费 |  | 33256 |
| 3.3.2 | 设计费 | （设计费）×100% | 33256 |
| 3.4 | 设计文件评审费 |  | 1078 |
| 3.4.1 | 初步设计文件评审费 | （基本设计费）×3.5% | 1078 |
| 3.5 | 施工过程造价咨询及竣工结算审核费 | （建筑工程费＋安装工程费＋拆除工程费）×0.53% | 1042 |
|  | 合计 |  | 62161 |

## 7.2 A6-2 更换 10kV 额定容量 1000kVA 接地变及消弧线圈成套装置

### 7.2.1 典型方案主要内容

更换 10kV 额定容量 1000kVA 接地变及消弧线圈成套装置。

### 7.2.2 典型方案工程量表

典型方案工程量如表 7-8、表 7-9 所示。

典型方案 A6-2 电气设备材料表　　　　　　表 7-8

| 序号 | 设备材料名称 | 规格及型号 | 单位 | 设计用量 |
|---|---|---|---|---|
|  | 安装工程 |  |  |  |
|  | 消弧线圈 | AC10kV，1000kVA，干式，165A，调匝 | 台 | 1 |
| N03030103 | 电缆防火堵料 | 柔性 JZD 型 | t | 0.1 |
| N03020101 | 电缆防火涂料 | G60-3 型 | t | 0.1 |
| N03050106 | 防火隔板 | WFB | $m^2$ | 20 |
| BZ903 | 110kV 变电站控制电缆 |  | km | 0.5 |
| L01210503 | 阻燃交联乙烯绝缘钢带铠装聚氯乙烯护套电力电缆 | ZR-YJV22 1kV 四芯 6 | km | 0.2 |
| L01230109 | 阻燃交联乙烯绝缘钢带铠装聚氯乙烯护套电力电缆 | ZR-YJV22 10kV 三芯 240 | km | 0.1 |
| BZ804 | 10kV 电缆终端 | 3×240，户内终端，冷缩，铜 | 套 | 1 |
| BZ804 | 10kV 电缆终端 | 3×240，户外终端，冷缩，铜 | 套 | 1 |
| X04010101 | 绝缘铜绞线 | 100$mm^2$ | t | 0.036 |
| X03010101 | 铜排 | -80×8 | t | 0.114 |
| H05010101 | 扁钢 | -60×8 | t | 0.114 |

典型方案 A6-2 工程量表　　　　　　表 7-9

| 序号 | 材料名称 | 单位 | 设计用量 |
|---|---|---|---|
|  | 建筑工程 |  |  |
| JGT2-12 | 设备基础 变压器基础 | $m^3$ | 15 |
| JGT1-11 | 人工施工土方 基坑土方 挖深 2m 以内 | $m^3$ | 37.5 |
| JGT7-11 | 钢筋、铁件 普通钢筋 | t | 0.769 |

### 7.2.3 典型方案概算书

典型方案概算书如表 7-10～表 7-14 所示。

### 典型方案 A6-2 总概算汇总表

表 7-10

金额单位：万元

| 序号 | 工程或费用名称 | 含税金额 | 占工程静态投资的比例（%） |
|---|---|---|---|
| 一 | 建筑工程费 | 3.5 | 8.12 |
| 二 | 安装工程费 | 14.41 | 33.41 |
| 三 | 拆除工程费 | 1.55 | 3.59 |
| 四 | 设备购置费 | 18.17 | 42.13 |
|  | 其中：编制基准期价差 | 0.83 | 1.92 |
| 五 | 小计 | 37.63 | 87.25 |
|  | 其中：甲供设备材料费 | 25.91 | 60.07 |
| 六 | 其他费用 | 5.5 | 12.75 |
| 七 | 基本预备费 |  |  |
| 九 | 工程投资合计 | 43.13 | 100 |

### 典型方案 A6-2 安装工程专业汇总表

表 7-11

金额单位：元

| 序号 | 工程或费用名称 | 安装工程费 | | | 设备购置费 | 合计 |
|---|---|---|---|---|---|---|
|  |  | 主要材料费 | 安装费 | 小计 |  |  |
|  | 安装工程 | 78178 | 65952 | 144131 | 181663 | 325794 |
| 一 | 主变压器系统 |  | 3296 | 3296 | 181663 | 184959 |
| 1 | 主变压器 |  | 3296 | 3296 | 181663 | 184959 |
| 1.2 | 消弧线圈 |  | 3296 | 3296 | 181663 | 184959 |
| 四 | 控制及直流系统 |  | 18000 | 18000 |  | 18000 |
| 1 | 监控或监测系统 |  | 18000 | 18000 |  | 18000 |
| 1.1 | 计算机监控系统 |  | 18000 | 18000 |  | 18000 |
| 六 | 电缆防护设施 | 66903 | 16590 | 83493 |  | 83493 |
| 2 | 电缆防火 | 3606 | 6610 | 10216 |  | 10216 |
| 3 | 电缆 | 63298 | 9980 | 73277 |  | 73277 |
| 七 | 全站接地 | 11275 | 5141 | 16416 |  | 16416 |
| 1 | 接地网 | 11275 | 5141 | 16416 |  | 16416 |
| 九 | 调试 |  | 22926 | 22926 |  | 22926 |
| 1 | 分系统调试 |  | 22926 | 22926 |  | 22926 |
|  | 合计 | 78178 | 65952 | 144131 | 181663 | 325794 |

典型方案 A6-2 建筑工程专业汇总表　　　　　　　表 7-12

金额单位：元

| 序号 | 工程或费用名称 | 设备费 | 主要材料费 | 建筑费 | 建筑工程费合计 |
|---|---|---|---|---|---|
| 一 | 建筑工程 | | | 35046 | 35046 |
| 二 | 主变压器及配电装置建筑 | | | 25046 | 25046 |
| 1 | 主变压器系统 | | | 25046 | 25046 |
| 1.2 | 主变压器设备基础 | | | 25046 | 25046 |
| 三 | 供水系统建筑 | | | 10000 | 10000 |
| 4 | 特殊消防系统 | | | 10000 | 10000 |
| | 合计 | | | 35046 | 35046 |

典型方案 A6-2 拆除工程专业汇总表　　　　　　　表 7-13

金额单位：元

| 序号 | 工程或费用名称 | 拆除工程费 |
|---|---|---|
| | 拆除工程 | 15477 |
| | 建筑拆除 | 8545 |
| 二 | 主变压器及配电装置建筑 | 8545 |
| 1 | 主变压器系统 | 8545 |
| 1.1 | 构支架及基础 | 8545 |
| | 安装拆除 | 6932 |
| 一 | 主变压器系统 | 5779 |
| 1 | 主变压器 | 5779 |
| 1.2 | 消弧线圈 | 5779 |
| 四 | 控制及直流系统 | 1153 |
| 1 | 监控或监测系统 | 1153 |
| 1.1 | 计算机监控系统 | 1153 |
| | 合计 | 15477 |

典型方案 A6-2 其他费用概算表　　　　　　　表 7-14

金额单位：元

| 序号 | 工程或费用项目名称 | 编制依据及计算说明 | 合价 |
|---|---|---|---|
| 2 | 项目管理费 | | 20432 |
| 2.1 | 管理经费 | （建筑工程费＋安装工程费＋拆除工程费）×3.53% | 6871 |

续表

| 序号 | 工程或费用项目名称 | 编制依据及计算说明 | 合价 |
|---|---|---|---|
| 2.2 | 招标费 | （建筑工程费＋安装工程费＋拆除工程费）×1.81% | 3523 |
| 2.3 | 工程监理费 | （建筑工程费＋安装工程费＋拆除工程费）×4.41% | 8584 |
| 2.4 | 设备材料监造费 | （设备购置费）×0.8% | 1453 |
| 3 | 项目技术服务费 | | 34539 |
| 3.1 | 前期工作费 | （建筑工程费＋安装工程费）×3.05% | 5465 |
| 3.3 | 工程勘察设计费 | | 27163 |
| 3.3.2 | 设计费 | （设计费）×100% | 27163 |
| 3.4 | 设计文件评审费 | | 880 |
| 3.4.1 | 初步设计文件评审费 | （基本设计费）×3.5% | 880 |
| 3.5 | 施工过程造价咨询及竣工结算审核费 | （建筑工程费＋安装工程费＋拆除工程费）×0.53% | 1032 |
| | 合计 | | 54971 |

## 7.3 A6-3 更换10kV 额定容量630kVA 接地变及消弧线圈成套装置

### 7.3.1 典型方案主要内容

更换10kV 额定容量630kVA 接地变及消弧线圈成套装置。

### 7.3.2 典型方案工程量表

典型方案工程量如表7-15、表7-16所示。

典型方案 A6-3 电气设备材料表　　　　表7-15

| 序号 | 设备材料名称 | 规格及型号 | 单位 | 设计用量 |
|---|---|---|---|---|
| | 安装工程 | | | |
| | 消弧线圈 | AC10kV，630kVA，干式，165A，调匝 | 台 | 1 |
| N03030103 | 电缆防火堵料 | 柔性 JZD 型 | t | 0.1 |
| N03020101 | 电缆防火涂料 | G60-3 型 | t | 0.1 |
| N03050106 | 防火隔板 | WFB | m² | 20 |
| BZ903 | 110kV 变电站控制电缆 | | km | 0.5 |
| L01210503 | 阻燃交联乙烯绝缘钢带铠装聚氯乙烯护套电力电缆 | ZR-YJV22 1kV 四芯 6 | km | 0.2 |

续表

| 序号 | 设备材料名称 | 规格及型号 | 单位 | 设计用量 |
|---|---|---|---|---|
| L01230109 | 阻燃交联乙烯绝缘钢带铠装聚氯乙烯护套电力电缆 | ZR-YJV22 10kV 三芯 240 | km | 0.1 |
| BZ804 | 10kV 电缆终端 | 3×240，户内终端，冷缩，铜 | 套 | 1 |
| BZ804 | 10kV 电缆终端 | 3×240，户外终端，冷缩，铜 | 套 | 1 |
| X04010101 | 绝缘铜绞线 | 100mm² | t | 0.036 |
| X03010101 | 铜排 | −80×8 | t | 0.114 |
| H05010101 | 扁钢 | −60×8 | t | 0.114 |

典型方案 A6-3 工程量表　　　　　　表 7-16

| 序号 | 材料名称 | 单位 | 设计用量 |
|---|---|---|---|
| | 建筑工程 | | |
| JGT2-12 | 设备基础 变压器基础 | m³ | 15 |
| JGT1-11 | 人工施工土方 基坑土方 挖深 2m 以内 | m³ | 37.5 |
| JGT7-11 | 钢筋、铁件 普通钢筋 | t | 0.769 |

### 7.3.3　典型方案概算书

典型方案概算书如表 7-17～表 7-21 所示。

典型方案 A6-3 总概算汇总表　　　　　　表 7-17

金额单位：万元

| 序号 | 工程或费用名称 | 含税金额 | 占工程静态投资的比例（%） |
|---|---|---|---|
| 一 | 建筑工程费 | 3.5 | 8.7 |
| 二 | 安装工程费 | 14.32 | 35.59 |
| 三 | 拆除工程费 | 1.54 | 3.83 |
| 四 | 设备购置费 | 15.62 | 38.82 |
| | 其中：编制基准期价差 | 0.83 | 2.06 |
| 五 | 小计 | 34.98 | 86.93 |
| | 其中：甲供设备材料费 | 23.36 | 58.05 |
| 六 | 其他费用 | 5.26 | 13.07 |
| 七 | 基本预备费 | | |

续表

| 序号 | 工程或费用名称 | 含税金额 | 占工程静态投资的比例（%） |
|---|---|---|---|
| 八 | 特殊项目 | | |
| 九 | 工程投资合计 | 40.24 | 100 |
| | 其中：可抵扣增值税金额 | 3.71 | |
| | 其中：施工费 | 11.62 | 28.88 |

典型方案 A6-3 安装工程专业汇总表　　　表 7-18

金额单位：元

| 序号 | 工程或费用名称 | 安装工程费 | | | 设备购置费 | 合计 |
|---|---|---|---|---|---|---|
| | | 主要材料费 | 安装费 | 小计 | | |
| | 安装工程 | 78178 | 64980 | 143159 | 156186 | 299345 |
| 一 | 主变压器系统 | | 2324 | 2324 | 156186 | 158509 |
| 1 | 主变压器 | | 2324 | 2324 | 156186 | 158509 |
| 1.2 | 消弧线圈 | | 2324 | 2324 | 156186 | 158509 |
| 四 | 控制及直流系统 | | 18000 | 18000 | | 18000 |
| 1 | 监控或监测系统 | | 18000 | 18000 | | 18000 |
| 1.1 | 计算机监控系统 | | 18000 | 18000 | | 18000 |
| 六 | 电缆防护设施 | 66903 | 16590 | 83493 | | 83493 |
| 2 | 电缆防火 | 3606 | 6610 | 10216 | | 10216 |
| 3 | 电缆 | 63298 | 9980 | 73277 | | 73277 |
| 七 | 全站接地 | 11275 | 5141 | 16416 | | 16416 |
| 1 | 接地网 | 11275 | 5141 | 16416 | | 16416 |
| 九 | 调试 | | 22926 | 22926 | | 22926 |
| 1 | 分系统调试 | | 22926 | 22926 | | 22926 |
| | 合计 | 78178 | 64980 | 143159 | 156186 | 299345 |

典型方案 A6-3 建筑工程专业汇总表　　　表 7-19

金额单位：元

| 序号 | 工程或费用名称 | 设备费 | 主要材料费 | 建筑费 | 建筑工程费合计 |
|---|---|---|---|---|---|
| | 建筑工程 | | | 35046 | 35046 |
| 二 | 主变压器及配电装置建筑 | | | 25046 | 25046 |

续表

| 序号 | 工程或费用名称 | 设备费 | 主要材料费 | 建筑费 | 建筑工程费合计 |
|---|---|---|---|---|---|
| 1 | 主变压器系统 | | | 25046 | 25046 |
| 1.2 | 主变压器设备基础 | | | 25046 | 25046 |
| 三 | 供水系统建筑 | | | 10000 | 10000 |
| 4 | 特殊消防系统 | | | 10000 | 10000 |
| | 合计 | | | 35046 | 35046 |

典型方案 A6-3 拆除工程专业汇总表　　　　表 7-20

金额单位：元

| 序号 | 工程或费用名称 | 拆除工程费 |
|---|---|---|
| | 拆除工程 | 15381 |
| | 建筑拆除 | 8545 |
| 二 | 主变压器及配电装置建筑 | 8545 |
| 1 | 主变压器系统 | 8545 |
| 1.1 | 构支架及基础 | 8545 |
| | 安装拆除 | 6836 |
| 一 | 主变压器系统 | 5683 |
| 1 | 主变压器 | 5683 |
| 1.2 | 消弧线圈 | 5683 |
| 四 | 控制及直流系统 | 1153 |
| 1 | 监控或监测系统 | 1153 |
| 1.1 | 计算机监控系统 | 1153 |
| | 合计 | 15381 |

典型方案 A6-3 其他费用概算表　　　　表 7-21

金额单位：元

| 序号 | 工程或费用项目名称 | 编制依据及计算说明 | 合价 |
|---|---|---|---|
| 2 | 项目管理费 | | 20124 |
| 2.1 | 管理经费 | （建筑工程费＋安装工程费＋拆除工程费）×3.53% | 6834 |
| 2.2 | 招标费 | （建筑工程费＋安装工程费＋拆除工程费）×1.81% | 3504 |
| 2.3 | 工程监理费 | （建筑工程费＋安装工程费＋拆除工程费）×4.41% | 8537 |

续表

| 序号 | 工程或费用项目名称 | 编制依据及计算说明 | 合价 |
|---|---|---|---|
| 2.4 | 设备材料监造费 | （设备购置费）×0.8% | 1249 |
| 3 | 项目技术服务费 | | 32449 |
| 3.1 | 前期工作费 | （建筑工程费＋安装工程费）×3.05% | 5435 |
| 3.3 | 工程勘察设计费 | | 25172 |
| 3.3.2 | 设计费 | （设计费）×100% | 25172 |
| 3.4 | 设计文件评审费 | | 816 |
| 3.4.1 | 初步设计文件评审费 | （基本设计费）×3.5% | 816 |
| 3.5 | 施工过程造价咨询及竣工结算审核费 | （建筑工程费＋安装工程费＋拆除工程费）×0.53% | 1026 |
| | 合计 | | 52573 |

# 第8章 更换电流互感器

## 8.1 A7-1 更换 500kV 油浸式电流互感器

### 8.1.1 典型方案主要内容

更换 500kV 油浸式电流互感器。

### 8.1.2 典型方案工程量表

典型方案工程量如表 8-1、表 8-2 所示。

典型方案 A7-1 电气设备材料表　　　　表 8-1

| 序号 | 设备材料名称 | 规格及型号 | 单位 | 设计用量 |
|---|---|---|---|---|
| | 安装工程 | | | |
| | 电流互感器 | AC500kV，油浸 | 台 | 1 |
| BZ206 | 500kV 软导线设备连线 | | 组（三相） | 1 |
| FZ801 | 电缆保护管 | 钢管 $\phi50$ | t | 0.053 |
| N03030103 | 电缆防火堵料 | 柔性 JZD 型 | t | 0.1 |
| N03020101 | 电缆防火涂料 | G60-3 型 | t | 0.1 |
| BZ906 | 500kV 变电站控制电缆 | | km | 0.5 |
| BZ806 | 500kV 变电站电力电缆 | | km | 0.1 |
| H05010101 | 扁钢 | $-60\times8$ | t | 0.038 |

典型方案 A7-1 工程量表　　　　表 8-2

| 序号 | 材料名称 | 单位 | 设计用量 |
|---|---|---|---|
| | 建筑工程 | | |
| JGT2-8 | 独立基础 钢筋混凝土基础 | m³ | 4.5 |
| JGT1-11 | 人工施工土方 基坑土方 挖深 2m 以内 | m³ | 11.25 |
| JGT9-36 | 不含土方基础支架 钢管设备支架 | t | 0.7 |
| JGT7-11 | 钢筋、铁件 普通钢筋 | t | 0.427 |

### 8.1.3 典型方案概算书

典型方案概算书如表 8-3～表 8-7 所示。

典型方案 A7-1 总概算汇总表　　　　　　　　　表 8-3

金额单位：万元

| 序号 | 工程或费用名称 | 含税金额 | 占工程静态投资的比例（%） |
|---|---|---|---|
| 一 | 建筑工程费 | 1.97 | 4.83 |
| 二 | 安装工程费 | 9.4 | 23.03 |
| 三 | 拆除工程费 | 0.73 | 1.79 |
| 四 | 设备购置费 | 24.34 | 59.63 |
|  | 其中：编制基准期价差 | 0.4 | 0.98 |
| 五 | 小计 | 36.44 | 89.27 |
|  | 其中：甲供设备材料费 | 26.99 | 66.12 |
| 六 | 其他费用 | 4.38 | 10.73 |
| 七 | 基本预备费 |  |  |
| 八 | 特殊项目 |  |  |
| 九 | 工程投资合计 | 40.82 | 100 |

典型方案 A7-1 安装工程专业汇总表　　　　　　表 8-4

金额单位：元

| 序号 | 工程或费用名称 | 安装工程费 | | | 设备购置费 | 合计 |
|---|---|---|---|---|---|---|
|  |  | 主要材料费 | 安装费 | 小计 |  |  |
|  | 安装工程 | 17932 | 76061 | 93993 | 243422 | 337415 |
| 二 | 配电装置 | 3607 | 27048 | 30655 | 243422 | 274077 |
| 2 | 屋外配电装置 | 3607 | 27048 | 30655 | 243422 | 274077 |
| 2.1 | 220kV 配电装置 | 3607 | 27048 | 30655 | 243422 | 274077 |
| 六 | 电缆防护设施 | 14067 | 9866 | 23933 |  | 23933 |
| 1 | 电缆桥支架 | 315 |  | 315 |  | 315 |
| 2 | 电缆防火 | 2205 | 2955 | 5159 |  | 5159 |
| 3 | 电缆 | 11547 | 6912 | 18459 |  | 18459 |
| 七 | 全站接地 | 258 | 520 | 779 |  | 779 |
| 1 | 接地网 | 258 | 520 | 779 |  | 779 |
| 九 | 调试 |  | 38626 | 38626 |  | 38626 |
| 1 | 分系统调试 |  | 9789 | 9789 |  | 9789 |
| 3 | 特殊调试 |  | 28837 | 28837 |  | 28837 |
|  | 合计 | 17932 | 76061 | 93993 | 243422 | 337415 |

典型方案 A7-1 建筑工程专业汇总表 表 8-5

金额单位：元

| 序号 | 工程或费用名称 | 设备费 | 主要材料费 | 建筑费 | 建筑工程费合计 |
|---|---|---|---|---|---|
| | 建筑工程 | | | 19734 | 19734 |
| 二 | 主变压器及配电装置建筑 | | | 19734 | 19734 |
| 2 | ××kV 构架及设备基础 | | | 19734 | 19734 |
| 2.1 | 构架及基础 | | | 19734 | 19734 |
| | 合计 | | | 19734 | 19734 |

典型方案 A7-1 拆除工程专业汇总表 表 8-6

金额单位：元

| 序号 | 工程或费用名称 | 拆除工程费 |
|---|---|---|
| | 拆除工程 | 7286 |
| | 建筑拆除 | 2564 |
| 二 | 主变压器及配电装置建筑 | 2564 |
| 2 | ××kV 构架及设备基础 | 2564 |
| 2.2 | 设备支架及基础 | 2564 |
| | 安装拆除 | 4723 |
| 二 | 配电装置 | 4723 |
| 2 | 屋外配电装置 | 4723 |
| 2.1 | ××kV 配电装置 | 4723 |
| | 合计 | 7286 |

典型方案 A7-1 其他费用概算表 表 8-7

金额单位：元

| 序号 | 工程或费用项目名称 | 编制依据及计算说明 | 合价 |
|---|---|---|---|
| 2 | 项目管理费 | | 11799 |
| 2.1 | 管理经费 | （建筑工程费＋安装工程费＋拆除工程费）×3.53% | 4272 |
| 2.2 | 招标费 | （建筑工程费＋安装工程费＋拆除工程费）×1.81% | 2190 |
| 2.3 | 工程监理费 | （建筑工程费＋安装工程费＋拆除工程费）×4.41% | 5337 |
| 3 | 项目技术服务费 | | 32025 |

续表

| 序号 | 工程或费用项目名称 | 编制依据及计算说明 | 合价 |
|---|---|---|---|
| 3.1 | 前期工作费 | (建筑工程费+安装工程费)×3.05% | 3469 |
| 3.3 | 工程勘察设计费 | | 26885 |
| 3.3.2 | 设计费 | (设计费)×100% | 26885 |
| 3.4 | 设计文件评审费 | | 871 |
| 3.4.1 | 初步设计文件评审费 | (基本设计费)×3.5% | 871 |
| 3.5 | 施工过程造价咨询及竣工结算审核费 | (建筑工程费+安装工程费+拆除工程费)×0.53% | 800 |
| | 合计 | | 43824 |

## 8.2　A7-2 更换 220kV 油浸式电流互感器

### 8.2.1　典型方案主要内容

更换 220kV 油浸式电流互感器。

### 8.2.2　典型方案工程量表

典型方案工程量如表 8-8、表 8-9 所示。

典型方案 A7-2 电气设备材料表　　　　表 8-8

| 序号 | 设备材料名称 | 规格及型号 | 单位 | 设计用量 |
|---|---|---|---|---|
| | 安装工程 | | | |
| | 电流互感器 | AC220kV，油浸 | 台 | 1 |
| BZ103 | 220kV 软导线引下线 | | 组（三相） | 1 |
| BZ204 | 220kV 软导线及设备连线 | | 组（三相） | 1 |
| FZ801 | 电缆保护管 | 钢管 $\phi50$ | t | 0.053 |
| N03030103 | 电缆防火堵料 | 柔性 JZD 型 | t | 0.1 |
| N03020101 | 电缆防火涂料 | G60-3 型 | t | 0.1 |
| BZ904 | 220kV 变电站控制电缆 | | km | 0.5 |
| BZ804 | 220kV 变电站电力电缆 | | km | 0.1 |
| H05010101 | 扁钢 | -60×8 | t | 0.038 |

典型方案 A7-2 工程量表　　　　表 8-9

| 序号 | 材料名称 | 单位 | 设计用量 |
|---|---|---|---|
|  | 建筑工程 |  |  |
| JGT2-8 | 独立基础 钢筋混凝土基础 | m³ | 4.5 |
| JGT1-11 | 人工施工土方 基坑土方 挖深 2m 以内 | m³ | 11.25 |
| JGT9-36 | 不含土方基础支架 钢管设备支架 | t | 0.7 |
| JGT7-11 | 钢筋、铁件 普通钢筋 | t | 0.427 |

### 8.2.3 典型方案概算书

典型方案概算书如表 8-10～表 8-14 所示。

典型方案 A7-2 总概算汇总表　　　　表 8-10

金额单位：万元

| 序号 | 工程或费用名称 | 含税金额 | 占工程静态投资的比例(%) |
|---|---|---|---|
| 一 | 建筑工程费 | 1.97 | 10.78 |
| 二 | 安装工程费 | 8.04 | 43.98 |
| 三 | 拆除工程费 | 0.64 | 3.5 |
| 四 | 设备购置费 | 5.04 | 27.57 |
|  | 其中：编制基准期价差 | 0.38 | 2.08 |
| 五 | 小计 | 15.69 | 85.83 |
|  | 其中：甲供设备材料费 | 7.84 | 42.89 |
| 六 | 其他费用 | 2.59 | 14.17 |
| 七 | 基本预备费 |  |  |
| 八 | 特殊项目 |  |  |
| 九 | 工程投资合计 | 18.28 | 100 |

典型方案 A7-2 安装工程专业汇总表　　　　表 8-11

金额单位：元

| 序号 | 工程或费用名称 | 安装工程费 | | | 设备购置费 | 合计 |
|---|---|---|---|---|---|---|
|  |  | 主要材料费 | 安装费 | 小计 |  |  |
| 一 | 安装工程 | 19587 | 60832 | 80418 | 50350 | 130768 |
| 二 | 配电装置 | 5526 | 23739 | 29265 | 50350 | 79615 |
| 2 | 屋外配电装置 | 5526 | 23739 | 29265 | 50350 | 79615 |

续表

| 序号 | 工程或费用名称 | 安装工程费 | | | 设备购置费 | 合计 |
|---|---|---|---|---|---|---|
| | | 主要材料费 | 安装费 | 小计 | | |
| 2.1 | 220kV 配电装置 | 5526 | 23739 | 29265 | 50350 | 79615 |
| 六 | 电缆防护设施 | 13802 | 9871 | 23673 | | 23673 |
| 1 | 电缆桥支架 | 315 | | 315 | | 315 |
| 2 | 电缆防火 | 2205 | 2955 | 5160 | | 5160 |
| 3 | 电缆 | 11283 | 6916 | 18199 | | 18199 |
| 七 | 全站接地 | 258 | 520 | 779 | | 779 |
| 1 | 接地网 | 258 | 520 | 779 | | 779 |
| 九 | 调试 | | 26701 | 26701 | | 26701 |
| 1 | 分系统调试 | | 6753 | 6753 | | 6753 |
| 3 | 特殊调试 | | 19948 | 19948 | | 19948 |
| | 合计 | 19587 | 60832 | 80418 | 50350 | 130768 |

**典型方案 A7-2 建筑工程专业汇总表**　　　　表 8-12

金额单位：元

| 序号 | 工程或费用名称 | 设备费 | 主要材料费 | 建筑费 | 建筑工程费合计 |
|---|---|---|---|---|---|
| 一 | 建筑工程 | | | 19734 | 19734 |
| 二 | 主变压器及配电装置建筑 | | | 19734 | 19734 |
| 2 | ××kV 构架及设备基础 | | | 19734 | 19734 |
| 2.1 | 构架及基础 | | | 19734 | 19734 |
| | 合计 | | | 19734 | 19734 |

**典型方案 A7-2 拆除工程专业汇总表**　　　　表 8-13

金额单位：元

| 序号 | 工程或费用名称 | 拆除工程费 |
|---|---|---|
| 一 | 拆除工程 | 6423 |
| | 建筑拆除 | 2564 |
| 二 | 主变压器及配电装置建筑 | 2564 |
| 2 | ××kV 构架及设备基础 | 2564 |
| 2.2 | 设备支架及基础 | 2564 |

续表

| 序号 | 工程或费用名称 | 拆除工程费 |
|---|---|---|
|  | 安装拆除 | 3860 |
| 二 | 配电装置 | 3860 |
| 2 | 屋外配电装置 | 3860 |
| 2.1 | ××kV配电装置 | 3860 |
|  | 合计 | 6423 |

典型方案 A7-2 其他费用概算表　　　表 8-14

金额单位：元

| 序号 | 工程或费用项目名称 | 编制依据及计算说明 | 合价 |
|---|---|---|---|
| 2 | 项目管理费 |  | 10391 |
| 2.1 | 管理经费 | （建筑工程费＋安装工程费＋拆除工程费）×3.53% | 3762 |
| 2.2 | 招标费 | （建筑工程费＋安装工程费＋拆除工程费）×1.81% | 1929 |
| 2.3 | 工程监理费 | （建筑工程费＋安装工程费＋拆除工程费）×4.41% | 4700 |
| 3 | 项目技术服务费 |  | 15551 |
| 3.1 | 前期工作费 | （建筑工程费＋安装工程费）×3.05% | 3055 |
| 3.3 | 工程勘察设计费 |  | 11329 |
| 3.3.2 | 设计费 | （设计费）×100% | 11329 |
| 3.4 | 设计文件评审费 |  | 367 |
| 3.4.1 | 初步设计文件评审费 | （基本设计费）×3.5% | 367 |
| 3.5 | 施工过程造价咨询及竣工结算审核费 | （建筑工程费＋安装工程费＋拆除工程费）×0.53% | 800 |
|  | 合计 |  | 25942 |

## 8.3　A7-3 更换 110kV 油浸式电流互感器

### 8.3.1　典型方案主要内容

更换 110kV 油浸式电流互感器。

### 8.3.2　典型方案工程量表

典型方案工程量如表 8-15、表 8-16 所示。

#### 典型方案 A7-3 电气设备材料表     表 8-15

| 序号 | 设备材料名称 | 规格及型号 | 单位 | 设计用量 |
|---|---|---|---|---|
|  | 安装工程 |  |  |  |
|  | 电流互感器 | AC110kV,油浸 | 台 | 1 |
| BZ102 | 110kV 软导线引下线 |  | 组（三相） | 1 |
| BZ202 | 110kV 软导线设备连线 |  | 组（三相） | 1 |
| FZ801 | 电缆保护管 | 钢管 $\phi$50 | t | 0.053 |
| N03030103 | 电缆防火堵料 | 柔性 JZD 型 | t | 0.1 |
| N03020101 | 电缆防火涂料 | G60-3 型 | t | 0.1 |
| BZ903 | 110kV 变电站控制电缆 |  | km | 0.5 |
| BZ803 | 110kV 变电站电力电缆 |  | km | 0.1 |
| H05010101 | 扁钢 | -60×8 | t | 0.038 |

#### 典型方案 A7-3 工程量表     表 8-16

| 序号 | 材料名称 | 单位 | 设计用量 |
|---|---|---|---|
|  | 建筑工程 |  |  |
| JGT2-8 | 独立基础 钢筋混凝土基础 | m³ | 4 |
| JGT1-11 | 人工施工土方 基坑土方 挖深 2m 以内 | m³ | 10 |
| JGT9-36 | 不含土方基础支架 钢管设备支架 | t | 0.6 |
| JGT7-11 | 钢筋、铁件 普通钢筋 | t | 0.38 |

### 8.3.3 典型方案概算书

典型方案概算书如表 8-17～表 8-21 所示。

#### 典型方案 A7-3 总概算汇总表     表 8-17

金额单位：万元

| 序号 | 工程或费用名称 | 含税金额 | 占工程静态投资的比例（%） |
|---|---|---|---|
| 一 | 建筑工程费 | 1.72 | 11.68 |
| 二 | 安装工程费 | 6.61 | 44.9 |
| 三 | 拆除工程费 | 0.6 | 4.08 |
| 四 | 设备购置费 | 3.65 | 24.8 |
|  | 其中：编制基准期价差 | 0.32 | 2.17 |

续表

| 序号 | 工程或费用名称 | 含税金额 | 占工程静态投资的比例（%） |
|---|---|---|---|
| 五 | 小计 | 12.58 | 85.46 |
|  | 其中：甲供设备材料费 | 5.79 | 39.33 |
| 六 | 其他费用 | 2.14 | 14.54 |
| 七 | 基本预备费 |  |  |
| 八 | 特殊项目 |  |  |
| 九 | 工程投资合计 | 14.72 | 100 |

典型方案 A7-3 安装工程专业汇总表　　　　表 8-18

金额单位：元

| 序号 | 工程或费用名称 | 安装工程费 | | | 设备购置费 | 合计 |
|---|---|---|---|---|---|---|
|  |  | 主要材料费 | 安装费 | 小计 |  |  |
| 一 | 安装工程 | 14166 | 51931 | 66097 | 36453 | 102551 |
| 二 | 配电装置 | 704 | 22515 | 23219 | 36453 | 59672 |
| 2 | 屋外配电装置 | 704 | 22515 | 23219 | 36453 | 59672 |
| 2.1 | 110kV 配电装置 | 704 | 22515 | 23219 | 36453 | 59672 |
| 六 | 电缆防护设施 | 13204 | 9868 | 23072 |  | 23072 |
| 1 | 电缆桥支架 | 315 |  | 315 |  | 315 |
| 2 | 电缆防火 | 2205 | 2955 | 5159 |  | 5159 |
| 3 | 电缆 | 10684 | 6913 | 17598 |  | 17598 |
| 七 | 全站接地 | 258 | 520 | 779 |  | 779 |
| 1 | 接地网 | 258 | 520 | 779 |  | 779 |
| 九 | 调试 |  | 19028 | 19028 |  | 19028 |
| 1 | 分系统调试 |  | 4879 | 4879 |  | 4879 |
| 3 | 特殊调试 |  | 14148 | 14148 |  | 14148 |
|  | 合计 | 14166 | 51931 | 66097 | 36453 | 102551 |

典型方案 A7-3 建筑工程专业汇总表　　　　表 8-19

金额单位：元

| 序号 | 工程或费用名称 | 设备费 | 主要材料费 | 建筑费 | 建筑工程费合计 |
|---|---|---|---|---|---|
| 一 | 建筑工程 |  |  | 17232 | 17232 |
| 二 | 主变压器及配电装置建筑 |  |  | 17232 | 17232 |

续表

| 序号 | 工程或费用名称 | 设备费 | 主要材料费 | 建筑费 | 建筑工程费合计 |
|---|---|---|---|---|---|
| 2 | ××kV 构架及设备基础 | | | 17232 | 17232 |
| 2.1 | 构架及基础 | | | 17232 | 17232 |
| | 合计 | | | 17232 | 17232 |

典型方案 A7-3 拆除工程专业汇总表　　　　　　　　　表 8-20

金额单位：元

| 序号 | 工程或费用名称 | 拆除工程费 |
|---|---|---|
| | 拆除工程 | 5972 |
| | 建筑拆除 | 2279 |
| 二 | 主变压器及配电装置建筑 | 2279 |
| 2 | ××kV 构架及设备基础 | 2279 |
| 2.2 | 设备支架及基础 | 2279 |
| | 安装拆除 | 3693 |
| 二 | 配电装置 | 3693 |
| 2 | 屋外配电装置 | 3693 |
| 2.1 | ××kV 配电装置 | 3693 |
| | 合计 | 5972 |

典型方案 A7-3 其他费用概算表　　　　　　　　　表 8-21

金额单位：元

| 序号 | 工程或费用项目名称 | 编制依据及计算说明 | 合价 |
|---|---|---|---|
| 2 | 项目管理费 | | 8707 |
| 2.1 | 管理经费 | （建筑工程费＋安装工程费＋拆除工程费）×3.53% | 3152 |
| 2.2 | 招标费 | （建筑工程费＋安装工程费＋拆除工程费）×1.81% | 1616 |
| 2.3 | 工程监理费 | （建筑工程费＋安装工程费＋拆除工程费）×4.41% | 3938 |
| 3 | 项目技术服务费 | | 12650 |
| 3.1 | 前期工作费 | （建筑工程费＋安装工程费）×3.05% | 2542 |
| 3.3 | 工程勘察设计费 | | 9017 |
| 3.3.2 | 设计费 | （设计费）×100% | 9017 |

续表

| 序号 | 工程或费用项目名称 | 编制依据及计算说明 | 合价 |
|---|---|---|---|
| 3.4 | 设计文件评审费 | | 292 |
| 3.4.1 | 初步设计文件评审费 | （基本设计费）×3.5% | 292 |
| 3.5 | 施工过程造价咨询及竣工结算审核费 | （建筑工程费＋安装工程费＋拆除工程费）×0.53% | 800 |
| | 合计 | | 21357 |

## 8.4 A7-4 更换 35kV 油浸式电流互感器

### 8.4.1 典型方案主要内容

更换 35kV 油浸式电流互感器。

### 8.4.2 典型方案工程量表

典型方案工程量如表 8-22、表 8-23 所示。

典型方案 A7-4 电气设备材料表　　　　表 8-22

| 序号 | 设备材料名称 | 规格及型号 | 单位 | 设计用量 |
|---|---|---|---|---|
| | 安装工程 | | | |
| | 电流互感器 | AC35kV，油浸 | 台 | 1 |
| BZ101 | 35kV 软导线引下线 | | 组（三相） | 1 |
| BZ201 | 35kV 软导线设备连线 | | 组（三相） | 1 |
| FZ801 | 电缆保护管 | 钢管 $\phi50$ | t | 0.053 |
| N03030103 | 电缆防火堵料 | 柔性 JZD 型 | t | 0.1 |
| N03020101 | 电缆防火涂料 | G60-3 型 | t | 0.1 |
| BZ901 | 35kV 变电站控制电缆 | | km | 0.5 |
| BZ801 | 35kV 变电站电力电缆 | | km | 0.1 |
| H05010101 | 扁钢 | -60×8 | t | 0.038 |

典型方案 A7-4 工程量表　　　　表 8-23

| 序号 | 材料名称 | 单位 | 设计用量 |
|---|---|---|---|
| | 建筑工程 | | |
| JGT2-8 | 独立基础 钢筋混凝土基础 | $m^3$ | 4 |

续表

| 序号 | 材料名称 | 单位 | 设计用量 |
|---|---|---|---|
| JGT1-11 | 人工施工土方 基坑土方 挖深2m以内 | m³ | 10 |
| JGT9-36 | 不含土方基础支架 钢管设备支架 | t | 0.6 |
| JGT7-11 | 钢筋、铁件 普通钢筋 | t | 0.38 |

### 8.4.3 典型方案概算书

典型方案概算书如表8-24～表8-28所示。

典型方案A7-4总概算汇总表    表8-24

金额单位：万元

| 序号 | 工程或费用名称 | 含税金额 | 占工程静态投资的比例（%） |
|---|---|---|---|
| 一 | 建筑工程费 | 1.72 | 12.57 |
| 二 | 安装工程费 | 5.67 | 41.45 |
| 三 | 拆除工程费 | 0.59 | 4.31 |
| 四 | 设备购置费 | 3.75 | 27.41 |
|  | 其中：编制基准期价差 | 0.3 | 2.19 |
| 五 | 小计 | 11.73 | 85.75 |
|  | 其中：甲供设备材料费 | 5.87 | 42.91 |
| 六 | 其他费用 | 1.95 | 14.25 |
| 七 | 基本预备费 |  |  |
| 八 | 特殊项目 |  |  |
| 九 | 工程投资合计 | 13.68 | 100 |

典型方案A7-4安装工程专业汇总表    表8-25

金额单位：元

| 序号 | 工程或费用名称 | 安装工程费 | | | 设备购置费 | 合计 |
|---|---|---|---|---|---|---|
|  |  | 主要材料费 | 安装费 | 小计 |  |  |
| 一 | 安装工程 | 14028 | 42691 | 56720 | 37460 | 94180 |
| 二 | 配电装置 | 446 | 21787 | 22233 | 37460 | 59693 |
| 2 | 屋外配电装置 | 446 | 21787 | 22233 | 37460 | 59693 |
| 2.1 | 35kV配电装置 | 446 | 21787 | 22233 | 37460 | 59693 |
| 六 | 电缆防护设施 | 13324 | 9868 | 23192 |  | 23192 |

续表

| 序号 | 工程或费用名称 | 安装工程费 | | | 设备购置费 | 合计 |
|---|---|---|---|---|---|---|
| | | 主要材料费 | 安装费 | 小计 | | |
| 1 | 电缆桥支架 | 315 | | 315 | | 315 |
| 2 | 电缆防火 | 2205 | 2955 | 5159 | | 5159 |
| 3 | 电缆 | 10804 | 6913 | 17718 | | 17718 |
| 七 | 全站接地 | 258 | 520 | 779 | | 779 |
| 1 | 接地网 | 258 | 520 | 779 | | 779 |
| 九 | 调试 | | 10516 | 10516 | | 10516 |
| 1 | 分系统调试 | | 3096 | 3096 | | 3096 |
| 3 | 特殊调试 | | 7420 | 7420 | | 7420 |
| | 合计 | 14028 | 42691 | 56720 | 37460 | 94180 |

典型方案 A7-4 建筑工程专业汇总表　　　　表 8-26

金额单位：元

| 序号 | 工程或费用名称 | 设备费 | 主要材料费 | 建筑费 | 建筑工程费合计 |
|---|---|---|---|---|---|
| 一 | 建筑工程 | | | 17232 | 17232 |
| 二 | 主变压器及配电装置建筑 | | | 17232 | 17232 |
| 2 | ××kV 构架及设备基础 | | | 17232 | 17232 |
| 2.1 | 构架及基础 | | | 17232 | 17232 |
| | 合计 | | | 17232 | 17232 |

典型方案 A7-4 拆除工程专业汇总表　　　　表 8-27

金额单位：元

| 序号 | 工程或费用名称 | 拆除工程费 |
|---|---|---|
| | 拆除工程 | 5862 |
| 一 | 建筑拆除 | 2279 |
| 二 | 主变压器及配电装置建筑 | 2279 |
| 2 | ××kV 构架及设备基础 | 2279 |
| 2.2 | 设备支架及基础 | 2279 |
| | 安装拆除 | 3583 |
| 二 | 配电装置 | 3583 |

续表

| 序号 | 工程或费用名称 | 拆除工程费 |
|---|---|---|
| 2 | 屋外配电装置 | 3583 |
| 2.1 | ××kV 配电装置 | 3583 |
|  | 合计 | 5862 |

典型方案 A7-4 其他费用概算表　　　表 8-28

金额单位：元

| 序号 | 工程或费用项目名称 | 编制依据及计算说明 | 合价 |
|---|---|---|---|
| 2 | 项目管理费 |  | 7782 |
| 2.1 | 管理经费 | （建筑工程费＋安装工程费＋拆除工程费）×3.53% | 2817 |
| 2.2 | 招标费 | （建筑工程费＋安装工程费＋拆除工程费）×1.81% | 1445 |
| 2.3 | 工程监理费 | （建筑工程费＋安装工程费＋拆除工程费）×4.41% | 3520 |
| 3 | 项目技术服务费 |  | 11714 |
| 3.1 | 前期工作费 | （建筑工程费＋安装工程费）×3.05% | 2256 |
| 3.3 | 工程勘察设计费 |  | 8387 |
| 3.3.2 | 设计费 | （设计费）×100% | 8387 |
| 3.4 | 设计文件评审费 |  | 272 |
| 3.4.1 | 初步设计文件评审费 | （基本设计费）×3.5% | 272 |
| 3.5 | 施工过程造价咨询及竣工结算审核费 | （建筑工程费＋安装工程费＋拆除工程费）×0.53% | 800 |
|  | 合计 |  | 19496 |

## 8.5　A7-5 更换 35kV 干式电流互感器

### 8.5.1　典型方案主要内容

更换 35kV 干式电流互感器。

### 8.5.2　典型方案工程量表

典型方案工程量如表 8-29、表 8-30 所示。

典型方案 A7-5 电气设备材料表　　　表 8-29

| 序号 | 设备材料名称 | 规格及型号 | 单位 | 设计用量 |
|---|---|---|---|---|
|  | 安装工程 |  |  |  |

续表

| 序号 | 设备材料名称 | 规格及型号 | 单位 | 设计用量 |
|---|---|---|---|---|
|  | 电流互感器 | AC35kV，干式 | 台 | 1 |
| BZ101 | 35kV 软导线引下线 |  | 组（三相） | 1 |
| BZ201 | 35kV 软导线设备连线 |  | 组（三相） | 1 |
| FZ801 | 电缆保护管 | 钢管$\phi$50 | t | 0.053 |
| N03030103 | 电缆防火堵料 | 柔性 JZD 型 | t | 0.1 |
| N03020101 | 电缆防火涂料 | G60-3 型 | t | 0.1 |
| BZ901 | 35kV 变电站控制电缆 |  | km | 0.5 |
| BZ801 | 35kV 变电站电力电缆 |  | km | 0.1 |
| H05010101 | 扁钢 | -60×8 | t | 0.038 |

典型方案 A7-5 工程量表    表 8-30

| 序号 | 材料名称 | 单位 | 设计用量 |
|---|---|---|---|
|  | 建筑工程 |  |  |
| JGT2-8 | 独立基础 钢筋混凝土基础 | $m^3$ | 4 |
| JGT1-11 | 人工施工土方 基坑土方 挖深 2m 以内 | $m^3$ | 10 |
| JGT9-36 | 不含土方基础支架 钢管设备支架 | t | 0.6 |
| JGT7-11 | 钢筋、铁件 普通钢筋 | t | 0.38 |

### 8.5.3 典型方案概算书

典型方案概算书如表 8-31～表 8-35 所示。

典型方案 A7-5 总概算汇总表    表 8-31

金额单位：万元

| 序号 | 工程或费用名称 | 含税金额 | 占工程静态投资的比例（%） |
|---|---|---|---|
| 一 | 建筑工程费 | 1.72 | 15.57 |
| 二 | 安装工程费 | 5.67 | 51.31 |
| 三 | 拆除工程费 | 0.59 | 5.34 |
| 四 | 设备购置费 | 1.31 | 11.86 |
|  | 其中：编制基准期价差 | 0.3 | 2.71 |
| 五 | 小计 | 9.29 | 84.07 |

续表

| 序号 | 工程或费用名称 | 含税金额 | 占工程静态投资的比例（%） |
|---|---|---|---|
|  | 其中：甲供设备材料费 | 3.44 | 31.13 |
| 六 | 其他费用 | 1.76 | 15.93 |
| 七 | 基本预备费 |  |  |
| 八 | 特殊项目 |  |  |
| 九 | 工程投资合计 | 11.05 | 100 |

**典型方案 A7-5 安装工程专业汇总表**　　表 8-32

金额单位：元

| 序号 | 工程或费用名称 | 安装工程费 | | | 设备购置费 | 合计 |
|---|---|---|---|---|---|---|
|  |  | 主要材料费 | 安装费 | 小计 |  |  |
|  | 安装工程 | 14028 | 42691 | 56720 | 13091 | 69811 |
| 二 | 配电装置 | 446 | 21787 | 22233 | 13091 | 35324 |
| 2 | 屋外配电装置 | 446 | 21787 | 22233 | 13091 | 35324 |
| 2.1 | 35kV 配电装置 | 446 | 21787 | 22233 | 13091 | 35324 |
| 六 | 电缆防护设施 | 13324 | 9868 | 23192 |  | 23192 |
| 1 | 电缆桥支架 | 315 |  | 315 |  | 315 |
| 2 | 电缆防火 | 2205 | 2955 | 5159 |  | 5159 |
| 3 | 电缆 | 10804 | 6913 | 17718 |  | 17718 |
| 七 | 全站接地 | 258 | 520 | 779 |  | 779 |
| 1 | 接地网 | 258 | 520 | 779 |  | 779 |
| 九 | 调试 |  | 10516 | 10516 |  | 10516 |
| 1 | 分系统调试 |  | 3096 | 3096 |  | 3096 |
| 3 | 特殊调试 |  | 7420 | 7420 |  | 7420 |
|  | 合计 | 14028 | 42691 | 56720 | 13091 | 69811 |

**典型方案 A7-5 建筑工程专业汇总表**　　表 8-33

金额单位：元

| 序号 | 工程或费用名称 | 设备费 | 主要材料费 | 建筑费 | 建筑工程费合计 |
|---|---|---|---|---|---|
|  | 建筑工程 |  |  | 17232 | 17232 |
| 二 | 主变压器及配电装置建筑 |  |  | 17232 | 17232 |

续表

| 序号 | 工程或费用名称 | 设备费 | 主要材料费 | 建筑费 | 建筑工程费合计 |
|---|---|---|---|---|---|
| 2 | ××kV 构架及设备基础 | | | 17232 | 17232 |
| 2.1 | 构架及基础 | | | 17232 | 17232 |
| | 合计 | | | 17232 | 17232 |

典型方案 A7-5 拆除工程专业汇总表　　　　表 8-34

金额单位：元

| 序号 | 工程或费用名称 | 拆除工程费 |
|---|---|---|
| | 拆除工程 | 5862 |
| | 建筑拆除 | 2279 |
| 二 | 主变压器及配电装置建筑 | 2279 |
| 2 | ××kV 构架及设备基础 | 2279 |
| 2.2 | 设备支架及基础 | 2279 |
| | 安装拆除 | 3583 |
| 二 | 配电装置 | 3583 |
| 2 | 屋外配电装置 | 3583 |
| 2.1 | ××kV 配电装置 | 3583 |
| | 合计 | 5862 |

典型方案 A7-5 其他费用概算表　　　　表 8-35

金额单位：元

| 序号 | 工程或费用项目名称 | 编制依据及计算说明 | 合价 |
|---|---|---|---|
| 2 | 项目管理费 | | 7782 |
| 2.1 | 管理经费 | （建筑工程费＋安装工程费＋拆除工程费）×3.53% | 2817 |
| 2.2 | 招标费 | （建筑工程费＋安装工程费＋拆除工程费）×1.81% | 1445 |
| 2.3 | 工程监理费 | （建筑工程费＋安装工程费＋拆除工程费）×4.41% | 3520 |
| 3 | 项目技术服务费 | | 9820 |
| 3.1 | 前期工作费 | （建筑工程费＋安装工程费）×3.05% | 2256 |
| 3.3 | 工程勘察设计费 | | 6552 |
| 3.3.2 | 设计费 | （设计费）×100% | 6552 |

续表

| 序号 | 工程或费用项目名称 | 编制依据及计算说明 | 合价 |
|---|---|---|---|
| 3.4 | 设计文件评审费 | | 212 |
| 3.4.1 | 初步设计文件评审费 | (基本设计费)×3.5% | 212 |
| 3.5 | 施工过程造价咨询及竣工结算审核费 | (建筑工程费+安装工程费+拆除工程费)×0.53% | 800 |
| | 合计 | | 17602 |

# 第9章 更换电压互感器

## 9.1 A8-1 更换 500kV 电容式电压互感器

### 9.1.1 典型方案主要内容

更换 500kV 电容式电压互感器。

### 9.1.2 典型方案工程量表

典型方案工程量如表 9-1、表 9-2 所示。

典型方案 A8-1 电气设备材料表　　　　表 9-1

| 序号 | 设备材料名称 | 规格及型号 | 单位 | 设计用量 |
|---|---|---|---|---|
| | 安装工程 | | | |
| | 电压互感器 | AC500kV | 台 | 1 |
| BZ105 | 500kV 软导线引下线 | | 组（三相） | 1 |
| BZ206 | 500kV 软导线设备连线 | | 组（三相） | 1 |
| FZ801 | 电缆保护管 | 钢管 $\phi 50$ | t | 0.08 |
| N03030103 | 电缆防火堵料 | 柔性 JZD 型 | t | 0.1 |
| N03020101 | 电缆防火涂料 | G60-3 型 | t | 0.1 |
| BZ906 | 500kV 变电站控制电缆 | | km | 0.5 |
| BZ806 | 500kV 变电站电力电缆 | | km | 0.1 |
| H05010101 | 扁钢 | -60×8 | t | 0.057 |

典型方案 A8-1 工程量表　　　　表 9-2

| 序号 | 材料名称 | 单位 | 设计用量 |
|---|---|---|---|
| | 建筑工程 | | |
| JGT2-8 | 独立基础 钢筋混凝土基础 | $m^3$ | 4 |
| JGT1-11 | 人工施工土方 基坑土方 挖深 2m 以内 | $m^3$ | 10 |
| JGT9-36 | 不含土方基础支架 钢管设备支架 | t | 0.55 |
| JGT7-11 | 钢筋、铁件 普通钢筋 | t | 0.38 |

### 9.1.3 典型方案概算书

典型方案概算书如表 9-3～表 9-7 所示。

**典型方案 A8-1 总概算汇总表**　　　　　　　　表 9-3

金额单位：万元

| 序号 | 工程或费用名称 | 含税金额 | 占工程静态投资的比例（%） |
|---|---|---|---|
| 一 | 建筑工程费 | 1.65 | 4.6 |
| 二 | 安装工程费 | 16.4 | 45.7 |
| 三 | 拆除工程费 | 0.73 | 2.03 |
| 四 | 设备购置费 | 12.27 | 34.19 |
|  | 其中：编制基准期价差 | 0.38 | 1.06 |
| 五 | 小计 | 31.05 | 86.51 |
|  | 其中：甲供设备材料费 | 15.2 | 42.35 |
| 六 | 其他费用 | 4.84 | 13.49 |
| 七 | 基本预备费 |  |  |
| 八 | 特殊项目 |  |  |
| 九 | 工程投资合计 | 35.89 | 100 |

**典型方案 A8-1 安装工程专业汇总表**　　　　　　　　表 9-4

金额单位：元

| 序号 | 工程或费用名称 | 安装工程费 | | | 设备购置费 | 合计 |
|---|---|---|---|---|---|---|
|  |  | 主要材料费 | 安装费 | 小计 |  |  |
| 一 | 安装工程 | 22884 | 141130 | 164014 | 122653 | 286667 |
| 二 | 配电装置 | 8269 | 90357 | 98627 | 122653 | 221279 |
| 2 | 屋外配电装置 | 8269 | 90357 | 98627 | 122653 | 221279 |
| 2.1 | 220kV 配电装置 | 8269 | 90357 | 98627 | 122653 | 221279 |
| 六 | 电缆防护设施 | 14227 | 9866 | 24094 |  | 24094 |
| 1 | 电缆桥支架 | 475 |  | 475 |  | 475 |
| 2 | 电缆防火 | 2205 | 2955 | 5159 |  | 5159 |
| 3 | 电缆 | 11547 | 6912 | 18459 |  | 18459 |
| 七 | 全站接地 | 388 | 781 | 1168 |  | 1168 |
| 1 | 接地网 | 388 | 781 | 1168 |  | 1168 |
| 九 | 调试 |  | 40126 | 40126 |  | 40126 |
| 1 | 分系统调试 |  | 9789 | 9789 |  | 9789 |
| 3 | 特殊调试 |  | 30336 | 30336 |  | 30336 |
|  | 合计 | 22884 | 141130 | 164014 | 122653 | 286667 |

典型方案 A8-1 建筑工程专业汇总表　　　　　　表 9-5

金额单位：元

| 序号 | 工程或费用名称 | 设备费 | 主要材料费 | 建筑费 | 建筑工程费合计 |
|---|---|---|---|---|---|
| | 建筑工程 | | | 16525 | 16525 |
| 二 | 主变压器及配电装置建筑 | | | 16525 | 16525 |
| 2 | ××kV 构架及设备基础 | | | 16525 | 16525 |
| 2.1 | 构架及基础 | | | 16525 | 16525 |
| | 合计 | | | 16525 | 16525 |

典型方案 A8-1 拆除工程专业汇总表　　　　　　表 9-6

金额单位：元

| 序号 | 工程或费用名称 | 拆除工程费 |
|---|---|---|
| | 拆除工程 | 7347 |
| | 建筑拆除 | 2279 |
| 二 | 主变压器及配电装置建筑 | 2279 |
| 2 | ××kV 构架及设备基础 | 2279 |
| 2.2 | 设备支架及基础 | 2279 |
| | 安装拆除 | 5068 |
| 二 | 配电装置 | 5068 |
| 2 | 屋外配电装置 | 5068 |
| 2.1 | ××kV 配电装置 | 5068 |
| | 合计 | 7347 |

典型方案 A8-1 其他费用概算表　　　　　　表 9-7

金额单位：元

| 序号 | 工程或费用项目名称 | 编制依据及计算说明 | 合价 |
|---|---|---|---|
| 2 | 项目管理费 | | 18319 |
| 2.1 | 管理经费 | （建筑工程费＋安装工程费＋拆除工程费）×3.53% | 6632 |
| 2.2 | 招标费 | （建筑工程费＋安装工程费＋拆除工程费）×1.81% | 3401 |
| 2.3 | 工程监理费 | （建筑工程费＋安装工程费＋拆除工程费）×4.41% | 8286 |
| 3 | 项目技术服务费 | | 30065 |

续表

| 序号 | 工程或费用项目名称 | 编制依据及计算说明 | 合价 |
|---|---|---|---|
| 3.1 | 前期工作费 | （建筑工程费＋安装工程费）×3.05% | 5506 |
| 3.3 | 工程勘察设计费 | | 22823 |
| 3.3.2 | 设计费 | （设计费）×100% | 22823 |
| 3.4 | 设计文件评审费 | | 740 |
| 3.4.1 | 初步设计文件评审费 | （基本设计费）×3.5% | 740 |
| 3.5 | 施工过程造价咨询及竣工结算审核费 | （建筑工程费＋安装工程费＋拆除工程费）×0.53% | 996 |
| | 合计 | | 48384 |

## 9.2 A8-2 更换 220kV 电容式电压互感器

### 9.2.1 典型方案主要内容

更换 220kV 电容式电压互感器。

### 9.2.2 典型方案工程量表

典型方案工程量如表 9-8 所示。

典型方案 A8-2 电气设备材料表　　　表 9-8

| 序号 | 设备材料名称 | 规格及型号 | 单位 | 设计用量 |
|---|---|---|---|---|
| | 安装工程 | | | |
| | 电压互感器 | AC220kV | 台 | 1 |
| BZ103 | 220kV 软导线引下线 | | 组（三相） | 1 |
| BZ204 | 220kV 软导线及设备连线 | | 组（三相） | 1 |
| FZ801 | 电缆保护管 | 钢管 $\phi 50$ | t | 0.08 |
| N03030103 | 电缆防火堵料 | 柔性 JZD 型 | t | 0.1 |
| N03020101 | 电缆防火涂料 | G60-3 型 | t | 0.1 |
| BZ904 | 220kV 变电站控制电缆 | | km | 0.5 |
| BZ804 | 220kV 变电站电力电缆 | | km | 0.1 |
| H05010101 | 扁钢 | －60×8 | t | 0.057 |

典型方案 A8-2 工程量表　　　　　　　　　表 9-9

| 序号 | 材料名称 | 单位 | 设计用量 |
|---|---|---|---|
|  | 建筑工程 |  |  |
| JGT2-8 | 独立基础 钢筋混凝土基础 | m³ | 3 |
| JGT1-11 | 人工施工土方 基坑土方 挖深 2m 以内 | m³ | 7.5 |
| JGT9-36 | 不含土方基础支架 钢管设备支架 | t | 0.4 |
| JGT7-11 | 钢筋、铁件 普通钢筋 | t | 0.285 |

### 9.2.3 典型方案概算书

典型方案概算书如表 9-10～表 9-14 所示。

典型方案 A8-2 总概算汇总表　　　　　　　　表 9-10

金额单位：万元

| 序号 | 工程或费用名称 | 含税金额 | 占工程静态投资的比例（%） |
|---|---|---|---|
| 一 | 建筑工程费 | 1.22 | 4.88 |
| 二 | 安装工程费 | 14.59 | 58.36 |
| 三 | 拆除工程费 | 0.58 | 2.32 |
| 四 | 设备购置费 | 4.84 | 19.36 |
|  | 其中：编制基准期价差 | 0.29 | 1.16 |
| 五 | 小计 | 21.23 | 84.92 |
|  | 其中：甲供设备材料费 | 7.29 | 29.16 |
| 六 | 其他费用 | 3.77 | 15.08 |
| 七 | 基本预备费 |  |  |
| 八 | 特殊项目 |  |  |
| 九 | 工程投资合计 | 25 | 100 |

典型方案 A8-2 安装工程专业汇总表　　　　　　表 9-11

金额单位：元

| 序号 | 工程或费用名称 | 安装工程费 | | | 设备购置费 | 合计 |
|---|---|---|---|---|---|---|
|  |  | 主要材料费 | 安装费 | 小计 |  |  |
| 一 | 安装工程 | 19876 | 126045 | 145922 | 48437 | 194359 |
| 二 | 配电装置 | 5526 | 86634 | 92160 | 48437 | 140597 |
| 2 | 屋外配电装置 | 5526 | 86634 | 92160 | 48437 | 140597 |

续表

| 序号 | 工程或费用名称 | 安装工程费 | | | 设备购置费 | 合计 |
|---|---|---|---|---|---|---|
| | | 主要材料费 | 安装费 | 小计 | | |
| 2.1 | 220kV 配电装置 | 5526 | 86634 | 92160 | 48437 | 140597 |
| 六 | 电缆防护设施 | 13963 | 9871 | 23834 | | 23834 |
| 1 | 电缆桥支架 | 475 | | 475 | | 475 |
| 2 | 电缆防火 | 2205 | 2955 | 5160 | | 5160 |
| 3 | 电缆 | 11283 | 6916 | 18199 | | 18199 |
| 七 | 全站接地 | 388 | 781 | 1168 | | 1168 |
| 1 | 接地网 | 388 | 781 | 1168 | | 1168 |
| 九 | 调试 | | 28760 | 28760 | | 28760 |
| 1 | 分系统调试 | | 6753 | 6753 | | 6753 |
| 3 | 特殊调试 | | 22007 | 22007 | | 22007 |
| | 合计 | 19876 | 126045 | 145922 | 48437 | 194359 |

**典型方案 A8-2 建筑工程专业汇总表**　　　　表 9-12

金额单位：元

| 序号 | 工程或费用名称 | 设备费 | 主要材料费 | 建筑费 | 建筑工程费合计 |
|---|---|---|---|---|---|
| | 建筑工程 | | | 12218 | 12218 |
| 二 | 主变压器及配电装置建筑 | | | 12218 | 12218 |
| 2 | ××kV 构架及设备基础 | | | 12218 | 12218 |
| 2.1 | 构架及基础 | | | 12218 | 12218 |
| | 合计 | | | 12218 | 12218 |

**典型方案 A8-2 拆除工程专业汇总表**　　　　表 9-13

金额单位：元

| 序号 | 工程或费用名称 | 拆除工程费 |
|---|---|---|
| | 拆除工程 | 5834 |
| | 建筑拆除 | 1709 |
| 二 | 主变压器及配电装置建筑 | 1709 |
| 2 | ××kV 构架及设备基础 | 1709 |
| 2.2 | 设备支架及基础 | 1709 |

续表

| 序号 | 工程或费用名称 | 拆除工程费 |
|---|---|---|
| | 安装拆除 | 4125 |
| 二 | 配电装置 | 4125 |
| 2 | 屋外配电装置 | 4125 |
| 2.1 | ××kV 配电装置 | 4125 |
| | 合计 | 5834 |

典型方案 A8-2 其他费用概算表    表 9-14

金额单位：元

| 序号 | 工程或费用项目名称 | 编制依据及计算说明 | 合价 |
|---|---|---|---|
| 2 | 项目管理费 | | 15987 |
| 2.1 | 管理经费 | （建筑工程费+安装工程费+拆除工程费）×3.53% | 5788 |
| 2.2 | 招标费 | （建筑工程费+安装工程费+拆除工程费）×1.81% | 2968 |
| 2.3 | 工程监理费 | （建筑工程费+安装工程费+拆除工程费）×4.41% | 7231 |
| 3 | 项目技术服务费 | | 21746 |
| 3.1 | 前期工作费 | （建筑工程费+安装工程费）×3.05% | 4823 |
| 3.3 | 工程勘察设计费 | | 15550 |
| 3.3.2 | 设计费 | （设计费）×100% | 15550 |
| 3.4 | 设计文件评审费 | | 504 |
| 3.4.1 | 初步设计文件评审费 | （基本设计费）×3.5% | 504 |
| 3.5 | 施工过程造价咨询及竣工结算审核费 | （建筑工程费+安装工程费+拆除工程费）×0.53% | 869 |
| | 合计 | | 37734 |

## 9.3　A8-3 更换 110kV 电容式电压互感器

### 9.3.1　典型方案主要内容

更换 110kV 电容式电压互感器。

### 9.3.2　典型方案工程量表

典型方案工程量如表 9-15、表 9-16 所示。

典型方案 A8-3 电气设备材料表　　　　　　表 9-15

| 序号 | 设备材料名称 | 规格及型号 | 单位 | 设计用量 |
|---|---|---|---|---|
|  | 安装工程 |  |  |  |
|  | 电压互感器 | AC110kV | 台 | 1 |
| BZ102 | 110kV 软导线引下线 |  | 组（三相） | 1 |
| BZ202 | 110kV 软导线设备连线 |  | 组（三相） | 1 |
| FZ801 | 电缆保护管 | 钢管 $\phi 50$ | t | 0.08 |
| N03030103 | 电缆防火堵料 | 柔性 JZD 型 | t | 0.1 |
| N03020101 | 电缆防火涂料 | G60-3 型 | t | 0.1 |
| BZ903 | 110kV 变电站控制电缆 |  | km | 0.5 |
| BZ803 | 110kV 变电站电力电缆 |  | km | 0.1 |
| H05010101 | 扁钢 | $-60\times 8$ | t | 0.057 |

典型方案 A8-3 工程量表　　　　　　表 9-16

| 序号 | 材料名称 | 单位 | 设计用量 |
|---|---|---|---|
|  | 建筑工程 |  |  |
| JGT2-8 | 独立基础 钢筋混凝土基础 | m³ | 3 |
| JGT1-11 | 人工施工土方 基坑土方 挖深 2m 以内 | m³ | 7.5 |
| JGT9-36 | 不含土方基础支架 钢管设备支架 | t | 0.4 |
| JGT7-11 | 钢筋、铁件 普通钢筋 | t | 0.285 |

### 9.3.3　典型方案概算书

典型方案概算书如表 9-17～表 9-21 所示。

典型方案 A8-3 总概算汇总表　　　　　　表 9-17

金额单位：万元

| 序号 | 工程或费用名称 | 含税金额 | 占工程静态投资的比例（%） |
|---|---|---|---|
| 一 | 建筑工程费 | 1.22 | 5.46 |
| 二 | 安装工程费 | 13.07 | 58.48 |
| 三 | 拆除工程费 | 0.58 | 2.6 |
| 四 | 设备购置费 | 4.09 | 18.3 |
|  | 其中：编制基准期价差 | 0.26 | 1.16 |

续表

| 序号 | 工程或费用名称 | 含税金额 | 占工程静态投资的比例(%) |
|---|---|---|---|
| 五 | 小计 | 18.96 | 84.83 |
|  | 其中：甲供设备材料费 | 6 | 26.85 |
| 六 | 其他费用 | 3.39 | 15.17 |
| 七 | 基本预备费 |  |  |
| 八 | 特殊项目 |  |  |
| 九 | 工程投资合计 | 22.35 | 100 |

典型方案 A8-3 安装工程专业汇总表　　　　表 9-18

金额单位：元

| 序号 | 工程或费用名称 | 安装工程费 | | | 设备购置费 | 合计 |
|---|---|---|---|---|---|---|
|  |  | 主要材料费 | 安装费 | 小计 |  |  |
| 一 | 安装工程 | 14456 | 116231 | 130686 | 40884 | 171571 |
| 二 | 配电装置 | 704 | 84903 | 85607 | 40884 | 126491 |
| 2 | 屋外配电装置 | 704 | 84903 | 85607 | 40884 | 126491 |
| 2.1 | 110kV 配电装置 | 704 | 84903 | 85607 | 40884 | 126491 |
| 六 | 电缆防护设施 | 13364 | 9868 | 23232 |  | 23232 |
| 1 | 电缆桥支架 | 475 |  | 475 |  | 475 |
| 2 | 电缆防火 | 2205 | 2955 | 5159 |  | 5159 |
| 3 | 电缆 | 10684 | 6913 | 17598 |  | 17598 |
| 七 | 全站接地 | 388 | 781 | 1168 |  | 1168 |
| 1 | 接地网 | 388 | 781 | 1168 |  | 1168 |
| 九 | 调试 |  | 20679 | 20679 |  | 20679 |
| 1 | 分系统调试 |  | 4879 | 4879 |  | 4879 |
| 3 | 特殊调试 |  | 15800 | 15800 |  | 15800 |
|  | 合计 | 14456 | 116231 | 130686 | 40884 | 171571 |

典型方案 A8-3 建筑工程专业汇总表　　　　表 9-19

金额单位：元

| 序号 | 工程或费用名称 | 设备费 | 主要材料费 | 建筑费 | 建筑工程费合计 |
|---|---|---|---|---|---|
| 一 | 建筑工程 |  |  | 12218 | 12218 |
| 二 | 主变压器及配电装置建筑 |  |  | 12218 | 12218 |

续表

| 序号 | 工程或费用名称 | 设备费 | 主要材料费 | 建筑费 | 建筑工程费合计 |
|---|---|---|---|---|---|
| 2 | ××kV 构架及设备基础 | | | 12218 | 12218 |
| 2.1 | 构架及基础 | | | 12218 | 12218 |
| | 合计 | | | 12218 | 12218 |

**典型方案 A8-3 拆除工程专业汇总表**　　　　表 9-20

金额单位：元

| 序号 | 工程或费用名称 | 拆除工程费 |
|---|---|---|
| | 拆除工程 | 5834 |
| | 建筑拆除 | 1709 |
| 二 | 主变压器及配电装置建筑 | 1709 |
| 2 | ××kV 构架及设备基础 | 1709 |
| 2.2 | 设备支架及基础 | 1709 |
| | 安装拆除 | 4125 |
| 二 | 配电装置 | 4125 |
| 2 | 屋外配电装置 | 4125 |
| 2.1 | ××kV 配电装置 | 4125 |
| | 合计 | 5834 |

**典型方案 A8-3 其他费用概算表**　　　　表 9-21

金额单位：元

| 序号 | 工程或费用项目名称 | 编制依据及计算说明 | 合价 |
|---|---|---|---|
| 2 | 项目管理费 | | 14502 |
| 2.1 | 管理经费 | （建筑工程费＋安装工程费＋拆除工程费）×3.53% | 5250 |
| 2.2 | 招标费 | （建筑工程费＋安装工程费＋拆除工程费）×1.81% | 2692 |
| 2.3 | 工程监理费 | （建筑工程费＋安装工程费＋拆除工程费）×4.41% | 6559 |
| 3 | 项目技术服务费 | | 19442 |
| 3.1 | 前期工作费 | （建筑工程费＋安装工程费）×3.05% | 4359 |
| 3.3 | 工程勘察设计费 | | 13835 |
| 3.3.2 | 设计费 | （设计费）×100% | 13835 |

续表

| 序号 | 工程或费用项目名称 | 编制依据及计算说明 | 合价 |
|---|---|---|---|
| 3.4 | 设计文件评审费 | | 448 |
| 3.4.1 | 初步设计文件评审费 | （基本设计费）×3.5% | 448 |
| 3.5 | 施工过程造价咨询及竣工结算审核费 | （建筑工程费＋安装工程费＋拆除工程费）×0.53% | 800 |
| | 合计 | | 33944 |

## 9.4 A8-4 更换 35kV 电容式电压互感器

### 9.4.1 典型方案主要内容

更换 35kV 电容式电压互感器。

### 9.4.2 典型方案工程量表

典型方案工程量如表 9-22、表 9-23 所示。

典型方案 A8-4 电气设备材料表　　　　表 9-22

| 序号 | 设备材料名称 | 规格及型号 | 单位 | 设计用量 |
|---|---|---|---|---|
| | 安装工程 | | | |
| | 电压互感器 | AC35kV | 台 | 1 |
| BZ101 | 35kV 软导线引下线 | | 组（三相） | 1 |
| BZ201 | 35kV 软导线设备连线 | | 组（三相） | 1 |
| FZ801 | 电缆保护管 | 钢管 $\phi 50$ | t | 0.08 |
| N03030103 | 电缆防火堵料 | 柔性 JZD 型 | t | 0.1 |
| N03020101 | 电缆防火涂料 | G60-3 型 | t | 0.1 |
| BZ901 | 35kV 变电站控制电缆 | | km | 0.5 |
| BZ801 | 35kV 变电站电力电缆 | | km | 0.1 |
| H05010101 | 扁钢 | −60×8 | t | 0.057 |

典型方案 A8-4 工程量表　　　　表 9-23

| 序号 | 材料名称 | 单位 | 设计用量 |
|---|---|---|---|
| | 建筑工程 | | |
| JGT2-8 | 独立基础 钢筋混凝土基础 | $m^3$ | 2.5 |

续表

| 序号 | 材料名称 | 单位 | 设计用量 |
|---|---|---|---|
| JGT1-11 | 人工施工土方 基坑土方 挖深2m以内 | m³ | 6.25 |
| JGT9-36 | 不含土方基础支架 钢管设备支架 | t | 0.4 |
| JGT7-11 | 钢筋、铁件 普通钢筋 | t | 0.237 |

### 9.4.3 典型方案概算书

典型方案概算书如表9-24～表9-28所示。

典型方案A8-4总概算汇总表　　　表9-24

金额单位：万元

| 序号 | 工程或费用名称 | 含税金额 | 占工程静态投资的比例（%） |
|---|---|---|---|
| 一 | 建筑工程费 | 1.11 | 5.15 |
| 二 | 安装工程费 | 12.07 | 55.98 |
| 三 | 拆除工程费 | 0.55 | 2.55 |
| 四 | 设备购置费 | 4.62 | 21.43 |
|  | 其中：编制基准期价差 | 0.21 | 0.97 |
| 五 | 小计 | 18.35 | 85.11 |
|  | 其中：甲供设备材料费 | 6.52 | 30.24 |
| 六 | 其他费用 | 3.21 | 14.89 |
| 七 | 基本预备费 |  |  |
| 八 | 特殊项目 |  |  |
| 九 | 工程投资合计 | 21.56 | 100 |

典型方案A8-4安装工程专业汇总表　　　表9-25

金额单位：元

| 序号 | 工程或费用名称 | 安装工程费 | | | 设备购置费 | 合计 |
|---|---|---|---|---|---|---|
|  |  | 主要材料费 | 安装费 | 小计 |  |  |
| 一 | 安装工程 | 14318 | 106429 | 120747 | 46221 | 166968 |
| 二 | 配电装置 | 446 | 84281 | 84728 | 46221 | 130949 |
| 2 | 屋外配电装置 | 446 | 84281 | 84728 | 46221 | 130949 |
| 2.1 | 35kV配电装置 | 446 | 84281 | 84728 | 46221 | 130949 |

续表

| 序号 | 工程或费用名称 | 安装工程费 | | | 设备购置费 | 合计 |
|---|---|---|---|---|---|---|
| | | 主要材料费 | 安装费 | 小计 | | |
| 六 | 电缆防护设施 | 13484 | 9868 | 23352 | | 23352 |
| 1 | 电缆桥支架 | 475 | | 475 | | 475 |
| 2 | 电缆防火 | 2205 | 2955 | 5159 | | 5159 |
| 3 | 电缆 | 10804 | 6913 | 17718 | | 17718 |
| 七 | 全站接地 | 388 | 781 | 1168 | | 1168 |
| 1 | 接地网 | 388 | 781 | 1168 | | 1168 |
| 九 | 调试 | | 11499 | 11499 | | 11499 |
| 1 | 分系统调试 | | 3096 | 3096 | | 3096 |
| 3 | 特殊调试 | | 8403 | 8403 | | 8403 |
| | 合计 | 14318 | 106429 | 120747 | 46221 | 166968 |

典型方案 A8-4 建筑工程专业汇总表　　　　表 9-26

金额单位：元

| 序号 | 工程或费用名称 | 设备费 | 主要材料费 | 建筑费 | 建筑工程费合计 |
|---|---|---|---|---|---|
| | 建筑工程 | | | 11118 | 11118 |
| 二 | 主变压器及配电装置建筑 | | | 11118 | 11118 |
| 2 | ××kV 构架及设备基础 | | | 11118 | 11118 |
| 2.1 | 构架及基础 | | | 11118 | 11118 |
| | 合计 | | | 11118 | 11118 |

典型方案 A8-4 拆除工程专业汇总表　　　　表 9-27

金额单位：元

| 序号 | 工程或费用名称 | 拆除工程费 |
|---|---|---|
| | 拆除工程 | 5549 |
| | 建筑拆除 | 1424 |
| 二 | 主变压器及配电装置建筑 | 1424 |
| 2 | ××kV 构架及设备基础 | 1424 |
| 2.2 | 设备支架及基础 | 1424 |

续表

| 序号 | 工程或费用名称 | 拆除工程费 |
|---|---|---|
| | 安装拆除 | 4125 |
| 二 | 配电装置 | 4125 |
| 2 | 屋外配电装置 | 4125 |
| 2.1 | ××kV 配电装置 | 4125 |
| | 合计 | 5549 |

典型方案 A8-4 其他费用概算表　　　　表 9-28

金额单位：元

| 序号 | 工程或费用项目名称 | 编制依据及计算说明 | 合价 |
|---|---|---|---|
| 2 | 项目管理费 | | 13398 |
| 2.1 | 管理经费 | （建筑工程费＋安装工程费＋拆除工程费）×3.53% | 4851 |
| 2.2 | 招标费 | （建筑工程费＋安装工程费＋拆除工程费）×1.81% | 2487 |
| 2.3 | 工程监理费 | （建筑工程费＋安装工程费＋拆除工程费）×4.41% | 6060 |
| 3 | 项目技术服务费 | | 18662 |
| 3.1 | 前期工作费 | （建筑工程费＋安装工程费）×3.05% | 4022 |
| 3.3 | 工程勘察设计费 | | 13406 |
| 3.3.2 | 设计费 | （设计费）×100% | 13406 |
| 3.4 | 设计文件评审费 | | 434 |
| 3.4.1 | 初步设计文件评审费 | （基本设计费）×3.5% | 434 |
| 3.5 | 施工过程造价咨询及竣工结算审核费 | （建筑工程费＋安装工程费＋拆除工程费）×0.53% | 800 |
| | 合计 | | 32060 |

# 第10章 更换电容器

## 10.1 A9-1 更换35kV框架式60Mvar电容器

### 10.1.1 典型方案主要内容

更换35kV框架式60Mvar电容器。

### 10.1.2 典型方案工程量表

典型方案工程量如表10-1、表10-2所示。

典型方案 A9-1 电气设备材料表　　　　　表10-1

| 序号 | 设备材料名称 | 规格及型号 | 单位 | 设计用量 |
|---|---|---|---|---|
|  | 安装工程 |  |  |  |
|  | 框架式电容器组（不含电抗器） | AC35kV，60Mvar | 套 | 1 |
|  | 电容器组串联电抗器 | AC35kV，60Mvar，0.12，空心 | 套 | 1 |
| BZ101 | 35kV 软导线引下线 |  | 组（三相） | 1 |
| BZ201 | 35kV 软导线设备连线 |  | 组（三相） | 1 |
| FZ801 | 电缆保护管 | 钢管 $\phi 50$ | t | 0.2 |
| N03030103 | 电缆防火堵料 | 柔性 JZD 型 | t | 0.2 |
| N03020101 | 电缆防火涂料 | G60-3 型 | t | 0.2 |
| BZ801 | 35kV 变电站电力电缆 |  | km | 0.3 |
| BZ901 | 35kV 变电站控制电缆 |  | km | 0.5 |
| X04010101 | 绝缘铜绞线 | 100mm$^2$ | t | 0.018 |
| H05010101 | 扁钢 | -60×8 | t | 0.038 |

典型方案 A9-1 工程量表　　　　　表10-2

| 序号 | 材料名称 | 单位 | 设计用量 |
|---|---|---|---|
|  | 建筑工程 |  |  |
| JGT2-8 | 独立基础 钢筋混凝土基础 | m$^3$ | 20 |
| JGT1-11 | 人工施工土方 基坑土方 挖深 2m 以内 | m$^3$ | 50 |
| JGT9-36 | 不含土方基础支架 钢管设备支架 | t | 1 |
| JGT7-11 | 钢筋、铁件 普通钢筋 | t | 1.898 |

### 10.1.3 典型方案概算书

典型方案概算书如表 10-3～表 10-7 所示。

典型方案 A9-1 总概算汇总表　　　　　　　　　表 10-3

金额单位：万元

| 序号 | 工程或费用名称 | 含税金额 | 占工程静态投资的比例(%) |
|---|---|---|---|
| 一 | 建筑工程费 | 5.79 | 5.06 |
| 二 | 安装工程费 | 14.72 | 12.85 |
| 三 | 拆除工程费 | 3.19 | 2.79 |
| 四 | 设备购置费 | 80.16 | 70 |
|  | 其中：编制基准期价差 | 1.54 | 1.34 |
| 五 | 小计 | 103.86 | 90.7 |
|  | 其中：甲供设备材料费 | 83.59 | 73 |
| 六 | 其他费用 | 10.65 | 9.3 |
| 七 | 基本预备费 |  |  |
| 八 | 特殊项目 |  |  |
| 九 | 工程投资合计 | 114.51 | 100 |

典型方案 A9-1 安装工程专业汇总表　　　　　　　表 10-4

金额单位：元

| 序号 | 工程或费用名称 | 安装工程费 | | | 设备购置费 | 合计 |
|---|---|---|---|---|---|---|
|  |  | 主要材料费 | 安装费 | 小计 |  |  |
|  | 安装工程 | 22125 | 125117 | 147241 | 801567 | 948808 |
| 三 | 无功补偿装置 | 446 | 80349 | 80795 | 801567 | 882362 |
| 4 | 低压电容器 | 446 | 80349 | 80795 | 801567 | 882362 |
| 六 | 电缆防护设施 | 20160 | 15202 | 35362 |  | 35362 |
| 1 | 电缆桥支架 | 1189 |  | 1189 |  | 1189 |
| 2 | 电缆防火 | 4409 | 5910 | 10319 |  | 10319 |
| 3 | 电缆 | 14562 | 9292 | 23855 |  | 23855 |
| 七 | 全站接地 | 1518 | 1714 | 3232 |  | 3232 |
| 1 | 接地网 | 1518 | 1714 | 3232 |  | 3232 |

续表

| 序号 | 工程或费用名称 | 安装工程费 | | | 设备购置费 | 合计 |
|---|---|---|---|---|---|---|
| | | 主要材料费 | 安装费 | 小计 | | |
| 九 | 调试 | | 27852 | 27852 | | 27852 |
| 1 | 分系统调试 | | 12383 | 12383 | | 12383 |
| 3 | 特殊调试 | | 15469 | 15469 | | 15469 |
| | 合计 | 22125 | 125117 | 147241 | 801567 | 948808 |

典型方案 A9-1 建筑工程专业汇总表　　　　表 10-5

金额单位：元

| 序号 | 工程或费用名称 | 设备费 | 主要材料费 | 建筑费 | 建筑工程费合计 |
|---|---|---|---|---|---|
| | 建筑工程 | | | 57896 | 57896 |
| 二 | 主变压器及配电装置建筑 | | | 57896 | 57896 |
| 2 | ××kV 构架及设备基础 | | | 57896 | 57896 |
| 2.1 | 构架及基础 | | | 57896 | 57896 |
| | 合计 | | | 57896 | 57896 |

典型方案 A9-1 拆除工程专业汇总表　　　　表 10-6

金额单位：元

| 序号 | 工程或费用名称 | 拆除工程费 |
|---|---|---|
| | 拆除工程 | 31947 |
| | 建筑拆除 | 12230 |
| 二 | 主变压器及配电装置建筑 | 12230 |
| 2 | ××kV 构架及设备基础 | 12230 |
| 2.2 | 设备支架及基础 | 12230 |
| | 安装拆除 | 19717 |
| 二 | 配电装置 | 19717 |
| 2 | 屋外配电装置 | 19717 |
| 2.1 | ××kV 配电装置 | 19717 |
| | 合计 | 31947 |

**典型方案 A9-1 其他费用概算表**　　　　表 10-7

金额单位：元

| 序号 | 工程或费用项目名称 | 编制依据及计算说明 | 合价 |
|---|---|---|---|
| 2 | 项目管理费 |  | 23116 |
| 2.1 | 管理经费 | （建筑工程费＋安装工程费＋拆除工程费）×3.53% | 8369 |
| 2.2 | 招标费 | （建筑工程费＋安装工程费＋拆除工程费）×1.81% | 4291 |
| 2.3 | 工程监理费 | （建筑工程费＋安装工程费＋拆除工程费）×4.41% | 10455 |
| 3 | 项目技术服务费 |  | 83393 |
| 3.1 | 前期工作费 | （建筑工程费＋安装工程费）×3.05% | 6257 |
| 3.3 | 工程勘察设计费 |  | 73497 |
| 3.3.2 | 设计费 | （设计费）×100% | 73497 |
| 3.4 | 设计文件评审费 |  | 2382 |
| 3.4.1 | 初步设计文件评审费 | （基本设计费）×3.5% | 2382 |
| 3.5 | 施工过程造价咨询及竣工结算审核费 | （建筑工程费＋安装工程费＋拆除工程费）×0.53% | 1257 |
|  | 合计 |  | 106508 |

## 10.2　A9-2 更换 35kV 框架式 10Mvar 电容器

### 10.2.1　典型方案主要内容

更换 35kV 框架式 10Mvar 电容器。

### 10.2.2　典型方案工程量表

典型方案工程量如表 10-8、表 10-9 所示。

**典型方案 A9-2 电气设备材料表**　　　　表 10-8

| 序号 | 设备材料名称 | 规格及型号 | 单位 | 设计用量 |
|---|---|---|---|---|
|  | 安装工程 |  |  |  |
|  | 框架式电容器组（不含电抗器） | AC35kV，10Mvar | 套 | 1 |
|  | 电容器组串联电抗器 | AC35kV，10Mvar，0.12，空心 | 套 | 1 |
| BZ101 | 35kV 软导线引下线 |  | 组（三相） | 1 |
| BZ201 | 35kV 软导线设备连线 |  | 组（三相） | 1 |

续表

| 序号 | 设备材料名称 | 规格及型号 | 单位 | 设计用量 |
|---|---|---|---|---|
| FZ801 | 电缆保护管 | 钢管 $\phi50$ | t | 0.2 |
| N03030103 | 电缆防火堵料 | 柔性 JZD 型 | t | 0.2 |
| N03020101 | 电缆防火涂料 | G60-3 型 | t | 0.2 |
| BZ801 | 35kV 变电站电力电缆 |  | km | 0.3 |
| BZ901 | 35kV 变电站控制电缆 |  | km | 0.5 |
| X04010101 | 绝缘铜绞线 | 100mm$^2$ | t | 0.018 |
| H05010101 | 扁钢 | -60×8 | t | 0.038 |

典型方案 A9-2 工程量表　　　　表 10-9

| 序号 | 材料名称 | 单位 | 设计用量 |
|---|---|---|---|
|  | 建筑工程 |  |  |
| JGT2-8 | 独立基础 钢筋混凝土基础 | m$^3$ | 20 |
| JGT1-11 | 人工施工土方 基坑土方 挖深 2m 以内 | m$^3$ | 50 |
| JGT9-36 | 不含土方基础支架 钢管设备支架 | t | 1 |
| JGT7-11 | 钢筋、铁件 普通钢筋 | t | 1.898 |

### 10.2.3　典型方案概算书

典型方案概算书如表 10-10～表 10-14 所示。

典型方案 A9-2 总概算汇总表　　　　表 10-10

金额单位：万元

| 序号 | 工程或费用名称 | 含税金额 | 占工程静态投资的比例（%） |
|---|---|---|---|
| 一 | 建筑工程费 | 5.79 | 11.67 |
| 二 | 安装工程费 | 14.25 | 28.72 |
| 三 | 拆除工程费 | 3.06 | 6.17 |
| 四 | 设备购置费 | 20.38 | 41.08 |
|  | 其中：编制基准期价差 | 1.53 | 3.08 |
| 五 | 小计 | 43.48 | 87.64 |
|  | 其中：甲供设备材料费 | 23.82 | 48.01 |
| 六 | 其他费用 | 6.13 | 12.36 |

续表

| 序号 | 工程或费用名称 | 含税金额 | 占工程静态投资的比例（%） |
|---|---|---|---|
| 七 | 基本预备费 | | |
| 八 | 特殊项目 | | |
| 九 | 工程投资合计 | 49.61 | 100 |

**典型方案 A9-2 安装工程专业汇总表**　　　　表 10-11

金额单位：元

| 序号 | 工程或费用名称 | 安装工程费 | | | 设备购置费 | 合计 |
|---|---|---|---|---|---|---|
| | | 主要材料费 | 安装费 | 小计 | | |
| 一 | 安装工程 | 22125 | 120348 | 142472 | 203814 | 346286 |
| 三 | 无功补偿装置 | 446 | 75579 | 76026 | 203814 | 279840 |
| 4 | 低压电容器 | 446 | 75579 | 76026 | 203814 | 279840 |
| 六 | 电缆防护设施 | 20160 | 15202 | 35362 | | 35362 |
| 1 | 电缆桥支架 | 1189 | | 1189 | | 1189 |
| 2 | 电缆防火 | 4409 | 5910 | 10319 | | 10319 |
| 3 | 电缆 | 14562 | 9292 | 23855 | | 23855 |
| 七 | 全站接地 | 1518 | 1714 | 3232 | | 3232 |
| 1 | 接地网 | 1518 | 1714 | 3232 | | 3232 |
| 九 | 调试 | | 27852 | 27852 | | 27852 |
| 1 | 分系统调试 | | 12383 | 12383 | | 12383 |
| 3 | 特殊调试 | | 15469 | 15469 | | 15469 |
| | 合计 | 22125 | 120348 | 142472 | 203814 | 346286 |

**典型方案 A9-2 建筑工程专业汇总表**　　　　表 10-12

金额单位：元

| 序号 | 工程或费用名称 | 设备费 | 主要材料费 | 建筑费 | 建筑工程费合计 |
|---|---|---|---|---|---|
| 一 | 建筑工程 | | | 57896 | 57896 |
| 二 | 主变压器及配电装置建筑 | | | 57896 | 57896 |
| 2 | ××kV 构架及设备基础 | | | 57896 | 57896 |
| 2.1 | 构架及基础 | | | 57896 | 57896 |
| | 合计 | | | 57896 | 57896 |

典型方案 A9-2 拆除工程专业汇总表　　　　表 10-13

金额单位：元

| 序号 | 工程或费用名称 | 拆除工程费 |
|---|---|---|
|  | 拆除工程 | 30552 |
|  | 建筑拆除 | 12230 |
| 二 | 主变压器及配电装置建筑 | 12230 |
| 2 | ××kV 构架及设备基础 | 12230 |
| 2.2 | 设备支架及基础 | 12230 |
|  | 安装拆除 | 18322 |
| 二 | 配电装置 | 18322 |
| 2 | 屋外配电装置 | 18322 |
| 2.1 | ××kV 配电装置 | 18322 |
|  | 合计 | 30552 |

典型方案 A9-2 其他费用概算表　　　　表 10-14

金额单位：元

| 序号 | 工程或费用项目名称 | 编制依据及计算说明 | 合价 |
|---|---|---|---|
| 2 | 项目管理费 |  | 22515 |
| 2.1 | 管理经费 | （建筑工程费＋安装工程费＋拆除工程费）×3.53% | 8151 |
| 2.2 | 招标费 | （建筑工程费＋安装工程费＋拆除工程费）×1.81% | 4180 |
| 2.3 | 工程监理费 | （建筑工程费＋安装工程费＋拆除工程费）×4.41% | 10184 |
| 3 | 项目技术服务费 |  | 38746 |
| 3.1 | 前期工作费 | （建筑工程费＋安装工程费）×3.05% | 6111 |
| 3.3 | 工程勘察设计费 |  | 30425 |
| 3.3.2 | 设计费 | （设计费）×100% | 30425 |
| 3.4 | 设计文件评审费 |  | 986 |
| 3.4.1 | 初步设计文件评审费 | （基本设计费）×3.5% | 986 |
| 3.5 | 施工过程造价咨询及竣工结算审核费 | （建筑工程费＋安装工程费＋拆除工程费）×0.53% | 1224 |
|  | 合计 |  | 61261 |

## 10.3 A9-3 更换 35kV 框架式 6Mvar 电容器

### 10.3.1 典型方案主要内容

更换 35kV 框架式 6Mvar 电容器。

### 10.3.2 典型方案工程量表

典型方案工程量如表 10-15、表 10-16 所示。

典型方案 A9-3 电气设备材料表　　　　　　表 10-15

| 序号 | 设备材料名称 | 规格及型号 | 单位 | 设计用量 |
|---|---|---|---|---|
|  | 安装工程 |  |  |  |
|  | 框架式电容器组（不含电抗器） | AC35kV，6Mvar | 套 | 1 |
|  | 电容器组串联电抗器 | AC35kV，6Mvar，0.12，空心 | 套 | 1 |
| BZ101 | 35kV 软导线引下线 |  | 组（三相） | 1 |
| BZ201 | 35kV 软导线设备连线 |  | 组（三相） | 1 |
| FZ801 | 电缆保护管 | 钢管 $\phi$50 | t | 0.2 |
| N03030103 | 电缆防火堵料 | 柔性 JZD 型 | t | 0.2 |
| N03020101 | 电缆防火涂料 | G60-3 型 | t | 0.2 |
| BZ801 | 35kV 变电站电力电缆 |  | km | 0.3 |
| BZ901 | 35kV 变电站控制电缆 |  | km | 0.5 |
| X04010101 | 绝缘铜绞线 | 100mm$^2$ | t | 0.018 |
| H05010101 | 扁钢 | $-60\times8$ | t | 0.038 |

典型方案 A9-3 工程量表　　　　　　表 10-16

| 序号 | 材料名称 | 单位 | 设计用量 |
|---|---|---|---|
|  | 建筑工程 |  |  |
| JGT2-8 | 独立基础 钢筋混凝土基础 | m$^3$ | 15 |
| JGT1-11 | 人工施工土方 基坑土方 挖深 2m 以内 | m$^3$ | 37.5 |
| JGT9-36 | 不含土方基础支架 钢管设备支架 | t | 1 |
| JGT7-11 | 钢筋、铁件 普通钢筋 | t | 1.423 |

### 10.3.3 典型方案概算书

典型方案概算书如表 10-17～表 10-21 所示。

典型方案 A9-3 总概算汇总表　　　　　　　　　　表 10-17

金额单位：万元

| 序号 | 工程或费用名称 | 含税金额 | 占工程静态投资的比例（%） |
|---|---|---|---|
| 一 | 建筑工程费 | 4.69 | 10.92 |
| 二 | 安装工程费 | 13.77 | 32.07 |
| 三 | 拆除工程费 | 2.63 | 6.12 |
| 四 | 设备购置费 | 16.41 | 38.22 |
|   | 其中：编制基准期价差 | 1.2 | 2.79 |
| 五 | 小计 | 37.5 | 87.33 |
|   | 其中：甲供设备材料费 | 19.84 | 46.2 |
| 六 | 其他费用 | 5.44 | 12.67 |
| 七 | 基本预备费 |   |   |
| 八 | 特殊项目 |   |   |
| 九 | 工程投资合计 | 42.94 | 100 |

典型方案 A9-3 安装工程专业汇总表　　　　　　　　表 10-18

金额单位：元

| 序号 | 工程或费用名称 | 安装工程费 | | | 设备购置费 | 合计 |
|---|---|---|---|---|---|---|
|   |   | 主要材料费 | 安装费 | 小计 |   |   |
|   | 安装工程 | 22125 | 115578 | 137703 | 164065 | 301768 |
| 三 | 无功补偿装置 | 446 | 70810 | 71256 | 164065 | 235322 |
| 4 | 低压电容器 | 446 | 70810 | 71256 | 164065 | 235322 |
| 六 | 电缆防护设施 | 20160 | 15202 | 35362 |   | 35362 |
| 1 | 电缆桥支架 | 1189 |   | 1189 |   | 1189 |
| 2 | 电缆防火 | 4409 | 5910 | 10319 |   | 10319 |
| 3 | 电缆 | 14562 | 9292 | 23855 |   | 23855 |
| 七 | 全站接地 | 1518 | 1714 | 3232 |   | 3232 |
| 1 | 接地网 | 1518 | 1714 | 3232 |   | 3232 |
| 九 | 调试 |   | 27852 | 27852 |   | 27852 |
| 1 | 分系统调试 |   | 12383 | 12383 |   | 12383 |
| 3 | 特殊调试 |   | 15469 | 15469 |   | 15469 |
|   | 合计 | 22125 | 115578 | 137703 | 164065 | 301768 |

典型方案 A9-3 建筑工程专业汇总表  表 10-19

金额单位：元

| 序号 | 工程或费用名称 | 设备费 | 主要材料费 | 建筑费 | 建筑工程费合计 |
|---|---|---|---|---|---|
|  | 建筑工程 |  |  | 46948 | 46948 |
| 二 | 主变压器及配电装置建筑 |  |  | 46948 | 46948 |
| 2 | ××kV 构架及设备基础 |  |  | 46948 | 46948 |
| 2.1 | 构架及基础 |  |  | 46948 | 46948 |
|  | 合计 |  |  | 46948 | 46948 |

典型方案 A9-3 拆除工程专业汇总表  表 10-20

金额单位：元

| 序号 | 工程或费用名称 | 拆除费用 |
|---|---|---|
|  | 拆除工程 | 24161 |
|  | 拆除工程 | 26309 |
|  | 建筑拆除 | 9382 |
| 二 | 主变压器及配电装置建筑 | 9382 |
| 2 | ××kV 构架及设备基础 | 9382 |
| 2.2 | 设备支架及基础 | 9382 |
|  | 安装拆除 | 16927 |
| 二 | 配电装置 | 16927 |
| 2 | 屋外配电装置 | 16927 |
| 2.1 | ××kV 配电装置 | 16927 |
|  | 合计 | 26309 |

典型方案 A9-3 其他费用概算表  表 10-21

金额单位：元

| 序号 | 工程或费用项目名称 | 编制依据及计算说明 | 合价 |
|---|---|---|---|
| 2 | 项目管理费 |  | 20569 |
| 2.1 | 管理经费 | （建筑工程费＋安装工程费＋拆除工程费）×3.53% | 7447 |
| 2.2 | 招标费 | （建筑工程费＋安装工程费＋拆除工程费）×1.81% | 3818 |
| 2.3 | 工程监理费 | （建筑工程费＋安装工程费＋拆除工程费）×4.41% | 9303 |
| 3 | 项目技术服务费 |  | 33851 |

续表

| 序号 | 工程或费用项目名称 | 编制依据及计算说明 | 合价 |
|---|---|---|---|
| 3.1 | 前期工作费 | （建筑工程费＋安装工程费）×3.05% | 5632 |
| 3.3 | 工程勘察设计费 | | 26250 |
| 3.3.2 | 设计费 | （设计费）×100% | 26250 |
| 3.4 | 设计文件评审费 | | 851 |
| 3.4.1 | 初步设计文件评审费 | （基本设计费）×3.5% | 851 |
| 3.5 | 施工过程造价咨询及竣工结算审核费 | （建筑工程费＋安装工程费＋拆除工程费）×0.53% | 1118 |
| | 合计 | | 54419 |

## 10.4 A9-4 更换10kV框架式6Mvar电容器

### 10.4.1 典型方案主要内容

更换10kV框架式6Mvar电容器。

### 10.4.2 典型方案工程量表

典型方案工程量如表10-22、表10-23所示。

典型方案A9-4电气设备材料表　　　表10-22

| 序号 | 设备材料名称 | 规格及型号 | 单位 | 设计用量 |
|---|---|---|---|---|
| | 安装工程 | | | |
| | 框架式电容器组（不含电抗器） | AC10kV，6Mvar | 套 | 1 |
| | 电容器组串联电抗器 | AC10kV，6Mvar，0.12，空心 | 套 | 1 |
| BZ101 | 35kV 软导线引下线 | | 组（三相） | 1 |
| BZ201 | 35kV 软导线设备连线 | | 组（三相） | 1 |
| FZ801 | 电缆保护管 | 钢管$\phi$50 | t | 0.2 |
| N03030103 | 电缆防火堵料 | 柔性JZD型 | t | 0.2 |
| N03020101 | 电缆防火涂料 | G60-3型 | t | 0.2 |
| BZ801 | 35kV 变电站电力电缆 | | km | 0.3 |
| BZ901 | 35kV 变电站控制电缆 | | km | 0.5 |
| X04010101 | 绝缘铜绞线 | 100mm$^2$ | t | 0.018 |
| H05010101 | 扁钢 | －60×8 | t | 0.038 |

典型方案 A9-4 工程量表　　　　　表 10-23

| 序号 | 材料名称 | 单位 | 设计用量 |
|---|---|---|---|
|  | 建筑工程 |  |  |
| JGT2-8 | 独立基础 钢筋混凝土基础 | m³ | 15 |
| JGT1-11 | 人工施工土方 基坑土方 挖深 2m 以内 | m³ | 37.5 |
| JGT9-36 | 不含土方基础支架 钢管设备支架 | t | 0.99 |
| JGT7-11 | 钢筋、铁件 普通钢筋 | t | 1.423 |

### 10.4.3 典型方案概算书

典型方案概算书如表 10-24~表 10-28 所示。

典型方案 A9-4 总概算汇总表　　　　　表 10-24

金额单位：万元

| 序号 | 工程或费用名称 | 含税金额 | 占工程静态投资的比例（%） |
|---|---|---|---|
| 一 | 建筑工程费 | 4.68 | 14.21 |
| 二 | 安装工程费 | 9.5 | 28.84 |
| 三 | 拆除工程费 | 2.5 | 7.59 |
| 四 | 设备购置费 | 12.07 | 36.64 |
|  | 其中：编制基准期价差 | 1.12 | 3.4 |
| 五 | 小计 | 28.75 | 87.28 |
|  | 其中：甲供设备材料费 | 15.49 | 47.02 |
| 六 | 其他费用 | 4.19 | 12.72 |
| 七 | 基本预备费 |  |  |
| 八 | 特殊项目 |  |  |
| 九 | 工程投资合计 | 32.94 | 100 |

典型方案 A9-4 安装工程专业汇总表　　　　　表 10-25

金额单位：元

| 序号 | 工程或费用名称 | 安装工程费 | | | 设备购置费 | 合计 |
|---|---|---|---|---|---|---|
|  |  | 主要材料费 | 安装费 | 小计 |  |  |
|  | 安装工程 | 22125 | 72917 | 95042 | 120666 | 215708 |
| 三 | 无功补偿装置 | 446 | 51323 | 51769 | 120666 | 172435 |
| 4 | 低压电容器 | 446 | 51323 | 51769 | 120666 | 172435 |

续表

| 序号 | 工程或费用名称 | 安装工程费 | | | 设备购置费 | 合计 |
|---|---|---|---|---|---|---|
| | | 主要材料费 | 安装费 | 小计 | | |
| 六 | 电缆防护设施 | 20160 | 15202 | 35362 | | 35362 |
| 1 | 电缆桥支架 | 1189 | | 1189 | | 1189 |
| 2 | 电缆防火 | 4409 | 5910 | 10319 | | 10319 |
| 3 | 电缆 | 14562 | 9292 | 23855 | | 23855 |
| 七 | 全站接地 | 1518 | 1714 | 3232 | | 3232 |
| 1 | 接地网 | 1518 | 1714 | 3232 | | 3232 |
| 九 | 调试 | | 4679 | 4679 | | 4679 |
| 1 | 分系统调试 | | 4679 | 4679 | | 4679 |
| | 合计 | 22125 | 72917 | 95042 | 120666 | 215708 |

典型方案 A9-4 建筑工程专业汇总表　　表 10-26

金额单位：元

| 序号 | 工程或费用名称 | 设备费 | 主要材料费 | 建筑费 | 建筑工程费合计 |
|---|---|---|---|---|---|
| | 建筑工程 | | | 46807 | 46807 |
| 二 | 主变压器及配电装置建筑 | | | 46807 | 46807 |
| 2 | ××kV 构架及设备基础 | | | 46807 | 46807 |
| 2.1 | 构架及基础 | | | 46807 | 46807 |
| | 合计 | | | 46807 | 46807 |

典型方案 A9-4 拆除工程专业汇总表　　表 10-27

金额单位：元

| 序号 | 工程或费用名称 | 拆除工程费 |
|---|---|---|
| | 拆除工程 | 24999 |
| | 建筑拆除 | 9373 |
| 二 | 主变压器及配电装置建筑 | 9373 |
| 2 | ××kV 构架及设备基础 | 9373 |
| 2.2 | 设备支架及基础 | 9373 |
| | 安装拆除 | 15626 |

续表

| 序号 | 工程或费用名称 | 拆除工程费 |
|---|---|---|
| 二 | 配电装置 | 15626 |
| 2 | 屋外配电装置 | 15626 |
| 2.1 | ××kV 配电装置 | 15626 |
| | 合计 | 24999 |

典型方案 A9-4 其他费用概算表　　表 10-28

金额单位：元

| 序号 | 工程或费用项目名称 | 编制依据及计算说明 | 合价 |
|---|---|---|---|
| 2 | 项目管理费 | | 16268 |
| 2.1 | 管理经费 | （建筑工程费＋安装工程费＋拆除工程费）×3.53% | 5890 |
| 2.2 | 招标费 | （建筑工程费＋安装工程费＋拆除工程费）×1.81% | 3020 |
| 2.3 | 工程监理费 | （建筑工程费＋安装工程费＋拆除工程费）×4.41% | 7358 |
| 3 | 项目技术服务费 | | 25612 |
| 3.1 | 前期工作费 | （建筑工程费＋安装工程费）×3.05% | 4326 |
| 3.3 | 工程勘察设计费 | | 19761 |
| 3.3.2 | 设计费 | （设计费）×100% | 19761 |
| 3.4 | 设计文件评审费 | | 640 |
| 3.4.1 | 初步设计文件评审费 | （基本设计费）×3.5% | 640 |
| 3.5 | 施工过程造价咨询及竣工结算审核费 | （建筑工程费＋安装工程费＋拆除工程费）×0.53% | 884 |
| | 合计 | | 41880 |

## 10.5　A9-5 更换 10kV 框架式 4.8Mvar 电容器

### 10.5.1　典型方案主要内容

更换 10kV 框架式 4.8Mvar 电容器。

### 10.5.2　典型方案工程量表

典型方案工程量如表 10-29、表 10-30 所示。

典型方案 A9-5 电气设备材料表　　　　表 10-29

| 序号 | 设备材料名称 | 规格及型号 | 单位 | 设计用量 |
|---|---|---|---|---|
|  | 安装工程 |  |  |  |
|  | 框架式电容器组（不含电抗器） | AC10kV，4.8Mvar | 套 | 1 |
|  | 电容器组串联电抗器 | AC10kV，4.8Mvar，0.12，空心 | 套 | 1 |
| BZ101 | 35kV 软导线引下线 |  | 组（三相） | 1 |
| BZ201 | 35kV 软导线设备连线 |  | 组（三相） | 1 |
| FZ801 | 电缆保护管 | 钢管 $\phi 50$ | t | 0.2 |
| N03030103 | 电缆防火堵料 | 柔性 JZD 型 | t | 0.2 |
| N03020101 | 电缆防火涂料 | G60-3 型 | t | 0.2 |
| BZ801 | 35kV 变电站电力电缆 |  | km | 0.3 |
| BZ901 | 35kV 变电站控制电缆 |  | km | 0.5 |
| X04010101 | 绝缘铜绞线 | 100mm² | t | 0.018 |
| H05010101 | 扁钢 | -60×8 | t | 0.038 |

典型方案 A9-5 工程量表　　　　表 10-30

| 序号 | 材料名称 | 单位 | 设计用量 |
|---|---|---|---|
|  | 建筑工程 |  |  |
| JGT2-8 | 独立基础 钢筋混凝土基础 | m³ | 15 |
| JGT1-11 | 人工施工土方 基坑土方 挖深 2m 以内 | m³ | 37.5 |
| JGT9-36 | 不含土方基础支架 钢管设备支架 | t | 0.99 |
| JGT7-11 | 钢筋、铁件 普通钢筋 | t | 1.423 |

### 10.5.3　典型方案概算书

典型方案概算书如表 10-31～表 10-35 所示。

典型方案 A9-5 总概算汇总表　　　　表 10-31

金额单位：万元

| 序号 | 工程或费用名称 | 含税金额 | 占工程静态投资的比例（%） |
|---|---|---|---|
| 一 | 建筑工程费 | 4.68 | 14.59 |
| 二 | 安装工程费 | 9.28 | 28.93 |

续表

| 序号 | 工程或费用名称 | 含税金额 | 占工程静态投资的比例（%） |
|---|---|---|---|
| 三 | 拆除工程费 | 2.43 | 7.57 |
| 四 | 设备购置费 | 11.59 | 36.13 |
|  | 其中：编制基准期价差 | 1.11 | 3.46 |
| 五 | 小计 | 27.98 | 87.22 |
|  | 其中：甲供设备材料费 | 15.02 | 46.82 |
| 六 | 其他费用 | 4.1 | 12.78 |
| 七 | 基本预备费 |  |  |
| 八 | 特殊项目 |  |  |
| 九 | 工程投资合计 | 32.08 | 100 |

**典型方案 A9-5 安装工程专业汇总表**　　　　　表 10-32

金额单位：元

| 序号 | 工程或费用名称 | 安装工程费 | | | 设备购置费 | 合计 |
|---|---|---|---|---|---|---|
|  |  | 主要材料费 | 安装费 | 小计 |  |  |
|  | 安装工程 | 22125 | 70665 | 92790 | 115900 | 208690 |
| 三 | 无功补偿装置 | 446 | 49071 | 49517 | 115900 | 165417 |
| 4 | 低压电容器 | 446 | 49071 | 49517 | 115900 | 165417 |
| 六 | 电缆防护设施 | 20160 | 15202 | 35362 |  | 35362 |
| 1 | 电缆桥支架 | 1189 |  | 1189 |  | 1189 |
| 2 | 电缆防火 | 4409 | 5910 | 10319 |  | 10319 |
| 3 | 电缆 | 14562 | 9292 | 23855 |  | 23855 |
| 七 | 全站接地 | 1518 | 1714 | 3232 |  | 3232 |
| 1 | 接地网 | 1518 | 1714 | 3232 |  | 3232 |
| 九 | 调试 |  | 4679 | 4679 |  | 4679 |
| 1 | 分系统调试 |  | 4679 | 4679 |  | 4679 |
|  | 合计 | 22125 | 70665 | 92790 | 115900 | 208690 |

**典型方案 A9-5 建筑工程专业汇总表**　　　　　表 10-33

金额单位：元

| 序号 | 工程或费用名称 | 设备费 | 主要材料费 | 建筑费 | 建筑工程费合计 |
|---|---|---|---|---|---|
|  | 建筑工程 |  |  | 46807 | 46807 |
| 二 | 主变压器及配电装置建筑 |  |  | 46807 | 46807 |

续表

| 序号 | 工程或费用名称 | 设备费 | 主要材料费 | 建筑费 | 建筑工程费合计 |
|---|---|---|---|---|---|
| 2 | ××kV 构架及设备基础 | | | 46807 | 46807 |
| 2.1 | 构架及基础 | | | 46807 | 46807 |
| | 合计 | | | 46807 | 46807 |

典型方案 A9-5 拆除工程专业汇总表　　　表 10-34

金额单位：元

| 序号 | 工程或费用名称 | 拆除工程费 |
|---|---|---|
| | 拆除工程 | 24302 |
| | 建筑拆除 | 9373 |
| 二 | 主变压器及配电装置建筑 | 9373 |
| 2 | ××kV 构架及设备基础 | 9373 |
| 2.2 | 设备支架及基础 | 9373 |
| | 安装拆除 | 14928 |
| 二 | 配电装置 | 14928 |
| 2 | 屋外配电装置 | 14928 |
| 2.1 | ××kV 配电装置 | 14928 |
| | 合计 | 24302 |

典型方案 A9-5 其他费用概算表　　　表 10-35

金额单位：元

| 序号 | 工程或费用项目名称 | 编制依据及计算说明 | 合价 |
|---|---|---|---|
| 2 | 项目管理费 | | 15980 |
| 2.1 | 管理经费 | （建筑工程费＋安装工程费＋拆除工程费）×3.53% | 5786 |
| 2.2 | 招标费 | （建筑工程费＋安装工程费＋拆除工程费）×1.81% | 2967 |
| 2.3 | 工程监理费 | （建筑工程费＋安装工程费＋拆除工程费）×4.41% | 7228 |
| 3 | 项目技术服务费 | | 24982 |
| 3.1 | 前期工作费 | （建筑工程费＋安装工程费）×3.05% | 4258 |
| 3.3 | 工程勘察设计费 | | 19233 |
| 3.3.2 | 设计费 | （设计费）×100% | 19233 |

续表

| 序号 | 工程或费用项目名称 | 编制依据及计算说明 | 合价 |
|---|---|---|---|
| 3.4 | 设计文件评审费 | | 623 |
| 3.4.1 | 初步设计文件评审费 | （基本设计费）×3.5% | 623 |
| 3.5 | 施工过程造价咨询及竣工结算审核费 | （建筑工程费＋安装工程费＋拆除工程费）×0.53% | 869 |
| | 合计 | | 40963 |

## 10.6  A9-6 更换 10kV 框架式 4Mvar 电容器

### 10.6.1  典型方案主要内容

更换 10kV 框架式 4Mvar 电容器。

### 10.6.2  典型方案工程量表

典型方案工程量如表 10-36、表 10-37 所示。

典型方案 A9-6 电气设备材料表　　　表 10-36

| 序号 | 设备材料名称 | 规格及型号 | 单位 | 设计用量 |
|---|---|---|---|---|
| | 安装工程 | | | |
| | 框架式电容器组（不含电抗器） | AC10kV，4Mvar | 套 | 1 |
| | 电容器组串联电抗器 | AC10kV，4Mvar，0.12，空心 | 套 | 1 |
| BZ101 | 35kV 软导线引下线 | | 组（三相） | 1 |
| BZ201 | 35kV 软导线设备连线 | | 组（三相） | 1 |
| FZ801 | 电缆保护管 | 钢管 $\phi 50$ | t | 0.2 |
| N03030103 | 电缆防火堵料 | 柔性 JZD 型 | t | 0.2 |
| N03020101 | 电缆防火涂料 | G60-3 型 | t | 0.2 |
| BZ801 | 35kV 变电站电力电缆 | | km | 0.3 |
| BZ901 | 35kV 变电站控制电缆 | | km | 0.5 |
| X04010101 | 绝缘铜绞线 | 100mm$^2$ | t | 0.018 |
| H05010101 | 扁钢 | $-60\times 8$ | t | 0.038 |

典型方案 A9-6 工程量表    表 10-37

| 序号 | 材料名称 | 单位 | 设计用量 |
|---|---|---|---|
|  | 建筑工程 |  |  |
| JGT2-8 | 独立基础 钢筋混凝土基础 | m³ | 15 |
| JGT1-11 | 人工施工土方 基坑土方 挖深 2m 以内 | m³ | 37.5 |
| JGT9-36 | 不含土方基础支架 钢管设备支架 | t | 0.95 |
| JGT7-11 | 钢筋、铁件 普通钢筋 | t | 1.423 |

### 10.6.3 典型方案概算书

典型方案概算书如表 10-38～表 10-42 所示。

典型方案 A9-6 总概算汇总表    表 10-38

金额单位：万元

| 序号 | 工程或费用名称 | 含税金额 | 占工程静态投资的比例（%） |
|---|---|---|---|
| 一 | 建筑工程费 | 4.62 | 15.45 |
| 二 | 安装工程费 | 9.17 | 30.67 |
| 三 | 拆除工程费 | 2.39 | 7.99 |
| 四 | 设备购置费 | 9.8 | 32.78 |
|  | 其中：编制基准期价差 | 1.11 | 3.71 |
| 五 | 小计 | 25.98 | 86.89 |
|  | 其中：甲供设备材料费 | 13.17 | 44.05 |
| 六 | 其他费用 | 3.92 | 13.11 |
| 七 | 基本预备费 |  |  |
| 八 | 特殊项目 |  |  |
| 九 | 工程投资合计 | 29.9 | 100 |

典型方案 A9-6 安装工程专业汇总表    表 10-39

金额单位：元

| 序号 | 工程或费用名称 | 安装工程费 | | | 设备购置费 | 合计 |
|---|---|---|---|---|---|---|
|  |  | 主要材料费 | 安装费 | 小计 |  |  |
|  | 安装工程 | 22125 | 69539 | 91664 | 97952 | 189616 |
| 三 | 无功补偿装置 | 446 | 47945 | 48391 | 97952 | 146344 |

续表

| 序号 | 工程或费用名称 | 安装工程费 | | | 设备购置费 | 合计 |
|---|---|---|---|---|---|---|
| | | 主要材料费 | 安装费 | 小计 | | |
| 4 | 低压电容器 | 446 | 47945 | 48391 | 97952 | 146344 |
| 六 | 电缆防护设施 | 20160 | 15202 | 35362 | | 35362 |
| 1 | 电缆桥支架 | 1189 | | 1189 | | 1189 |
| 2 | 电缆防火 | 4409 | 5910 | 10319 | | 10319 |
| 3 | 电缆 | 14562 | 9292 | 23855 | | 23855 |
| 七 | 全站接地 | 1518 | 1714 | 3232 | | 3232 |
| 1 | 接地网 | 1518 | 1714 | 3232 | | 3232 |
| 九 | 调试 | | 4679 | 4679 | | 4679 |
| 1 | 分系统调试 | | 4679 | 4679 | | 4679 |
| | 合计 | 22125 | 69539 | 91664 | 97952 | 189616 |

典型方案 A9-6 建筑工程专业汇总表　　　　表 10-40

金额单位：元

| 序号 | 工程或费用名称 | 设备费 | 主要材料费 | 建筑费 | 建筑工程费合计 |
|---|---|---|---|---|---|
| 一 | 建筑工程 | | | 46242 | 46242 |
| 二 | 主变压器及配电装置建筑 | | | 46242 | 46242 |
| 2 | ××kV 构架及设备基础 | | | 46242 | 46242 |
| 2.1 | 构架及基础 | | | 46242 | 46242 |
| | 合计 | | | 46242 | 46242 |

典型方案 A9-6 拆除工程专业汇总表　　　　表 10-41

金额单位：元

| 序号 | 工程或费用名称 | 拆除工程费 |
|---|---|---|
| 一 | 拆除工程 | 23920 |
| | 建筑拆除 | 9340 |
| 二 | 主变压器及配电装置建筑 | 9340 |
| 2 | ××kV 构架及设备基础 | 9340 |
| 2.2 | 设备支架及基础 | 9340 |
| | 安装拆除 | 14580 |

续表

| 序号 | 工程或费用名称 | 拆除工程费 |
|---|---|---|
| 二 | 配电装置 | 14580 |
| 2 | 屋外配电装置 | 14580 |
| 2.1 | ××kV 配电装置 | 14580 |
| | 合计 | 23920 |

典型方案 A9-6 其他费用概算表　　　表 10-42

金额单位：元

| 序号 | 工程或费用项目名称 | 编制依据及计算说明 | 合价 |
|---|---|---|---|
| 2 | 项目管理费 | | 15778 |
| 2.1 | 管理经费 | （建筑工程费+安装工程费+拆除工程费）×3.53% | 5712 |
| 2.2 | 招标费 | （建筑工程费+安装工程费+拆除工程费）×1.81% | 2929 |
| 2.3 | 工程监理费 | （建筑工程费+安装工程费+拆除工程费）×4.41% | 7137 |
| 3 | 项目技术服务费 | | 23394 |
| 3.1 | 前期工作费 | （建筑工程费+安装工程费）×3.05% | 4206 |
| 3.3 | 工程勘察设计费 | | 17754 |
| 3.3.2 | 设计费 | （设计费）×100% | 17754 |
| 3.4 | 设计文件评审费 | | 575 |
| 3.4.1 | 初步设计文件评审费 | （基本设计费）×3.5% | 575 |
| 3.5 | 施工过程造价咨询及竣工结算审核费 | （建筑工程费+安装工程费+拆除工程费）×0.53% | 858 |
| | 合计 | | 39172 |

## 10.7　A9-7 更换 10kV 框架式 3.6Mvar 电容器

### 10.7.1　典型方案主要内容

更换 10kV 框架式 3.6Mvar 电容器。

### 10.7.2　典型方案工程量表

典型方案工程量如表 10-43、表 10-44 所示。

**典型方案 A9-7 电气设备材料表**　　　表 10-43

| 序号 | 设备材料名称 | 规格及型号 | 单位 | 设计用量 |
|---|---|---|---|---|
|  | 安装工程 |  |  |  |
|  | 框架式电容器组（不含电抗器） | AC10kV，3.6Mvar | 套 | 1 |
|  | 电容器组串联电抗器 | AC10kV，3.6Mvar，0.12，空心 | 套 | 1 |
| BZ101 | 35kV 软导线引下线 |  | 组（三相） | 1 |
| BZ201 | 35kV 软导线设备连线 |  | 组（三相） | 1 |
| FZ801 | 电缆保护管 | 钢管 $\phi 50$ | t | 0.2 |
| N03030103 | 电缆防火堵料 | 柔性 JZD 型 | t | 0.2 |
| N03020101 | 电缆防火涂料 | G60-3 型 | t | 0.2 |
| BZ801 | 35kV 变电站电力电缆 |  | km | 0.3 |
| BZ901 | 35kV 变电站控制电缆 |  | km | 0.5 |
| X04010101 | 绝缘铜绞线 | 100mm$^2$ | t | 0.018 |
| H05010101 | 扁钢 | $-60\times 8$ | t | 0.038 |

**典型方案 A9-7 工程量表**　　　表 10-44

| 序号 | 材料名称 | 单位 | 设计用量 |
|---|---|---|---|
|  | 建筑工程 |  |  |
| JGT2-8 | 独立基础 钢筋混凝土基础 | m$^3$ | 15 |
| JGT1-11 | 人工施工土方 基坑土方 挖深 2m 以内 | m$^3$ | 37.5 |
| JGT9-36 | 不含土方基础支架 钢管设备支架 | t | 0.95 |
| JGT7-11 | 钢筋、铁件 普通钢筋 | t | 1.423 |

### 10.7.3　典型方案概算书

典型方案概算书如表 10-45～表 10-49 所示。

**典型方案 A9-7 总概算汇总表**　　　表 10-45

金额单位：万元

| 序号 | 工程或费用名称 | 含税金额 | 占工程静态投资的比例（%） |
|---|---|---|---|
| 一 | 建筑工程费 | 4.62 | 15.69 |
| 二 | 安装工程费 | 9.05 | 30.73 |
| 三 | 拆除工程费 | 2.36 | 8.01 |

续表

| 序号 | 工程或费用名称 | 含税金额 | 占工程静态投资的比例（%） |
|---|---|---|---|
| 四 | 设备购置费 | 9.55 | 32.43 |
|  | 其中：编制基准期价差 | 1.1 | 3.74 |
| 五 | 小计 | 25.58 | 86.86 |
|  | 其中：甲供设备材料费 | 12.93 | 43.9 |
| 六 | 其他费用 | 3.87 | 13.14 |
| 七 | 基本预备费 |  |  |
| 八 | 特殊项目 |  |  |
| 九 | 工程投资合计 | 29.45 | 100 |

**典型方案 A9-7 安装工程专业汇总表** 表 10-46

金额单位：元

| 序号 | 工程或费用名称 | 安装工程费 | | | 设备购置费 | 合计 |
|---|---|---|---|---|---|---|
|  |  | 主要材料费 | 安装费 | 小计 |  |  |
|  | 安装工程 | 22125 | 68413 | 90538 | 95519 | 186057 |
| 三 | 无功补偿装置 | 446 | 46819 | 47265 | 95519 | 142784 |
| 4 | 低压电容器 | 446 | 46819 | 47265 | 95519 | 142784 |
| 六 | 电缆防护设施 | 20160 | 15202 | 35362 |  | 35362 |
| 1 | 电缆桥支架 | 1189 |  | 1189 |  | 1189 |
| 2 | 电缆防火 | 4409 | 5910 | 10319 |  | 10319 |
| 3 | 电缆 | 14562 | 9292 | 23855 |  | 23855 |
| 七 | 全站接地 | 1518 | 1714 | 3232 |  | 3232 |
| 1 | 接地网 | 1518 | 1714 | 3232 |  | 3232 |
| 九 | 调试 |  | 4679 | 4679 |  | 4679 |
| 1 | 分系统调试 |  | 4679 | 4679 |  | 4679 |
|  | 合计 | 22125 | 68413 | 90538 | 95519 | 186057 |

**典型方案 A9-7 建筑工程专业汇总表** 表 10-47

金额单位：元

| 序号 | 工程或费用名称 | 设备费 | 主要材料费 | 建筑费 | 建筑工程费合计 |
|---|---|---|---|---|---|
|  | 建筑工程 |  |  | 46242 | 46242 |
| 二 | 主变压器及配电装置建筑 |  |  | 46242 | 46242 |

续表

| 序号 | 工程或费用名称 | 设备费 | 主要材料费 | 建筑费 | 建筑工程费合计 |
|---|---|---|---|---|---|
| 2 | ××kV 构架及设备基础 | | | 46242 | 46242 |
| 2.1 | 构架及基础 | | | 46242 | 46242 |
| | 合计 | | | 46242 | 46242 |

**典型方案 A9-7 拆除工程专业汇总表**　　　　表 10-48

金额单位：元

| 序号 | 工程或费用名称 | 拆除工程费 |
|---|---|---|
| | 拆除工程 | 23571 |
| | 建筑拆除 | 9340 |
| 二 | 主变压器及配电装置建筑 | 9340 |
| 2 | ××kV 构架及设备基础 | 9340 |
| 2.2 | 设备支架及基础 | 9340 |
| | 安装拆除 | 14231 |
| 二 | 配电装置 | 14231 |
| 2 | 屋外配电装置 | 14231 |
| 2.1 | ××kV 配电装置 | 14231 |
| | 合计 | 23571 |

**典型方案 A9-7 其他费用概算表**　　　　表 10-49

金额单位：元

| 序号 | 工程或费用项目名称 | 编制依据及计算说明 | 合价 |
|---|---|---|---|
| 2 | 项目管理费 | | 15634 |
| 2.1 | 管理经费 | （建筑工程费＋安装工程费＋拆除工程费）×3.53% | 5660 |
| 2.2 | 招标费 | （建筑工程费＋安装工程费＋拆除工程费）×1.81% | 2902 |
| 2.3 | 工程监理费 | （建筑工程费＋安装工程费＋拆除工程费）×4.41% | 7071 |
| 3 | 项目技术服务费 | | 23075 |
| 3.1 | 前期工作费 | （建筑工程费＋安装工程费）×3.05% | 4172 |
| 3.3 | 工程勘察设计费 | | 17487 |
| 3.3.2 | 设计费 | （设计费）×100% | 17487 |
| 3.4 | 设计文件评审费 | | 567 |

续表

| 序号 | 工程或费用项目名称 | 编制依据及计算说明 | 合价 |
|---|---|---|---|
| 3.4.1 | 初步设计文件评审费 | （基本设计费）×3.5% | 567 |
| 3.5 | 施工过程造价咨询及竣工结算审核费 | （建筑工程费＋安装工程费＋拆除工程费）×0.53% | 850 |
| | 合计 | | 38709 |

## 10.8 A9-8 更换10kV框架式3Mvar电容器

### 10.8.1 典型方案主要内容

更换10kV框架式3Mvar电容器。

### 10.8.2 典型方案工程量表

典型方案工程量如表10-50、表10-51所示。

典型方案A9-8电气设备材料表  表10-50

| 序号 | 设备材料名称 | 规格及型号 | 单位 | 设计用量 |
|---|---|---|---|---|
| | 安装工程 | | | |
| | 框架式电容器组（不含电抗器） | AC10kV，3.6Mvar | 套 | 1 |
| | 电容器组串联电抗器 | AC10kV，3.6Mvar，0.12，空心 | 套 | 1 |
| BZ101 | 35kV 软导线引下线 | | 组（三相） | 1 |
| BZ201 | 35kV 软导线设备连线 | | 组（三相） | 1 |
| FZ801 | 电缆保护管 | 钢管$\phi$50 | t | 0.2 |
| N03030103 | 电缆防火堵料 | 柔性 JZD 型 | t | 0.2 |
| N03020101 | 电缆防火涂料 | G60-3 型 | t | 0.2 |
| BZ801 | 35kV 变电站电力电缆 | | km | 0.3 |
| BZ901 | 35kV 变电站控制电缆 | | km | 0.5 |
| X04010101 | 绝缘铜绞线 | 100mm$^2$ | t | 0.018 |
| H05010101 | 扁钢 | -60×8 | t | 0.038 |

典型方案A9-8工程量表  表10-51

| 序号 | 材料名称 | 单位 | 设计用量 |
|---|---|---|---|
| | 建筑工程 | | |

续表

| 序号 | 材料名称 | 单位 | 设计用量 |
|---|---|---|---|
| JGT2-8 | 独立基础 钢筋混凝土基础 | m³ | 15 |
| JGT1-11 | 人工施工土方 基坑土方 挖深2m以内 | m³ | 37.5 |
| JGT9-36 | 不含土方基础支架 钢管设备支架 | t | 0.95 |
| JGT7-11 | 钢筋、铁件 普通钢筋 | t | 1.423 |

### 10.8.3 典型方案概算书

典型方案概算书如表10-52～表10-56所示。

典型方案A9-8总概算汇总表　　表10-52

金额单位：万元

| 序号 | 工程或费用名称 | 含税金额 | 占工程静态投资的比例（%） |
|---|---|---|---|
| 一 | 建筑工程费 | 4.62 | 16.78 |
| 二 | 安装工程费 | 8.94 | 32.47 |
| 三 | 拆除工程费 | 2.32 | 8.43 |
| 四 | 设备购置费 | 7.93 | 28.8 |
|  | 其中：编制基准期价差 | 1.1 | 4 |
| 五 | 小计 | 23.81 | 86.49 |
|  | 其中：甲供设备材料费 | 11.3 | 41.05 |
| 六 | 其他费用 | 3.72 | 13.51 |
| 七 | 基本预备费 |  |  |
| 八 | 特殊项目 |  |  |
| 九 | 工程投资合计 | 27.53 | 100 |

典型方案A9-8安装工程专业汇总表　　表10-53

金额单位：元

| 序号 | 工程或费用名称 | 安装工程费 | | | 设备购置费 | 合计 |
|---|---|---|---|---|---|---|
|  |  | 主要材料费 | 安装费 | 小计 |  |  |
|  | 安装工程 | 22125 | 67287 | 89412 | 79295 | 168707 |
| 三 | 无功补偿装置 | 446 | 45693 | 46139 | 79295 | 125434 |
| 4 | 低压电容器 | 446 | 45693 | 46139 | 79295 | 125434 |
| 六 | 电缆防护设施 | 20160 | 15202 | 35362 |  | 35362 |

续表

| 序号 | 工程或费用名称 | 安装工程费 | | | 设备购置费 | 合计 |
|---|---|---|---|---|---|---|
| | | 主要材料费 | 安装费 | 小计 | | |
| 1 | 电缆桥支架 | 1189 | | 1189 | | 1189 |
| 2 | 电缆防火 | 4409 | 5910 | 10319 | | 10319 |
| 3 | 电缆 | 14562 | 9292 | 23855 | | 23855 |
| 七 | 全站接地 | 1518 | 1714 | 3232 | | 3232 |
| 1 | 接地网 | 1518 | 1714 | 3232 | | 3232 |
| 九 | 调试 | | 4679 | 4679 | | 4679 |
| 1 | 分系统调试 | | 4679 | 4679 | | 4679 |
| | 合计 | 22125 | 67287 | 89412 | 79295 | 168707 |

典型方案 A9-8 建筑工程专业汇总表　　　　表 10-54

金额单位：元

| 序号 | 工程或费用名称 | 设备费 | 主要材料费 | 建筑费 | 建筑工程费合计 |
|---|---|---|---|---|---|
| 一 | 建筑工程 | | | 46242 | 46242 |
| 二 | 主变压器及配电装置建筑 | | | 46242 | 46242 |
| 2 | ××kV 构架及设备基础 | | | 46242 | 46242 |
| 2.1 | 构架及基础 | | | 46242 | 46242 |
| | 合计 | | | 46242 | 46242 |

典型方案 A9-8 拆除工程专业汇总表　　　　表 10-55

金额单位：元

| 序号 | 工程或费用名称 | 拆除工程费 |
|---|---|---|
| | 拆除工程 | 23222 |
| 一 | 建筑拆除 | 9340 |
| 二 | 主变压器及配电装置建筑 | 9340 |
| 2 | ××kV 构架及设备基础 | 9340 |
| 2.2 | 设备支架及基础 | 9340 |
| 二 | 安装拆除 | 13882 |
| 一 | 配电装置 | 13882 |
| 2 | 屋外配电装置 | 13882 |

续表

| 序号 | 工程或费用名称 | 拆除工程费 |
|---|---|---|
| 2.1 | ××kV配电装置 | 13882 |
|  | 合计 | 23222 |

典型方案 A9-8 其他费用概算表　　　　表 10-56

金额单位：元

| 序号 | 工程或费用项目名称 | 编制依据及计算说明 | 合价 |
|---|---|---|---|
| 2 | 项目管理费 |  | 15490 |
| 2.1 | 管理经费 | （建筑工程费＋安装工程费＋拆除工程费）×3.53% | 5608 |
| 2.2 | 招标费 | （建筑工程费＋安装工程费＋拆除工程费）×1.81% | 2876 |
| 2.3 | 工程监理费 | （建筑工程费＋安装工程费＋拆除工程费）×4.41% | 7006 |
| 3 | 项目技术服务费 |  | 21684 |
| 3.1 | 前期工作费 | （建筑工程费＋安装工程费）×3.05% | 4137 |
| 3.3 | 工程勘察设计费 |  | 16180 |
| 3.3.2 | 设计费 | （设计费）×100% | 16180 |
| 3.4 | 设计文件评审费 |  | 524 |
| 3.4.1 | 初步设计文件评审费 | （基本设计费）×3.5% | 524 |
| 3.5 | 施工过程造价咨询及竣工结算审核费 | （建筑工程费＋安装工程费＋拆除工程费）×0.53% | 842 |
|  | 合计 |  | 37175 |

## 10.9　A9-9 更换 10kV 框架式 2Mvar 电容器

### 10.9.1　典型方案主要内容

更换 10kV 框架式 2Mvar 电容器。

### 10.9.2　典型方案工程量表

典型方案工程量如表 10-57、表 10-58 所示。

典型方案 A9-9 电气设备材料表　　　　表 10-57

| 序号 | 设备材料名称 | 规格及型号 | 单位 | 设计用量 |
|---|---|---|---|---|
|  | 安装工程 |  |  |  |

续表

| 序号 | 设备材料名称 | 规格及型号 | 单位 | 设计用量 |
|---|---|---|---|---|
| | 框架式电容器组（不含电抗器） | AC10kV，2Mvar | 套 | 1 |
| | 电容器组串联电抗器 | AC10kV，2Mvar，0.12，空心 | 套 | 1 |
| BZ101 | 35kV 软导线引下线 | | 组（三相） | 1 |
| BZ201 | 35kV 软导线设备连线 | | 组（三相） | 1 |
| FZ801 | 电缆保护管 | 钢管 $\phi 50$ | t | 0.2 |
| N03030103 | 电缆防火堵料 | 柔性 JZD 型 | t | 0.2 |
| N03020101 | 电缆防火涂料 | G60-3 型 | t | 0.2 |
| BZ801 | 35kV 变电站电力电缆 | | km | 0.3 |
| BZ901 | 35kV 变电站控制电缆 | | km | 0.5 |
| X04010101 | 绝缘铜绞线 | 100mm$^2$ | t | 0.018 |
| H05010101 | 扁钢 | -60×8 | t | 0.038 |

典型方案 A9-9 工程量表　　　　　表 10-58

| 序号 | 材料名称 | 单位 | 设计用量 |
|---|---|---|---|
| | 建筑工程 | | |
| JGT2-8 | 独立基础 钢筋混凝土基础 | m$^3$ | 15 |
| JGT1-11 | 人工施工土方 基坑土方 挖深 2m 以内 | m$^3$ | 37.5 |
| JGT9-36 | 不含土方基础支架 钢管设备支架 | t | 0.95 |
| JGT7-11 | 钢筋、铁件 普通钢筋 | t | 1.423 |

### 10.9.3　典型方案概算书

典型方案概算书如表 10-59～表 10-63 所示。

典型方案 A9-9 总概算汇总表　　　　　表 10-59

金额单位：万元

| 序号 | 工程或费用名称 | 含税金额 | 占工程静态投资的比例（%） |
|---|---|---|---|
| 一 | 建筑工程费 | 4.62 | 17.09 |
| 二 | 安装工程费 | 8.83 | 32.66 |
| 三 | 拆除工程费 | 2.29 | 8.47 |
| 四 | 设备购置费 | 7.63 | 28.22 |

续表

| 序号 | 工程或费用名称 | 含税金额 | 占工程静态投资的比例（%） |
|---|---|---|---|
| | 其中：编制基准期价差 | 1.1 | 4.07 |
| 五 | 小计 | 23.37 | 86.43 |
| | 其中：甲供设备材料费 | 11 | 40.68 |
| 六 | 其他费用 | 3.67 | 13.57 |
| 七 | 基本预备费 | | |
| 八 | 特殊项目 | | |
| 九 | 工程投资合计 | 27.04 | 100 |

典型方案 A9-9 安装工程专业汇总表　　　　　表 10-60

金额单位：元

| 序号 | 工程或费用名称 | 安装工程费 | | | 设备购置费 | 合计 |
|---|---|---|---|---|---|---|
| | | 主要材料费 | 安装费 | 小计 | | |
| | 安装工程 | 22125 | 66161 | 88286 | 76253 | 164539 |
| 三 | 无功补偿装置 | 446 | 44567 | 45013 | 76253 | 121266 |
| 4 | 低压电容器 | 446 | 44567 | 45013 | 76253 | 121266 |
| 六 | 电缆防护设施 | 20160 | 15202 | 35362 | | 35362 |
| 1 | 电缆桥支架 | 1189 | | 1189 | | 1189 |
| 2 | 电缆防火 | 4409 | 5910 | 10319 | | 10319 |
| 3 | 电缆 | 14562 | 9292 | 23855 | | 23855 |
| 七 | 全站接地 | 1518 | 1714 | 3232 | | 3232 |
| 1 | 接地网 | 1518 | 1714 | 3232 | | 3232 |
| 九 | 调试 | | 4679 | 4679 | | 4679 |
| 1 | 分系统调试 | | 4679 | 4679 | | 4679 |
| | 合计 | 22125 | 66161 | 88286 | 76253 | 164539 |

典型方案 A9-9 建筑工程专业汇总表　　　　　表 10-61

金额单位：元

| 序号 | 工程或费用名称 | 设备费 | 主要材料费 | 建筑费 | 建筑工程费合计 |
|---|---|---|---|---|---|
| | 建筑工程 | | | 46242 | 46242 |
| 二 | 主变压器及配电装置建筑 | | | 46242 | 46242 |

续表

| 序号 | 工程或费用名称 | 设备费 | 主要材料费 | 建筑费 | 建筑工程费合计 |
|---|---|---|---|---|---|
| 2 | ××kV 构架及设备基础 | | | 46242 | 46242 |
| 2.1 | 构架及基础 | | | 46242 | 46242 |
| | 合计 | | | 46242 | 46242 |

典型方案 A9-9 拆除工程专业汇总表　　　表 10-62

金额单位：元

| 序号 | 工程或费用名称 | 拆除工程费 |
|---|---|---|
| | 拆除工程 | 22873 |
| | 建筑拆除 | 9340 |
| 二 | 主变压器及配电装置建筑 | 9340 |
| 2 | ××kV 构架及设备基础 | 9340 |
| 2.2 | 设备支架及基础 | 9340 |
| | 安装拆除 | 13533 |
| 二 | 配电装置 | 13533 |
| 2 | 屋外配电装置 | 13533 |
| 2.1 | ××kV 配电装置 | 13533 |
| | 合计 | 22873 |

典型方案 A9-9 其他费用概算表　　　表 10-63

金额单位：元

| 序号 | 工程或费用项目名称 | 编制依据及计算说明 | 合价 |
|---|---|---|---|
| 2 | 项目管理费 | | 15347 |
| 2.1 | 管理经费 | （建筑工程费＋安装工程费＋拆除工程费）×3.53% | 5556 |
| 2.2 | 招标费 | （建筑工程费＋安装工程费＋拆除工程费）×1.81% | 2849 |
| 2.3 | 工程监理费 | （建筑工程费＋安装工程费＋拆除工程费）×4.41% | 6941 |
| 3 | 项目技术服务费 | | 21318 |
| 3.1 | 前期工作费 | （建筑工程费＋安装工程费）×3.05% | 4103 |
| 3.3 | 工程勘察设计费 | | 15867 |

续表

| 序号 | 工程或费用项目名称 | 编制依据及计算说明 | 合价 |
|---|---|---|---|
| 3.3.2 | 设计费 | （设计费）×100% | 15867 |
| 3.4 | 设计文件评审费 |  | 514 |
| 3.4.1 | 初步设计文件评审费 | （基本设计费）×3.5% | 514 |
| 3.5 | 施工过程造价咨询及竣工结算审核费 | （建筑工程费＋安装工程费＋拆除工程费）×0.53% | 834 |
|  | 合计 |  | 36665 |

## 10.10 A9-10 更换10kV框架式1Mvar电容器

### 10.10.1 典型方案主要内容

更换10kV框架式1Mvar电容器。

### 10.10.2 典型方案工程量表

典型方案工程量如表10-64、表10-65所示。

典型方案A9-10电气设备材料表　　　表10-64

| 序号 | 设备材料名称 | 规格及型号 | 单位 | 设计用量 |
|---|---|---|---|---|
|  | 安装工程 |  |  |  |
|  | 框架式电容器组（不含电抗器） | AC10kV，1Mvar | 套 | 1 |
|  | 电容器组串联电抗器 | AC10kV，1Mvar，0.12，空心 | 套 | 1 |
| BZ101 | 35kV软导线引下线 |  | 组（三相） | 1 |
| BZ201 | 35kV软导线设备连线 |  | 组（三相） | 1 |
| FZ801 | 电缆保护管 | 钢管$\phi 50$ | t | 0.2 |
| N03030103 | 电缆防火堵料 | 柔性JZD型 | t | 0.2 |
| N03020101 | 电缆防火涂料 | G60-3型 | t | 0.2 |
| BZ801 | 35kV变电站电力电缆 |  | km | 0.3 |
| BZ901 | 35kV变电站控制电缆 |  | km | 0.5 |
| X04010101 | 绝缘铜绞线 | 100mm$^2$ | t | 0.018 |
| H05010101 | 扁钢 | －60×8 | t | 0.038 |

典型方案 A9-10 工程量表　　　　表 10-65

| 序号 | 材料名称 | 单位 | 设计用量 |
|---|---|---|---|
|  | 建筑工程 |  |  |
| JGT2-8 | 独立基础 钢筋混凝土基础 | m³ | 15 |
| JGT1-11 | 人工施工土方 基坑土方 挖深 2m 以内 | m³ | 37.5 |
| JGT9-36 | 不含土方基础支架 钢管设备支架 | t | 0.95 |
| JGT7-11 | 钢筋、铁件 普通钢筋 | t | 1.423 |

### 10.10.3　典型方案概算书

典型方案概算书如表 10-66～表 10-70 所示。

典型方案 A9-10 总概算汇总表　　　　表 10-66

金额单位：万元

| 序号 | 工程或费用名称 | 含税金额 | 占工程静态投资的比例（%） |
|---|---|---|---|
| 一 | 建筑工程费 | 4.62 | 17.79 |
| 二 | 安装工程费 | 8.72 | 33.58 |
| 三 | 拆除工程费 | 2.25 | 8.66 |
| 四 | 设备购置费 | 6.8 | 26.18 |
|  | 其中：编制基准期价差 | 1.1 | 4.24 |
| 五 | 小计 | 22.39 | 86.21 |
|  | 其中：甲供设备材料费 | 10.18 | 39.2 |
| 六 | 其他费用 | 3.58 | 13.79 |
| 七 | 基本预备费 |  |  |
| 八 | 特殊项目 |  |  |
| 九 | 工程投资合计 | 25.97 | 100 |

典型方案 A9-10 安装工程专业汇总表　　　　表 10-67

金额单位：元

| 序号 | 工程或费用名称 | 安装工程费 | | | 设备购置费 | 合计 |
|---|---|---|---|---|---|---|
|  |  | 主要材料费 | 安装费 | 小计 |  |  |
|  | 安装工程 | 22125 | 65036 | 87160 | 68039 | 155199 |
| 三 | 无功补偿装置 | 446 | 43441 | 43887 | 68039 | 111927 |
| 4 | 低压电容器 | 446 | 43441 | 43887 | 68039 | 111927 |

续表

| 序号 | 工程或费用名称 | 安装工程费 | | | 设备购置费 | 合计 |
|---|---|---|---|---|---|---|
| | | 主要材料费 | 安装费 | 小计 | | |
| 六 | 电缆防护设施 | 20160 | 15202 | 35362 | | 35362 |
| 1 | 电缆桥支架 | 1189 | | 1189 | | 1189 |
| 2 | 电缆防火 | 4409 | 5910 | 10319 | | 10319 |
| 3 | 电缆 | 14562 | 9292 | 23855 | | 23855 |
| 七 | 全站接地 | 1518 | 1714 | 3232 | | 3232 |
| 1 | 接地网 | 1518 | 1714 | 3232 | | 3232 |
| 九 | 调试 | | 4679 | 4679 | | 4679 |
| 1 | 分系统调试 | | 4679 | 4679 | | 4679 |
| | 合计 | 22125 | 65036 | 87160 | 68039 | 155199 |

典型方案 A9-10 建筑工程专业汇总表　　　　表 10-68

金额单位：元

| 序号 | 工程或费用名称 | 设备费 | 主要材料费 | 建筑费 | 建筑工程费合计 |
|---|---|---|---|---|---|
| | 建筑工程 | | | 46242 | 46242 |
| 二 | 主变压器及配电装置建筑 | | | 46242 | 46242 |
| 2 | ××kV 构架及设备基础 | | | 46242 | 46242 |
| 2.1 | 构架及基础 | | | 46242 | 46242 |
| | 合计 | | | 46242 | 46242 |

典型方案 A9-10 拆除工程专业汇总表　　　　表 10-69

金额单位：元

| 序号 | 工程或费用名称 | 拆除工程费 |
|---|---|---|
| | 拆除工程 | 22525 |
| | 建筑拆除 | 9340 |
| 二 | 主变压器及配电装置建筑 | 9340 |
| 2 | ××kV 构架及设备基础 | 9340 |
| 2.2 | 设备支架及基础 | 9340 |
| | 安装拆除 | 13185 |
| 二 | 配电装置 | 13185 |

续表

| 序号 | 工程或费用名称 | 拆除工程费 |
|---|---|---|
| 2 | 屋外配电装置 | 13185 |
| 2.1 | ××kV 配电装置 | 13185 |
|  | 合计 | 22525 |

典型方案 A9-10 其他费用概算表　　　　表 10-70

金额单位：元

| 序号 | 工程或费用项目名称 | 编制依据及计算说明 | 合价 |
|---|---|---|---|
| 2 | 项目管理费 |  | 15203 |
| 2.1 | 管理经费 | （建筑工程费＋安装工程费＋拆除工程费）×3.53% | 5504 |
| 2.2 | 招标费 | （建筑工程费＋安装工程费＋拆除工程费）×1.81% | 2822 |
| 2.3 | 工程监理费 | （建筑工程费＋安装工程费＋拆除工程费）×4.41% | 6876 |
| 3 | 项目技术服务费 |  | 20550 |
| 3.1 | 前期工作费 | （建筑工程费＋安装工程费）×3.05% | 4069 |
| 3.3 | 工程勘察设计费 |  | 15164 |
| 3.3.2 | 设计费 | （设计费）×100% | 15164 |
| 3.4 | 设计文件评审费 |  | 491 |
| 3.4.1 | 初步设计文件评审费 | （基本设计费）×3.5% | 491 |
| 3.5 | 施工过程造价咨询及竣工结算审核费 | （建筑工程费＋安装工程费＋拆除工程费）×0.53% | 826 |
|  | 合计 |  | 35753 |

# 第11章 更换避雷器

## 11.1 A10-1 更换 220kV 瓷避雷器

### 11.1.1 典型方案主要内容

更换 220kV 瓷避雷器。

### 11.1.2 典型方案工程量表

典型方案工程量如表 11-1、表 11-2 所示。

典型方案 A10-1 电气设备材料表　　　　表 11-1

| 序号 | 设备材料名称 | 规格及型号 | 单位 | 设计用量 |
|---|---|---|---|---|
|  | 安装工程 |  |  |  |
|  | 避雷器 | AC220kV，瓷 | 台 | 1 |
| BZ103 | 220kV 软导线引下线 |  | 组（三相） | 1 |
| N03030103 | 电缆防火堵料 | 柔性 JZD 型 | t | 0.1 |
| N03020101 | 电缆防火涂料 | G60-3 型 | t | 0.1 |
| BZ904 | 220kV 变电站控制电缆 |  | km | 0.5 |
| BZ804 | 220kV 变电站电力电缆 |  | km | 0.1 |
| H05010101 | 扁钢 | -60×8 | t | 0.057 |

典型方案 A10-1 工程量表　　　　表 11-2

| 序号 | 材料名称 | 单位 | 设计用量 |
|---|---|---|---|
|  | 建筑工程 |  |  |
| JGT2-8 | 独立基础 钢筋混凝土基础 | m³ | 4.5 |
| JGT1-11 | 人工施工土方 基坑土方 挖深 2m 以内 | m³ | 11.25 |
| JGT9-36 | 不含土方基础支架 钢管设备支架 | t | 0.8 |
| JGT7-11 | 钢筋、铁件 普通钢筋 | t | 0.427 |

### 11.1.3 典型方案概算书

典型方案概算书如表 11-3～表 11-7 所示。

典型方案 A10-1 总概算汇总表　　　　　　　　　　表 11-3

金额单位：万元

| 序号 | 工程或费用名称 | 含税金额 | 占工程静态投资的比例（%） |
|---|---|---|---|
| 一 | 建筑工程费 | 2.11 | 24.36 |
| 二 | 安装工程费 | 3.6 | 41.57 |
| 三 | 拆除工程费 | 0.7 | 8.08 |
| 四 | 设备购置费 | 0.86 | 9.93 |
|  | 其中：编制基准期价差 | 0.33 | 3.81 |
| 五 | 小计 | 7.27 | 83.95 |
|  | 其中：甲供设备材料费 | 3.51 | 40.53 |
| 六 | 其他费用 | 1.39 | 16.05 |
| 七 | 基本预备费 |  |  |
| 八 | 特殊项目 |  |  |
| 九 | 工程投资合计 | 8.66 | 100 |

典型方案 A10-1 安装工程专业汇总表　　　　　　　表 11-4

金额单位：元

| 序号 | 工程或费用名称 | 安装工程费 | | | 设备购置费 | 合计 |
|---|---|---|---|---|---|---|
|  |  | 主要材料费 | 安装费 | 小计 |  |  |
|  | 安装工程 | 16901 | 19140 | 36041 | 8560 | 44600 |
| 二 | 配电装置 | 3026 | 5145 | 8171 | 8560 | 16731 |
| 2 | 屋外配电装置 | 3026 | 5145 | 8171 | 8560 | 16731 |
| 2.1 | 220kV 配电装置 | 3026 | 5145 | 8171 | 8560 | 16731 |
| 六 | 电缆防护设施 | 13487 | 9871 | 23358 |  | 23358 |
| 2 | 电缆防火 | 2205 | 2955 | 5160 |  | 5160 |
| 3 | 电缆 | 11283 | 6916 | 18199 |  | 18199 |
| 七 | 全站接地 | 388 | 781 | 1168 |  | 1168 |
| 1 | 接地网 | 388 | 781 | 1168 |  | 1168 |
| 九 | 调试 |  | 3343 | 3343 |  | 3343 |
| 1 | 分系统调试 |  | 2251 | 2251 |  | 2251 |
| 3 | 特殊调试 |  | 1092 | 1092 |  | 1092 |
|  | 合计 | 16901 | 19140 | 36041 | 8560 | 44600 |

典型方案 A10-1 建筑工程专业汇总表　　　　　表 11-5

金额单位：元

| 序号 | 工程或费用名称 | 设备费 | 主要材料费 | 建筑费 | 建筑工程费合计 |
|---|---|---|---|---|---|
| 一 | 建筑工程 | | | 21146 | 21146 |
| 二 | 主变压器及配电装置建筑 | | | 21146 | 21146 |
| 2 | ××kV 构架及设备基础 | | | 21146 | 21146 |
| 2.1 | 构架及基础 | | | 21146 | 21146 |
| | 合计 | | | 21146 | 21146 |

典型方案 A10-1 拆除工程专业汇总表　　　　　表 11-6

金额单位：元

| 序号 | 工程或费用名称 | 拆除工程费 |
|---|---|---|
| | 拆除工程 | 6951 |
| 一 | 建筑拆除 | 2564 |
| 二 | 主变压器及配电装置建筑 | 2564 |
| 2 | ××kV 构架及设备基础 | 2564 |
| 2.2 | 设备支架及基础 | 2564 |
| 二 | 安装拆除 | 4387 |
| 一 | 配电装置 | 4387 |
| 2 | 屋外配电装置 | 4387 |
| 2.1 | ××kV 配电装置 | 4387 |
| | 合计 | 6951 |

典型方案 A10-1 其他费用概算表　　　　　表 11-7

金额单位：元

| 序号 | 工程或费用项目名称 | 编制依据及计算说明 | 合价 |
|---|---|---|---|
| 2 | 项目管理费 | | 6253 |
| 2.1 | 管理经费 | （建筑工程费＋安装工程费＋拆除工程费）×3.53% | 2264 |
| 2.2 | 招标费 | （建筑工程费＋安装工程费＋拆除工程费）×1.81% | 1161 |
| 2.3 | 工程监理费 | （建筑工程费＋安装工程费＋拆除工程费）×4.41% | 2828 |
| 3 | 项目技术服务费 | | 7654 |
| 3.1 | 前期工作费 | （建筑工程费＋安装工程费）×3.05% | 1744 |

续表

| 序号 | 工程或费用项目名称 | 编制依据及计算说明 | 合价 |
|---|---|---|---|
| 3.3 | 工程勘察设计费 | | 4949 |
| 3.3.2 | 设计费 | （设计费）×100% | 4949 |
| 3.4 | 设计文件评审费 | | 160 |
| 3.4.1 | 初步设计文件评审费 | （基本设计费）×3.5% | 160 |
| 3.5 | 施工过程造价咨询及竣工结算审核费 | （建筑工程费＋安装工程费＋拆除工程费）×0.53% | 800 |
| | 合计 | | 13907 |

## 11.2 A10-2 更换 110kV 瓷避雷器

### 11.2.1 典型方案主要内容

更换 110kV 瓷避雷器。

### 11.2.2 典型方案工程量表

典型方案工程量如表 11-8、表 11-9 所示。

典型方案 A10-2 电气设备材料表　　　　　表 11-8

| 序号 | 设备材料名称 | 规格及型号 | 单位 | 设计用量 |
|---|---|---|---|---|
| | 安装工程 | | | |
| | 避雷器 | AC110kV，瓷 | 台 | 1 |
| BZ102 | 110kV 软导线引下线 | | 组（三相） | 1 |
| N03030103 | 电缆防火堵料 | 柔性 JZD 型 | t | 0.1 |
| N03020101 | 电缆防火涂料 | G60-3 型 | t | 0.1 |
| BZ903 | 110kV 变电站控制电缆 | | km | 0.5 |
| BZ803 | 110kV 变电站电力电缆 | | km | 0.1 |
| H05010101 | 扁钢 | −60×8 | t | 0.057 |

典型方案 A10-2 工程量表　　　　　表 11-9

| 序号 | 材料名称 | 单位 | 设计用量 |
|---|---|---|---|
| | 建筑工程 | | |
| JGT2-8 | 独立基础 钢筋混凝土基础 | $m^3$ | 4.5 |

续表

| 序号 | 材料名称 | 单位 | 设计用量 |
|---|---|---|---|
| JGT1-11 | 人工施工土方 基坑土方 挖深2m以内 | m³ | 11.25 |
| JGT9-36 | 不含土方基础支架 钢管设备支架 | t | 0.75 |
| JGT7-11 | 钢筋、铁件 普通钢筋 | t | 0.427 |

### 11.2.3 典型方案概算书

典型方案概算书如表11-10～表11-14所示。

典型方案A10-2总概算汇总表　　　　表11-10

金额单位：万元

| 序号 | 工程或费用名称 | 含税金额 | 占工程静态投资的比例(%) |
|---|---|---|---|
| 一 | 建筑工程费 | 2.04 | 28.02 |
| 二 | 安装工程费 | 2.98 | 40.93 |
| 三 | 拆除工程费 | 0.66 | 9.07 |
| 四 | 设备购置费 | 0.39 | 5.36 |
|  | 其中：编制基准期价差 | 0.33 | 4.53 |
| 五 | 小计 | 6.07 | 83.38 |
|  | 其中：甲供设备材料费 | 2.66 | 36.54 |
| 六 | 其他费用 | 1.21 | 16.62 |
| 七 | 基本预备费 |  |  |
| 八 | 特殊项目 |  |  |
| 九 | 工程投资合计 | 7.28 | 100 |

典型方案A10-2安装工程专业汇总表　　　　表11-11

金额单位：元

| 序号 | 工程或费用名称 | 安装工程费 | | | 设备购置费 | 合计 |
|---|---|---|---|---|---|---|
|  |  | 主要材料费 | 安装费 | 小计 |  |  |
|  | 安装工程 | 13662 | 16141 | 29803 | 3907 | 33710 |
| 二 | 配电装置 | 385 | 3109 | 3494 | 3907 | 7402 |
| 2 | 屋外配电装置 | 385 | 3109 | 3494 | 3907 | 7402 |
| 2.1 | 110kV配电装置 | 385 | 3109 | 3494 | 3907 | 7402 |
| 六 | 电缆防护设施 | 12889 | 9868 | 22757 |  | 22757 |

续表

| 序号 | 工程或费用名称 | 安装工程费 | | | 设备购置费 | 合计 |
|---|---|---|---|---|---|---|
| | | 主要材料费 | 安装费 | 小计 | | |
| 2 | 电缆防火 | 2205 | 2955 | 5159 | | 5159 |
| 3 | 电缆 | 10684 | 6913 | 17598 | | 17598 |
| 七 | 全站接地 | 388 | 781 | 1168 | | 1168 |
| 1 | 接地网 | 388 | 781 | 1168 | | 1168 |
| 九 | 调试 | | 2383 | 2383 | | 2383 |
| 1 | 分系统调试 | | 1626 | 1626 | | 1626 |
| 3 | 特殊调试 | | 757 | 757 | | 757 |
| | 合计 | 13662 | 16141 | 29803 | 3907 | 33710 |

**典型方案 A10-2 建筑工程专业汇总表**　　　　　表 11-12

金额单位：元

| 序号 | 工程或费用名称 | 设备费 | 主要材料费 | 建筑费 | 建筑工程费合计 |
|---|---|---|---|---|---|
| | 建筑工程 | | | 20440 | 20440 |
| 二 | 主变压器及配电装置建筑 | | | 20440 | 20440 |
| 2 | ××kV 构架及设备基础 | | | 20440 | 20440 |
| 2.1 | 构架及基础 | | | 20440 | 20440 |
| | 合计 | | | 20440 | 20440 |

**典型方案 A10-2 拆除工程专业汇总表**　　　　　表 11-13

金额单位：元

| 序号 | 工程或费用名称 | 拆除工程费 |
|---|---|---|
| | 拆除工程 | 6585 |
| | 建筑拆除 | 2564 |
| 二 | 主变压器及配电装置建筑 | 2564 |
| 2 | ××kV 构架及设备基础 | 2564 |
| 2.2 | 设备支架及基础 | 2564 |
| | 安装拆除 | 4022 |
| 二 | 配电装置 | 4022 |
| 2 | 屋外配电装置 | 4022 |

续表

| 序号 | 工程或费用名称 | 拆除工程费 |
|---|---|---|
| 2.1 | ××kV 配电装置 | 4022 |
|  | 合计 | 6585 |

典型方案 A10-2 其他费用概算表　　　　表 11-14

金额单位：元

| 序号 | 工程或费用项目名称 | 编制依据及计算说明 | 合价 |
|---|---|---|---|
| 2 | 项目管理费 |  | 5541 |
| 2.1 | 管理经费 | （建筑工程费＋安装工程费＋拆除工程费）×3.53% | 2006 |
| 2.2 | 招标费 | （建筑工程费＋安装工程费＋拆除工程费）×1.81% | 1029 |
| 2.3 | 工程监理费 | （建筑工程费＋安装工程费＋拆除工程费）×4.41% | 2506 |
| 3 | 项目技术服务费 |  | 6541 |
| 3.1 | 前期工作费 | （建筑工程费＋安装工程费）×3.05% | 1532 |
| 3.3 | 工程勘察设计费 |  | 4076 |
| 3.3.2 | 设计费 | （设计费）×100% | 4076 |
| 3.4 | 设计文件评审费 |  | 132 |
| 3.4.1 | 初步设计文件评审费 | （基本设计费）×3.5% | 132 |
| 3.5 | 施工过程造价咨询及竣工结算审核费 | （建筑工程费＋安装工程费＋拆除工程费）×0.53% | 800 |
|  | 合计 |  | 12082 |

## 11.3　A10-3 更换 35kV 瓷避雷器

### 11.3.1　典型方案主要内容

更换 35kV 瓷避雷器。

### 11.3.2　典型方案工程量表

典型方案工程量如表 11-15、表 11-16 所示。

典型方案 A10-3 电气设备材料表　　　　表 11-15

| 序号 | 设备材料名称 | 规格及型号 | 单位 | 设计用量 |
|---|---|---|---|---|
|  | 安装工程 |  |  |  |
|  | 避雷器 | AC35kV，瓷 | 台 | 1 |

续表

| 序号 | 设备材料名称 | 规格及型号 | 单位 | 设计用量 |
|---|---|---|---|---|
| BZ101 | 35kV 软导线引下线 |  | 组（三相） | 1 |
| N03030103 | 电缆防火堵料 | 柔性 JZD 型 | t | 0.1 |
| N03020101 | 电缆防火涂料 | G60-3 型 | t | 0.1 |
| BZ901 | 35kV 变电站控制电缆 |  | km | 0.5 |
| BZ801 | 35kV 变电站电力电缆 |  | km | 0.1 |
| H05010101 | 扁钢 | -60×8 | t | 0.057 |

典型方案 A10-3 工程量表　　　　　　表 11-16

| 序号 | 材料名称 | 单位 | 设计用量 |
|---|---|---|---|
|  | 建筑工程 |  |  |
| JGT2-8 | 独立基础 钢筋混凝土基础 | m³ | 4 |
| JGT1-11 | 人工施工土方 基坑土方 挖深 2m 以内 | m³ | 10 |
| JGT9-36 | 不含土方基础支架 钢管设备支架 | t | 0.75 |
| JGT7-11 | 钢筋、铁件 普通钢筋 | t | 0.38 |

### 11.3.3　典型方案概算书

典型方案概算书如表 11-17～表 11-21 所示。

典型方案 A10-3 总概算汇总表　　　　　　表 11-17

金额单位：万元

| 序号 | 工程或费用名称 | 含税金额 | 占工程静态投资的比例（％） |
|---|---|---|---|
| 一 | 建筑工程费 | 1.93 | 29.11 |
| 二 | 安装工程费 | 2.76 | 41.63 |
| 三 | 拆除工程费 | 0.6 | 9.05 |
| 四 | 设备购置费 | 0.22 | 3.32 |
|  | 其中：编制基准期价差 | 0.29 | 4.37 |
| 五 | 小计 | 5.51 | 83.11 |
|  | 其中：甲供设备材料费 | 2.49 | 37.56 |
| 六 | 其他费用 | 1.12 | 16.89 |
| 七 | 基本预备费 |  |  |

续表

| 序号 | 工程或费用名称 | 含税金额 | 占工程静态投资的比例(%) |
|---|---|---|---|
| 八 | 特殊项目 | | |
| 九 | 工程投资合计 | 6.63 | 100 |

典型方案 A10-3 安装工程专业汇总表　　　　　　表 11-18

金额单位：元

| 序号 | 工程或费用名称 | 安装工程费 | | | 设备购置费 | 合计 |
|---|---|---|---|---|---|---|
| | | 主要材料费 | 安装费 | 小计 | | |
| 一 | 安装工程 | 13692 | 13931 | 27624 | 2246 | 29869 |
| 二 | 配电装置 | 296 | 1767 | 2063 | 2246 | 4309 |
| 2 | 屋外配电装置 | 296 | 1767 | 2063 | 2246 | 4309 |
| 2.1 | 35kV 配电装置 | 296 | 1767 | 2063 | 2246 | 4309 |
| 六 | 电缆防护设施 | 13009 | 9868 | 22877 | | 22877 |
| 2 | 电缆防火 | 2205 | 2955 | 5159 | | 5159 |
| 3 | 电缆 | 10804 | 6913 | 17718 | | 17718 |
| 七 | 全站接地 | 388 | 781 | 1168 | | 1168 |
| 1 | 接地网 | 388 | 781 | 1168 | | 1168 |
| 九 | 调试 | | 1515 | 1515 | | 1515 |
| 1 | 分系统调试 | | 1032 | 1032 | | 1032 |
| 3 | 特殊调试 | | 483 | 483 | | 483 |
| | 合计 | 13692 | 13931 | 27624 | 2246 | 29869 |

典型方案 A10-3 建筑工程专业汇总表　　　　　　表 11-19

金额单位：元

| 序号 | 工程或费用名称 | 设备费 | 主要材料费 | 建筑费 | 建筑工程费合计 |
|---|---|---|---|---|---|
| 一 | 建筑工程 | | | 19350 | 19350 |
| 二 | 主变压器及配电装置建筑 | | | 19350 | 19350 |
| 2 | ××kV 构架及设备基础 | | | 19350 | 19350 |
| 2.1 | 构架及基础 | | | 19350 | 19350 |
| | 合计 | | | 19350 | 19350 |

典型方案 A10-3 拆除工程专业汇总表　　　　　　表 11-20

金额单位：元

| 序号 | 工程或费用名称 | 拆除工程费 |
|---|---|---|
|  | 拆除工程 | 6036 |
|  | 建筑拆除 | 2279 |
| 二 | 主变压器及配电装置建筑 | 2279 |
| 2 | ××kV 构架及设备基础 | 2279 |
| 2.2 | 设备支架及基础 | 2279 |
|  | 安装拆除 | 3758 |
| 二 | 配电装置 | 3758 |
| 2 | 屋外配电装置 | 3758 |
| 2.1 | ××kV 配电装置 | 3758 |
|  | 合计 | 6036 |

典型方案 A10-3 其他费用概算表　　　　　　表 11-21

金额单位：元

| 序号 | 工程或费用项目名称 | 编制依据及计算说明 | 合价 |
|---|---|---|---|
| 2 | 项目管理费 |  | 5168 |
| 2.1 | 管理经费 | （建筑工程费＋安装工程费＋拆除工程费）×3.53% | 1871 |
| 2.2 | 招标费 | （建筑工程费＋安装工程费＋拆除工程费）×1.81% | 959 |
| 2.3 | 工程监理费 | （建筑工程费＋安装工程费＋拆除工程费）×4.41% | 2338 |
| 3 | 项目技术服务费 |  | 6058 |
| 3.1 | 前期工作费 | （建筑工程费＋安装工程费）×3.05% | 1433 |
| 3.3 | 工程勘察设计费 |  | 3705 |
| 3.3.2 | 设计费 | （设计费）×100% | 3705 |
| 3.4 | 设计文件评审费 |  | 120 |
| 3.4.1 | 初步设计文件评审费 | （基本设计费）×3.5% | 120 |
| 3.5 | 施工过程造价咨询及竣工结算审核费 | （建筑工程费＋安装工程费＋拆除工程费）×0.53% | 800 |
|  | 合计 |  | 11226 |

# 第 3 篇

# 典型方案典型造价
# （输电技改）

# 第12章 更换杆塔（塔身）工程

**典型方案说明**

更换杆塔（塔身）工程典型方案共6个：按照电压等级分为35～500kV，共四个电压等级，按照塔材类型分为角钢塔和钢管杆。全线所经地区地形为：平地80%、河网20%。全线所经地区地质为：土坑占60%、水坑占20%、泥水坑占20%。

## 12.1 B1-1 35kV 钢管杆

### 12.1.1 典型方案的主要内容

改造1基35kV角钢塔。

### 12.1.2 典型方案概算书

概算书如表12-1～表12-4所示。

典型方案 B1-1 设备材料表　　　　　　　　表 12-1

金额单位：元

| 序号 | 设备材料名称 | 规格及型号 | 单位 | 设计用量 | 损耗率（%） | 单价 | 总价 |
|---|---|---|---|---|---|---|---|
|  | 安装工程 |  |  |  |  |  |  |
| T01010101 | 塔材 | 钢管杆 | t | 8 |  | 8970 | 717600 |
|  | 接地钢材 | 综合 | t | 0.2 |  | 6000 | 1200 |
|  | 合计 |  |  |  |  |  | 718800 |

典型方案 B1-1 总概算汇总表　　　　　　　　表 12-2

金额单位：万元

| 序号 | 工程或费用名称 | 含税金额 | 占工程静态投资的比例（%） |
|---|---|---|---|
| 一 | 安装工程费 | 8.14 | 72.14 |
| 二 | 拆除工程费 | 0.32 | 3.04 |
| 三 | 设备购置费 |  |  |
| 四 | 其中：编制基准期价差 | 0.02 | 0.12 |
|  | 小计 | 8.46 | 75.18 |
|  | 其中：甲供设备材料费 | 7.28 | 67.88 |
| 五 | 其他费用 | 2.72 | 24.82 |

续表

| 序号 | 工程或费用名称 | 含税金额 | 占工程静态投资的比例（%） |
|---|---|---|---|
| 六 | 基本预备费 | | |
| 七 | 特殊项目 | | |
| | 工程投资合计 | 11.18 | 100 |
| | 其中：可抵扣增值税金额 | 7.46 | |
| | 其中：施工费 | 2.18 | 16.75 |

典型方案 B1-1 安装工程专业汇总表　　　　表 12-3

金额单位：元

| 序号 | 工程或费用名称 | 安装工程费 | | | 设备购置费 | 合计 |
|---|---|---|---|---|---|---|
| | | 主要材料费 | 安装费 | 小计 | | |
| | 安装工程 | 73971 | 7392 | 81362 | | 81362 |
| 1 | 基础工程 | | 83 | 83 | | 83 |
| 1.2 | 基础土石方工程 | | 83 | 83 | | 83 |
| 2 | 杆塔工程 | 72765 | 6043 | 78808 | | 78808 |
| 2.1 | 杆塔工程材料工地运输 | | 1945 | 1945 | | 1945 |
| 2.2 | 杆塔组立 | 72765 | 4098 | 76863 | | 76863 |
| 2.2.2 | 铁塔、钢管杆组立 | 72765 | 4098 | 76863 | | 76863 |
| 3 | 接地工程 | 1206 | 1265 | 2471 | | 2471 |
| 3.1 | 接地工程材料工地运输 | | 39 | 39 | | 39 |
| 3.2 | 接地土石方 | | 782 | 782 | | 782 |
| 3.3 | 接地安装 | 1206 | 444 | 1650 | | 1650 |
| | 合计 | 73971 | 7392 | 81362 | | 81362 |

典型方案 B1-1 其他费用概算表　　　　表 12-4

金额单位：元

| 序号 | 工程或费用项目名称 | 编制依据及计算说明 | 合价 |
|---|---|---|---|
| 1 | 建设场地征用及清理费 | | 10000 |
| 1.1 | 土地征用费 | （1×10000）×100% | 10000 |
| 2 | 项目管理费 | | 6224 |
| 2.1 | 管理经费 | （安装工程费+拆除工程费）×3.53% | 2985 |

续表

| 序号 | 工程或费用项目名称 | 编制依据及计算说明 | 合价 |
|---|---|---|---|
| 2.2 | 招标费 | (安装工程费+拆除工程费)×0.4% | 338 |
| 2.3 | 工程监理费 | (安装工程费+拆除工程费)×3.43% | 2901 |
| 3 | 项目技术服务费 |  | 10971 |
| 3.1 | 前期工作费 | (安装工程费)×2.1% | 1709 |
| 3.3 | 工程勘察设计费 |  | 8405 |
| 3.3.1 | 勘察费 | (勘察费)×100% | 1713 |
| 3.3.2 | 设计费 | (设计费)×100% | 6692 |
| 3.4 | 设计文件评审费 |  | 414 |
| 3.4.1 | 初步设计文件评审费 | (基本设计费)×3.5% | 199 |
| 3.4.2 | 施工图文件评审费 | (基本设计费)×3.8% | 216 |
| 3.5 | 施工过程造价咨询及竣工结算审核费 | (安装工程费+拆除工程费)×0.38% | 321 |
| 3.7 | 工程检测费 |  | 122 |
| 3.7.1 | 工程质量检测费 | (安装工程费)×0.15% | 122 |
|  | 合计 |  | 27195 |

## 12.2 B1-2 35kV 角钢塔

### 12.2.1 典型方案的主要内容

改造 1 基 35kV 角钢塔。

### 12.2.2 典型方案概算书

概算书如表 12-5~表 12-8 所示。

典型方案 B1-2 设备材料表　　表 12-5

金额单位：元

| 序号 | 设备材料名称 | 规格及型号 | 单位 | 设计用量 | 损耗率(%) | 单价 | 总价 |
|---|---|---|---|---|---|---|---|
|  | 安装工程 |  |  |  |  |  |  |
| T01010104 | 塔材 |  | t | 4 | 0.500 | 8930 | 35899 |
|  | 接地钢材 | 综合 | t | 0.2 |  | 6000 | 1200 |
|  | 合计 |  |  |  |  |  | 37099 |

典型方案 B1-2 总概算汇总表　　　　　　　　　　表 12-6

金额单位：万元

| 序号 | 工程或费用名称 | 含税金额 | 占工程静态投资的比例（%） |
|---|---|---|---|
| 一 | 安装工程费 | 4.45 | 43.23 |
| 二 | 拆除工程费 | 0.20 | 1.94 |
| 三 | 设备购置费 | | |
| 四 | 其中：编制基准期价差 | 0.02 | 0.17 |
| | 小计 | 4.65 | 45.17 |
| | 其中：甲供设备材料费 | 3.59 | 34.85 |
| 五 | 其他费用 | 5.65 | 54.83 |
| 六 | 基本预备费 | | |
| 七 | 特殊项目 | | |
| | 工程投资合计 | 10.30 | 100 |
| | 其中：可抵扣增值税金额 | 0.94 | |
| | 其中：施工费 | 5.69 | 55.25 |

典型方案 B1-2 安装工程专业汇总表　　　　　　表 12-7

金额单位：元

| 序号 | 工程或费用名称 | 安装工程费 | | | 设备购置费 | 合计 |
|---|---|---|---|---|---|---|
| | | 主要材料费 | 安装费 | 小计 | | |
| | 安装工程 | 37105 | 7429 | 44533 | | 44533 |
| 1 | 基础工程 | | 167 | 167 | | 167 |
| 1.2 | 基础土石方工程 | | 167 | 167 | | 167 |
| 2 | 杆塔工程 | 35899 | 6520 | 42419 | | 42419 |
| 2.1 | 杆塔工程材料工地运输 | | 892 | 892 | | 892 |
| 2.2 | 杆塔组立 | 35899 | | 41527 | | 41527 |
| 2.2.2 | 铁塔、钢管杆组立 | 35899 | | 41527 | | 41527 |
| 3 | 接地工程 | 1206 | 742 | 1948 | | 1948 |
| 3.1 | 接地工程材料工地运输 | | 39 | 39 | | 39 |
| 3.2 | 接地土石方 | | 326 | 326 | | 326 |
| 3.3 | 接地安装 | 1206 | 376 | 1582 | | 1582 |
| | 合计 | 37105 | 7429 | 44533 | | 44533 |

典型方案 B1-2 其他费用概算表　　　表 12-8

金额单位：元

| 序号 | 工程或费用项目名称 | 编制依据及计算说明 | 合价 |
|---|---|---|---|
| 1 | 建设场地征用及清理费 | | 46275 |
| 1.1 | 土地征用费 | （塔基占地亩数×100000）×100% | 46275 |
| 2 | 项目管理费 | | 3425 |
| 2.1 | 管理经费 | （安装工程费＋拆除工程费）×3.53% | 1643 |
| 2.2 | 招标费 | （安装工程费＋拆除工程费）×0.4% | 186 |
| 2.3 | 工程监理费 | （安装工程费＋拆除工程费）×3.43% | 1596 |
| 3 | 项目技术服务费 | | 6781 |
| 3.1 | 前期工作费 | （安装工程费）×2.1% | 935 |
| 3.3 | 工程勘察设计费 | | 5376 |
| 3.3.1 | 勘察费 | （勘察费）×100% | 1713 |
| 3.3.2 | 设计费 | （设计费）×100% | 3663 |
| 3.4 | 设计文件评审费 | | 227 |
| 3.4.1 | 初步设计文件评审费 | （基本设计费）×3.5% | 109 |
| 3.4.2 | 施工图文件评审费 | （基本设计费）×3.8% | 118 |
| 3.5 | 施工过程造价咨询及竣工结算审核费 | （安装工程费＋拆除工程费）×0.38% | 177 |
| 3.7 | 工程检测费 | | 67 |
| 3.7.1 | 工程质量检测费 | （安装工程费）×0.15% | 67 |
| | 合计 | | 56481 |

## 12.3　B1-3　110kV 钢管杆

### 12.3.1　典型方案的主要内容

改造 1 基 110kV 钢管杆。

### 12.3.2　典型方案概算书

概算书如表 12-9～表 12-12 所示。

典型方案 B1-3 设备材料表　　　　　　　　　　表 12-9

金额单位：元

| 序号 | 设备材料名称 | 规格及型号 | 单位 | 设计用量 | 损耗率(%) | 单价 | 总价 |
|---|---|---|---|---|---|---|---|
|  | 安装工程 |  |  |  |  |  |  |
| T01010101 | 塔材 | 钢管杆 | t | 14.08 |  | 8970 | 126298 |
|  | 接地钢材 | 综合 | t | 0.2 |  | 6000 | 1200 |
|  | 合计 |  |  |  |  |  | 127498 |

典型方案 B1-3 总概算汇总表　　　　　　　　　　表 12-10

金额单位：万元

| 序号 | 工程或费用名称 | 含税金额 | 占工程静态投资的比例(%) |
|---|---|---|---|
| 一 | 安装工程费 | 13.98 | 76.51 |
| 二 | 拆除工程费 | 0.44 | 2.56 |
| 三 | 设备购置费 |  |  |
| 四 | 其中：编制基准期价差 | 0.03 | 0.1 |
|  | 小计 | 14.42 | 79.08 |
|  | 其中：甲供设备材料费 | 12.63 | 73.35 |
| 五 | 其他费用 | 3.74 | 20.92 |
| 六 | 基本预备费 |  |  |
| 七 | 特殊项目 |  |  |
|  | 工程投资合计 | 18.16 | 100 |
|  | 其中：可抵扣增值税金额 | 1.84 |  |
|  | 其中：施工费 | 2.79 | 11.53 |

典型方案 B1-3 安装工程专业汇总表　　　　　　　　　　表 12-11

金额单位：元

| 序号 | 工程或费用名称 | 安装工程费 | | | 设备购置费 | 合计 |
|---|---|---|---|---|---|---|
|  |  | 主要材料费 | 安装费 | 小计 |  |  |
|  | 安装工程 | 127504 | 12296 | 139799 |  | 139799 |
| 1 | 基础工程 |  | 83 | 83 |  | 83 |
| 1.2 | 基础土石方工程 |  | 83 | 83 |  | 83 |
| 2 | 杆塔工程 | 126298 | 11471 | 137768 |  | 137768 |
| 2.1 | 杆塔工程材料工地运输 |  | 3423 | 3423 |  | 3423 |

续表

| 序号 | 工程或费用名称 | 安装工程费 | | | 设备购置费 | 合计 |
|---|---|---|---|---|---|---|
| | | 主要材料费 | 安装费 | 小计 | | |
| 2.2 | 杆塔组立 | 126298 | 8048 | 134345 | | 134345 |
| 2.2.2 | 铁塔、钢管杆组立 | 126298 | 8048 | 134345 | | 134345 |
| 3 | 接地工程 | 1206 | 742 | 1948 | | 1948 |
| 3.1 | 接地工程材料工地运输 | | 39 | 39 | | 39 |
| 3.2 | 接地土石方 | | 326 | 326 | | 326 |
| 3.3 | 接地安装 | 1206 | 376 | 1582 | | 1582 |
| | 合计 | 127504 | 12296 | 139799 | | 139799 |

典型方案 B1-3 其他费用概算表　　　　　表 12-12

金额单位：元

| 序号 | 工程或费用项目名称 | 编制依据及计算说明 | 合价 |
|---|---|---|---|
| 1 | 建设场地征用及清理费 | | 10000 |
| 1.1 | 土地征用费 | （1×10000）×100% | 10000 |
| 2 | 项目管理费 | | 10614 |
| 2.1 | 管理经费 | （安装工程费＋拆除工程费）×3.53% | 5091 |
| 2.2 | 招标费 | （安装工程费＋拆除工程费）×0.4% | 577 |
| 2.3 | 工程监理费 | （安装工程费＋拆除工程费）×3.43% | 4946 |
| 3 | 项目技术服务费 | | 16775 |
| 3.1 | 前期工作费 | （安装工程费）×2.1% | 2936 |
| 3.3 | 工程勘察设计费 | | 12419 |
| 3.3.1 | 勘察费 | （勘察费）×100% | 1713 |
| 3.3.2 | 设计费 | （设计费）×100% | 10706 |
| 3.4 | 设计文件评审费 | | 662 |
| 3.4.1 | 初步设计文件评审费 | （基本设计费）×3.5% | 318 |
| 3.4.2 | 施工图文件评审费 | （基本设计费）×3.8% | 345 |
| 3.5 | 施工过程造价咨询及竣工结算审核费 | （安装工程费＋拆除工程费）×0.38% | 548 |
| 3.7 | 工程检测费 | | 210 |

续表

| 序号 | 工程或费用项目名称 | 编制依据及计算说明 | 合价 |
|---|---|---|---|
| 3.7.1 | 工程质量检测费 | （安装工程费）×0.15% | 210 |
|  | 合计 |  | 37389 |

## 12.4　B1-4　110kV 角钢塔

### 12.4.1　典型方案的主要内容

改造 1 基 110kV 角钢塔。

### 12.4.2　典型方案概算书

概算书如表 12-13～表 12-16 所示。

典型方案 B1-4 设备材料表　　　表 12-13

金额单位：元

| 序号 | 设备材料名称 | 规格及型号 | 单位 | 设计用量 | 损耗率（%） | 单价 | 总价 |
|---|---|---|---|---|---|---|---|
|  | 安装工程 |  |  |  |  |  |  |
| T01010104 | 塔材 | 角钢塔 | t | 8 | 0.500 | 8930 | 71797 |
|  | 接地钢材 | 综合 | t | 0.2 |  | 6000 | 1200 |
|  | 合计 |  |  |  |  |  | 72997 |

典型方案 B1-4 总概算汇总表　　　表 12-14

金额单位：万元

| 序号 | 工程或费用名称 | 含税金额 | 占工程静态投资的比例（%） |
|---|---|---|---|
| 二 | 安装工程费 | 8.59 | 55.98 |
| 三 | 拆除工程费 | 0.32 | 2.09 |
| 四 | 设备购置费 |  |  |
|  | 其中：编制基准期价差 | 0.03 | 0.19 |
| 五 | 小计 | 8.91 | 58.08 |
|  | 其中：甲供设备材料费 | 7.18 | 46.8 |
| 六 | 其他费用 | 6.43 | 41.92 |
| 七 | 基本预备费 |  |  |
| 八 | 特殊项目 |  |  |
| 九 | 工程投资合计 | 15.34 | 100 |

续表

| 序号 | 工程或费用名称 | 含税金额 | 占工程静态投资的比例（%） |
|---|---|---|---|
| | 其中：可抵扣增值税金额 | 1.45 | |
| | 其中：施工费 | 6.36 | 41.44 |

典型方案 B1-4 安装工程专业汇总表　　　　　表 12-15

金额单位：元

| 序号 | 工程或费用名称 | 安装工程费 | | | 设备购置费 | 合计 |
|---|---|---|---|---|---|---|
| | | 主要材料费 | 安装费 | 小计 | | |
| | 安装工程 | 73003 | 12883 | 85886 | | 85886 |
| 1 | 基础工程 | | 167 | 167 | | 167 |
| 1.2 | 基础土石方工程 | | 167 | 167 | | 167 |
| 2 | 杆塔工程 | 71797 | 11975 | 83772 | | 83772 |
| 2.1 | 杆塔工程材料工地运输 | | 1785 | 1785 | | 1785 |
| 2.2 | 杆塔组立 | 71797 | | 81987 | | 81987 |
| 2.2.2 | 铁塔、钢管杆组立 | 71797 | | 81987 | | 81987 |
| 3 | 接地工程 | 1206 | 742 | 1948 | | 1948 |
| 3.1 | 接地工程材料工地运输 | | 39 | 39 | | 39 |
| 3.2 | 接地土石方 | | 326 | 326 | | 326 |
| 3.3 | 接地安装 | 1206 | 376 | 1582 | | 1582 |
| | 合计 | 73003 | 12883 | 85886 | | 85886 |

典型方案 B1-4 其他费用概算表　　　　　表 12-16

金额单位：元

| 序号 | 工程或费用项目名称 | 编制依据及计算说明 | 合价 |
|---|---|---|---|
| 1 | 建设场地征用及清理费 | | 46275 |
| 1.1 | 土地征用费 | （塔基占地亩数×100000）×100% | 46275 |
| 2 | 项目管理费 | | 6557 |
| 2.1 | 管理经费 | （安装工程费＋拆除工程费）×3.53% | 3145 |
| 2.2 | 招标费 | （安装工程费＋拆除工程费）×0.4% | 356 |

续表

| 序号 | 工程或费用项目名称 | 编制依据及计算说明 | 合价 |
|---|---|---|---|
| 2.3 | 工程监理费 | (安装工程费+拆除工程费)×3.43% | 3056 |
| 3 | 项目技术服务费 | | 11485 |
| 3.1 | 前期工作费 | (安装工程费)×2.1% | 1804 |
| 3.3 | 工程勘察设计费 | | 8777 |
| 3.3.1 | 勘察费 | (勘察费)×100% | 1713 |
| 3.3.2 | 设计费 | (设计费)×100% | 7064 |
| 3.4 | 设计文件评审费 | | 437 |
| 3.4.1 | 初步设计文件评审费 | (基本设计费)×3.5% | 210 |
| 3.4.2 | 施工图文件评审费 | (基本设计费)×3.8% | 228 |
| 3.5 | 施工过程造价咨询及竣工结算审核费 | (安装工程费+拆除工程费)×0.38% | 339 |
| 3.7 | 工程检测费 | | 129 |
| 3.7.1 | 工程质量检测费 | (安装工程费)×0.15% | 129 |
| | 合计 | | 64317 |

## 12.5  B1-5  220kV 角钢塔

### 12.5.1  典型方案的主要内容

改造 1 基 220kV 角钢塔。

### 12.5.2  典型方案概算书

概算书如表 12-17～表 12-20 所示。

典型方案 B1-5 设备材料表　　　　表 12-17

金额单位：元

| 序号 | 设备材料名称 | 规格及型号 | 单位 | 设计用量 | 损耗率(%) | 单价 | 总价 |
|---|---|---|---|---|---|---|---|
| | 安装工程 | | | | | | |
| T01010104 | 塔材 | 角钢塔 | t | 22.5 | 0.500 | 8930 | 201930 |
| | 接地钢材 | 综合 | t | 0.2 | | 6000 | 1200 |
| | 合计 | | | | | | 203130 |

典型方案 B1-5 总概算汇总表　　表 12-18

金额单位：万元

| 序号 | 工程或费用名称 | 含税金额 | 占工程静态投资的比例（%） |
|---|---|---|---|
| 二 | 安装工程费 | 23.47 | 70.58 |
| 三 | 拆除工程费 | 0.80 | 2.41 |
| 四 | 设备购置费 | | |
| | 其中：编制基准期价差 | 0.07 | 0.22 |
| 五 | 小计 | 24.28 | 72.99 |
| | 其中：甲供设备材料费 | 20.19 | 60.72 |
| 六 | 其他费用 | 8.98 | 27.01 |
| 七 | 基本预备费 | | |
| 八 | 特殊项目 | | |
| 九 | 工程投资合计 | 33.26 | 100 |
| | 其中：可抵扣增值税金额 | 3.29 | |
| | 其中：施工费 | 8.71 | 26.19 |

典型方案 B1-5 安装工程专业汇总表　　表 12-19

金额单位：元

| 序号 | 工程或费用名称 | 安装工程费 | | | 设备购置费 | 合计 |
|---|---|---|---|---|---|---|
| | | 主要材料费 | 安装费 | 小计 | | |
| | 安装工程 | 203136 | 31591 | 234727 | | 234727 |
| 1 | 基础工程 | | 167 | 167 | | 167 |
| 1.2 | 基础土石方工程 | | 167 | 167 | | 167 |
| 2 | 杆塔工程 | 201930 | 30682 | 232612 | | 232612 |
| 2.1 | 杆塔工程材料工地运输 | | 5023 | 5023 | | 5023 |
| 2.2 | 杆塔组立 | 201930 | | 227589 | | 227589 |
| 2.2.2 | 铁塔、钢管杆组立 | 201930 | | 227589 | | 227589 |
| 3 | 接地工程 | 1206 | 742 | 1948 | | 1948 |
| 3.1 | 接地工程材料工地运输 | | 40 | 40 | | 40 |
| 3.2 | 接地土石方 | | 326 | 326 | | 326 |

续表

| 序号 | 工程或费用名称 | 安装工程费 | | | 设备购置费 | 合计 |
|---|---|---|---|---|---|---|
| | | 主要材料费 | 安装费 | 小计 | | |
| 3.3 | 接地安装 | 1206 | 376 | 1582 | | 1582 |
| | 合计 | 203136 | 31591 | 234727 | | 234727 |

典型方案 B1-5 其他费用概算表　　　　表 12-20

金额单位：元

| 序号 | 工程或费用项目名称 | 编制依据及计算说明 | 合价 |
|---|---|---|---|
| 1 | 建设场地征用及清理费 | | 46275 |
| 1.1 | 土地征用费 | （塔基占地亩数×100000）×100% | 46275 |
| 2 | 项目管理费 | | 17866 |
| 2.1 | 管理经费 | （安装工程费＋拆除工程费）×3.53% | 8569 |
| 2.2 | 招标费 | （安装工程费＋拆除工程费）×0.4% | 971 |
| 2.3 | 工程监理费 | （安装工程费＋拆除工程费）×3.43% | 8326 |
| 3 | 项目技术服务费 | | 25691 |
| 3.1 | 前期工作费 | （安装工程费）×2.1% | 4929 |
| 3.3 | 工程勘察设计费 | | 18483 |
| 3.3.1 | 勘察费 | （勘察费）×100% | 2252 |
| 3.3.2 | 设计费 | （设计费）×100% | 16231 |
| 3.4 | 设计文件评审费 | | 1004 |
| 3.4.1 | 初步设计文件评审费 | （基本设计费）×3.5% | 481 |
| 3.4.2 | 施工图文件评审费 | （基本设计费）×3.8% | 523 |
| 3.5 | 施工过程造价咨询及竣工结算审核费 | （安装工程费＋拆除工程费）×0.38% | 922 |
| 3.7 | 工程检测费 | | 352 |
| 3.7.1 | 工程质量检测费 | （安装工程费）×0.15% | 352 |
| | 合计 | | 89832 |

## 12.6　B1-6　500kV 角钢塔

### 12.6.1　典型方案的主要内容

改造 1 基 500kV 角钢塔。

### 12.6.2 典型方案概算书

概算书如表 12-21～表 12-24 所示。

典型方案 B1-6 设备材料表　　　　　　　　　表 12-21

金额单位：元

| 序号 | 设备材料名称 | 规格及型号 | 单位 | 设计用量 | 损耗率（%） | 单价 | 总价 |
|---|---|---|---|---|---|---|---|
|  | 安装工程 |  |  |  |  |  |  |
| T01010104 | 塔材 | 角钢塔 | t | 37.5 | 0.500 | 8930 | 336549 |
|  | 接地钢材 | 综合 | t | 0.2 |  | 6000 | 1200 |
|  | 合计 |  |  |  |  |  | 337749 |

典型方案 B1-6 总概算汇总表　　　　　　　　表 12-22

金额单位：万元

| 序号 | 工程或费用名称 | 含税金额 | 占工程静态投资的比例（%） |
|---|---|---|---|
| 二 | 安装工程费 | 38.88 | 72.04 |
| 三 | 拆除工程费 | 2.00 | 3.71 |
| 四 | 设备购置费 |  |  |
|  | 其中：编制基准期价差 | 0.13 | 0.25 |
| 五 | 小计 | 40.88 | 75.75 |
|  | 其中：甲供设备材料费 | 33.66 | 62.36 |
| 六 | 其他费用 | 13.09 | 24.25 |
| 七 | 基本预备费 |  |  |
| 八 | 特殊项目 |  |  |
| 九 | 工程投资合计 | 53.97 | 100 |
|  | 其中：可抵扣增值税金额 | 5.37 |  |
|  | 其中：施工费 | 13.29 | 24.62 |

典型方案 B1-6 安装工程专业汇总表　　　　　　表 12-23

金额单位：元

| 序号 | 工程或费用名称 | 安装工程费 | | | 设备购置费 | 合计 |
|---|---|---|---|---|---|---|
|  |  | 主要材料费 | 安装费 | 小计 |  |  |
|  | 安装工程 | 337755 | 51037 | 388793 |  | 388793 |
| 1 | 基础工程 |  | 167 | 167 |  | 167 |
| 1.2 | 基础土石方工程 |  | 167 | 167 |  | 167 |

续表

| 序号 | 工程或费用名称 | 安装工程费 | | | 设备购置费 | 合计 |
|---|---|---|---|---|---|---|
| | | 主要材料费 | 安装费 | 小计 | | |
| 2 | 杆塔工程 | 336549 | 50128 | 386678 | | 386678 |
| 2.1 | 杆塔工程材料工地运输 | | 8383 | 8383 | | 8383 |
| 2.2 | 杆塔组立 | 336549 | | 378294 | | 378294 |
| 2.2.2 | 铁塔、钢管杆组立 | 336549 | | 378294 | | 378294 |
| 3 | 接地工程 | 1206 | 742 | 1948 | | 1948 |
| 3.1 | 接地工程材料工地运输 | | 40 | 40 | | 40 |
| 3.2 | 接地土石方 | | 326 | 326 | | 326 |
| 3.3 | 接地安装 | 1206 | 377 | 1583 | | 1583 |
| | 合计 | 337755 | 51037 | 388793 | | 388793 |

典型方案 B1-6 其他费用概算表　　　　表 12-24

金额单位：元

| 序号 | 工程或费用项目名称 | 编制依据及计算说明 | 合价 |
|---|---|---|---|
| 1 | 建设场地征用及清理费 | | 60600 |
| 1.1 | 土地征用费 | （塔基占地亩数×100000）×100% | 60600 |
| 2 | 项目管理费 | | 30090 |
| 2.1 | 管理经费 | （安装工程费＋拆除工程费）×3.53% | 14432 |
| 2.2 | 招标费 | （安装工程费＋拆除工程费）×0.4% | 1635 |
| 2.3 | 工程监理费 | （安装工程费＋拆除工程费）×3.43% | 14023 |
| 3 | 项目技术服务费 | | 40175 |
| 3.1 | 前期工作费 | （安装工程费）×2.1% | 8165 |
| 3.3 | 工程勘察设计费 | | 28389 |
| 3.3.1 | 勘察费 | （勘察费）×100% | 4395 |
| 3.3.2 | 设计费 | （设计费）×100% | 23994 |
| 3.4 | 设计文件评审费 | | 1484 |
| 3.4.1 | 初步设计文件评审费 | （基本设计费）×3.5% | 712 |
| 3.4.2 | 施工图文件评审费 | （基本设计费）×3.8% | 773 |
| 3.5 | 施工过程造价咨询及竣工结算审核费 | （安装工程费＋拆除工程费）×0.38% | 1554 |

续表

| 序号 | 工程或费用项目名称 | 编制依据及计算说明 | 合价 |
|---|---|---|---|
| 3.7 | 工程检测费 | | 583 |
| 3.7.1 | 工程质量检测费 | （安装工程费）×0.15% | 583 |
| | 合计 | | 130865 |

# 第13章 更换杆塔基础

**典型方案说明**

更换杆塔（塔身）工程典型方案共5个：按照电压等级分为35kV～500kV，共四个电压等级，基础形式分为灌注桩和台阶式。全线所经地区地形为：平地80%、河网20%。全线所经地区地质为：土坑占60%、水坑占20%、泥水坑占20%。

## 13.1 B2-1 35kV 台阶式

### 13.1.1 典型方案的主要内容

改造1基35kV台阶式基础。

### 13.1.2 典型方案概算书

概算书如表13-1～表13-4所示。

典型方案B2-1设备材料表　　　　表13-1

金额单位：元

| 序号 | 设备材料名称 | 规格及型号 | 单位 | 设计用量 | 损耗率（%） | 单价 | 总价 |
|---|---|---|---|---|---|---|---|
|  | 安装工程 |  |  |  |  |  |  |
|  | 钢筋笼 | 综合 | t | 0.292 | 6.000 | 5267 | 1630 |
| C09010102 | 普通硅酸盐水泥 | 32.5 | t | 5.97 | 5.000 | 420 | 2634 |
| C10010101 | 中砂 |  | m³ | 6.05 | 15.000 | 310 | 2158 |
| C10020103 | 碎石 | 粒径40mm以内 | m³ | 12.54 | 10.000 | 243 | 3361 |
| C21010101 | 水 |  | t | 2.66 |  | 2.66 | 7.06 |
|  | 合计 |  |  |  |  |  | 8161 |

典型方案B2-1总概算汇总表　　　　表13-2

金额单位：万元

| 序号 | 工程或费用名称 | 含税金额 | 占工程静态投资的比例（%） |
|---|---|---|---|
| 一 | 安装工程费 | 10.79 | 82.18 |
| 二 | 拆除工程费 | 0.17 | 1.29 |
| 三 | 设备购置费 |  |  |

续表

| 序号 | 工程或费用名称 | 含税金额 | 占工程静态投资的比例(%) |
|---|---|---|---|
| 四 | 其中：编制基准期价差 | 0.18 | 1.34 |
|  | 小计 | 10.96 | 83.48 |
|  | 其中：甲供设备材料费 | 0.00 |  |
| 五 | 其他费用 | 2.17 | 16.52 |
| 六 | 基本预备费 |  |  |
| 七 | 特殊项目 |  |  |
|  | 工程投资合计 | 13.13 | 100 |
|  | 其中：可抵扣增值税金额 | 1.03 |  |
|  | 其中：施工费 | 10.96 | 83.48 |

典型方案 B2-1 安装工程专业汇总表　　　　表 13-3

金额单位：元

| 序号 | 工程或费用名称 | 安装工程费 | | | 设备购置费 | 合计 |
|---|---|---|---|---|---|---|
|  |  | 主要材料费 | 安装费 | 小计 |  |  |
|  | 安装工程 | 14090 | 93849 | 107939 |  | 107939 |
| 1 | 基础工程 | 14090 | 93849 | 107939 |  | 107939 |
| 1.1 | 基础工程材料工地运输 |  | 17508 | 17508 |  | 17508 |
| 1.2 | 基础土石方工程 |  | 62880 | 62880 |  | 62880 |
| 1.3 | 基础砌筑 | 14090 | 13461 | 27551 |  | 27551 |
| 1.3.2 | 现浇基础 | 14090 | 13461 | 27551 |  | 27551 |
|  | 合计 | 14090 | 93849 | 107939 |  | 107939 |

典型方案 B2-1 其他费用概算表　　　　表 13-4

金额单位：元

| 序号 | 工程或费用项目名称 | 编制依据及计算说明 | 合价 |
|---|---|---|---|
| 2 | 项目管理费 |  | 8070 |
| 2.1 | 管理经费 | （安装工程费＋拆除工程费）×3.53% | 3870 |
| 2.2 | 招标费 | （安装工程费＋拆除工程费）×0.4% | 439 |
| 2.3 | 工程监理费 | （安装工程费＋拆除工程费）×3.43% | 3761 |
| 3 | 项目技术服务费 |  | 13633 |

续表

| 序号 | 工程或费用项目名称 | 编制依据及计算说明 | 合价 |
|---|---|---|---|
| 3.1 | 前期工作费 | （安装工程费）×2.1% | 2267 |
| 3.3 | 工程勘察设计费 |  | 10259 |
| 3.3.1 | 勘察费 | （勘察费）×100% | 1713 |
| 3.3.2 | 设计费 | （设计费）×100% | 8546 |
| 3.4 | 设计文件评审费 |  | 529 |
| 3.4.1 | 初步设计文件评审费 | （基本设计费）×3.5% | 254 |
| 3.4.2 | 施工图文件评审费 | （基本设计费）×3.8% | 275 |
| 3.5 | 施工过程造价咨询及竣工结算审核费 | （安装工程费＋拆除工程费）×0.38% | 417 |
| 3.7 | 工程检测费 |  | 162 |
| 3.7.1 | 工程质量检测费 | （安装工程费）×0.15% | 162 |
|  | 合计 |  | 21703 |

## 13.2　B2-2　35kV 灌注桩

### 13.2.1　典型方案的主要内容

改造 1 基 35kV 灌注桩。

### 13.2.2　典型方案概算书

概算书如表 13-5～表 13-8 所示。

典型方案 B2-2 设备材料表　　　表 13-5

金额单位：元

| 序号 | 设备材料名称 | 规格及型号 | 单位 | 设计用量 | 损耗率(%) | 单价 | 总价 |
|---|---|---|---|---|---|---|---|
|  | 安装工程 |  |  |  |  |  |  |
|  | 普通圆钢 |  | t | 1.15 | 6.000 | 5267 | 6432 |
| C09010102 | 普通硅酸盐水泥 | 42.5 | t | 10.74 | 5.000 | 420 | 4736 |
| C10010101 | 中砂 |  | m³ | 9.77 | 15.000 | 310 | 3485 |
| C10020101 | 碎石 | 粒径 15mm 以内 | m³ | 19.06 | 10.000 | 243 | 5109 |
| C21010101 | 水 |  | t | 5.12 |  | 2.660 | 13.62 |
|  | 合计 |  |  |  |  |  | 19777.18 |

典型方案 B2-2 总概算汇总表　　　　　　　　　　　　表 13-6

金额单位：万元

| 序号 | 工程或费用名称 | 含税金额 | 占工程静态投资的比例（%） |
|---|---|---|---|
| 一 | 安装工程费 | 9.20 | 74.57 |
| 二 | 拆除工程费 | 0.23 | 1.84 |
| 三 | 设备购置费 | | |
| 四 | 其中：编制基准期价差 | 0.14 | 1.09 |
| | 小计 | 9.43 | 76.41 |
| | 其中：甲供设备材料费 | 0.00 | |
| 五 | 其他费用 | 2.91 | 23.59 |
| 六 | 基本预备费 | | |
| 七 | 特殊项目 | | |
| | 工程投资合计 | 12.34 | 100 |
| | 其中：可抵扣增值税金额 | 0.94 | |
| | 其中：施工费 | 9.43 | 76.41 |

典型方案 B2-2 安装工程专业汇总表　　　　　　　　　表 13-7

金额单位：元

| 序号 | 工程或费用名称 | 安装工程费 | | | 设备购置费 | 合计 |
|---|---|---|---|---|---|---|
| | | 主要材料费 | 安装费 | 小计 | | |
| | 安装工程 | 19777 | 72220 | 91997 | | 91997 |
| 1 | 基础工程 | 19777 | 72220 | 91997 | | 91997 |
| 1.1 | 基础工程材料工地运输 | | 19151 | 19151 | | 19151 |
| 1.3 | 基础砌筑 | 19777 | 53069 | 72846 | | 72846 |
| 1.3.3 | 灌注桩基础 | 19777 | 53069 | 72846 | | 72846 |
| | 合计 | 19777 | 72220 | 91997 | | 91997 |

典型方案 B2-2 其他费用概算表　　　　　　　　　　　表 13-8

金额单位：元

| 序号 | 工程或费用项目名称 | 编制依据及计算说明 | 合价 |
|---|---|---|---|
| 2 | 项目管理费 | | 6938 |
| 2.1 | 管理经费 | （安装工程费＋拆除工程费）×3.53% | 3328 |

续表

| 序号 | 工程或费用项目名称 | 编制依据及计算说明 | 合价 |
|---|---|---|---|
| 2.2 | 招标费 | (安装工程费+拆除工程费)×0.4% | 377 |
| 2.3 | 工程监理费 | (安装工程费+拆除工程费)×3.43% | 3233 |
| 3 | 项目技术服务费 | | 12176 |
| 3.1 | 前期工作费 | (安装工程费)×2.1% | 1932 |
| 3.3 | 工程勘察设计费 | | 9279 |
| 3.3.1 | 勘察费 | (勘察费)×100% | 1713 |
| 3.3.2 | 设计费 | (设计费)×100% | 7566 |
| 3.4 | 设计文件评审费 | | 468 |
| 3.4.1 | 初步设计文件评审费 | (基本设计费)×3.5% | 224 |
| 3.4.2 | 施工图文件评审费 | (基本设计费)×3.8% | 244 |
| 3.5 | 施工过程造价咨询及竣工结算审核费 | (安装工程费+拆除工程费)×0.38% | 358 |
| 3.7 | 工程检测费 | | 138 |
| 3.7.1 | 工程质量检测费 | (安装工程费)×0.15% | 138 |
| | 灌注桩泥浆外运 | (1×10000)×100% | 10000 |
| | 合计 | | 29114 |

## 13.3 B2-3 110kV 灌注桩

### 13.3.1 典型方案的主要内容

改造 1 基 110kV 灌注桩。

### 13.3.2 典型方案概算书

概算书如表 13-9～表 13-12 所示。

典型方案 B2-3 设备材料表　　　表 13-9

金额单位：元

| 序号 | 设备材料名称 | 规格及型号 | 单位 | 设计用量 | 损耗率(%) | 单价 | 总价 |
|---|---|---|---|---|---|---|---|
| | 安装工程 | | | | | | |
| | 普通圆钢 | 综合 | t | 2.69 | 6.000 | 5267 | 15030 |
| C09010102 | 普通硅酸盐水泥 | 42.5 | t | 25.7 | 5.000 | 420 | 11330 |

续表

| 序号 | 设备材料名称 | 规格及型号 | 单位 | 设计用量 | 损耗率(%) | 单价 | 总价 |
|---|---|---|---|---|---|---|---|
| C10010101 | 中砂 | | m³ | 23.36 | 15.000 | 310 | 8336 |
| C10020101 | 碎石 | 粒径15mm以内 | m³ | 45.58 | 10.000 | 243 | 12220 |
| C21010101 | 水 | | t | 12.25 | | 2.66 | 32.59 |
| | 合计 | | | | | | 46951.17 |

典型方案B2-3总概算汇总表　　　表13-10

金额单位：万元

| 序号 | 工程或费用名称 | 含税金额 | 占工程静态投资的比例(%) |
|---|---|---|---|
| 一 | 安装工程费 | 18.90 | 79.46 |
| 二 | 拆除工程费 | 0.34 | 1.43 |
| 三 | 设备购置费 | | |
| 四 | 其中：编制基准期价差 | 0.26 | 1.09 |
| | 小计 | 19.24 | 80.89 |
| | 其中：甲供设备材料费 | 0.00 | |
| 五 | 其他费用 | 4.55 | 19.11 |
| 六 | 基本预备费 | | |
| 七 | 特殊项目 | | |
| | 工程投资合计 | 23.79 | 100 |
| | 其中：可抵扣增值税金额 | 1.85 | |
| | 其中：施工费 | 19.24 | 80.89 |

典型方案B2-3安装工程专业汇总表　　　表13-11

金额单位：元

| 序号 | 工程或费用名称 | 安装工程费 | | | 设备购置费 | 合计 |
|---|---|---|---|---|---|---|
| | | 主要材料费 | 安装费 | 小计 | | |
| | 安装工程 | 46951 | 142075 | 189026 | | 189026 |
| 1 | 基础工程 | 46951 | 142075 | 189026 | | 189026 |
| 1.1 | 基础工程材料工地运输 | | 49075 | 49075 | | 49075 |
| 1.3 | 基础砌筑 | 46951 | 92999 | 139951 | | 139951 |

续表

| 序号 | 工程或费用名称 | 安装工程费 | | | 设备购置费 | 合计 |
|---|---|---|---|---|---|---|
| | | 主要材料费 | 安装费 | 小计 | | |
| 1.3.3 | 灌注桩基础 | 46951 | 92999 | 139951 | | 139951 |
| | 合计 | 46951 | 142075 | 189026 | | 189026 |

典型方案 B2-3 其他费用概算表　　　　表 13-12

金额单位：元

| 序号 | 工程或费用项目名称 | 编制依据及计算说明 | 合价 |
|---|---|---|---|
| 2 | 项目管理费 | | 14163 |
| 2.1 | 管理经费 | （安装工程费＋拆除工程费）×3.53% | 6793 |
| 2.2 | 招标费 | （安装工程费＋拆除工程费）×0.4% | 770 |
| 2.3 | 工程监理费 | （安装工程费＋拆除工程费）×3.43% | 6600 |
| 3 | 项目技术服务费 | | 21287 |
| 3.1 | 前期工作费 | （安装工程费）×2.1% | 3970 |
| 3.3 | 工程勘察设计费 | | 15453 |
| 3.3.1 | 勘察费 | （勘察费）×100% | 1713 |
| 3.3.2 | 设计费 | （设计费）×100% | 13740 |
| 3.4 | 设计文件评审费 | | 850 |
| 3.4.1 | 初步设计文件评审费 | （基本设计费）×3.5% | 408 |
| 3.4.2 | 施工图文件评审费 | （基本设计费）×3.8% | 443 |
| 3.5 | 施工过程造价咨询及竣工结算审核费 | （安装工程费＋拆除工程费）×0.38% | 731 |
| 3.7 | 工程检测费 | | 284 |
| 3.7.1 | 工程质量检测费 | （安装工程费）×0.15% | 284 |
| | 灌注桩泥浆外运 | （1×10000）×100% | 10000 |
| | 合计 | | 45450 |

## 13.4　B2-4　220kV 灌注桩

### 13.4.1　典型方案的主要内容

改造 1 基 220kV 灌注桩。

### 13.4.2 典型方案概算书

概算书如表 13-13～表 13-16 所示。

典型方案 B2-4 设备材料表　　　　表 13-13

金额单位：元

| 序号 | 设备材料名称 | 规格及型号 | 单位 | 设计用量 | 损耗率(%) | 单价 | 总价 |
|---|---|---|---|---|---|---|---|
|  | 安装工程 |  |  |  |  |  |  |
|  | 普通圆钢 | 综合 | t | 3.82 | 6.000 | 5267 | 21328 |
| C09010102 | 普通硅酸盐水泥 | 42.5 | t | 32.7 | 5.000 | 420 | 14424 |
| C10010101 | 中砂 |  | m³ | 29.7 | 15.000 | 310 | 10613 |
| C10020101 | 碎石 | 粒径 15mm 以内 | m³ | 58.03 | 10.000 | 243 | 15558 |
| C21010101 | 水 |  | t | 15.5 |  | 2.66 | 41 |
|  | 合计 |  |  |  |  |  | 61966 |

典型方案 B2-4 总概算汇总表　　　　表 13-14

金额单位：万元

| 序号 | 工程或费用名称 | 含税金额 | 占工程静态投资的比例(%) |
|---|---|---|---|
| 一 | 安装工程费 | 25.32 | 80.68 |
| 二 | 拆除工程费 | 0.45 | 1.45 |
| 三 | 设备购置费 |  |  |
| 四 | 其中：编制基准期价差 | 0.36 | 1.14 |
|  | 小计 | 25.77 | 82.13 |
|  | 其中：甲供设备材料费 | 0.00 |  |
| 五 | 其他费用 | 5.61 | 17.87 |
| 六 | 基本预备费 |  |  |
| 七 | 特殊项目 |  |  |
|  | 工程投资合计 | 31.38 | 100 |
|  | 其中：可抵扣增值税金额 | 2.45 |  |
|  | 其中：施工费 | 25.77 | 82.13 |

典型方案 B2-4 安装工程专业汇总表　　　　　　　　表 13-15

金额单位：元

| 序号 | 工程或费用名称 | 安装工程费 | | | 设备购置费 | 合计 |
|---|---|---|---|---|---|---|
| | | 主要材料费 | 安装费 | 小计 | | |
| | 安装工程 | 61967 | 191232 | 253199 | | 253199 |
| 1 | 基础工程 | 61967 | 191232 | 253199 | | 253199 |
| 1.1 | 基础工程材料工地运输 | | 67956 | 67956 | | 67956 |
| 1.3 | 基础砌筑 | 61967 | 123277 | 185243 | | 185243 |
| 1.3.3 | 灌注桩基础 | 61967 | 123277 | 185243 | | 185243 |
| | 合计 | 61967 | 191232 | 253199 | | 253199 |

典型方案 B2-4 其他费用概算表　　　　　　　　　　表 13-16

金额单位：元

| 序号 | 工程或费用项目名称 | 编制依据及计算说明 | 合价 |
|---|---|---|---|
| 2 | 项目管理费 | | 18970 |
| 2.1 | 管理经费 | （安装工程费+拆除工程费）×3.53% | 9098 |
| 2.2 | 招标费 | （安装工程费+拆除工程费）×0.4% | 1031 |
| 2.3 | 工程监理费 | （安装工程费+拆除工程费）×3.43% | 8840 |
| 3 | 项目技术服务费 | | 27107 |
| 3.1 | 前期工作费 | （安装工程费）×2.1% | 5317 |
| 3.3 | 工程勘察设计费 | | 19372 |
| 3.3.1 | 勘察费 | （勘察费）×100% | 2252 |
| 3.3.2 | 设计费 | （设计费）×100% | 17120 |
| 3.4 | 设计文件评审费 | | 1059 |
| 3.4.1 | 初步设计文件评审费 | （基本设计费）×3.5% | 508 |
| 3.4.2 | 施工图文件评审费 | （基本设计费）×3.8% | 551 |
| 3.5 | 施工过程造价咨询及竣工结算审核费 | （安装工程费+拆除工程费）×0.38% | 979 |
| 3.7 | 工程检测费 | | 380 |
| 3.7.1 | 工程质量检测费 | （安装工程费）×0.15% | 380 |
| | 灌注桩泥浆外运 | （1×10000）×100% | 10000 |
| | 合计 | | 56077 |

## 13.5  B2-5  500kV 灌注桩

### 13.5.1  典型方案的主要内容

改造 1 基 500kV 灌注桩。

### 13.5.2  典型方案概算书

概算书如表 13-17～表 13-20 所示。

典型方案 B2-5 设备材料表　　　　　　　表 13-17

金额单位：元

| 序号 | 设备材料名称 | 规格及型号 | 单位 | 设计用量 | 损耗率（%） | 单价 | 总价 |
|---|---|---|---|---|---|---|---|
|  | 安装工程 |  |  |  |  |  |  |
|  | 普通圆钢 | 综合 | t | 6.56 | 6.000 | 5267 | 36227 |
| C09010102 | 普通硅酸盐水泥 | 42.5 | t | 53.82 | 5.000 | 420 | 23731.11 |
| C10010101 | 中砂 |  | m³ | 48.93 | 15.000 | 310 | 17460.77 |
| C10020101 | 碎石 | 粒径 15mm 以内 | m³ | 95.47 | 10.000 | 243 | 25596.33 |
| C21010101 | 水 |  | t | 25.66 |  | 2.66 | 68.25 |
|  | 合计 |  |  |  |  |  | 103483.51 |

典型方案 B2-5 总概算汇总表　　　　　　表 13-18

金额单位：万元

| 序号 | 工程或费用名称 | 含税金额 | 占工程静态投资的比例（%） |
|---|---|---|---|
| 一 | 安装工程费 | 38.40 | 82.04 |
| 二 | 拆除工程费 | 0.57 | 1.21 |
| 三 | 设备购置费 |  |  |
| 四 | 其中：编制基准期价差 | 0.55 | 1.17 |
|  | 小计 | 38.97 | 83.25 |
|  | 其中：甲供设备材料费 | 0.00 |  |
| 五 | 其他费用 | 7.84 | 16.75 |
| 六 | 基本预备费 |  |  |
| 七 | 特殊项目 |  |  |
|  | 工程投资合计 | 46.81 | 100 |

续表

| 序号 | 工程或费用名称 | 含税金额 | 占工程静态投资的比例(%) |
|---|---|---|---|
| | 其中：可抵扣增值税金额 | 3.66 | |
| | 其中：施工费 | 38.97 | 83.25 |

典型方案 B2-5 安装工程专业汇总表　　　表 13-19

| 序号 | 工程或费用名称 | 安装工程费 | | | 设备购置费 | 合计 |
|---|---|---|---|---|---|---|
| | | 主要材料费 | 安装费 | 小计 | | |
| | 安装工程 | 103484 | 280514 | 383997 | | 383997 |
| 一 | 基础工程 | 103484 | 280514 | 383997 | | 383997 |
| 1 | 基础工程材料工地运输 | | 107305 | 107305 | | 107305 |
| 1.1 | 基础砌筑 | 103484 | 173208 | 276692 | | 276692 |
| 二 | 灌注桩基础 | 103484 | 173208 | 276692 | | 276692 |
| 1 | | | | | | |
| | 合计 | 103484 | 280514 | 383997 | | 383997 |

典型方案 B2-5 其他费用概算表　　　表 13-20

金额单位：元

| 序号 | 工程或费用项目名称 | 编制依据及计算说明 | 合价 |
|---|---|---|---|
| 2 | 项目管理费 | | 28680 |
| 2.1 | 管理经费 | （安装工程费+拆除工程费）×3.53% | 13755 |
| 2.2 | 招标费 | （安装工程费+拆除工程费）×0.4% | 1559 |
| 2.3 | 工程监理费 | （安装工程费+拆除工程费）×3.43% | 13366 |
| 3 | 项目技术服务费 | | 39728 |
| 3.1 | 前期工作费 | （安装工程费）×2.1% | 8064 |
| 3.3 | 工程勘察设计费 | | 28139 |
| 3.3.1 | 勘察费 | （勘察费）×100% | 4395 |
| 3.3.2 | 设计费 | （设计费）×100% | 23743 |
| 3.4 | 设计文件评审费 | | 1469 |
| 3.4.1 | 初步设计文件评审费 | （基本设计费）×3.5% | 704 |
| 3.4.2 | 施工图文件评审费 | （基本设计费）×3.8% | 765 |

续表

| 序号 | 工程或费用项目名称 | 编制依据及计算说明 | 合价 |
|---|---|---|---|
| 3.5 | 施工过程造价咨询及竣工结算审核费 | （安装工程费+拆除工程费）×0.38% | 1481 |
| 3.7 | 工程检测费 | | 576 |
| 3.7.1 | 工程质量检测费 | （安装工程费）×0.15% | 576 |
| | 灌注桩泥浆外运 | （1×10000）×100% | 10000 |
| | 合计 | | 78408 |

# 第 14 章　更换架空导线

## 典型方案说明

更换架空导线工程典型方案共 8 个：按照电压等级分为 35kV～110kV，共两个电压等级，导线材质为钢芯铝绞线，本章 35kV 更换架空导线工程按照导线截面积分为 $1\times120mm^2$、$1\times150mm^2$、$1\times185mm^2$、$1\times240mm^2$，110kV 更换架空导线工程按照导线截面积分为 $1\times240mm^2$、$1\times300mm^2$、$1\times400mm^2$、$2\times300mm^2$。勘察费不足 5km 按照 5km 计算，本章勘察费为单公里造价（5km 勘察费 /5）。

## 14.1　B3-1　35kV 钢芯铝绞线 $1\times120mm^2$

### 14.1.1　典型方案的主要内容

改造 1km 35kV 钢芯铝绞线，导线截面积为 $1\times120mm^2$。

### 14.1.2　典型方案概算书

概算书如表 14-1～表 14-4 所示。

典型方案 B3-1 设备材料表　　表 14-1

金额单位：元

| 序号 | 设备材料名称 | 规格及型号 | 单位 | 设计用量 | 损耗率(%) | 单价 | 总价 |
|---|---|---|---|---|---|---|---|
|  | 安装工程 |  |  |  |  |  |  |
| X14010236 | 钢芯铝绞线 | JL/G1A-120/20 | t | 1.4 | 0.800 | 20300 | 28667.8 |
|  | 合计 |  |  |  |  |  | 28667.8 |

典型方案 B3-1 总概算汇总表　　表 14-2

金额单位：万元

| 序号 | 工程或费用名称 | 含税金额 | 占工程静态投资的比例(%) |
|---|---|---|---|
| 一 | 安装工程费 | 5.91 | 79.36 |
| 二 | 拆除工程费 | 0.08 | 1.1 |
| 三 | 设备购置费 |  |  |
| 四 | 其中：编制基准期价差 | 0.06 | 0.83 |
|  | 小计 | 5.99 | 80.46 |

续表

| 序号 | 工程或费用名称 | 含税金额 | 占工程静态投资的比例（%） |
|---|---|---|---|
| | 其中：甲供设备材料费 | 2.87 | 38.47 |
| 五 | 其他费用 | 1.46 | 19.54 |
| 六 | 基本预备费 | | |
| 七 | 特殊项目 | | |
| | 工程投资合计 | 7.45 | 100 |
| | 其中：可抵扣增值税金额 | 0.67 | |
| | 其中：施工费 | 3.13 | 41.96 |

典型方案 B3-1 安装工程专业汇总表　　　　表 14-3

金额单位：元

| 序号 | 工程或费用名称 | 安装工程费 | | | 设备购置费 | 合计 |
|---|---|---|---|---|---|---|
| | | 主要材料费 | 安装费 | 小计 | | |
| | 安装工程 | 28668 | 30446 | 59113 | | 59113 |
| 4 | 架线工程 | 28668 | 30446 | 59113 | | 59113 |
| 4.1 | 架线工程材料工地运输 | | 248 | 248 | | 248 |
| 4.2 | 导地线架设 | 28668 | 27600 | 56268 | | 56268 |
| 4.3 | 导地线跨越架设 | | 2598 | 2598 | | 2598 |
| | 合计 | 28668 | 30446 | 59113 | | 59113 |

典型方案 B3-1 其他费用概算表　　　　表 14-4

金额单位：元

| 序号 | 工程或费用项目名称 | 编制依据及计算说明 | 合价 |
|---|---|---|---|
| 2 | 项目管理费 | | 4411 |
| 2.1 | 管理经费 | （安装工程费＋拆除工程费）×3.53% | 2116 |
| 2.2 | 招标费 | （安装工程费＋拆除工程费）×0.4% | 240 |
| 2.3 | 工程监理费 | （安装工程费＋拆除工程费）×3.43% | 2056 |
| 3 | 项目技术服务费 | | 10146 |
| 3.1 | 前期工作费 | （安装工程费）×2.1% | 1241 |
| 3.3 | 工程勘察设计费 | | 8288 |
| 3.3.1 | 勘察费 | （勘察费）×100% | 3426 |

续表

| 序号 | 工程或费用项目名称 | 编制依据及计算说明 | 合价 |
|---|---|---|---|
| 3.3.2 | 设计费 | （设计费）×100% | 4862 |
| 3.4 | 设计文件评审费 | | 301 |
| 3.4.1 | 初步设计文件评审费 | （基本设计费）×3.5% | 144 |
| 3.4.2 | 施工图文件评审费 | （基本设计费）×3.8% | 157 |
| 3.5 | 施工过程造价咨询及竣工结算审核费 | （安装工程费＋拆除工程费）×0.38% | 228 |
| 3.7 | 工程检测费 | | 89 |
| 3.7.1 | 工程质量检测费 | （安装工程费）×0.15% | 89 |
| | 合计 | | 14558 |

## 14.2 B3-2 35kV 钢芯铝绞线 1×150mm²

### 14.2.1 典型方案的主要内容

改造 1km 35kV 钢芯铝绞线，导线截面积为 1×150mm²。

### 14.2.2 典型方案概算书

概算书如表 14-5～表 14-8 所示。

典型方案 B3-2 设备材料表　　　　表 14-5

金额单位：元

| 序号 | 设备材料名称 | 规格及型号 | 单位 | 设计用量 | 损耗率(%) | 单价 | 总价 |
|---|---|---|---|---|---|---|---|
| | 安装工程 | | | | | | |
| X14010236 | 钢芯铝绞线 | JL/G1A-150/25 | t | 1.650 | 0.800 | 18700 | 31101.84 |
| | 合计 | | | | | | 31101.84 |

典型方案 B3-2 总概算汇总表　　　　表 14-6

金额单位：万元

| 序号 | 工程或费用名称 | 含税金额 | 占工程静态投资的比例(%) |
|---|---|---|---|
| 一 | 安装工程费 | 6.96 | 80.06 |
| 二 | 拆除工程费 | 0.08 | 0.94 |
| 三 | 设备购置费 | | |

续表

| 序号 | 工程或费用名称 | 含税金额 | 占工程静态投资的比例（%） |
|---|---|---|---|
| 四 | 其中：编制基准期价差 | 0.06 | 0.71 |
|  | 小计 | 7.04 | 81 |
|  | 其中：甲供设备材料费 | 3.91 | 44.95 |
| 五 | 其他费用 | 1.65 | 19 |
| 六 | 基本预备费 |  |  |
| 七 | 特殊项目 |  |  |
|  | 工程投资合计 | 8.69 | 100 |
|  | 其中：可抵扣增值税金额 | 0.80 |  |
|  | 其中：施工费 | 3.13 | 36.05 |

典型方案 B3-2 安装工程专业汇总表　　　　表 14-7

金额单位：元

| 序号 | 工程或费用名称 | 安装工程费 | | | 设备购置费 | 合计 |
|---|---|---|---|---|---|---|
| | | 主要材料费 | 安装费 | 小计 | | |
|  | 安装工程 | 39075 | 30517 | 69591 |  | 69591 |
| 4 | 架线工程 | 39075 | 30517 | 69591 |  | 69591 |
| 4.1 | 架线工程材料工地运输 |  | 319 | 319 |  | 319 |
| 4.2 | 导地线架设 | 39075 | 27600 | 66674 |  | 66674 |
| 4.3 | 导地线跨越架设 |  | 2598 | 2598 |  | 2598 |
|  | 合计 | 39075 | 30517 | 69591 |  | 69591 |

典型方案 B3-2 其他费用概算表　　　　表 14-8

金额单位：元

| 序号 | 工程或费用项目名称 | 编制依据及计算说明 | 合价 |
|---|---|---|---|
| 2 | 项目管理费 |  | 5183 |
| 2.1 | 管理经费 | （安装工程费＋拆除工程费）×3.53% | 2486 |
| 2.2 | 招标费 | （安装工程费＋拆除工程费）×0.4% | 282 |
| 2.3 | 工程监理费 | （安装工程费＋拆除工程费）×3.43% | 2415 |
| 3 | 项目技术服务费 |  | 11337 |
| 3.1 | 前期工作费 | （安装工程费）×2.1% | 1461 |

续表

| 序号 | 工程或费用项目名称 | 编制依据及计算说明 | 合价 |
|---|---|---|---|
| 3.3 | 工程勘察设计费 | | 9150 |
| 3.3.1 | 勘察费 | （勘察费）×100% | 3426 |
| 3.3.2 | 设计费 | （设计费）×100% | 5724 |
| 3.4 | 设计文件评审费 | | 354 |
| 3.4.1 | 初步设计文件评审费 | （基本设计费）×3.5% | 170 |
| 3.4.2 | 施工图文件评审费 | （基本设计费）×3.8% | 184 |
| 3.5 | 施工过程造价咨询及竣工结算审核费 | （安装工程费＋拆除工程费）×0.38% | 268 |
| 3.7 | 工程检测费 | | 104 |
| 3.7.1 | 工程质量检测费 | （安装工程费）×0.15% | 104 |
| | 合计 | | 16520 |

## 14.3  B3-3  35kV 钢芯铝绞线 1×185mm$^2$

### 14.3.1  典型方案的主要内容

改造 1km 35kV 钢芯铝绞线，导线截面积为 1×185mm$^2$。

### 14.3.2  典型方案概算书

概算书如表 14-9～表 14-12 所示。

典型方案 B3-3 设备材料表    表 14-9

金额单位：元

| 序号 | 设备材料名称 | 规格及型号 | 单位 | 设计用量 | 损耗率(%) | 单价 | 总价 |
|---|---|---|---|---|---|---|---|
| | 安装工程 | | | | | | |
| X14010236 | 钢芯铝绞线 | JL/G1A-185/30 | t | 2.25 | 0.800 | 23900 | 54277.5 |
| | 合计 | | | | | | 54277.5 |

典型方案 B3-3 总概算汇总表    表 14-10

金额单位：万元

| 序号 | 工程或费用名称 | 含税金额 | 占工程静态投资的比例(%) |
|---|---|---|---|
| 一 | 安装工程费 | 8.49 | 80.78 |
| 二 | 拆除工程费 | 0.08 | 0.78 |

续表

| 序号 | 工程或费用名称 | 含税金额 | 占工程静态投资的比例（%） |
|---|---|---|---|
| 三 | 设备购置费 | | |
| 四 | 其中：编制基准期价差 | 0.06 | 0.59 |
| | 小计 | 8.57 | 81.56 |
| | 其中：甲供设备材料费 | 5.43 | 51.66 |
| 五 | 其他费用 | 1.94 | 18.44 |
| 六 | 基本预备费 | | |
| 七 | 特殊项目 | | |
| | 工程投资合计 | 10.51 | 100 |
| | 其中：可抵扣增值税金额 | 0.91 | |
| | 其中：施工费 | 3.14 | 29.9 |

典型方案 B3-3 安装工程专业汇总表　　　　　表 14-11

金额单位：元

| 序号 | 工程或费用名称 | 安装工程费 | | | 设备购置费 | 合计 |
|---|---|---|---|---|---|---|
| | | 主要材料费 | 安装费 | 小计 | | |
| | 安装工程 | 54277 | 30596 | 84874 | | 84874 |
| 4 | 架线工程 | 54277 | 30596 | 84874 | | 84874 |
| 4.1 | 架线工程材料工地运输 | | 399 | 399 | | 399 |
| 4.2 | 导地线架设 | 54277 | 27600 | 81877 | | 81877 |
| 4.3 | 导地线跨越架设 | | 2598 | 2598 | | 2598 |
| | 合计 | 54277 | 30596 | 84874 | | 84874 |

典型方案 B3-3 其他费用概算表　　　　　表 14-12

金额单位：元

| 序号 | 工程或费用项目名称 | 编制依据及计算说明 | 合价 |
|---|---|---|---|
| 2 | 项目管理费 | | 6307 |
| 2.1 | 管理经费 | （安装工程费＋拆除工程费）×3.53% | 3025 |
| 2.2 | 招标费 | （安装工程费＋拆除工程费）×0.4% | 343 |

续表

| 序号 | 工程或费用项目名称 | 编制依据及计算说明 | 合价 |
|---|---|---|---|
| 2.3 | 工程监理费 | (安装工程费+拆除工程费)×3.43% | 2939 |
| 3 | 项目技术服务费 | | 13074 |
| 3.1 | 前期工作费 | (安装工程费)×2.1% | 1782 |
| 3.3 | 工程勘察设计费 | | 10407 |
| 3.3.1 | 勘察费 | (勘察费)×100% | 3426 |
| 3.3.2 | 设计费 | (设计费)×100% | 6981 |
| 3.4 | 设计文件评审费 | | 432 |
| 3.4.1 | 初步设计文件评审费 | (基本设计费)×3.5% | 207 |
| 3.4.2 | 施工图文件评审费 | (基本设计费)×3.8% | 225 |
| 3.5 | 施工过程造价咨询及竣工结算审核费 | (安装工程费+拆除工程费)×0.38% | 326 |
| 3.7 | 工程检测费 | | 127 |
| 3.7.1 | 工程质量检测费 | (安装工程费)×0.15% | 127 |
| | 合计 | | 19381 |

## 14.4　B3-4　35kV 钢芯铝绞线 1×240mm²

### 14.4.1　典型方案的主要内容

改造 1km 35kV 钢芯铝绞线,导线截面积为 1×240mm²。

### 14.4.2　典型方案概算书

概算书如表 14-13～表 14-16 所示。

典型方案 B3-4 设备材料表　　表 14-13

金额单位:元

| 序号 | 设备材料名称 | 规格及型号 | 单位 | 设计用量 | 损耗率(%) | 单价 | 总价 |
|---|---|---|---|---|---|---|---|
| | 安装工程 | | | | | | |
| X14010236 | 钢芯铝绞线 | JL/G1A-240/30 | t | 2.77 | 0.800 | 21300 | 59387.13 |
| | 合计 | | | | | | 59387.13 |

典型方案 B3-4 总概算汇总表　　　　表 14-14

金额单位：万元

| 序号 | 工程或费用名称 | 含税金额 | 占工程静态投资的比例（%） |
|---|---|---|---|
| 一 | 安装工程费 | 9.01 | 80.97 |
| 二 | 拆除工程费 | 0.08 | 0.74 |
| 三 | 设备购置费 | | |
| 四 | 其中：编制基准期价差 | 0.06 | 0.56 |
| | 小计 | 9.09 | 81.71 |
| | 其中：甲供设备材料费 | 5.94 | 53.35 |
| 五 | 其他费用 | 2.04 | 18.29 |
| 六 | 基本预备费 | | |
| 七 | 特殊项目 | | |
| | 工程投资合计 | 11.13 | 100 |
| | 其中：可抵扣增值税金额 | 1.05 | |
| | 其中：施工费 | 3.15 | 28.34 |

典型方案 B3-4 安装工程专业汇总表　　　　表 14-15

金额单位：元

| 序号 | 工程或费用名称 | 安装工程费 | | | 设备购置费 | 合计 |
|---|---|---|---|---|---|---|
| | | 主要材料费 | 安装费 | 小计 | | |
| | 安装工程 | 59387 | 30726 | 90113 | | 90113 |
| 4 | 架线工程 | 59387 | 30726 | 90113 | | 90113 |
| 4.1 | 架线工程材料工地运输 | | 528 | 528 | | 528 |
| 4.2 | 导地线架设 | 59387 | 27600 | 86987 | | 86987 |
| 4.3 | 导地线跨越架设 | | 2598 | 2598 | | 2598 |
| | 合计 | 59387 | 30726 | 90113 | | 90113 |

典型方案 B3-4 其他费用概算表　　　　表 14-16

金额单位：元

| 序号 | 工程或费用项目名称 | 编制依据及计算说明 | 合价 |
|---|---|---|---|
| 2 | 项目管理费 | | 6693 |
| 2.1 | 管理经费 | （安装工程费＋拆除工程费）×3.53% | 3210 |

续表

| 序号 | 工程或费用项目名称 | 编制依据及计算说明 | 合价 |
|---|---|---|---|
| 2.2 | 招标费 | （安装工程费＋拆除工程费）×0.4% | 364 |
| 2.3 | 工程监理费 | （安装工程费＋拆除工程费）×3.43% | 3119 |
| 3 | 项目技术服务费 |  | 13669 |
| 3.1 | 前期工作费 | （安装工程费）×2.1% | 1892 |
| 3.3 | 工程勘察设计费 |  | 10837 |
| 3.3.1 | 勘察费 | （勘察费）×100% | 3426 |
| 3.3.2 | 设计费 | （设计费）×100% | 7411 |
| 3.4 | 设计文件评审费 |  | 459 |
| 3.4.1 | 初步设计文件评审费 | （基本设计费）×3.5% | 220 |
| 3.4.2 | 施工图文件评审费 | （基本设计费）×3.8% | 239 |
| 3.5 | 施工过程造价咨询及竣工结算审核费 | （安装工程费＋拆除工程费）×0.38% | 346 |
| 3.7 | 工程检测费 |  | 135 |
| 3.7.1 | 工程质量检测费 | （安装工程费）×0.15% | 135 |
|  | 合计 |  | 20362 |

## 14.5　B3-5　110kV 钢芯铝绞线 1×240mm$^2$

### 14.5.1　典型方案的主要内容

改造 1km 35kV 钢芯铝绞线，导线截面积为 1×240mm$^2$。

### 14.5.2　典型方案概算书

概算书如表 14-17～表 14-20 所示。

典型方案 B3-5 设备材料表　　表 14-17

金额单位：元

| 序号 | 设备材料名称 | 规格及型号 | 单位 | 设计用量 | 损耗率（%） | 单价 | 总价 |
|---|---|---|---|---|---|---|---|
|  | 安装工程 |  |  |  |  |  |  |
| X14010236 | 钢芯铝绞线 | JL/G1A-240/30 | t | 5.53 | 0.800 | 21300 | 118774.3 |
|  | 合计 |  |  |  |  |  | 118774.3 |

典型方案 B3-5 总概算汇总表　　　　　　　　　　表 14-18

金额单位：万元

| 序号 | 工程或费用名称 | 含税金额 | 占工程静态投资的比例（%） |
|---|---|---|---|
| 一 | 安装工程费 | 18.74 | 77.82 |
| 二 | 拆除工程费 | 1.38 | 5.74 |
| 三 | 设备购置费 | | |
| 四 | 其中：编制基准期价差 | 0.17 | 0.71 |
| | 小计 | 20.12 | 83.56 |
| | 其中：甲供设备材料费 | 11.88 | 49.33 |
| 五 | 其他费用 | 3.96 | 16.44 |
| 六 | 基本预备费 | | |
| 七 | 特殊项目 | | |
| | 工程投资合计 | 24.08 | 100 |
| | 其中：可抵扣增值税金额 | 2.26 | |
| | 其中：施工费 | 8.24 | 34.23 |

典型方案 B3-5 安装工程专业汇总表　　　　　　　表 14-19

金额单位：元

| 序号 | 工程或费用名称 | 安装工程费 | | | 设备购置费 | 合计 |
|---|---|---|---|---|---|---|
| | | 主要材料费 | 安装费 | 小计 | | |
| | 安装工程 | 59387 | 30726 | 90113 | | 90113 |
| 4 | 架线工程 | 59387 | 30726 | 90113 | | 90113 |
| 4.1 | 架线工程材料工地运输 | | 528 | 528 | | 528 |
| 4.2 | 导地线架设 | 59387 | 27600 | 86987 | | 86987 |
| 4.3 | 导地线跨越架设 | | 2598 | 2598 | | 2598 |
| | 合计 | 59387 | 30726 | 90113 | | 90113 |

典型方案 B3-5 其他费用概算表　　　　　　　　　表 14-20

金额单位：元

| 序号 | 工程或费用项目名称 | 编制依据及计算说明 | 合价 |
|---|---|---|---|
| 2 | 项目管理费 | | 14808 |
| 2.1 | 管理经费 | （安装工程费＋拆除工程费）×3.53% | 7102 |

续表

| 序号 | 工程或费用项目名称 | 编制依据及计算说明 | 合价 |
|---|---|---|---|
| 2.2 | 招标费 | (安装工程费+拆除工程费)×0.4% | 805 |
| 2.3 | 工程监理费 | (安装工程费+拆除工程费)×3.43% | 6901 |
| 3 | 项目技术服务费 | | 24771 |
| 3.1 | 前期工作费 | (安装工程费)×2.1% | 3935 |
| 3.3 | 工程勘察设计费 | | 18837 |
| 3.3.1 | 勘察费 | (勘察费)×100% | 3426 |
| 3.3.2 | 设计费 | (设计费)×100% | 15411 |
| 3.4 | 设计文件评审费 | | 953 |
| 3.4.1 | 初步设计文件评审费 | (基本设计费)×3.5% | 457 |
| 3.4.2 | 施工图文件评审费 | (基本设计费)×3.8% | 496 |
| 3.5 | 施工过程造价咨询及竣工结算审核费 | (安装工程费+拆除工程费)×0.38% | 765 |
| 3.7 | 工程检测费 | | 281 |
| 3.7.1 | 工程质量检测费 | (安装工程费)×0.15% | 281 |
| | 合计 | | 39579 |

## 14.6　B3-6　110kV 钢芯铝绞线 1×300mm$^2$

### 14.6.1　典型方案的主要内容

改造 1km 110kV 钢芯铝绞线，导线截面积为 1×300mm$^2$。

### 14.6.2　典型方案概算书

概算书如表 14-21～表 14-24 所示。

典型方案 B3-6 设备材料表　　　　表 14-21

金额单位：元

| 序号 | 设备材料名称 | 规格及型号 | 单位 | 设计用量 | 损耗率(%) | 单价 | 总价 |
|---|---|---|---|---|---|---|---|
| | 安装工程 | | | | | | |
| X14010236 | 钢芯铝绞线 | JL/G1A-300/40 | t | 6.35 | 0.800 | 17400 | 136294.1 |
| | 合计 | | | | | | 136294.1 |

典型方案 B3-6 总概算汇总表　　　　　　　　　　表 14-22

金额单位：万元

| 序号 | 工程或费用名称 | 含税金额 | 占工程静态投资的比例（%） |
|---|---|---|---|
| 一 | 安装工程费 | 20.51 | 79.72 |
| 二 | 拆除工程费 | 1.01 | 3.94 |
| 三 | 设备购置费 | | |
| 四 | 其中：编制基准期价差 | 0.16 | 0.62 |
| | 小计 | 21.52 | 83.66 |
| | 其中：甲供设备材料费 | 13.63 | 52.99 |
| 五 | 其他费用 | 4.20 | 16.34 |
| 六 | 基本预备费 | | |
| 七 | 特殊项目 | | |
| | 工程投资合计 | 25.72 | 100 |
| | 其中：可抵扣增值税金额 | 2.46 | |
| | 其中：施工费 | 7.89 | 30.67 |

典型方案 B3-6 安装工程专业汇总表　　　　　　　表 14-23

金额单位：元

| 序号 | 工程或费用名称 | 安装工程费 | | | 设备购置费 | 合计 |
|---|---|---|---|---|---|---|
| | | 主要材料费 | 安装费 | 小计 | | |
| | 安装工程 | 136294 | 68758 | 205053 | | 205053 |
| 4 | 架线工程 | 136294 | 68758 | 205053 | | 205053 |
| 4.1 | 架线工程材料工地运输 | | 1212 | 1212 | | 1212 |
| 4.2 | 导地线架设 | 136294 | 54640 | 190934 | | 190934 |
| 4.3 | 导地线跨越架设 | | 12907 | 12907 | | 12907 |
| | 合计 | 136294 | 68758 | 205053 | | 205053 |

典型方案 B3-6 其他费用概算表　　　　　　　　　表 14-24

金额单位：元

| 序号 | 工程或费用项目名称 | 编制依据及计算说明 | 合价 |
|---|---|---|---|
| 2 | 项目管理费 | | 15838 |
| 2.1 | 管理经费 | （安装工程费＋拆除工程费）×3.53% | 7596 |

续表

| 序号 | 工程或费用项目名称 | 编制依据及计算说明 | 合价 |
|---|---|---|---|
| 2.2 | 招标费 | (安装工程费+拆除工程费)×0.4% | 861 |
| 2.3 | 工程监理费 | (安装工程费+拆除工程费)×3.43% | 7381 |
| 3 | 项目技术服务费 | | 26175 |
| 3.1 | 前期工作费 | (安装工程费)×2.1% | 4306 |
| 3.3 | 工程勘察设计费 | | 19734 |
| 3.3.1 | 勘察费 | (勘察费)×100% | 3426 |
| 3.3.2 | 设计费 | (设计费)×100% | 16308 |
| 3.4 | 设计文件评审费 | | 1009 |
| 3.4.1 | 初步设计文件评审费 | (基本设计费)×3.5% | 484 |
| 3.4.2 | 施工图文件评审费 | (基本设计费)×3.8% | 525 |
| 3.5 | 施工过程造价咨询及竣工结算审核费 | (安装工程费+拆除工程费)×0.38% | 818 |
| 3.7 | 工程检测费 | | 308 |
| 3.7.1 | 工程质量检测费 | (安装工程费)×0.15% | 308 |
| | 合计 | | 42013 |

## 14.7　B3-7　110kV 钢芯铝绞线 1×400mm$^2$

### 14.7.1　典型方案的主要内容

改造 1km 110kV 钢芯铝绞线，导线截面积为 1×400mm$^2$。

### 14.7.2　典型方案概算书

概算书如表 14-25～表 14-28 所示。

典型方案 B3-7 设备材料表　　　表 14-25

金额单位：元

| 序号 | 设备材料名称 | 规格及型号 | 单位 | 设计用量 | 损耗率(%) | 单价 | 总价 |
|---|---|---|---|---|---|---|---|
| | | 安装工程 | | | | | |
| X14010236 | 钢芯铝绞线 | JL/G1A-400/35 | t | 8.1 | 0.800 | 22400 | 182756 |
| | 合计 | | | | | | 182756 |

典型方案 B3-7 总概算汇总表　　　　　　　　　表 14-26

金额单位：万元

| 序号 | 工程或费用名称 | 含税金额 | 占工程静态投资的比例（%） |
|---|---|---|---|
| 一 | 安装工程费 | 25.50 | 80.73 |
| 二 | 拆除工程费 | 1.01 | 3.21 |
| 三 | 设备购置费 | | |
| 四 | 其中：编制基准期价差 | 0.17 | 0.53 |
| | 小计 | 26.52 | 83.94 |
| | 其中：甲供设备材料费 | 18.28 | 57.86 |
| 五 | 其他费用 | 5.07 | 16.06 |
| 六 | 基本预备费 | | |
| 七 | 特殊项目 | | |
| | 工程投资合计 | 31.59 | 100 |
| | 其中：可抵扣增值税金额 | 3.11 | |
| | 其中：施工费 | 8.24 | 26.09 |

典型方案 B3-7 安装工程专业汇总表　　　　　　表 14-27

金额单位：元

| 序号 | 工程或费用名称 | 安装工程费 | | | 设备购置费 | 合计 |
| | | 主要材料费 | 安装费 | 小计 | | |
|---|---|---|---|---|---|---|
| | 安装工程 | 182756 | 72256 | 255012 | | 255012 |
| 4 | 架线工程 | 182756 | 72256 | 255012 | | 255012 |
| 4.1 | 架线工程材料工地运输 | | 1545 | 1545 | | 1545 |
| 4.2 | 导地线架设 | 182756 | 57804 | 240560 | | 240560 |
| 4.3 | 导地线跨越架设 | | 12907 | 12907 | | 12907 |
| | 合计 | 182756 | 72256 | 255012 | | 255012 |

典型方案 B3-7 其他费用概算表　　　　　　　　表 14-28

金额单位：元

| 序号 | 工程或费用项目名称 | 编制依据及计算说明 | 合价 |
|---|---|---|---|
| 2 | 项目管理费 | | 19515 |
| 2.1 | 管理经费 | （安装工程费＋拆除工程费）×3.53% | 9360 |

续表

| 序号 | 工程或费用项目名称 | 编制依据及计算说明 | 合价 |
|---|---|---|---|
| 2.2 | 招标费 | (安装工程费+拆除工程费)×0.4% | 1061 |
| 2.3 | 工程监理费 | (安装工程费+拆除工程费)×3.43% | 9095 |
| 3 | 项目技术服务费 |  | 31196 |
| 3.1 | 前期工作费 | (安装工程费)×2.1% | 5355 |
| 3.3 | 工程勘察设计费 |  | 23226 |
| 3.3.1 | 勘察费 | (勘察费)×100% | 3426 |
| 3.3.2 | 设计费 | (设计费)×100% | 19800 |
| 3.4 | 设计文件评审费 |  | 1225 |
| 3.4.1 | 初步设计文件评审费 | (基本设计费)×3.5% | 587 |
| 3.4.2 | 施工图文件评审费 | (基本设计费)×3.8% | 638 |
| 3.5 | 施工过程造价咨询及竣工结算审核费 | (安装工程费+拆除工程费)×0.38% | 1008 |
| 3.7 | 工程检测费 |  | 383 |
| 3.7.1 | 工程质量检测费 | (安装工程费)×0.15% | 383 |
|  | 合计 |  | 50712 |

## 14.8　B3-8　110kV 钢芯铝绞线 2×300mm²

### 14.8.1　典型方案的主要内容

改造 1km 110kV 钢芯铝绞线，导线截面积为 2×300mm²。

### 14.8.2　典型方案概算书

概算书如表 14-29～表 14-32 所示。

典型方案 B3-8 设备材料表　　　表 14-29

金额单位：元

| 序号 | 设备材料名称 | 规格及型号 | 单位 | 设计用量 | 损耗率(%) | 单价 | 总价 |
|---|---|---|---|---|---|---|---|
|  | 安装工程 |  |  |  |  |  |  |
| X14010236 | 钢芯铝绞线 | JL/G1A-300/25 | t | 12.70 | 0.800 | 21900 | 280266.7 |
|  | 合计 |  |  |  |  |  | 280266.7 |

典型方案 B3-8 总概算汇总表　　　　　　　　　表 14-30

金额单位：万元

| 序号 | 工程或费用名称 | 含税金额 | 占工程静态投资的比例（%） |
|---|---|---|---|
| 一 | 安装工程费 | 37.29 | 82.25 |
| 二 | 拆除工程费 | 1.01 | 2.24 |
| 三 | 设备购置费 | | |
| 四 | 其中：编制基准期价差 | 0.21 | 0.46 |
| | 小计 | 38.30 | 84.49 |
| | 其中：甲供设备材料费 | 28.03 | 61.82 |
| 五 | 其他费用 | 7.03 | 15.51 |
| 六 | 基本预备费 | | |
| 七 | 特殊项目 | | |
| | 工程投资合计 | 45.34 | 100 |
| | 其中：可抵扣增值税金额 | 4.53 | |
| | 其中：施工费 | 10.28 | 22.67 |

典型方案 B3-8 安装工程专业汇总表　　　　　　　　表 14-31

金额单位：元

| 序号 | 工程或费用名称 | 安装工程费 | | | 设备购置费 | 合计 |
|---|---|---|---|---|---|---|
| | | 主要材料费 | 安装费 | 小计 | | |
| | 安装工程 | 280267 | 92628 | 372894 | | 372894 |
| 4 | 架线工程 | 280267 | 92628 | 372894 | | 372894 |
| 4.1 | 架线工程材料工地运输 | | 2424 | 2424 | | 2424 |
| 4.2 | 导地线架设 | 280267 | 77297 | 357564 | | 357564 |
| 4.3 | 导地线跨越架设 | | 12907 | 12907 | | 12907 |
| | 合计 | 280267 | 92628 | 372894 | | 372894 |

典型方案 B3-8 其他费用概算表　　　　　　　　　表 14-32

金额单位：元

| 序号 | 工程或费用项目名称 | 编制依据及计算说明 | 合价 |
|---|---|---|---|
| 2 | 项目管理费 | | 28192 |
| 2.1 | 管理经费 | （安装工程费＋拆除工程费）×3.53% | 13521 |

续表

| 序号 | 工程或费用项目名称 | 编制依据及计算说明 | 合价 |
|---|---|---|---|
| 2.2 | 招标费 | （安装工程费＋拆除工程费）×0.4% | 1532 |
| 2.3 | 工程监理费 | （安装工程费＋拆除工程费）×3.43% | 13138 |
| 3 | 项目技术服务费 |  | 42147 |
| 3.1 | 前期工作费 | （安装工程费）×2.1% | 7831 |
| 3.3 | 工程勘察设计费 |  | 30619 |
| 3.3.1 | 勘察费 | （勘察费）×100% | 3426 |
| 3.3.2 | 设计费 | （设计费）×100% | 27193 |
| 3.4 | 设计文件评审费 |  | 1682 |
| 3.4.1 | 初步设计文件评审费 | （基本设计费）×3.5% | 807 |
| 3.4.2 | 施工图文件评审费 | （基本设计费）×3.8% | 876 |
| 3.5 | 施工过程造价咨询及竣工结算审核费 | （安装工程费＋拆除工程费）×0.38% | 1456 |
| 3.7 | 工程检测费 |  | 559 |
| 3.7.1 | 工程质量检测费 | （安装工程费）×0.15% | 559 |
|  | 合计 |  | 70338 |

# 第 15 章  更换普通地线

**典型方案说明**

更换普通地线工程典型方案共 4 个：按照电压等级分为 35kV～220kV，共三个电压等级，地线材质为钢绞线，本章 35kV 更换普通地线工程按照地线截面积分为 35mm²、50mm²，110kV、220kV 更换普通地线工程地线截面积为 50mm²。勘察费不足 5km 按照 5km 计算，本章勘察费为单公里造价（5km 勘察费 /5）。

## 15.1  B4-1  35kV 钢绞线 35mm²

### 15.1.1  典型方案的主要内容

改造 1km 35kV 钢绞线，地线截面积为 35mm²。

### 15.1.2  典型方案概算书

概算书如表 15-1～表 15-4 所示。

典型方案 B4-1 设备材料表　　　表 15-1

金额单位：元

| 序号 | 设备材料名称 | 规格及型号 | 单位 | 设计用量 | 损耗率（%） | 单价 | 总价 |
|---|---|---|---|---|---|---|---|
| | 安装工程 | | | | | | |
| X14010104 | 钢绞线 | LJ 35 | t | 0.29 | 0.400 | 8530 | 2483.60 |
| | 合计 | | | | | | 2483.60 |

典型方案 B4-1 总概算汇总表　　　表 15-2

金额单位：万元

| 序号 | 工程或费用名称 | 含税金额 | 占工程静态投资的比例（%） |
|---|---|---|---|
| 一 | 安装工程费 | 0.42 | 32.77 |
| 二 | 拆除工程费 | 0.37 | 28.44 |
| 三 | 设备购置费 | | |
| 四 | 其中：编制基准期价差 | 0.01 | 1.08 |
| | 小计 | 0.79 | 61.21 |
| | 其中：甲供设备材料费 | 0.25 | 19.17 |
| 五 | 其他费用 | 0.48 | 36.79 |

续表

| 序号 | 工程或费用名称 | 含税金额 | 占工程静态投资的比例（%） |
|---|---|---|---|
| 六 | 基本预备费 | | 2.01 |
| 七 | 特殊项目 | | |
| | 工程投资合计 | 1.29 | 100 |
| | 其中：可抵扣增值税金额 | 0.10 | |
| | 其中：施工费 | 0.54 | 42.04 |

典型方案 B4-1 安装工程专业汇总表　　　　表 15-3

金额单位：元

| 序号 | 工程或费用名称 | 安装工程费 | | | 设备购置费 | 合计 |
|---|---|---|---|---|---|---|
| | | 主要材料费 | 安装费 | 小计 | | |
| | 安装工程 | 2484 | 1766 | 4250 | | 4250 |
| 4 | 架线工程 | 2484 | 1766 | 4250 | | 4250 |
| 4.1 | 架线工程材料工地运输 | | 103 | 103 | | 103 |
| 4.2 | 导地线架设 | 2484 | 1663 | 4147 | | 4147 |
| | 合计 | 2484 | 1766 | 4250 | | 4250 |

典型方案 B4-1 其他费用概算表　　　　表 15-4

金额单位：元

| 序号 | 工程或费用项目名称 | 编制依据及计算说明 | 合价 |
|---|---|---|---|
| 2 | 项目管理费 | | 583 |
| 2.1 | 管理经费 | （安装工程费＋拆除工程费）×3.53% | 280 |
| 2.2 | 招标费 | （安装工程费＋拆除工程费）×0.4% | 32 |
| 2.3 | 工程监理费 | （安装工程费＋拆除工程费）×3.43% | 272 |
| 3 | 项目技术服务费 | | 4183 |
| 3.1 | 前期工作费 | （安装工程费）×2.1% | 89 |
| 3.3 | 工程勘察设计费 | | 3898 |
| 3.3.1 | 勘察费 | （勘察费）×100% | 3426 |
| 3.3.2 | 设计费 | （设计费）×100% | 472 |
| 3.4 | 设计文件评审费 | | 29 |
| 3.4.1 | 初步设计文件评审费 | （基本设计费）×3.5% | 14 |

续表

| 序号 | 工程或费用项目名称 | 编制依据及计算说明 | 合价 |
|---|---|---|---|
| 3.4.2 | 施工图文件评审费 | （基本设计费）×3.8% | 15 |
| 3.5 | 施工过程造价咨询及竣工结算审核费 | （安装工程费＋拆除工程费）×0.38% | 160 |
| 3.7 | 工程检测费 | | 6 |
| 3.7.1 | 工程质量检测费 | （安装工程费）×0.15% | 6 |
| | 合计 | | 4766 |

## 15.2 B4-2 35kV 钢绞线 50mm$^2$

### 15.2.1 典型方案的主要内容

改造 1km 35kV 钢绞线，地线截面积为 50mm$^2$。

### 15.2.2 典型方案概算书

概算书如表 15-5～表 15-8 所示。

典型方案 B4-2 设备材料表　　　　表 15-5

金额单位：元

| 序号 | 设备材料名称 | 规格及型号 | 单位 | 设计用量 | 损耗率(%) | 单价 | 总价 |
|---|---|---|---|---|---|---|---|
| | 安装工程 | | | | | | |
| X14010104 | 钢绞线 | LJ 50 | t | 0.42 | 0.400 | 8670 | 3690.78 |
| | 合计 | | | | | | 3690.78 |

典型方案 B4-2 总概算汇总表　　　　表 15-6

金额单位：万元

| 序号 | 工程或费用名称 | 含税金额 | 占工程静态投资的比例(%) |
|---|---|---|---|
| 一 | 安装工程费 | 0.57 | 39.15 |
| 二 | 拆除工程费 | 0.37 | 25.27 |
| 三 | 设备购置费 | | |
| 四 | 其中：编制基准期价差 | 0.01 | 0.96 |
| | 小计 | 0.94 | 64.42 |
| | 其中：甲供设备材料费 | 0.37 | 25.41 |
| 五 | 其他费用 | 0.49 | 33.65 |

续表

| 序号 | 工程或费用名称 | 含税金额 | 占工程静态投资的比例（%） |
|---|---|---|---|
| 六 | 基本预备费 | | 1.92 |
| 七 | 特殊项目 | | |
| | 工程投资合计 | 1.43 | 100 |
| | 其中：可抵扣增值税金额 | 0.12 | |
| | 其中：施工费 | 0.57 | 39.15 |

典型方案 B4-2 安装工程专业汇总表　　表 15-7

金额单位：元

| 序号 | 工程或费用名称 | 安装工程费 | | | 设备购置费 | 合计 |
|---|---|---|---|---|---|---|
| | | 主要材料费 | 安装费 | 小计 | | |
| | 安装工程 | 3691 | 2018 | 5708 | | 5708 |
| 4 | 架线工程 | 3691 | 2018 | 5708 | | 5708 |
| 4.1 | 架线工程材料工地运输 | | 166 | 166 | | 166 |
| 4.2 | 导地线架设 | 3691 | 1852 | 5543 | | 5543 |
| | 合计 | 3691 | 2018 | 5708 | | 5708 |

典型方案 B4-2 其他费用概算表　　表 15-8

金额单位：元

| 序号 | 工程或费用项目名称 | 编制依据及计算说明 | 合价 |
|---|---|---|---|
| 2 | 项目管理费 | | 691 |
| 2.1 | 管理经费 | （安装工程费+拆除工程费）×3.53% | 331 |
| 2.2 | 招标费 | （安装工程费+拆除工程费）×0.4% | 38 |
| 2.3 | 工程监理费 | （安装工程费+拆除工程费）×3.43% | 322 |
| 3 | 项目技术服务费 | | 4216 |
| 3.1 | 前期工作费 | （安装工程费）×2.1% | 120 |
| 3.3 | 工程勘察设计费 | | 3898 |
| 3.3.1 | 勘察费 | （勘察费）×100% | 3426 |
| 3.3.2 | 设计费 | （设计费）×100% | 472 |
| 3.4 | 设计文件评审费 | | 29 |
| 3.4.1 | 初步设计文件评审费 | （基本设计费）×3.5% | 14 |

续表

| 序号 | 工程或费用项目名称 | 编制依据及计算说明 | 合价 |
|---|---|---|---|
| 3.4.2 | 施工图文件评审费 | （基本设计费）×3.8% | 15 |
| 3.5 | 施工过程造价咨询及竣工结算审核费 | （安装工程费+拆除工程费）×0.38% | 160 |
| 3.7 | 工程检测费 | | 9 |
| 3.7.1 | 工程质量检测费 | （安装工程费）×0.15% | 9 |
| | 合计 | | 4906 |

## 15.3　B4-3　110kV 钢绞线 50mm$^2$

### 15.3.1　典型方案的主要内容

改造 1km 110kV 钢绞线，地线截面积为 50mm$^2$。

### 15.3.2　典型方案概算书

概算书如表 15-9～表 15-12 所示。

典型方案 B4-3 设备材料表　　表 15-9

金额单位：元

| 序号 | 设备材料名称 | 规格及型号 | 单位 | 设计用量 | 损耗率（%） | 单价 | 总价 |
|---|---|---|---|---|---|---|---|
| | 安装工程 | | | | | | |
| X14010104 | 钢绞线 | LJ 50 | t | 0.85 | 0.400 | 8670 | 7381.57 |
| | 合计 | | | | | | 7381.57 |

典型方案 B4-3 总概算汇总表　　表 15-10

金额单位：万元

| 序号 | 工程或费用名称 | 含税金额 | 占工程静态投资的比例（%） |
|---|---|---|---|
| 一 | 安装工程费 | 1.14 | 53.17 |
| 二 | 拆除工程费 | 0.37 | 17.13 |
| 三 | 设备购置费 | | |
| 四 | 其中：编制基准期价差 | 0.02 | 0.84 |
| | 小计 | 1.51 | 70.3 |
| | 其中：甲供设备材料费 | 0.74 | 34.36 |
| 五 | 其他费用 | 0.60 | 27.75 |

续表

| 序号 | 工程或费用名称 | 含税金额 | 占工程静态投资的比例（%） |
|---|---|---|---|
| 六 | 基本预备费 | | 1.96 |
| 七 | 特殊项目 | | |
| | 工程投资合计 | 2.11 | 100 |
| | 其中：可抵扣增值税金额 | 0.18 | |
| | 其中：施工费 | 0.77 | 35.94 |

典型方案 B4-3 安装工程专业汇总表　　　　表 15-11

金额单位：元

| 序号 | 工程或费用名称 | 安装工程费 | | | 设备购置费 | 合计 |
|---|---|---|---|---|---|---|
| | | 主要材料费 | 安装费 | 小计 | | |
| | 安装工程 | 7382 | 4035 | 11417 | | 11417 |
| 4 | 架线工程 | 7382 | 4035 | 11417 | | 11417 |
| 4.1 | 架线工程材料工地运输 | | 331 | 331 | | 331 |
| 4.2 | 导地线架设 | 7382 | 3704 | 11086 | | 11086 |
| | 合计 | 7382 | 4035 | 11417 | | 11417 |

典型方案 B4-3 其他费用概算表　　　　表 15-12

金额单位：元

| 序号 | 工程或费用项目名称 | 编制依据及计算说明 | 合价 |
|---|---|---|---|
| 2 | 项目管理费 | | 1111 |
| 2.1 | 管理经费 | （安装工程费＋拆除工程费）×3.53% | 533 |
| 2.2 | 招标费 | （安装工程费＋拆除工程费）×0.4% | 60 |
| 2.3 | 工程监理费 | （安装工程费＋拆除工程费）×3.43% | 518 |
| 3 | 项目技术服务费 | | 4840 |
| 3.1 | 前期工作费 | （安装工程费）×2.1% | 240 |
| 3.3 | 工程勘察设计费 | | 4365 |
| 3.3.1 | 勘察费 | （勘察费）×100% | 3426 |
| 3.3.2 | 设计费 | （设计费）×100% | 939 |
| 3.4 | 设计文件评审费 | | 58 |
| 3.4.1 | 初步设计文件评审费 | （基本设计费）×3.5% | 28 |

续表

| 序号 | 工程或费用项目名称 | 编制依据及计算说明 | 合价 |
|---|---|---|---|
| 3.4.2 | 施工图文件评审费 | (基本设计费)×3.8% | 30 |
| 3.5 | 施工过程造价咨询及竣工结算审核费 | (安装工程费+拆除工程费)×0.38% | 160 |
| 3.7 | 工程检测费 | | 17 |
| 3.7.1 | 工程质量检测费 | (安装工程费)×0.15% | 17 |
| | 合计 | | 5951 |

## 15.4　B4-4　220kV 钢绞线 50mm$^2$

### 15.4.1　典型方案的主要内容

改造 1km 220kV 钢绞线，地线截面积为 50mm$^2$。

### 15.4.2　典型方案概算书

概算书如表 15-13～表 15-16 所示。

典型方案 B4-4 设备材料表　　　表 15-13

金额单位：元

| 序号 | 设备材料名称 | 规格及型号 | 单位 | 设计用量 | 损耗率（%） | 单价 | 总价 |
|---|---|---|---|---|---|---|---|
| | 安装工程 | | | | | | |
| X14010104 | 钢绞线 | LJ 50 | t | 1.02 | 0.400 | 8670 | 8857.88 |
| | 合计 | | | | | | 8857.88 |

典型方案 B4-4 总概算汇总表　　　表 15-14

金额单位：万元

| 序号 | 工程或费用名称 | 含税金额 | 占工程静态投资的比例（%） |
|---|---|---|---|
| 一 | 安装工程费 | 1.30 | 53.03 |
| 二 | 拆除工程费 | 0.37 | 15.06 |
| 三 | 设备购置费 | | |
| 四 | 其中：编制基准期价差 | 0.02 | 0.74 |
| | 小计 | 1.66 | 68.09 |
| | 其中：甲供设备材料费 | 0.89 | 36.25 |
| 五 | 其他费用 | 0.73 | 29.95 |

续表

| 序号 | 工程或费用名称 | 含税金额 | 占工程静态投资的比例（%） |
|---|---|---|---|
| 六 | 基本预备费 | | 1.96 |
| 七 | 特殊项目 | | |
| | 工程投资合计 | 2.4 | 100 |
| | 其中：可抵扣增值税金额 | 0.21 | |
| | 其中：施工费 | 0.78 | 31.83 |

典型方案 B4-4 安装工程专业汇总表　　表 15-15

金额单位：元

| 序号 | 工程或费用名称 | 安装工程费 | | | 设备购置费 | 合计 |
|---|---|---|---|---|---|---|
| | | 主要材料费 | 安装费 | 小计 | | |
| | 安装工程 | 8858 | 4103 | 12961 | | 12961 |
| 4 | 架线工程 | 8858 | 4103 | 12961 | | 12961 |
| 4.1 | 架线工程材料工地运输 | | 398 | 398 | | 398 |
| 4.2 | 导地线架设 | 8858 | 3705 | 12563 | | 12563 |
| | 合计 | 8858 | 4103 | 12961 | | 12961 |

典型方案 B4-4 其他费用概算表　　表 15-16

金额单位：元

| 序号 | 工程或费用项目名称 | 编制依据及计算说明 | 合价 |
|---|---|---|---|
| 2 | 项目管理费 | | |
| 2.1 | 管理经费 | （安装工程费+拆除工程费）×3.53% | 587 |
| 2.2 | 招标费 | （安装工程费+拆除工程费）×0.4% | 67 |
| 2.3 | 工程监理费 | （安装工程费+拆除工程费）×3.43% | 571 |
| 3 | 项目技术服务费 | | 6088 |
| 3.1 | 前期工作费 | （安装工程费）×2.1% | 272 |
| 3.3 | 工程勘察设计费 | | 5570 |
| 3.3.1 | 勘察费 | （勘察费）×100% | 4504 |
| 3.3.2 | 设计费 | （设计费）×100% | 1066 |
| 3.4 | 设计文件评审费 | | 66 |
| 3.4.1 | 初步设计文件评审费 | （基本设计费）×3.5% | 32 |

续表

| 序号 | 工程或费用项目名称 | 编制依据及计算说明 | 合价 |
|---|---|---|---|
| 3.4.2 | 施工图文件评审费 | （基本设计费）×3.8% | 34 |
| 3.5 | 施工过程造价咨询及竣工结算审核费 | （安装工程费＋拆除工程费）×0.38% | 160 |
| 3.7 | 工程检测费 | | 19 |
| 3.7.1 | 工程质量检测费 | （安装工程费）×0.15% | 19 |
| | 合计 | | 7312 |

# 第16章 更换绝缘子

**典型方案说明**

更换绝缘子工程典型方案共 8 个：按照电压等级分为 35kV～500kV，共四个电压等级，按材质分为合成绝缘子和瓷绝缘子。典型方案工作范围为新绝缘子安装，不包含占地及青苗补偿。

## 16.1 B5-1 35kV 合成绝缘子

### 16.1.1 典型方案的主要内容

改造 1 串 35kV 合成绝缘子。

### 16.1.2 典型方案概算书

概算书如表 16-1～表 16-4 所示。

典型方案 B5-1 设备材料表　　　　表 16-1

金额单位：元

| 序号 | 设备材料名称 | 规格及型号 | 单位 | 设计用量 | 损耗率（%） | 单价 | 总价 |
|---|---|---|---|---|---|---|---|
| | 安装工程 | | | | | | |
| | 导线悬垂串 | | t | 0.168 | 1.500 | 25000.000 | 4263 |
| C01011515 | 线路电瓷合成绝缘子 | FXBW-35/70 | 只 | 1 | 0.500 | 170 | 170.85 |
| | 合计 | | | | | | 4433.85 |

典型方案 B5-1 总概算汇总表　　　　表 16-2

金额单位：万元

| 序号 | 工程或费用名称 | 含税金额 | 占工程静态投资的比例（%） |
|---|---|---|---|
| 一 | 安装工程费 | 0.05 | 48.1 |
| 二 | 拆除工程费 | 0.00 | 1.69 |
| 三 | 设备购置费 | | |
| 四 | 其中：编制基准期价差 | 0.00 | 0.42 |
| | 小计 | 0.05 | 49.79 |
| | 其中：甲供设备材料费 | 0.04 | 35.44 |
| 五 | 其他费用 | 0.05 | 50.21 |

续表

| 序号 | 工程或费用名称 | 含税金额 | 占工程静态投资的比例（%） |
|---|---|---|---|
| 六 | 基本预备费 | | |
| 七 | 特殊项目 | | |
| | 工程投资合计 | 0.10 | 100 |
| | 其中：可抵扣增值税金额 | 0.01 | |
| | 其中：施工费 | 0.01 | 14.35 |

典型方案 B5-1 安装工程专业汇总表　　　　　表 16-3

金额单位：元

| 序号 | 工程或费用名称 | 安装工程费 | | | 设备购置费 | 合计 |
|---|---|---|---|---|---|---|
| | | 主要材料费 | 安装费 | 小计 | | |
| | 安装工程 | 348 | 126 | 474 | | 474 |
| 5 | 附件工程 | 348 | 126 | 474 | | 474 |
| 5.1 | 附件安装工程材料工地运输 | | 9 | 9 | | 9 |
| 5.2 | 绝缘子串及金具安装 | 348 | 116 | 465 | | 465 |
| 5.2.2 | 悬垂绝缘子串及金具安装 | 348 | 116 | 465 | | 465 |
| | 合计 | 348 | 126 | 474 | | 474 |

典型方案 B5-1 其他费用概算表　　　　　表 16-4

金额单位：元

| 序号 | 工程或费用项目名称 | 编制依据及计算说明 | 合价 |
|---|---|---|---|
| 2 | 项目管理费 | | 36 |
| 2.1 | 管理经费 | （安装工程费＋拆除工程费）×3.53% | 17 |
| 2.2 | 招标费 | （安装工程费＋拆除工程费）×0.4% | 2 |
| 2.3 | 工程监理费 | （安装工程费＋拆除工程费）×3.43% | 17 |
| 3 | 项目技术服务费 | | 458 |
| 3.1 | 前期工作费 | （安装工程费）×2.1% | 10 |
| 3.3 | 工程勘察设计费 | | 405 |
| 3.3.1 | 勘察费 | （勘察费）×100% | 307 |
| 3.3.2 | 设计费 | （设计费）×100% | 98 |
| 3.4 | 设计文件评审费 | | 6 |

续表

| 序号 | 工程或费用项目名称 | 编制依据及计算说明 | 合价 |
|---|---|---|---|
| 3.4.1 | 初步设计文件评审费 | （基本设计费）×3.5% | 3 |
| 3.4.2 | 施工图文件评审费 | （基本设计费）×3.8% | 3 |
| 3.5 | 施工过程造价咨询及竣工结算审核费 | （安装工程费＋拆除工程费）×0.38% | 33 |
| 3.6 | 项目后评价费 | （安装工程费＋拆除工程费）×0.5% | 2 |
| 3.7 | 工程检测费 |  | 1 |
| 3.7.1 | 工程质量检测费 | （安装工程费）×0.15% | 1 |
|  | 合计 |  | 494 |

## 16.2　B5-2　35kV 瓷绝缘子

### 16.2.1　典型方案的主要内容

改造 1 串 35kV 瓷绝缘子。

### 16.2.2　典型方案概算书

概算书如表 16-5～表 16-8 所示。

典型方案 B5-2 设备材料表　　　　表 16-5

金额单位：元

| 序号 | 设备材料名称 | 规格及型号 | 单位 | 设计用量 | 损耗率（%） | 单价 | 总价 |
|---|---|---|---|---|---|---|---|
|  | 安装工程 |  |  |  |  |  |  |
|  | 导线耐张串 |  | t | 0.021 | 1.500 | 25000.000 | 532.88 |
| C01032526 | 瓷绝缘子 | U70BP/146D | 只 | 8 | 2 | 69 | 563 |
|  | 合计 |  |  |  |  |  | 1095.92 |

典型方案 B5-2 总概算汇总表　　　　表 16-6

金额单位：万元

| 序号 | 工程或费用名称 | 含税金额 | 占工程静态投资的比例（%） |
|---|---|---|---|
| 一 | 安装工程费 | 0.27 | 65.62 |
| 二 | 拆除工程费 | 0.06 | 15.39 |
| 三 | 设备购置费 |  |  |

续表

| 序号 | 工程或费用名称 | 含税金额 | 占工程静态投资的比例(%) |
|---|---|---|---|
| 四 | 其中：编制基准期价差 | 0.00 | 1 |
|  | 小计 | 0.34 | 81.01 |
|  | 其中：甲供设备材料费 | 0.11 | 26.32 |
| 五 | 其他费用 | 0.08 | 18.99 |
| 六 | 基本预备费 |  |  |
| 七 | 特殊项目 |  |  |
|  | 工程投资合计 | 0.42 | 100 |
|  | 其中：可抵扣增值税金额 | 0.04 |  |
|  | 其中：施工费 | 0.23 | 54.76 |

典型方案 B5-2 安装工程专业汇总表　　　　表 16-7

金额单位：元

| 序号 | 工程或费用名称 | 安装工程费 | | | 设备购置费 | 合计 |
|---|---|---|---|---|---|---|
|  |  | 主要材料费 | 安装费 | 小计 |  |  |
|  | 安装工程 | 1096 | 1641 | 2737 |  | 2737 |
| 5 | 附件工程 | 1096 | 1641 | 2737 |  | 2737 |
| 5.1 | 附件安装工程材料工地运输 |  | 34 | 34 |  | 34 |
| 5.2 | 绝缘子串及金具安装 | 1096 | 1607 | 2703 |  | 2703 |
| 5.2.1 | 耐张绝缘子串及金具安装 | 1096 | 1607 | 2703 |  | 2703 |
|  | 合计 | 1096 | 1641 | 2737 |  | 2737 |

典型方案 B5-2 其他费用概算表　　　　表 16-8

金额单位：元

| 序号 | 工程或费用项目名称 | 编制依据及计算说明 | 合价 |
|---|---|---|---|
| 2 | 项目管理费 |  | 249 |
| 2.1 | 管理经费 | （安装工程费＋拆除工程费）×3.53% | 119 |
| 2.2 | 招标费 | （安装工程费＋拆除工程费）×0.4% | 14 |
| 2.3 | 工程监理费 | （安装工程费＋拆除工程费）×3.43% | 116 |

续表

| 序号 | 工程或费用项目名称 | 编制依据及计算说明 | 合价 |
|---|---|---|---|
| 3 | 项目技术服务费 | | 544 |
| 3.1 | 前期工作费 | （安装工程费）×2.1% | 57 |
| 3.3 | 工程勘察设计费 | | 430 |
| 3.3.1 | 勘察费 | （勘察费）×100% | 205 |
| 3.3.2 | 设计费 | （设计费）×100% | 225 |
| 3.4 | 设计文件评审费 | | 14 |
| 3.4.1 | 初步设计文件评审费 | （基本设计费）×3.5% | 7 |
| 3.4.2 | 施工图文件评审费 | （基本设计费）×3.8% | 7 |
| 3.5 | 施工过程造价咨询及竣工结算审核费 | （安装工程费+拆除工程费）×0.38% | 22 |
| 3.6 | 项目后评价费 | （安装工程费+拆除工程费）×0.5% | 17 |
| 3.7 | 工程检测费 | | 4 |
| 3.7.1 | 工程质量检测费 | （安装工程费）×0.15% | 4 |
| | 合计 | | 793 |

## 16.3　B5-3　110kV 合成绝缘子

### 16.3.1　典型方案的主要内容

改造 1 串 110kV 合成绝缘子。

### 16.3.2　典型方案概算书

概算书如表 16-9～表 16-12 所示。

典型方案 B5-3 设备材料表　　　表 16-9

金额单位：元

| 序号 | 设备材料名称 | 规格及型号 | 单位 | 设计用量 | 损耗率(%) | 单价 | 总价 |
|---|---|---|---|---|---|---|---|
| | 安装工程 | | | | | | |
| | 导线悬垂串 | | t | 0.009 | 1.500 | 25000.000 | 228.38 |
| C01011515 | 合成绝缘子 | FXBW-110/120 | 只 | 1 | 0.500 | 190 | 190 |
| | 合计 | | | | | | 418.38 |

典型方案 B5-3 总概算汇总表　　　　　　　表 16-10

金额单位：万元

| 序号 | 工程或费用名称 | 含税金额 | 占工程静态投资的比例（%） |
|---|---|---|---|
| 一 | 安装工程费 | 0.07 | 40.86 |
| 二 | 拆除工程费 | 0.00 | 2.79 |
| 三 | 设备购置费 | | |
| 四 | 其中：编制基准期价差 | 0.00 | 0.25 |
| | 小计 | 0.07 | 43.65 |
| | 其中：甲供设备材料费 | 0.04 | 25.63 |
| 五 | 其他费用 | 0.09 | 56.35 |
| 六 | 基本预备费 | | |
| 七 | 特殊项目 | | |
| | 工程投资合计 | 0.16 | 100 |
| | 其中：可抵扣增值税金额 | 0.01 | |
| | 其中：施工费 | 0.03 | 18.27 |

典型方案 B5-3 安装工程专业汇总表　　　　　　　表 16-11

金额单位：元

| 序号 | 工程或费用名称 | 安装工程费 | | | 设备购置费 | 合计 |
|---|---|---|---|---|---|---|
| | | 主要材料费 | 安装费 | 小计 | | |
| | 安装工程 | 419 | 251 | 670 | | 670 |
| 5 | 附件工程 | 419 | 251 | 670 | | 670 |
| 5.1 | 附件安装工程材料工地运输 | | 9 | 9 | | 9 |
| 5.2 | 绝缘子串及金具安装 | 419 | 241 | 661 | | 661 |
| 5.2.2 | 悬垂绝缘子串及金具安装 | 419 | 241 | 661 | | 661 |
| | 合计 | 419 | 251 | 670 | | 670 |

典型方案 B5-3 其他费用概算表　　　　　　　表 16-12

金额单位：元

| 序号 | 工程或费用项目名称 | 编制依据及计算说明 | 合价 |
|---|---|---|---|
| 2 | 项目管理费 | | 53 |
| 2.1 | 管理经费 | （安装工程费＋拆除工程费）×3.53% | 25 |

续表

| 序号 | 工程或费用项目名称 | 编制依据及计算说明 | 合价 |
|---|---|---|---|
| 2.2 | 招标费 | （安装工程费＋拆除工程费）×0.4% | 3 |
| 2.3 | 工程监理费 | （安装工程费＋拆除工程费）×3.43% | 25 |
| 3 | 项目技术服务费 | | 870 |
| 3.1 | 前期工作费 | （安装工程费）×2.1% | 14 |
| 3.3 | 工程勘察设计费 | | 812 |
| 3.3.1 | 勘察费 | （勘察费）×100% | 714 |
| 3.3.2 | 设计费 | （设计费）×100% | 98 |
| 3.4 | 设计文件评审费 | | 6 |
| 3.4.1 | 初步设计文件评审费 | （基本设计费）×3.5% | 3 |
| 3.4.2 | 施工图文件评审费 | （基本设计费）×3.8% | 3 |
| 3.5 | 施工过程造价咨询及竣工结算审核费 | （安装工程费＋拆除工程费）×0.38% | 33 |
| 3.6 | 项目后评价费 | （安装工程费＋拆除工程费）×0.5% | 4 |
| 3.7 | 工程检测费 | | 1 |
| 3.7.1 | 工程质量检测费 | （安装工程费）×0.15% | 1 |
| | 合计 | | 923 |

## 16.4　B5-4　110kV 瓷绝缘子

### 16.4.1　典型方案的主要内容

改造 1 串 110kV 瓷绝缘子。

### 16.4.2　典型方案概算书

概算书如表 16-13～表 16-16 所示。

典型方案 B5-4 设备材料表　　表 16-13

金额单位：元

| 序号 | 设备材料名称 | 规格及型号 | 单位 | 设计用量 | 损耗率（%） | 单价 | 总价 |
|---|---|---|---|---|---|---|---|
| | 安装工程 | | | | | | |
| | 导线耐张串 | | t | 0.028 | 1.500 | 25000.000 | 710.5 |
| C01032526 | 瓷绝缘子 | U160BP/170D | 只 | 18 | 2 | 150 | 2754 |
| | 合计 | | | | | | 3464.5 |

典型方案 B5-4 总概算汇总表  表 16-14

金额单位：万元

| 序号 | 工程或费用名称 | 含税金额 | 占工程静态投资的比例（%） |
|---|---|---|---|
| 一 | 安装工程费 | 0.68 | 65.23 |
| 二 | 拆除工程费 | 0.17 | 16.31 |
| 三 | 设备购置费 |  |  |
| 四 | 其中：编制基准期价差 | 0.01 | 0.91 |
|  | 小计 | 0.85 | 81.53 |
|  | 其中：甲供设备材料费 | 0.35 | 33.28 |
| 五 | 其他费用 | 0.19 | 18.47 |
| 六 | 基本预备费 |  |  |
| 七 | 特殊项目 |  |  |
|  | 工程投资合计 | 1.04 | 100 |
|  | 其中：可抵扣增值税金额 | 0.10 |  |
|  | 其中：施工费 | 0.50 | 48.25 |

典型方案 B5-4 安装工程专业汇总表  表 16-15

金额单位：元

| 序号 | 工程或费用名称 | 安装工程费 | | | 设备购置费 | 合计 |
|---|---|---|---|---|---|---|
|  |  | 主要材料费 | 安装费 | 小计 |  |  |
|  | 安装工程 | 3465 | 3326 | 6790 |  | 6790 |
| 5 | 附件工程 | 3465 | 3326 | 6790 |  | 6790 |
| 5.1 | 附件安装工程材料工地运输 |  | 71 | 71 |  | 71 |
| 5.2 | 绝缘子串及金具安装 | 3465 | 3254 | 6719 |  | 6719 |
| 5.2.1 | 耐张绝缘子串及金具安装 | 3465 | 3254 | 6719 |  | 6719 |
|  | 合计 | 3465 | 3326 | 6790 |  | 6790 |

典型方案 B5-4 其他费用概算表  表 16-16

金额单位：元

| 序号 | 工程或费用项目名称 | 编制依据及计算说明 | 合价 |
|---|---|---|---|
| 2 | 项目管理费 |  | 625 |
| 2.1 | 管理经费 | （安装工程费＋拆除工程费）×3.53% | 300 |

续表

| 序号 | 工程或费用项目名称 | 编制依据及计算说明 | 合价 |
|---|---|---|---|
| 2.2 | 招标费 | （安装工程费＋拆除工程费）×0.4% | 34 |
| 2.3 | 工程监理费 | （安装工程费＋拆除工程费）×3.43% | 291 |
| 3 | 项目技术服务费 |  | 1296 |
| 3.1 | 前期工作费 | （安装工程费）×2.1% | 143 |
| 3.3 | 工程勘察设计费 |  | 1034 |
| 3.3.1 | 勘察费 | （勘察费）×100% | 476 |
| 3.3.2 | 设计费 | （设计费）×100% | 558 |
| 3.4 | 设计文件评审费 |  | 35 |
| 3.4.1 | 初步设计文件评审费 | （基本设计费）×3.5% | 17 |
| 3.4.2 | 施工图文件评审费 | （基本设计费）×3.8% | 18 |
| 3.5 | 施工过程造价咨询及竣工结算审核费 | （安装工程费＋拆除工程费）×0.38% | 32 |
| 3.6 | 项目后评价费 | （安装工程费＋拆除工程费）×0.5% | 42 |
| 3.7 | 工程检测费 |  | 10 |
| 3.7.1 | 工程质量检测费 | （安装工程费）×0.15% | 10 |
|  | 合计 |  | 1921 |

## 16.5　B5-5　220kV 合成绝缘子

### 16.5.1　典型方案的主要内容

改造 1 串 220kV 合成绝缘子。

### 16.5.2　典型方案概算书

概算书如表 16-17～表 16-20 所示。

典型方案 B5-5 设备材料表　　　　表 16-17

金额单位：元

| 序号 | 设备材料名称 | 规格及型号 | 单位 | 设计用量 | 损耗率（%） | 单价 | 总价 |
|---|---|---|---|---|---|---|---|
|  | 安装工程 |  |  |  |  |  |  |
|  | 导线悬垂串 |  | t | 0.011 | 1.500 | 25000.000 | 279.13 |
| C01011515 | 合成绝缘子 | FXBW-220/210 | 只 | 1 | 0.500 | 430 | 430 |
|  | 合计 |  |  |  |  |  | 709.13 |

典型方案 B5-5 总概算汇总表　　　　　　　　表 16-18

金额单位：万元

| 序号 | 工程或费用名称 | 含税金额 | 占工程静态投资的比例（%） |
|---|---|---|---|
| 一 | 安装工程费 | 0.12 | 48.76 |
| 二 | 拆除工程费 | 0.01 | 3.15 |
| 三 | 设备购置费 | | |
| 四 | 其中：编制基准期价差 | 0.00 | 0.5 |
| | 小计 | 0.13 | 51.91 |
| | 其中：甲供设备材料费 | 0.07 | 28.36 |
| 五 | 其他费用 | 0.12 | 48.09 |
| 六 | 基本预备费 | | |
| 七 | 特殊项目 | | |
| | 工程投资合计 | 0.25 | 100 |
| | 其中：可抵扣增值税金额 | 0.02 | |
| | 其中：施工费 | 0.06 | 23.55 |

典型方案 B5-5 安装工程专业汇总表　　　　　　　　表 16-19

金额单位：元

| 序号 | 工程或费用名称 | 安装工程费 | | | 设备购置费 | 合计 |
|---|---|---|---|---|---|---|
| | | 主要材料费 | 安装费 | 小计 | | |
| | 安装工程 | 711 | 512 | 1223 | | 1223 |
| 5 | 附件工程 | 711 | 512 | 1223 | | 1223 |
| 5.1 | 附件安装工程材料工地运输 | | 9 | 9 | | 9 |
| 5.2 | 绝缘子串及金具安装 | 711 | 503 | 1214 | | 1214 |
| 5.2.2 | 悬垂绝缘子串及金具安装 | 711 | 503 | 1214 | | 1214 |
| | 合计 | 711 | 512 | 1223 | | 1223 |

典型方案 B5-5 其他费用概算表　　　　　　　　表 16-20

金额单位：元

| 序号 | 工程或费用项目名称 | 编制依据及计算说明 | 合价 |
|---|---|---|---|
| 2 | 项目管理费 | | 96 |
| 2.1 | 管理经费 | （安装工程费＋拆除工程费）×3.53% | 46 |

续表

| 序号 | 工程或费用项目名称 | 编制依据及计算说明 | 合价 |
|---|---|---|---|
| 2.2 | 招标费 | （安装工程费＋拆除工程费）×0.4% | 5 |
| 2.3 | 工程监理费 | （安装工程费＋拆除工程费）×3.43% | 45 |
| 3 | 项目技术服务费 | | 1113 |
| 3.1 | 前期工作费 | （安装工程费）×2.1% | 26 |
| 3.3 | 工程勘察设计费 | | 1039 |
| 3.3.1 | 勘察费 | （勘察费）×100% | 938 |
| 3.3.2 | 设计费 | （设计费）×100% | 101 |
| 3.4 | 设计文件评审费 | | 6 |
| 3.4.1 | 初步设计文件评审费 | （基本设计费）×3.5% | 3 |
| 3.4.2 | 施工图文件评审费 | （基本设计费）×3.8% | 3 |
| 3.5 | 施工过程造价咨询及竣工结算审核费 | （安装工程费＋拆除工程费）×0.38% | 33 |
| 3.6 | 项目后评价费 | （安装工程费＋拆除工程费）×0.5% | 7 |
| 3.7 | 工程检测费 | | 2 |
| 3.7.1 | 工程质量检测费 | （安装工程费）×0.15% | 2 |
| | 合计 | | 1208 |

## 16.6　B5-6　220kV 瓷绝缘子

### 16.6.1　典型方案的主要内容

改造 1 串 220kV 瓷绝缘子。

### 16.6.2　典型方案概算书

概算书如表 16-21～表 16-24 所示。

典型方案 B5-6 设备材料表　　　表 16-21

金额单位：元

| 序号 | 设备材料名称 | 规格及型号 | 单位 | 设计用量 | 损耗率(%) | 单价 | 总价 |
|---|---|---|---|---|---|---|---|
| | 安装工程 | | | | | | |
| | 导线耐张串 | | t | 0.038 | 1.500 | 25000.000 | 964.25 |
| C01032526 | 瓷绝缘子 | U300BP/195T | 只 | 18 | 2 | 200 | 200 |
| | 合计 | | | | | | 4636.25 |

典型方案 B5-6 总概算汇总表　　　　　　　表 16-22

金额单位：万元

| 序号 | 工程或费用名称 | 含税金额 | 占工程静态投资的比例（%） |
|---|---|---|---|
| 一 | 安装工程费 | 1.19 | 70.41 |
| 二 | 拆除工程费 | 0.19 | 11.41 |
| 三 | 设备购置费 | | |
| 四 | 其中：编制基准期价差 | 0.02 | 1.01 |
| | 小计 | 1.38 | 81.82 |
| | 其中：甲供设备材料费 | 0.46 | 27.51 |
| 五 | 其他费用 | 0.31 | 18.18 |
| 六 | 基本预备费 | | |
| 七 | 特殊项目 | | |
| | 工程投资合计 | 1.69 | 100 |
| | 其中：可抵扣增值税金额 | 0.14 | |
| | 其中：施工费 | 0.92 | 54.3 |

典型方案 B5-6 安装工程专业汇总表　　　　　　　表 16-23

金额单位：元

| 序号 | 工程或费用名称 | 安装工程费 | | | 设备购置费 | 合计 |
| | | 主要材料费 | 安装费 | 小计 | | |
|---|---|---|---|---|---|---|
| | 安装工程 | 4636 | 7228 | 11864 | | 11864 |
| 5 | 附件工程 | 4636 | 7228 | 11864 | | 11864 |
| 5.1 | 附件安装工程材料工地运输 | | 74 | 74 | | 74 |
| 5.2 | 绝缘子串及金具安装 | 4636 | 7154 | 11791 | | 11791 |
| 5.2.1 | 耐张绝缘子串及金具安装 | 4636 | 7154 | 11791 | | 11791 |
| | 合计 | 4636 | 7228 | 11864 | | 11864 |

典型方案 B5-6 其他费用概算表　　　　　　　表 16-24

金额单位：元

| 序号 | 工程或费用项目名称 | 编制依据及计算说明 | 合价 |
|---|---|---|---|
| 2 | 项目管理费 | | 1015 |
| 2.1 | 管理经费 | （安装工程费＋拆除工程费）×3.53% | 487 |

续表

| 序号 | 工程或费用项目名称 | 编制依据及计算说明 | 合价 |
|---|---|---|---|
| 2.2 | 招标费 | （安装工程费＋拆除工程费）×0.4% | 55 |
| 2.3 | 工程监理费 | （安装工程费＋拆除工程费）×3.43% | 473 |
| 3 | 项目技术服务费 | | 2050 |
| 3.1 | 前期工作费 | （安装工程费）×2.1% | 249 |
| 3.3 | 工程勘察设计费 | | 1601 |
| 3.3.1 | 勘察费 | （勘察费）×100% | 626 |
| 3.3.2 | 设计费 | （设计费）×100% | 976 |
| 3.4 | 设计文件评审费 | | 60 |
| 3.4.1 | 初步设计文件评审费 | （基本设计费）×3.5% | 29 |
| 3.4.2 | 施工图文件评审费 | （基本设计费）×3.8% | 31 |
| 3.5 | 施工过程造价咨询及竣工结算审核费 | （安装工程费＋拆除工程费）×0.38% | 52 |
| 3.6 | 项目后评价费 | （安装工程费＋拆除工程费）×0.5% | 69 |
| 3.7 | 工程检测费 | | 18 |
| 3.7.1 | 工程质量检测费 | （安装工程费）×0.15% | 18 |
| | 合计 | | 3065 |

## 16.7 B5-7 500kV合成绝缘子

### 16.7.1 典型方案的主要内容

改造1串500kV合成绝缘子。

### 16.7.2 典型方案概算书

概算书如表16-25～表16-28所示。

典型方案B5-7设备材料表　　　　表16-25

金额单位：元

| 序号 | 设备材料名称 | 规格及型号 | 单位 | 设计用量 | 损耗率（%） | 单价 | 总价 |
|---|---|---|---|---|---|---|---|
| | 安装工程 | | | | | | |
| | 导线悬垂串 | | t | 0.024 | 1.500 | 25000.000 | 609 |
| C01011515 | 合成绝缘子 | FXBW-500/210 | 只 | 1 | 0.500 | 1180 | 1185.9 |
| | 合计 | | | | | | 1794.9 |

典型方案 B5-7 总概算汇总表　　　　　　　　　表 16-26

金额单位：万元

| 序号 | 工程或费用名称 | 含税金额 | 占工程静态投资的比例（%） |
|---|---|---|---|
| 一 | 安装工程费 | 0.28 | 52.67 |
| 二 | 拆除工程费 | 0.01 | 2.28 |
| 三 | 设备购置费 |  |  |
| 四 | 其中：编制基准期价差 | 0.00 | 0.39 |
|  | 小计 | 0.29 | 54.95 |
|  | 其中：甲供设备材料费 | 0.18 | 33.88 |
| 五 | 其他费用 | 0.24 | 45.05 |
| 六 | 基本预备费 |  |  |
| 七 | 特殊项目 |  |  |
|  | 工程投资合计 | 0.53 | 100 |
|  | 其中：可抵扣增值税金额 | 0.05 |  |
|  | 其中：施工费 | 0.11 | 21.07 |

典型方案 B5-7 安装工程专业汇总表　　　　　　　表 16-27

金额单位：元

| 序号 | 工程或费用名称 | 安装工程费 | | | 设备购置费 | 合计 |
|---|---|---|---|---|---|---|
|  |  | 主要材料费 | 安装费 | 小计 |  |  |
|  | 安装工程 | 1795 | 998 | 2793 |  | 2793 |
| 5 | 附件工程 | 1795 | 998 | 2793 |  | 2793 |
| 5.1 | 附件安装工程材料工地运输 |  | 9 | 9 |  | 9 |
| 5.2 | 绝缘子串及金具安装 | 1795 | 989 | 2784 |  | 2784 |
| 5.2.2 | 悬垂绝缘子串及金具安装 | 1795 | 989 | 2784 |  | 2784 |
|  | 合计 | 1795 | 998 | 2793 |  | 2793 |

典型方案 B5-7 其他费用概算表　　　　　　　　表 16-28

金额单位：元

| 序号 | 工程或费用项目名称 | 编制依据及计算说明 | 合价 |
|---|---|---|---|
| 2 | 项目管理费 |  | 214 |
| 2.1 | 管理经费 | （安装工程费＋拆除工程费）×3.53% | 103 |

续表

| 序号 | 工程或费用项目名称 | 编制依据及计算说明 | 合价 |
|---|---|---|---|
| 2.2 | 招标费 | （安装工程费＋拆除工程费）×0.4% | 12 |
| 2.3 | 工程监理费 | （安装工程费＋拆除工程费）×3.43% | 100 |
| 3 | 项目技术服务费 |  | 2171 |
| 3.1 | 前期工作费 | （安装工程费）×2.1% | 59 |
| 3.3 | 工程勘察设计费 |  | 2061 |
| 3.3.1 | 勘察费 | （勘察费）×100% | 1831 |
| 3.3.2 | 设计费 | （设计费）×100% | 230 |
| 3.4 | 设计文件评审费 |  | 14 |
| 3.4.1 | 初步设计文件评审费 | （基本设计费）×3.5% | 7 |
| 3.4.2 | 施工图文件评审费 | （基本设计费）×3.8% | 7 |
| 3.5 | 施工过程造价咨询及竣工结算审核费 | （安装工程费＋拆除工程费）×0.38% | 33 |
| 3.7 | 工程检测费 |  | 4 |
| 3.7.1 | 工程质量检测费 | （安装工程费）×0.15% | 4 |
|  | 合计 |  | 2386 |

## 16.8　B5-8　500kV 瓷绝缘子

### 16.8.1　典型方案的主要内容

改造 1 串 500kV 瓷绝缘子。

### 16.8.2　典型方案概算书

概算书如表 16-29～表 16-32 所示。

典型方案 B5-8 设备材料表　　　表 16-29

金额单位：元

| 序号 | 设备材料名称 | 规格及型号 | 单位 | 设计用量 | 损耗率（%） | 单价 | 总价 |
|---|---|---|---|---|---|---|---|
|  | 安装工程 |  |  |  |  |  |  |
|  | 导线耐张串 |  | t | 0.055 | 1.500 | 25000.000 | 1395.63 |
| C01032526 | 瓷绝缘子 | U420BP/205d | 只 | 18 | 2.000 | 360 | 6609.6 |
|  | 合计 |  |  |  |  |  | 8005.23 |

典型方案 B5-8 总概算汇总表　　　　　　　　　　表 16-30

金额单位：万元

| 序号 | 工程或费用名称 | 含税金额 | 占工程静态投资的比例（%） |
|---|---|---|---|
| 一 | 安装工程费 | 1.87 | 67.86 |
| 二 | 拆除工程费 | 0.37 | 13.54 |
| 三 | 设备购置费 | | |
| 四 | 其中：编制基准期价差 | 0.03 | 1.01 |
| | 小计 | 2.24 | 81.41 |
| | 其中：甲供设备材料费 | 0.80 | 29.06 |
| 五 | 其他费用 | 0.51 | 18.59 |
| 六 | 基本预备费 | | |
| | 特殊项目 | | |
| 七 | 工程投资合计 | 2.75 | 100 |
| | 其中：可抵扣增值税金额 | 0.24 | |
| | 其中：施工费 | 1.44 | 52.34 |

典型方案 B5-8 安装工程专业汇总表　　　　　　　　表 16-31

金额单位：元

| 序号 | 工程或费用名称 | 安装工程费 | | | 设备购置费 | 合计 |
| | | 主要材料费 | 安装费 | 小计 | | |
|---|---|---|---|---|---|---|
| | 安装工程 | 8005 | 10691 | 18696 | | 18696 |
| 5 | 附件工程 | 8005 | 10691 | 18696 | | 18696 |
| 5.1 | 附件安装工程材料工地运输 | | 78 | 78 | | 78 |
| 5.2 | 绝缘子串及金具安装 | 8005 | 10613 | 18618 | | 18618 |
| 5.2.1 | 耐张绝缘子串及金具安装 | 8005 | 10613 | 18618 | | 18618 |
| | 合计 | 8005 | 10691 | 18696 | | 18696 |

典型方案 B5-8 其他费用概算表　　　　　　　　　　表 16-32

金额单位：元

| 序号 | 工程或费用项目名称 | 编制依据及计算说明 | 合价 |
|---|---|---|---|
| 2 | 项目管理费 | | 1651 |
| 2.1 | 管理经费 | （安装工程费＋拆除工程费）×3.53% | 792 |

续表

| 序号 | 工程或费用项目名称 | 编制依据及计算说明 | 合价 |
|---|---|---|---|
| 2.2 | 招标费 | （安装工程费＋拆除工程费）×0.4% | 90 |
| 2.3 | 工程监理费 | （安装工程费＋拆除工程费）×3.43% | 769 |
| 3 | 项目技术服务费 | | 3472 |
| 3.1 | 前期工作费 | （安装工程费）×2.1% | 393 |
| 3.3 | 工程勘察设计费 | | 2759 |
| 3.3.1 | 勘察费 | （勘察费）×100% | 1221 |
| 3.3.2 | 设计费 | （设计费）×100% | 1538 |
| 3.4 | 设计文件评审费 | | 95 |
| 3.4.1 | 初步设计文件评审费 | （基本设计费）×3.5% | 46 |
| 3.4.2 | 施工图文件评审费 | （基本设计费）×3.8% | 50 |
| 3.5 | 施工过程造价咨询及竣工结算审核费 | （安装工程费＋拆除工程费）×0.38% | 85 |
| 3.6 | 项目后评价费 | （安装工程费＋拆除工程费）×0.5% | 112 |
| 3.7 | 工程检测费 | | 28 |
| 3.7.1 | 工程质量检测费 | （安装工程费）×0.15% | 28 |
| | 合计 | | 5122 |

# 第 17 章 加装（更换）避雷器

**典型方案说明**

加装（更换）避雷器工程典型方案共 2 个：按照电压等级分为 35kV～110kV，共两个电压等级，所有典型方案工作范围只包括线路避雷器主体工程，不包括铁塔增加避雷器悬挂横担。

## 17.1 B6-1 35kV 加装（更换）避雷器

### 17.1.1 典型方案的主要内容

加装（更换）1 台 35kV 避雷器。

### 17.1.2 典型方案概算书

概算书如表 17-1～表 17-4 所示。

典型方案 B6-1 设备材料表　　　　表 17-1

金额单位：元

| 序号 | 设备名称 | 规格型号 | 单位 | 数量 | 价格 单价 | 价格 合价 | 运杂费 费率(%) | 运杂费 合价 | 合计 |
|---|---|---|---|---|---|---|---|---|---|
|  | 安装工程 |  |  |  |  |  |  |  |  |
| S0743 | 避雷器 | AC35kV，硅橡胶 | 台 | 1 | 2230 | 2230 |  |  | 2230 |
|  | 合计 |  |  |  |  | 2230 |  |  | 2230 |

典型方案 B6-1 总概算汇总表　　　　表 17-2

金额单位：万元

| 序号 | 工程或费用名称 | 含税金额 | 占工程静态投资的比例（%） |
|---|---|---|---|
| 一 | 安装工程费 | 0.06 | 17.32 |
| 二 | 拆除工程费 |  |  |
| 三 | 设备购置费 | 0.23 | 65.76 |
| 四 | 其中：编制基准期价差 | 0.00 | 0.39 |
|  | 小计 | 0.28 | 83.07 |
|  | 其中：甲供设备材料费 | 0.23 | 65.76 |
| 五 | 其他费用 | 0.06 | 16.93 |
| 六 | 基本预备费 |  |  |

续表

| 序号 | 工程或费用名称 | 含税金额 | 占工程静态投资的比例（%） |
|---|---|---|---|
| 七 | 特殊项目 | | |
| | 工程投资合计 | 0.34 | 100 |
| | 其中：可抵扣增值税金额 | 0.03 | |
| | 其中：施工费 | 0.06 | 17.32 |

**典型方案 B6-1 安装工程专业汇总表**　　　　表 17-3

金额单位：元

| 序号 | 工程或费用名称 | 安装工程费 | | | 设备购置费 | 合计 |
|---|---|---|---|---|---|---|
| | | 主要材料费 | 安装费 | 小计 | | |
| | 安装工程 | | 593 | 593 | 2255 | 2848 |
| 6 | 辅助工程 | | 593 | 593 | 2255 | 2848 |
| 6.7 | 杆塔上装的各类辅助生产装置 | | 593 | 593 | 2255 | 2848 |
| | 合计 | | 593 | 593 | 2255 | 2848 |

**典型方案 B6-1 其他费用概算表**　　　　表 17-4

金额单位：元

| 序号 | 工程或费用项目名称 | 编制依据及计算说明 | 合价 |
|---|---|---|---|
| 2 | 项目管理费 | | 44 |
| 2.1 | 管理经费 | （安装工程费＋拆除工程费）×3.53% | 21 |
| 2.2 | 招标费 | （安装工程费＋拆除工程费）×0.4% | 2 |
| 2.3 | 工程监理费 | （安装工程费＋拆除工程费）×3.43% | 20 |
| 3 | 项目技术服务费 | | 537 |
| 3.1 | 前期工作费 | （安装工程费）×2.1% | 12 |
| 3.3 | 工程勘察设计费 | | 480 |
| 3.3.1 | 勘察费 | （勘察费）×100% | 246 |
| 3.3.2 | 设计费 | （设计费）×100% | 234 |
| 3.4 | 设计文件评审费 | | 15 |
| 3.4.1 | 初步设计文件评审费 | （基本设计费）×3.5% | 7 |
| 3.4.2 | 施工图文件评审费 | （基本设计费）×3.8% | 8 |

续表

| 序号 | 工程或费用项目名称 | 编制依据及计算说明 | 合价 |
|---|---|---|---|
| 3.5 | 施工过程造价咨询及竣工结算审核费 | （安装工程费＋拆除工程费）×0.38% | 27 |
| 3.6 | 项目后评价费 | （安装工程费＋拆除工程费）×0.5% | 3 |
| 3.7 | 工程检测费 | | 1 |
| 3.7.1 | 工程质量检测费 | （安装工程费）×0.15% | 1 |
| | 合计 | | 581 |

## 17.2　B6-2　110kV 加装（更换）避雷器

### 17.2.1　典型方案的主要内容

加装（更换）1 台 110kV 避雷器。

### 17.2.2　典型方案概算书

概算书如表 17-5～表 17-8 所示。

典型方案 B6-2 设备材料表　　　　表 17-5

金额单位：元

| 序号 | 设备名称 | 规格型号 | 单位 | 数量 | 价格 | | 运杂费 | | 合计 |
|---|---|---|---|---|---|---|---|---|---|
| | | | | | 单价 | 合价 | 费率(%) | 合价 | |
| | 安装工程 | | | | | | | | |
| S0743 | 避雷器 | AC110kV,硅橡胶 | 台 | 1 | 2760 | 2760 | | | 2760 |
| | 合计 | | | | | 2760 | | | 2760 |

典型方案 B6-2 总概算汇总表　　　　表 17-6

金额单位：万元

| 序号 | 工程或费用名称 | 含税金额 | 占工程静态投资的比例（%） |
|---|---|---|---|
| 一 | 安装工程费 | 0.11 | 18.04 |
| 二 | 拆除工程费 | | |
| 三 | 设备购置费 | 0.39 | 63.38 |
| 四 | 其中：编制基准期价差 | 0.00 | 0.38 |
| | 小计 | 0.50 | 81.42 |
| | 其中：甲供设备材料费 | 0.39 | 63.38 |

续表

| 序号 | 工程或费用名称 | 含税金额 | 占工程静态投资的比例（%） |
|---|---|---|---|
| 五 | 其他费用 | 0.12 | 18.58 |
| 六 | 基本预备费 | | |
| 七 | 特殊项目 | | |
| | 工程投资合计 | 0.62 | 100 |
| | 其中：可抵扣增值税金额 | 0.06 | |
| | 其中：施工费 | 0.11 | 18.04 |

典型方案 B6-2 安装工程专业汇总表　　表17-7

金额单位：元

| 序号 | 工程或费用名称 | 安装工程费 | | | 设备购置费 | 合计 |
|---|---|---|---|---|---|---|
| | | 主要材料费 | 安装费 | 小计 | | |
| | 安装工程 | | 1116 | 1116 | 3923 | 5039 |
| 6 | 辅助工程 | | 1116 | 1116 | 3923 | 5039 |
| 6.7 | 杆塔上装的各类辅助生产装置 | | 1116 | 1116 | 3923 | 5039 |
| | 合计 | | 1116 | 1116 | 3923 | 5039 |

典型方案 B6-2 其他费用概算表　　表17-8

金额单位：元

| 序号 | 工程或费用项目名称 | 编制依据及计算说明 | 合价 |
|---|---|---|---|
| 2 | 项目管理费 | | 82 |
| 2.1 | 管理经费 | （安装工程费＋拆除工程费）×3.53% | 39 |
| 2.2 | 招标费 | （安装工程费＋拆除工程费）×0.4% | 4 |
| 2.3 | 工程监理费 | （安装工程费＋拆除工程费）×3.43% | 38 |
| 3 | 项目技术服务费 | | 1068 |
| 3.1 | 前期工作费 | （安装工程费）×2.1% | 23 |
| 3.3 | 工程勘察设计费 | | 985 |
| 3.3.1 | 勘察费 | （勘察费）×100% | 571 |
| 3.3.2 | 设计费 | （设计费）×100% | 414 |
| 3.4 | 设计文件评审费 | | 26 |

续表

| 序号 | 工程或费用项目名称 | 编制依据及计算说明 | 合价 |
|---|---|---|---|
| 3.4.1 | 初步设计文件评审费 | （基本设计费）×3.5% | 12 |
| 3.4.2 | 施工图文件评审费 | （基本设计费）×3.8% | 13 |
| 3.5 | 施工过程造价咨询及竣工结算审核费 | （安装工程费＋拆除工程费）×0.38% | 27 |
| 3.6 | 项目后评价费 | （安装工程费＋拆除工程费）×0.5% | 6 |
| 3.7 | 工程检测费 | | 2 |
| 3.7.1 | 工程质量检测费 | （安装工程费）×0.15% | 2 |
| | 合计 | | 1151 |

# 第18章 电缆本体改造

**典型方案说明**

电缆本体改造工程典型方案共 2 个：35kV 电缆截面 300mm², 35kV 电缆截面 400mm²，所有典型方案工作内容包括电缆本体的安装，不包含土建和拆除工程。

## 18.1 B7-1 35kV 电缆本体改造 300mm²

### 18.1.1 典型方案的主要内容

改造 1km 35kV 电缆本体，电缆截面积为 300mm²。

### 18.1.2 典型方案概算书

概算书如表 18-1～表 18-4 所示。

典型方案 B7-1 设备材料表　　　　　　　表 18-1

金额单位：元

| 序号 | 设备名称 | 规格型号 | 单位 | 数量 | 单价 | 合价 |
|---|---|---|---|---|---|---|
|  | 安装工程 |  |  |  |  |  |
| L06020705 | 交联聚乙烯电缆预制型终端 | AC35kV，300mm²，3芯 | 套 | 6 | 1720 | 10320 |
| L06030904 | 35kV 绕包式电缆接头 |  | 套 | 6 | 3100 | 18600 |
| L01010117 | 阻燃铜芯聚氯乙烯绝缘及护套电力电缆 | ZR-VV1kV 三芯 300 | km | 1 | 846300 | 846300 |
|  | 合计 |  |  |  |  | 875220 |

典型方案 B7-1 总概算汇总表　　　　　　　表 18-2

金额单位：万元

| 序号 | 工程或费用名称 | 含税金额 | 占工程静态投资的比例（%） |
|---|---|---|---|
| 一 | 建筑工程费 |  |  |
| 二 | 安装工程费 | 8.16 | 7.81 |
| 三 | 拆除工程费 |  |  |
| 四 | 设备购置费 | 87.52 | 83.82 |

续表

| 序号 | 工程或费用名称 | 含税金额 | 占工程静态投资的比例（%） |
|---|---|---|---|
| 五 | 其中：编制基准期价差 | 0.14 | 0.13 |
|  | 小计 | 95.68 | 91.63 |
|  | 其中：甲供设备材料费 | 87.52 | 83.82 |
|  | 其他费用 | 8.74 | 8.37 |
| 六 | 基本预备费 |  |  |
|  | 特殊项目 |  |  |
| 七 | 工程投资合计 | 104.42 | 100 |
|  | 其中：可抵扣增值税金额 | 11.23 |  |
| 八 | 其中：施工费 | 8.16 | 7.81 |

典型方案 B7-1 安装工程专业汇总表　　　　表 18-3

金额单位：元

| 序号 | 工程或费用名称 | 安装工程费 | | | 设备购置费 | 合计 |
|---|---|---|---|---|---|---|
|  |  | 主要材料费 | 安装费 | 小计 |  |  |
|  | 安装工程 |  | 81616 | 81616 | 875220 | 956836 |
|  | 陆上电缆线路安装工程 |  | 81616 | 81616 | 875220 | 956836 |
| 二 | 电缆敷设 |  | 81616 | 81616 | 875220 | 956836 |
| 3 | 电缆沟、浅槽敷设 |  | 81616 | 81616 | 875220 | 956836 |
|  | 合计 |  | 81616 | 81616 | 875220 | 956836 |

典型方案 B7-1 其他费用概算表　　　　表 18-4

金额单位：元

| 序号 | 工程或费用项目名称 | 编制依据及计算说明 | 合价 |
|---|---|---|---|
| 2 | 项目管理费 |  | 6007 |
| 2.1 | 管理经费 | （建筑工程费+安装工程费+拆除工程费）×3.53% | 2881 |
| 2.2 | 招标费 | （建筑工程费+安装工程费+拆除工程费）×0.4% | 326 |
| 2.3 | 工程监理费 | （建筑工程费+安装工程费+拆除工程费）×3.43% | 2799 |
| 3 | 项目技术服务费 |  | 81362 |
| 3.1 | 前期工作费 | （建筑工程费+安装工程费）×1.7% | 1387 |

续表

| 序号 | 工程或费用项目名称 | 编制依据及计算说明 | 合价 |
|---|---|---|---|
| 3.3 | 工程勘察设计费 | | 74492 |
| 3.3.1 | 勘察费 | （勘察费）×100% | 7366 |
| 3.3.2 | 设计费 | （设计费）×100% | 67126 |
| 3.4 | 设计文件评审费 | | 4153 |
| 3.4.1 | 初步设计文件评审费 | （基本设计费）×3.5% | 1991 |
| 3.4.2 | 施工图文件评审费 | （基本设计费）×3.8% | 2162 |
| 3.5 | 施工过程造价咨询及竣工结算审核费 | （建筑工程费+安装工程费+拆除工程费）×0.38% | 800 |
| 3.6 | 项目后评价费 | （建筑工程费+安装工程费+拆除工程费）×0.5% | 408 |
| 3.7 | 工程检测费 | | 122 |
| 3.7.1 | 工程质量检测费 | （建筑工程费+安装工程费）×0.15% | 122 |
| | 合计 | | 87369 |

## 18.2　B7-2　35kV 电缆本体改造 400mm$^2$

### 18.2.1　典型方案的主要内容

改造 1km35kV 电缆本体，电缆截面积为 400mm$^2$。

### 18.2.2　典型方案概算书

概算书如表 18-5～表 18-8 所示。

典型方案 B7-2 设备材料表　　　　表 18-5

金额单位：元

| 序号 | 设备名称 | 规格型号 | 单位 | 数量 | 单价 | 合价 |
|---|---|---|---|---|---|---|
| | 安装工程 | | | | | |
| L06020705 | 交联聚乙烯电缆预制型终端 | AC35kV，400mm$^2$，3 芯 | 套 | 6 | 1640 | 9840 |
| L06030904 | 35kV 绕包式电缆接头 | | 套 | 6 | 3290 | 19740 |
| L01010118 | 阻燃铜芯聚氯乙烯绝缘及护套电力电缆 | ZR-VV1kV 三芯 400 | km | 1 | 1038000 | 1038000 |
| | 合计 | | | | | 1067580 |

典型方案 B7-2 总概算汇总表  表 18-6

金额单位：万元

| 序号 | 工程或费用名称 | 含税金额 | 占工程静态投资的比例（%） |
|---|---|---|---|
| 一 | 建筑工程费 | | |
| 二 | 安装工程费 | 8.16 | 6.62 |
| 三 | 拆除工程费 | | |
| 四 | 设备购置费 | 106.76 | 86.56 |
| 五 | 其中：编制基准期价差 | 0.14 | 0.11 |
| | 小计 | 114.92 | 93.17 |
| | 其中：甲供设备材料费 | 106.76 | 86.56 |
| | 其他费用 | 8.42 | 6.83 |
| 六 | 基本预备费 | | |
| | 特殊项目 | | |
| 七 | 工程投资合计 | 123.34 | 100 |
| | 其中：可抵扣增值税金额 | 13.45 | |
| 八 | 其中：施工费 | 8.16 | 6.62 |

典型方案 B7-2 安装工程专业汇总表  表 18-7

金额单位：元

| 序号 | 工程或费用名称 | 安装工程费 | | | 设备购置费 | 合计 |
|---|---|---|---|---|---|---|
| | | 主要材料费 | 安装费 | 小计 | | |
| | 安装工程 | | 81616 | 81616 | 1067580 | 1149196 |
| | 陆上电缆线路安装工程 | | 81616 | 81616 | 1067580 | 1149196 |
| 二 | 电缆敷设 | | 81616 | 81616 | 1067580 | 1149196 |
| 3 | 电缆沟、浅槽敷设 | | 81616 | 81616 | 1067580 | 1149196 |
| | 合计 | | 81616 | 81616 | 1067580 | 1149196 |

典型方案 B7-2 其他费用概算表  表 18-8

金额单位：元

| 序号 | 工程或费用项目名称 | 编制依据及计算说明 | 合价 |
|---|---|---|---|
| 2 | 项目管理费 | | 6007 |
| 2.1 | 管理经费 | （建筑工程费＋安装工程费＋拆除工程费）×3.53% | 2881 |

续表

| 序号 | 工程或费用项目名称 | 编制依据及计算说明 | 合价 |
|---|---|---|---|
| 2.2 | 招标费 | （建筑工程费＋安装工程费＋拆除工程费）×0.4% | 326 |
| 2.3 | 工程监理费 | （建筑工程费＋安装工程费＋拆除工程费）×3.43% | 2799 |
| 3 | 项目技术服务费 |  | 78192 |
| 3.1 | 前期工作费 | （建筑工程费＋安装工程费）×1.7% | 1387 |
| 3.3 | 工程勘察设计费 |  | 71506 |
| 3.3.1 | 勘察费 | （勘察费）×100% | 7366 |
| 3.3.2 | 设计费 | （设计费）×100% | 64140 |
| 3.4 | 设计文件评审费 |  | 3968 |
| 3.4.1 | 初步设计文件评审费 | （基本设计费）×3.5% | 1902 |
| 3.4.2 | 施工图文件评审费 | （基本设计费）×3.8% | 2066 |
| 3.5 | 施工过程造价咨询及竣工结算审核费 | （建筑工程费＋安装工程费＋拆除工程费）×0.38% | 800 |
| 3.6 | 项目后评价费 | （建筑工程费＋安装工程费＋拆除工程费）×0.5% | 408 |
| 3.7 | 工程检测费 |  | 122 |
| 3.7.1 | 工程质量检测费 | （建筑工程费＋安装工程费）×0.15% | 122 |
|  | 合计 |  | 84199 |

# 第 19 章　更换 OPGW 光缆

**典型方案说明**

电缆本体改造工程典型方案共 3 个：按照电压等级分为 35kV～220kV，共三个电压等级，35kV 光缆芯数为 24 芯，110kV 光缆芯数为 24 芯，220kV 光缆芯数为 36 芯。

## 19.1　B8-1　35kV 更换 OPGW 光缆 24 芯

### 19.1.1　典型方案的主要内容

更换 1km 35k VOPGW 光缆，光缆芯数为 24 芯。

### 19.1.2　典型方案概算书

概算书如表 19-1～表 19-4 所示。

典型方案 B8-1 设备材料表　　　　表 19-1

金额单位：元

| 序号 | 设备材料名称 | 规格及型号 | 单位 | 设计用量 | 损耗率（%） | 单价 | 总价 |
|---|---|---|---|---|---|---|---|
|  | 安装工程 |  |  |  |  |  |  |
| L04240105 | 光缆 | OPGW，24 芯，120 | km | 1 |  | 13700 | 13700 |
|  | 合计 |  |  |  |  |  | 13700 |

典型方案 B8-1 总概算汇总表　　　　表 19-2

金额单位：万元

| 序号 | 工程或费用名称 | 含税金额 | 占工程静态投资的比例（%） |
|---|---|---|---|
| 一 | 安装工程费 | 3.17 | 73.23 |
| 二 | 拆除工程费 | 0.37 | 8.51 |
| 三 | 设备购置费 |  |  |
| 四 | 其中：编制基准期价差 | 0.05 | 1.11 |
|  | 小计 | 3.54 | 81.74 |
|  | 其中：甲供设备材料费 | 1.37 | 31.67 |
| 五 | 其他费用 | 0.79 | 18.26 |
| 六 | 基本预备费 |  |  |

续表

| 序号 | 工程或费用名称 | 含税金额 | 占工程静态投资的比例（%） |
|---|---|---|---|
| 七 | 特殊项目 | | |
| | 工程投资合计 | 4.33 | 100 |
| | 其中：可抵扣增值税金额 | 0.34 | |
| | 其中：施工费 | 2.17 | 50.07 |

典型方案 B8-1 安装工程专业汇总表　　　　　　　表 19-3

金额单位：元

| 序号 | 工程或费用名称 | 安装工程费 | | | 设备购置费 | 合计 |
|---|---|---|---|---|---|---|
| | | 主要材料费 | 安装费 | 小计 | | |
| | 安装工程 | 13700 | 17980 | 31680 | | 31680 |
| 4 | 架线工程 | 13700 | 17980 | 31680 | | 31680 |
| 4.1 | 架线工程材料工地运输 | | 304 | 304 | | 304 |
| 4.2 | 导地线架设 | 13700 | 17676 | 31376 | | 31376 |
| | 合计 | 13700 | 17980 | 31680 | | 31680 |

典型方案 B8-1 其他费用概算表　　　　　　　表 19-4

金额单位：元

| 序号 | 工程或费用项目名称 | 编制依据及计算说明 | 合价 |
|---|---|---|---|
| 2 | 项目管理费 | | 2602 |
| 2.1 | 管理经费 | （安装工程费＋拆除工程费）×3.53% | 1248 |
| 2.2 | 招标费 | （安装工程费＋拆除工程费）×0.4% | 141 |
| 2.3 | 工程监理费 | （安装工程费＋拆除工程费）×3.43% | 1213 |
| 3 | 项目技术服务费 | | 5290 |
| 3.1 | 前期工作费 | （安装工程费）×2.1% | 665 |
| 3.3 | 工程勘察设计费 | | 4079 |
| 3.3.1 | 勘察费 | （勘察费）×100% | 1473 |
| 3.3.2 | 设计费 | （设计费）×100% | 2606 |
| 3.4 | 设计文件评审费 | | 161 |
| 3.4.1 | 初步设计文件评审费 | （基本设计费）×3.5% | 77 |
| 3.4.2 | 施工图文件评审费 | （基本设计费）×3.8% | 84 |

| 序号 | 工程或费用项目名称 | 编制依据及计算说明 | 合价 |
|---|---|---|---|
| 3.5 | 施工过程造价咨询及竣工结算审核费 | (安装工程费+拆除工程费)×0.38% | 160 |
| 3.6 | 项目后评价费 | (安装工程费+拆除工程费)×0.5% | 177 |
| 3.7 | 工程检测费 | | 48 |
| 3.7.1 | 工程质量检测费 | (安装工程费)×0.15% | 48 |
| | 合计 | | 7892 |

## 19.2 B8-2 110kV 更换 OPGW 光缆 24 芯

### 19.2.1 典型方案的主要内容

更换 1km 110kV OPGW 光缆，光缆芯数为 24 芯。

### 19.2.2 典型方案概算书

概算书如表 19-5～表 19-8 所示。

典型方案 B8-2 设备材料表　　　　表 19-5

金额单位：元

| 序号 | 设备材料名称 | 规格及型号 | 单位 | 设计用量 | 损耗率(%) | 单价 | 总价 |
|---|---|---|---|---|---|---|---|
| | 安装工程 | | | | | | |
| L04240105 | 光缆 | OPGW，24芯，150 | km | 1 | | 15500 | 15500 |
| | 合计 | | | | | | 15500 |

典型方案 B8-2 总概算汇总表　　　　表 19-6

金额单位：万元

| 序号 | 工程或费用名称 | 含税金额 | 占工程静态投资的比例(%) |
|---|---|---|---|
| 一 | 安装工程费 | 3.47 | 71.12 |
| 二 | 拆除工程费 | 0.37 | 7.54 |
| 三 | 设备购置费 | | |
| 四 | 其中：编制基准期价差 | 0.05 | 1.02 |
| | 小计 | 3.84 | 78.66 |
| | 其中：甲供设备材料费 | 1.55 | 31.75 |

续表

| 序号 | 工程或费用名称 | 含税金额 | 占工程静态投资的比例(%) |
|---|---|---|---|
| 五 | 其他费用 | 1.04 | 21.34 |
| 六 | 基本预备费 | | |
| 七 | 特殊项目 | | |
| | 工程投资合计 | 4.88 | 100 |
| | 其中：可抵扣增值税金额 | 0.40 | |
| | 其中：施工费 | 2.29 | 46.91 |

**典型方案 B8-2 安装工程专业汇总表**　　　　表 19-7

金额单位：元

| 序号 | 工程或费用名称 | 安装工程费 | | | 设备购置费 | 合计 |
|---|---|---|---|---|---|---|
| | | 主要材料费 | 安装费 | 小计 | | |
| | 安装工程 | 15500 | 19221 | 34721 | | 34721 |
| 4 | 架线工程 | 15500 | 19221 | 34721 | | 34721 |
| 4.1 | 架线工程材料工地运输 | | 269 | 269 | | 269 |
| 4.2 | 导地线架设 | 15500 | 18952 | 34452 | | 34452 |
| | 合计 | 15500 | 19221 | 34721 | | 34721 |

**典型方案 B8-2 其他费用概算表**　　　　表 19-8

金额单位：元

| 序号 | 工程或费用项目名称 | 编制依据及计算说明 | 合价 |
|---|---|---|---|
| 2 | 项目管理费 | | 2826 |
| 2.1 | 管理经费 | （安装工程费＋拆除工程费）×3.53% | 1355 |
| 2.2 | 招标费 | （安装工程费＋拆除工程费）×0.4% | 154 |
| 2.3 | 工程监理费 | （安装工程费＋拆除工程费）×3.43% | 1317 |
| 3 | 项目技术服务费 | | 7592 |
| 3.1 | 前期工作费 | （安装工程费）×2.1% | 729 |
| 3.3 | 工程勘察设计费 | | 6282 |
| 3.3.1 | 勘察费 | （勘察）×100% | 3426 |
| 3.3.2 | 设计费 | （设计）×100% | 2856 |
| 3.4 | 设计文件评审费 | | 177 |

续表

| 序号 | 工程或费用项目名称 | 编制依据及计算说明 | 合价 |
|---|---|---|---|
| 3.4.1 | 初步设计文件评审费 | （基本设计费）×3.5% | 85 |
| 3.4.2 | 施工图文件评审费 | （基本设计费）×3.8% | 92 |
| 3.5 | 施工过程造价咨询及竣工结算审核费 | （安装工程费＋拆除工程费）×0.38% | 160 |
| 3.6 | 项目后评价费 | （安装工程费＋拆除工程费）×0.5% | 192 |
| 3.7 | 工程检测费 | | 52 |
| 3.7.1 | 工程质量检测费 | （安装工程费）×0.15% | 52 |
| | 合计 | | 10418 |

## 19.3  B8-3  220kV 更换 OPGW 光缆 36 芯

### 19.3.1  典型方案的主要内容

更换 1km 220kV OPGW 光缆，光缆芯数为 36 芯。

### 19.3.2  典型方案概算书

概算书如表 19-9～表 19-12 所示。

典型方案 B8-3 设备材料表　　　　表 19-9

金额单位：元

| 序号 | 设备材料名称 | 规格及型号 | 单位 | 设计用量 | 损耗率（%） | 单价 | 总价 |
|---|---|---|---|---|---|---|---|
| | 安装工程 | | | | | | |
| L04240108 | 光缆 | OPGW，36 芯，150 | km | 1 | | 16700 | 16700 |
| | 合计 | | | | | | 16700 |

典型方案 B8-3 总概算汇总表　　　　表 19-10

金额单位：万元

| 序号 | 工程或费用名称 | 含税金额 | 占工程静态投资的比例（%） |
|---|---|---|---|
| 一 | 安装工程费 | 3.58 | 69.95 |
| 二 | 拆除工程费 | 0.37 | 7.19 |
| 三 | 设备购置费 | | |
| 四 | 其中：编制基准期价差 | 0.05 | 1.02 |

续表

| 序号 | 工程或费用名称 | 含税金额 | 占工程静态投资的比例（%） |
|---|---|---|---|
| | 小计 | 3.95 | 77.14 |
| | 其中：甲供设备材料费 | 1.67 | 32.63 |
| 五 | 其他费用 | 1.17 | 22.86 |
| 六 | 基本预备费 | | |
| 七 | 特殊项目 | | |
| | 工程投资合计 | 5.12 | 100 |
| | 其中：可抵扣增值税金额 | 0.41 | |
| | 其中：施工费 | 2.28 | 44.51 |

典型方案 B8-3 安装工程专业汇总表　　　　表 19-11

金额单位：元

| 序号 | 工程或费用名称 | 安装工程费 | | | 设备购置费 | 合计 |
|---|---|---|---|---|---|---|
| | | 主要材料费 | 安装费 | 小计 | | |
| | 安装工程 | 16700 | 19100 | 35800 | | 35800 |
| 4 | 架线工程 | 16700 | 19100 | 35800 | | 35800 |
| 4.1 | 架线工程材料工地运输 | | 127 | 127 | | 127 |
| 4.2 | 导地线架设 | 16700 | 18973 | 35673 | | 35673 |
| | 合计 | 16700 | 19100 | 35800 | | 35800 |

典型方案 B8-3 其他费用概算表　　　　表 19-12

金额单位：元

| 序号 | 工程或费用项目名称 | 编制依据及计算说明 | 合价 |
|---|---|---|---|
| 2 | 项目管理费 | | 2905 |
| 2.1 | 管理经费 | （安装工程费＋拆除工程费）×3.53% | 1394 |
| 2.2 | 招标费 | （安装工程费＋拆除工程费）×0.4% | 158 |
| 2.3 | 工程监理费 | （安装工程费＋拆除工程费）×3.43% | 1354 |
| 3 | 项目技术服务费 | | 8793 |
| 3.1 | 前期工作费 | （安装工程费）×2.1% | 752 |
| 3.3 | 工程勘察设计费 | | 7448 |
| 3.3.1 | 勘察费 | （勘察费）×100% | 4504 |

续表

| 序号 | 工程或费用项目名称 | 编制依据及计算说明 | 合价 |
|---|---|---|---|
| 3.3.2 | 设计费 | （设计费）×100% | 2944 |
| 3.4 | 设计文件评审费 | | 182 |
| 3.4.1 | 初步设计文件评审费 | （基本设计费）×3.5% | 87 |
| 3.4.2 | 施工图文件评审费 | （基本设计费）×3.8% | 95 |
| 3.5 | 施工过程造价咨询及竣工结算审核费 | （安装工程费＋拆除工程费）×0.38% | 160 |
| 3.6 | 项目后评价费 | （安装工程费＋拆除工程费）×0.5% | 197 |
| 3.7 | 工程检测费 | | 54 |
| 3.7.1 | 工程质量检测费 | （安装工程费）×0.15% | 54 |
| | 合计 | | 11699 |

# 第 20 章 更换 ADSS 光缆

典型方案说明

更换 ADSS 光缆工程典型方案共 4 个：按照电压等级分为 35kV～220kV，共三个电压等级，35kV 光缆芯数为 24 芯，110kV 光缆芯数为 24 芯，220kV 光缆芯数分别为 24 芯、36 芯。

## 20.1 B9-1 35kV 更换 ADSS 光缆 24 芯

### 20.1.1 典型方案的主要内容

更换 1km 35kV ADSS 光缆，光缆芯数为 24 芯。

### 20.1.2 典型方案概算书

概算书如表 20-1～表 20-4 所示。

典型方案 B9-1 设备材料表　　　　表 20-1

金额单位：元

| 序号 | 设备材料名称 | 规格及型号 | 单位 | 设计用量 | 损耗率（%） | 单价 | 总价 |
|---|---|---|---|---|---|---|---|
|  | 安装工程 |  |  |  |  |  |  |
| L05020102 | ADSS | 24 芯 | km | 1 |  | 9210 | 9210 |
|  | 合计 |  |  |  |  |  | 9210 |

典型方案 B9-1 总概算汇总表　　　　表 20-2

金额单位：万元

| 序号 | 工程或费用名称 | 含税金额 | 占工程静态投资的比例（%） |
|---|---|---|---|
| 一 | 安装工程费 | 2.71 | 71.68 |
| 二 | 拆除工程费 | 0.37 | 9.74 |
| 三 | 设备购置费 |  |  |
| 四 | 其中：编制基准期价差 | 0.05 | 1.27 |
|  | 小计 | 3.08 | 81.42 |
|  | 其中：甲供设备材料费 | 0.92 | 24.4 |
| 五 | 其他费用 | 0.70 | 18.58 |
| 六 | 基本预备费 |  |  |
| 七 | 特殊项目 |  |  |

续表

| 序号 | 工程或费用名称 | 含税金额 | 占工程静态投资的比例（%） |
|---|---|---|---|
|  | 工程投资合计 | 3.78 | 100 |
|  | 其中：可抵扣增值税金额 | 0.29 |  |
|  | 其中：施工费 | 2.16 | 57.07 |

典型方案 B9-1 安装工程专业汇总表　　　　表 20-3

金额单位：元

| 序号 | 工程或费用名称 | 安装工程费 | | | 设备购置费 | 合计 |
|---|---|---|---|---|---|---|
|  |  | 主要材料费 | 安装费 | 小计 |  |  |
|  | 安装工程 | 9210 | 17874 | 27084 |  | 27084 |
| 4 | 架线工程 | 9210 | 17874 | 27084 |  | 27084 |
| 4.1 | 架线工程材料工地运输 |  | 198 | 198 |  | 198 |
| 4.2 | 导地线架设 | 9210 | 17676 | 26886 |  | 26886 |
|  | 合计 | 9210 | 17874 | 27084 |  | 27084 |

典型方案 B9-1 其他费用概算表　　　　表 20-4

金额单位：元

| 序号 | 工程或费用项目名称 | 编制依据及计算说明 | 合价 |
|---|---|---|---|
| 2 | 项目管理费 |  | 2264 |
| 2.1 | 管理经费 | （安装工程费+拆除工程费）×3.53% | 1086 |
| 2.2 | 招标费 | （安装工程费+拆除工程费）×0.4% | 123 |
| 2.3 | 工程监理费 | （安装工程费+拆除工程费）×3.43% | 1055 |
| 3 | 项目技术服务费 |  | 4762 |
| 3.1 | 前期工作费 | （安装工程费）×2.1% | 569 |
| 3.3 | 工程勘察设计费 |  | 3701 |
| 3.3.1 | 勘察费 | （勘察费）×100% | 1473 |
| 3.3.2 | 设计费 | （设计费）×100% | 2228 |
| 3.4 | 设计文件评审费 |  | 138 |
| 3.4.1 | 初步设计文件评审费 | （基本设计费）×3.5% | 66 |
| 3.4.2 | 施工图文件评审费 | （基本设计费）×3.8% | 72 |
| 3.5 | 施工过程造价咨询及竣工结算审核费 | （安装工程费+拆除工程费）×0.38% | 160 |

续表

| 序号 | 工程或费用项目名称 | 编制依据及计算说明 | 合价 |
|---|---|---|---|
| 3.6 | 项目后评价费 | （安装工程费＋拆除工程费）×0.5% | 154 |
| 3.7 | 工程检测费 | | 41 |
| 3.7.1 | 工程质量检测费 | （安装工程费）×0.15% | 41 |
| | 合计 | | 7026 |

## 20.2　B9-2　110kV 更换 ADSS 光缆 24 芯

### 20.2.1　典型方案的主要内容

更换 1km 110kV ADSS 光缆，光缆芯数为 24 芯。

### 20.2.2　典型方案概算书

概算书如表 20-5～表 20-8 所示。

典型方案 B9-2 设备材料表　　　表 20-5

金额单位：元

| 序号 | 设备材料名称 | 规格及型号 | 单位 | 设计用量 | 损耗率(%) | 单价 | 总价 |
|---|---|---|---|---|---|---|---|
| | 安装工程 | | | | | | |
| L05020102 | ADSS | 24 芯 | km | 1 | | 9210 | 9210 |
| | 合计 | | | | | | 9210 |

典型方案 B9-2 总概算汇总表　　　表 20-6

金额单位：万元

| 序号 | 工程或费用名称 | 含税金额 | 占工程静态投资的比例(%) |
|---|---|---|---|
| 一 | 安装工程费 | 2.71 | 68.14 |
| 二 | 拆除工程费 | 0.37 | 9.26 |
| 三 | 设备购置费 | | |
| 四 | 其中：编制基准期价差 | 0.05 | 1.21 |
| | 小计 | 3.08 | 77.4 |
| | 其中：甲供设备材料费 | 0.92 | 23.2 |
| 五 | 其他费用 | 0.90 | 22.6 |
| 六 | 基本预备费 | | |

续表

| 序号 | 工程或费用名称 | 含税金额 | 占工程静态投资的比例(%) |
|---|---|---|---|
| 七 | 特殊项目 | | |
| | 工程投资合计 | 3.97 | 100 |
| | 其中：可抵扣增值税金额 | 0.30 | |
| | 其中：施工费 | 2.16 | 54.25 |

典型方案 B9-2 安装工程专业汇总表　　　　表 20-7

金额单位：元

| 序号 | 工程或费用名称 | 安装工程费 | | | 设备购置费 | 合计 |
|---|---|---|---|---|---|---|
| | | 主要材料费 | 安装费 | 小计 | | |
| | 安装工程 | 9210 | 17874 | 27084 | | 27084 |
| 4 | 架线工程 | 9210 | 17874 | 27084 | | 27084 |
| 4.1 | 架线工程材料工地运输 | | 198 | 198 | | 198 |
| 4.2 | 导地线架设 | 9210 | 17676 | 26886 | | 26886 |
| | 合计 | 9210 | 17874 | 27084 | | 27084 |

典型方案 B9-2 其他费用概算表　　　　表 20-8

金额单位：元

| 序号 | 工程或费用项目名称 | 编制依据及计算说明 | 合价 |
|---|---|---|---|
| 2 | 项目管理费 | | 2264 |
| 2.1 | 管理经费 | （安装工程费＋拆除工程费）×3.53% | 1086 |
| 2.2 | 招标费 | （安装工程费＋拆除工程费）×0.4% | 123 |
| 2.3 | 工程监理费 | （安装工程费＋拆除工程费）×3.43% | 1055 |
| 3 | 项目技术服务费 | | 6715 |
| 3.1 | 前期工作费 | （安装工程费）×2.1% | 569 |
| 3.3 | 工程勘察设计费 | | 5654 |
| 3.3.1 | 勘察费 | （勘察费）×100% | 3426 |
| 3.3.2 | 设计费 | （设计费）×100% | 2228 |
| 3.4 | 设计文件评审费 | | 138 |
| 3.4.1 | 初步设计文件评审费 | （基本设计费）×3.5% | 66 |
| 3.4.2 | 施工图文件评审费 | （基本设计费）×3.8% | 72 |

续表

| 序号 | 工程或费用项目名称 | 编制依据及计算说明 | 合价 |
|---|---|---|---|
| 3.5 | 施工过程造价咨询及竣工结算审核费 | （安装工程费＋拆除工程费）×0.38% | 160 |
| 3.6 | 项目后评价费 | （安装工程费＋拆除工程费）×0.5% | 154 |
| 3.7 | 工程检测费 | | 41 |
| 3.7.1 | 工程质量检测费 | （安装工程费）×0.15% | 41 |
| | 合计 | | 8978 |

## 20.3　B9-3　220kV 更换 ADSS 光缆 24 芯

### 20.3.1　典型方案的主要内容

更换 1km 220kV ADSS 光缆，光缆芯数为 24 芯。

### 20.3.2　典型方案概算书

概算书如表 20-9～表 20-12 所示。

典型方案 B9-3 设备材料表　　表 20-9

金额单位：元

| 序号 | 设备材料名称 | 规格及型号 | 单位 | 设计用量 | 损耗率(%) | 单价 | 总价 |
|---|---|---|---|---|---|---|---|
| | 安装工程 | | | | | | |
| L05020102 | ADSS | 24 芯 | km | 1 | | 9210 | 9210 |
| | 合计 | | | | | | 9210 |

典型方案 B9-3 总概算汇总表　　表 20-10

金额单位：万元

| 序号 | 工程或费用名称 | 含税金额 | 占工程静态投资的比例(%) |
|---|---|---|---|
| 一 | 安装工程费 | 2.71 | 66.36 |
| 二 | 拆除工程费 | 0.37 | 9.01 |
| 三 | 设备购置费 | | |
| 四 | 其中：编制基准期价差 | 0.05 | 1.18 |
| | 小计 | 3.08 | 75.37 |
| | 其中：甲供设备材料费 | 0.92 | 22.58 |
| 五 | 其他费用 | 1.01 | 24.63 |

续表

| 序号 | 工程或费用名称 | 含税金额 | 占工程静态投资的比例（%） |
|---|---|---|---|
| 六 | 基本预备费 | | |
| 七 | 特殊项目 | | |
| | 工程投资合计 | 4.08 | 100 |
| | 其中：可抵扣增值税金额 | 0.30 | |
| | 其中：施工费 | 2.16 | 52.79 |

典型方案 B9-3 安装工程专业汇总表　　　　表 20-11

金额单位：元

| 序号 | 工程或费用名称 | 安装工程费 | | | 设备购置费 | 合计 |
|---|---|---|---|---|---|---|
| | | 主要材料费 | 安装费 | 小计 | | |
| | 安装工程 | 9210 | 17893 | 27103 | | 27103 |
| 4 | 架线工程 | 9210 | 17893 | 27103 | | 27103 |
| 4.1 | 架线工程材料工地运输 | | 198 | 198 | | 198 |
| 4.2 | 导地线架设 | 9210 | 17695 | 26905 | | 26905 |
| | 合计 | 9210 | 17893 | 27103 | | 27103 |

典型方案 B9-3 其他费用概算表　　　　表 20-12

金额单位：元

| 序号 | 工程或费用项目名称 | 编制依据及计算说明 | 合价 |
|---|---|---|---|
| 2 | 项目管理费 | | 2265 |
| 2.1 | 管理经费 | （安装工程费＋拆除工程费）×3.53% | 1087 |
| 2.2 | 招标费 | （安装工程费＋拆除工程费）×0.4% | 123 |
| 2.3 | 工程监理费 | （安装工程费＋拆除工程费）×3.43% | 1056 |
| 3 | 项目技术服务费 | | 7795 |
| 3.1 | 前期工作费 | （安装工程费）×2.1% | 569 |
| 3.3 | 工程勘察设计费 | | 6733 |
| 3.3.1 | 勘察费 | （勘察费）×100% | 4504 |
| 3.3.2 | 设计费 | （设计费）×100% | 2229 |
| 3.4 | 设计文件评审费 | | 138 |
| 3.4.1 | 初步设计文件评审费 | （基本设计费）×3.5% | 66 |

续表

| 序号 | 工程或费用项目名称 | 编制依据及计算说明 | 合价 |
|---|---|---|---|
| 3.4.2 | 施工图文件评审费 | （基本设计费）×3.8% | 72 |
| 3.5 | 施工过程造价咨询及竣工结算审核费 | （安装工程费+拆除工程费）×0.38% | 160 |
| 3.6 | 项目后评价费 | （安装工程费+拆除工程费）×0.5% | 154 |
| 3.7 | 工程检测费 |  | 41 |
| 3.7.1 | 工程质量检测费 | （安装工程费）×0.15% | 41 |
|  | 合计 |  | 10060 |

## 20.4  B9-4  220kV 更换 ADSS 光缆 36 芯

### 20.4.1  典型方案的主要内容

更换 1km 220kV ADSS 光缆，光缆芯数为 36 芯。

### 20.4.2  典型方案概算书

概算书如表 20-13～表 20-16 所示。

典型方案 B9-4 设备材料表　　　表 20-13

金额单位：元

| 序号 | 设备材料名称 | 规格及型号 | 单位 | 设计用量 | 损耗率(%) | 单价 | 总价 |
|---|---|---|---|---|---|---|---|
|  | 安装工程 |  |  |  |  |  |  |
| L05020202 | ADSS | 36 芯 | km | 1 |  | 15100 | 15100 |
|  | 合计 |  |  |  |  |  | 15100 |

典型方案 B9-4 总概算汇总表　　　表 20-14

金额单位：万元

| 序号 | 工程或费用名称 | 含税金额 | 占工程静态投资的比例(%) |
|---|---|---|---|
| 一 | 安装工程费 | 2.71 | 66.36 |
| 二 | 拆除工程费 | 0.37 | 9.01 |
| 三 | 设备购置费 |  |  |
| 四 | 其中：编制基准期价差 | 0.05 | 1.18 |
|  | 小计 | 3.08 | 75.37 |
|  | 其中：甲供设备材料费 | 0.92 | 22.58 |

续表

| 序号 | 工程或费用名称 | 含税金额 | 占工程静态投资的比例（%） |
|---|---|---|---|
| 五 | 其他费用 | 1.01 | 24.63 |
| 六 | 基本预备费 | | |
| 七 | 特殊项目 | | |
| | 工程投资合计 | 4.08 | 100 |
| | 其中：可抵扣增值税金额 | 0.30 | |
| | 其中：施工费 | 2.16 | 52.79 |

典型方案 B9-4 安装工程专业汇总表　　　　表 20-15

金额单位：元

| 序号 | 工程或费用名称 | 安装工程费 | | | 设备购置费 | 合计 |
|---|---|---|---|---|---|---|
| | | 主要材料费 | 安装费 | 小计 | | |
| | 安装工程 | 9820 | 19171 | 28991 | | 28991 |
| 4 | 架线工程 | 9820 | 19171 | 28991 | | 28991 |
| 4.1 | 架线工程材料工地运输 | | 198 | 198 | | 198 |
| 4.2 | 导地线架设 | 9820 | 18973 | 28793 | | 28793 |
| | 合计 | 9820 | 19171 | 28991 | | 28991 |

典型方案 B9-4 其他费用概算表　　　　表 20-16

金额单位：元

| 序号 | 工程或费用项目名称 | 编制依据及计算说明 | 合价 |
|---|---|---|---|
| 2 | 项目管理费 | | 2404 |
| 2.1 | 管理经费 | （安装工程费＋拆除工程费）×3.53% | 1153 |
| 2.2 | 招标费 | （安装工程费＋拆除工程费）×0.4% | 131 |
| 2.3 | 工程监理费 | （安装工程费＋拆除工程费）×3.43% | 1121 |
| 3 | 项目技术服务费 | | 8012 |
| 3.1 | 前期工作费 | （安装工程费）×2.1% | 609 |
| 3.3 | 工程勘察设计费 | | 6888 |
| 3.3.1 | 勘察费 | （勘察费）×100% | 4504 |
| 3.3.2 | 设计费 | （设计费）×100% | 2384 |
| 3.4 | 设计文件评审费 | | 148 |

续表

| 序号 | 工程或费用项目名称 | 编制依据及计算说明 | 合价 |
|---|---|---|---|
| 3.4.1 | 初步设计文件评审费 | （基本设计费）×3.5% | 71 |
| 3.4.2 | 施工图文件评审费 | （基本设计费）×3.8% | 77 |
| 3.5 | 施工过程造价咨询及竣工结算审核费 | （安装工程费＋拆除工程费）×0.38% | 160 |
| 3.6 | 项目后评价费 | （安装工程费＋拆除工程费）×0.5% | 163 |
| 3.7 | 工程检测费 |  | 43 |
| 3.7.1 | 工程质量检测费 | （安装工程费）×0.15% | 43 |
|  | 合计 |  | 10416 |

# 第4篇

# 典型方案典型造价
# （系统二次技改）

# 第 21 章 更换主变保护

**典型方案说明**

更换主变压器保护典型方案共 3 个：包含 35kV、110kV、220kV 主变压器保护更换方案。所有典型方案均为常规综自变电站内微机保护装置单独组屏单独更换，不考虑保护装置与测控装置同屏安装或配套更换的情况，也不考虑一次设备配合改造的情况。本典型方案不包含智能变电站内保护更换的方案。

## 21.1 C1-1 更换 35kV 主变保护

### 21.1.1 典型方案的主要内容

本典型方案为更换 1 个间隔（1 台主变压器）35kV 主变压器保护，内容包括：原保护屏拆除和二次电缆拆除、新保护屏安装、屏柜接地、屏顶小母线敷设、二次线缆（含低压电力电缆、控制电缆、通信线缆）敷设、二次接线、综自系统和故障信息子站相关参数设置与修改、保护调试。不包括二次电缆沟新增和修整、屏柜基础修整，不包括二次接地网改造，不包括气体继电器、压力释放装置等变压器本体二次设备更换，不包括变压器调压控制装置风冷控制装置更换。

### 21.1.2 典型方案概算书

概算书如表 21-1～表 21-4 所示。

典型方案 C1-1 设备材料表　　　　　表 21-1

金额单位：元

| 编码 | 设备材料名称 | 规格及型号 | 单位 | 设计用量 |
|---|---|---|---|---|
| | 变压器保护 | AC35kV | 套 | 2 |
| | 紫铜棒 | $\phi 8$ | kg | 2 |
| | 屏蔽双绞线电缆 | | m | 50 |
| | 超五类网络通信线 | | m | 50 |
| BZ901 | 35kV 变电站控制电缆 | | km | 1.5 |
| N03020103 | 电缆防火涂料 | PDFT-1 型 | t | 0.03 |
| N03030107 | 电缆防火堵料 | 有机 DFD 型 | t | 0.03 |
| ZC0211033 | 布电线 | BV2.5 1 芯 | m | 20 |
| ZC0211042 | 布电线 | BVR 120 1 芯 | m | 2 |
| ZC0211050 | 布电线 | BVR 4 1 芯 | m | 20 |

典型方案 C1-1 总概算汇总表　　　　　　　　　表 21-2

金额单位：万元

| 序号 | 工程或费用名称 | 金额 | 占工程投资的比例（%） |
|---|---|---|---|
| 一 | 建筑工程费 | | |
| 二 | 安装工程费 | 9.26 | 36.97 |
| 三 | 拆除工程费 | 0.83 | 3.31 |
| 四 | 设备购置费 | 11.78 | 47.03 |
| | 其中：编制基准期价差 | 0.1 | 0.4 |
| 五 | 小计 | 21.87 | 87.31 |
| | 其中：甲供设备材料费 | 14.96 | 59.72 |
| 六 | 其他费用 | 3.18 | 12.69 |
| 七 | 基本预备费 | | |
| 八 | 特殊项目 | | |
| 九 | 工程投资合计 | 25.05 | 100 |
| | 其中：可抵扣增值税金额 | 3.84 | |
| | 其中：施工费 | 6.9 | 27.54 |

典型方案 C1-1 安装工程专业汇总表　　　　　　　　　表 21-3

金额单位：元

| 序号 | 工程或费用名称 | 安装工程费 | | | 设备购置费 | 合计 |
|---|---|---|---|---|---|---|
| | | 未计价材料费 | 安装费 | 小计 | | |
| | 安装工程 | 31796 | 60760 | 92556 | 117819 | 210375 |
| 四 | 控制及直流系统 | 30976 | 40435 | 71411 | 117819 | 189230 |
| 1 | 监控或监测系统 | | 10000 | 10000 | | 10000 |
| 1.1 | 计算机监控系统 | | 10000 | 10000 | | 10000 |
| 2 | 继电保护装置 | 30976 | 30435 | 61411 | 117819 | 179230 |
| 六 | 电缆防护设施 | 661 | 895 | 1556 | | 1556 |
| 2 | 电缆防火 | 661 | 895 | 1556 | | 1556 |
| 七 | 全站接地 | 159 | | 159 | | 159 |
| 1 | 接地网 | 159 | | 159 | | 159 |
| 九 | 调试 | | 19430 | 19430 | | 19430 |

续表

| 序号 | 工程或费用名称 | 安装工程费 | | | 设备购置费 | 合计 |
|---|---|---|---|---|---|---|
| | | 未计价材料费 | 安装费 | 小计 | | |
| 1 | 分系统调试 | | 15593 | 15593 | | 15593 |
| 2 | 启动调试 | | 3837 | 3837 | | 3837 |
| | 合计 | 31796 | 60760 | 92556 | 117819 | 210375 |

典型方案 C1-1 其他费用概算表　　　　　表 21-4

金额单位：元

| 序号 | 工程或费用项目名称 | 编制依据及计算说明 | 合价 |
|---|---|---|---|
| 2 | 项目管理费 | | 9832 |
| 2.1 | 管理经费 | （建筑工程费＋安装工程费＋拆除工程费）×3.53% | 3560 |
| 2.2 | 招标费 | （建筑工程费＋安装工程费＋拆除工程费）×1.81% | 1825 |
| 2.3 | 工程监理费 | （建筑工程费＋安装工程费＋拆除工程费）×4.41% | 4447 |
| 3 | 项目技术服务费 | | 21996 |
| 3.1 | 前期工作费 | （建筑工程费＋安装工程费）×3.05% | 2823 |
| 3.3 | 工程勘察设计费 | | 17303 |
| 3.3.2 | 设计费 | （设计费）×100% | 17303 |
| 3.4 | 设计文件评审费 | | 1070 |
| 3.4.1 | 初步设计文件评审费 | （基本设计费）×3.5% | 513 |
| 3.4.2 | 施工图文件评审费 | （基本设计费）×3.8% | 557 |
| 3.5 | 施工过程造价咨询及竣工结算审核费 | （建筑工程费＋安装工程费＋拆除工程费）×0.53% | 800 |
| | 合计 | | 31828 |

## 21.2　C1-2　更换 110kV 主变保护

### 21.2.1　典型方案的主要内容

本典型方案为更换 1 个间隔（1 台主变压器）110kV 主变压器保护。

### 21.2.2　典型方案概算书

概算书如表 21-5～表 21-8 所示。

典型方案 C1-2 设备材料表　　　　　　　　　　　　　　表 21-5

金额单位：元

| 编码 | 设备材料名称 | 规格及型号 | 单位 | 设计用量 |
|---|---|---|---|---|
|  | 变压器保护 | AC110kV | 套 | 2 |
|  | 紫铜棒 | φ8 | kg | 2 |
|  | 屏蔽双绞线电缆 |  | m | 50 |
|  | 超五类网络通信线 |  | m | 50 |
| BZ903 | 110kV 变电站控制电缆 |  | km | 1.5 |
| N03020103 | 电缆防火涂料 | PDFT-1 型 | t | 0.03 |
| N03030107 | 电缆防火堵料 | 有机 DFD 型 | t | 0.03 |
| ZC0211033 | 布电线 | BV2.5 1 芯 | m | 20 |
| ZC0211042 | 布电线 | BVR 120 1 芯 | m | 2 |
| ZC0211050 | 布电线 | BVR 4 1 芯 | m | 20 |

典型方案 C1-2 总概算汇总表　　　　　　　　　　　　表 21-6

金额单位：万元

| 序号 | 工程或费用名称 | 金额 | 占工程投资的比例（%） |
|---|---|---|---|
| 一 | 建筑工程费 |  |  |
| 二 | 安装工程费 | 10.72 | 32.89 |
| 三 | 拆除工程费 | 0.83 | 2.55 |
| 四 | 设备购置费 | 17.08 | 52.41 |
|  | 其中：编制基准期价差 | 0.14 | 0.43 |
| 五 | 小计 | 28.63 | 87.85 |
|  | 其中：甲供设备材料费 | 19.72 | 60.51 |
| 六 | 其他费用 | 3.96 | 12.15 |
| 七 | 基本预备费 |  |  |
| 八 | 特殊项目 |  |  |
| 九 | 工程投资合计 | 32.59 | 100 |
|  | 其中：可抵扣增值税金额 | 4.6 |  |
|  | 其中：施工费 | 8.91 | 27.34 |

典型方案 C1-2 安装工程专业汇总表　　　　　表 21-7

金额单位：元

| 序号 | 工程或费用名称 | 安装工程费 | | | 设备购置费 | 合计 |
|---|---|---|---|---|---|---|
| | | 未计价材料费 | 安装费 | 小计 | | |
| | 安装工程 | 26430 | 80802 | 107232 | 170787 | 278019 |
| 四 | 控制及直流系统 | 25610 | 47290 | 72899 | 170787 | 243687 |
| 1 | 监控或监测系统 | | 10000 | 10000 | | 10000 |
| 1.1 | 计算机监控系统 | | 10000 | 10000 | | 10000 |
| 2 | 继电保护装置 | 25610 | 37290 | 62899 | 170787 | 233687 |
| 六 | 电缆防护设施 | 661 | 895 | 1556 | | 1556 |
| 2 | 电缆防火 | 661 | 895 | 1556 | | 1556 |
| 七 | 全站接地 | 159 | | 159 | | 159 |
| 1 | 接地网 | 159 | | 159 | | 159 |
| 九 | 调试 | | 32618 | 32618 | | 32618 |
| 1 | 分系统调试 | | 24922 | 24922 | | 24922 |
| 2 | 启动调试 | | 7695 | 7695 | | 7695 |
| | 合计 | 26430 | 80802 | 107232 | 170787 | 278019 |

典型方案 C1-2 其他费用概算表　　　　　表 21-8

金额单位：元

| 序号 | 工程或费用项目名称 | 编制依据及计算说明 | 合价 |
|---|---|---|---|
| 2 | 项目管理费 | | 11263 |
| 2.1 | 管理经费 | （建筑工程费＋安装工程费＋拆除工程费）×3.53% | 4078 |
| 2.2 | 招标费 | （建筑工程费＋安装工程费＋拆除工程费）×1.81% | 2091 |
| 2.3 | 工程监理费 | （建筑工程费＋安装工程费＋拆除工程费）×4.41% | 5094 |
| 3 | 项目技术服务费 | | 28351 |
| 3.1 | 前期工作费 | （建筑工程费＋安装工程费）×3.05% | 3271 |
| 3.3 | 工程勘察设计费 | | 22866 |
| 3.3.2 | 设计费 | （设计费）×100% | 22866 |
| 3.4 | 设计文件评审费 | | 1415 |
| 3.4.1 | 初步设计文件评审费 | （基本设计费）×3.5% | 678 |

续表

| 序号 | 工程或费用项目名称 | 编制依据及计算说明 | 合价 |
|---|---|---|---|
| 3.4.2 | 施工图文件评审费 | （基本设计费）×3.8% | 736 |
| 3.5 | 施工过程造价咨询及竣工结算审核费 | （建筑工程费＋安装工程费＋拆除工程费）×0.53% | 800 |
| | 合计 | | 39614 |

## 21.3　C1-3　更换220kV主变保护

### 21.3.1　典型方案的主要内容

本典型方案为更换1个间隔（1台主变压器）220kV主变压器保护。

### 21.3.2　典型方案概算书

概算书如表21-9～表21-12所示。

典型方案C1-3设备材料表　　　表21-9

金额单位：元

| 编码 | 设备材料名称 | 规格及型号 | 单位 | 设计用量 |
|---|---|---|---|---|
| | 变压器保护 | AC220kV | 套 | 2 |
| | 紫铜棒 | $\phi 8$ | kg | 2 |
| | 屏蔽双绞线电缆 | | m | 300 |
| | 超五类网络通信线 | | m | 300 |
| BZ904 | 220kV变电站控制电缆 | | km | 6 |
| N03030107 | 电缆防火堵料 | 有机DFD型 | t | 0.04 |
| N03020103 | 电缆防火涂料 | PDFT-1型 | t | 0.04 |
| ZC0211033 | 布电线 | BV2.5 1芯 | m | 20 |
| ZC0211042 | 布电线 | BVR 120 1芯 | m | 2 |
| ZC0211050 | 布电线 | BVR 4 1芯 | m | 20 |

典型方案C1-3总概算汇总表　　　表21-10

金额单位：万元

| 序号 | 工程或费用名称 | 金额 | 占工程投资的比例（%） |
|---|---|---|---|
| 一 | 建筑工程费 | | |
| 二 | 安装工程费 | 25.34 | 38.28 |

续表

| 序号 | 工程或费用名称 | 金额 | 占工程投资的比例（%） |
|---|---|---|---|
| 三 | 拆除工程费 | 2.74 | 4.14 |
| 四 | 设备购置费 | 29.65 | 44.8 |
|  | 其中：编制基准期价差 | 0.3 | 0.45 |
| 五 | 小计 | 57.73 | 87.22 |
|  | 其中：甲供设备材料费 | 40.25 | 60.81 |
| 六 | 其他费用 | 8.46 | 12.78 |
| 七 | 基本预备费 |  |  |
| 八 | 特殊项目 |  |  |
| 九 | 工程投资合计 | 66.19 | 100 |
|  | 其中：可抵扣增值税金额 | 7.92 |  |
|  | 其中：施工费 | 17.48 | 26.41 |

典型方案 C1-3 安装工程专业汇总表　　　　　表 21-11

金额单位：元

| 序号 | 工程或费用名称 | 安装工程费 | | | 设备购置费 | 合计 |
|---|---|---|---|---|---|---|
|  |  | 未计价材料费 | 安装费 | 小计 |  |  |
|  | 安装工程 | 106038 | 147392 | 253430 | 296461 | 549890 |
| 四 | 控制及直流系统 | 9210 | 36681 | 45891 | 296461 | 342352 |
| 1 | 监控或监测系统 |  | 10000 | 10000 |  | 10000 |
| 1.1 | 计算机监控系统 |  | 10000 | 10000 |  | 10000 |
| 2 | 继电保护装置 | 9210 | 26681 | 35891 | 296461 | 332352 |
| 六 | 电缆防护设施 | 96670 | 70415 | 167085 |  | 167085 |
| 1 | 电缆桥支架 | 95788 | 69222 | 165010 |  | 165010 |
| 2 | 电缆防火 | 882 | 1193 | 2075 |  | 2075 |
| 七 | 全站接地 | 159 |  | 159 |  | 159 |
| 2 | 接地模块 | 159 |  | 159 |  | 159 |
| 九 | 调试 |  | 40295 | 40295 |  | 40295 |
| 1 | 分系统调试 |  | 34794 | 34794 |  | 34794 |
| 2 | 启动调试 |  | 5501 | 5501 |  | 5501 |
|  | 合计 | 106038 | 147392 | 253430 | 296461 | 549890 |

典型方案 C1-3 其他费用概算表  表 21-12

金额单位：元

| 序号 | 工程或费用项目名称 | 编制依据及计算说明 | 合价 |
|---|---|---|---|
| 2 | 项目管理费 | | 27380 |
| 2.1 | 管理经费 | （建筑工程费＋安装工程费＋拆除工程费）×3.53% | 9913 |
| 2.2 | 招标费 | （建筑工程费＋安装工程费＋拆除工程费）×1.81% | 5083 |
| 2.3 | 工程监理费 | （建筑工程费＋安装工程费＋拆除工程费）×4.41% | 12384 |
| 3 | 项目技术服务费 | | 57242 |
| 3.1 | 前期工作费 | （建筑工程费＋安装工程费）×3.05% | 7730 |
| 3.3 | 工程勘察设计费 | | 45226 |
| 3.3.2 | 设计费 | （设计费）×100% | 45226 |
| 3.4 | 设计文件评审费 | | 2798 |
| 3.4.1 | 初步设计文件评审费 | （基本设计费）×3.5% | 1341 |
| 3.4.2 | 施工图文件评审费 | （基本设计费）×3.8% | 1456 |
| 3.5 | 施工过程造价咨询及竣工结算审核费 | （建筑工程费＋安装工程费＋拆除工程费）×0.53% | 1488 |
| | 合计 | | 84622 |

# 第22章 更换母线保护

**典型方案说明**

更换母线保护典型方案共 2 个：包含 110kV、220kV 母线保护更换方案。所有典型方案均为常规综自变电站内微机保护装置更换，不考虑各出线保护装置、站内测控装置或综自系统同步更换的情况，也不考虑一次设备配合改造的情况。本典型方案不包含智能变电站内保护更换的方案。

## 22.1 C2-1 更换 110kV 母线保护

### 22.1.1 典型方案的主要内容

本典型方案为更换 1 组 110kV 母线的母线保护，内容包括：原保护屏拆除和二次电缆拆除、3 新保护屏安装、屏柜接地、屏顶小母线敷设、二次线缆（含低压电力电缆、控制电缆、通信线缆）敷设、二次接线、综自系统和故障信息子站相关参数设置与修改、保护调试。不包括二次电缆沟新增和修整、屏柜基础修整，不包括二次接地网改造。

### 22.1.2 典型方案概算书

概算书如表 22-1～表 22-4 所示。

典型方案 C2-1 设备材料表　　　　　表 22-1

金额单位：元

| 编码 | 设备材料名称 | 规格及型号 | 单位 | 设计用量 |
|---|---|---|---|---|
|  | 母线保护 | AC110kV | 套 | 1 |
|  | 紫铜棒 | $\phi 8$ | kg | 2 |
|  | 屏蔽双绞线电缆 |  | m | 100 |
|  | 超五类网络通信线 |  | m | 100 |
| BZ903 | 110kV 变电站控制电缆 |  | km | 4 |
| N03020103 | 电缆防火涂料 | PDFT-1 型 | t | 0.04 |
| N03030107 | 电缆防火堵料 | 有机 DFD 型 | t | 0.04 |
| ZC0211033 | 布电线 | BV2.5 1 芯 | m | 20 |
| ZC0211042 | 布电线 | BVR 120 1 芯 | m | 2 |
| ZC0211050 | 布电线 | BVR 4 1 芯 | m | 20 |

**典型方案 C2-1 总概算汇总表**　　　　　　　　　　表 22-2

金额单位：万元

| 序号 | 工程或费用名称 | 金额 | 占工程投资的比例（%） |
|---|---|---|---|
| 一 | 建筑工程费 | | |
| 二 | 安装工程费 | 16.86 | 49.84 |
| 三 | 拆除工程费 | 1.71 | 5.05 |
| 四 | 设备购置费 | 10.45 | 30.89 |
| | 其中：编制基准期价差 | 0.19 | 0.56 |
| 五 | 小计 | 29.02 | 85.78 |
| | 其中：甲供设备材料费 | 17.26 | 51.02 |
| 六 | 其他费用 | 4.81 | 14.22 |
| 七 | 基本预备费 | | |
| 八 | 特殊项目 | | |
| 九 | 工程投资合计 | 33.83 | 100 |
| | 其中：可抵扣增值税金额 | 4.6 | |
| | 其中：施工费 | 11.76 | 34.76 |

**典型方案 C2-1 安装工程专业汇总表**　　　　　　　表 22-3

金额单位：元

| 序号 | 工程或费用名称 | 安装工程费 | | | 设备购置费 | 合计 |
|---|---|---|---|---|---|---|
| | | 未计价材料费 | 安装费 | 小计 | | |
| | 安装工程 | 68068 | 100509 | 168577 | 104527 | 273104 |
| 四 | 控制及直流系统 | 67028 | 76435 | 143463 | 104527 | 247989 |
| 1 | 监控或监测系统 | | 10000 | 10000 | | 10000 |
| 1.1 | 计算机监控系统 | | 10000 | 10000 | | 10000 |
| 2 | 继电保护装置 | 67028 | 66435 | 133463 | 104527 | 237989 |
| 六 | 电缆防护设施 | 882 | 1193 | 2075 | | 2075 |
| 2 | 电缆防火 | 882 | 1193 | 2075 | | 2075 |
| 七 | 全站接地 | 159 | | 159 | | 159 |
| 1 | 接地网 | 159 | | 159 | | 159 |
| 九 | 调试 | | 22882 | 22882 | | 22882 |

续表

| 序号 | 工程或费用名称 | 安装工程费 | | | 设备购置费 | 合计 |
|---|---|---|---|---|---|---|
| | | 未计价材料费 | 安装费 | 小计 | | |
| 1 | 分系统调试 | | 15337 | 15337 | | 15337 |
| 2 | 启动调试 | | 7544 | 7544 | | 7544 |
| | 合计 | 68068 | 100509 | 168577 | 104527 | 273104 |

典型方案 C2-1 其他费用概算表　　　　　　表 22-4

金额单位：元

| 序号 | 工程或费用项目名称 | 编制依据及计算说明 | 合价 |
|---|---|---|---|
| 2 | 项目管理费 | | 18104 |
| 2.1 | 管理经费 | （建筑工程费＋安装工程费＋拆除工程费）×3.53% | 6555 |
| 2.2 | 招标费 | （建筑工程费＋安装工程费＋拆除工程费）×1.81% | 3361 |
| 2.3 | 工程监理费 | （建筑工程费＋安装工程费＋拆除工程费）×4.41% | 8189 |
| 3 | 项目技术服务费 | | 29977 |
| 3.1 | 前期工作费 | （建筑工程费＋安装工程费）×3.05% | 5142 |
| 3.3 | 工程勘察设计费 | | 22462 |
| 3.3.2 | 设计费 | （设计费）×100% | 22462 |
| 3.4 | 设计文件评审费 | | 1390 |
| 3.4.1 | 初步设计文件评审费 | （基本设计费）×3.5% | 666 |
| 3.4.2 | 施工图文件评审费 | （基本设计费）×3.8% | 723 |
| 3.5 | 施工过程造价咨询及竣工结算审核费 | （建筑工程费＋安装工程费＋拆除工程费）×0.53% | 984 |
| | 合计 | | 48081 |

## 22.2　C2-2　更换 220kV 母线保护

### 22.2.1　典型方案的主要内容

本典型方案为更换 1 组 220kV 母线的母线保护，内容包括：原保护屏拆除和二次电缆拆除、新保护屏安装、屏柜接地、屏顶小母线敷设、二次线缆（含低压电力电缆、控制电缆、通信线缆）敷设、二次接线、综自系统和故障信息子站相关参数设置与修改、保护调试。不包括二次电缆沟新增和修整、屏柜基础修整，不包括二次接地网改造。

### 22.2.2 典型方案概算书

概算书如表 22-5～表 22-8 所示。

典型方案 C2-2 设备材料表  表 22-5

金额单位：元

| 编码 | 设备材料名称 | 规格及型号 | 单位 | 设计用量 |
|---|---|---|---|---|
|  | 母线保护 | AC220kV | 套 | 2 |
|  | 紫铜棒 | $\phi 8$ | kg | 2 |
|  | 屏蔽双绞线电缆 |  | m | 100 |
|  | 超五类网络通信线 |  | m | 100 |
| BZ904 | 220kV 变电站控制电缆 |  | km | 5 |
| N03020103 | 电缆防火涂料 | PDFT-1 型 | t | 0.05 |
| N03030107 | 电缆防火堵料 | 有机 DFD 型 | t | 0.05 |
| ZC0211033 | 布电线 | BV2.5 1 芯 | m | 20 |
| ZC0211042 | 布电线 | BVR 120 1 芯 | m | 2 |
| ZC0211050 | 布电线 | BVR 4 1 芯 | m | 20 |

典型方案 C2-2 总概算汇总表  表 22-6

金额单位：万元

| 序号 | 工程或费用名称 | 金额 | 占工程投资的比例（%） |
|---|---|---|---|
| 一 | 建筑工程费 |  |  |
| 二 | 安装工程费 | 21.3 | 34.95 |
| 三 | 拆除工程费 | 2.22 | 3.64 |
| 四 | 设备购置费 | 29.89 | 49.04 |
|  | 其中：编制基准期价差 | 0.26 | 0.43 |
| 五 | 小计 | 53.41 | 87.63 |
|  | 其中：甲供设备材料费 | 38.31 | 62.85 |
| 六 | 其他费用 | 7.54 | 12.37 |
| 七 | 基本预备费 |  |  |
| 八 | 特殊项目 |  |  |
| 九 | 工程投资合计 | 60.95 | 100 |

续表

| 序号 | 工程或费用名称 | 金额 | 占工程投资的比例（%） |
|---|---|---|---|
| | 其中：可抵扣增值税金额 | 7.45 | |
| | 其中：施工费 | 15.1 | 24.77 |

典型方案 C2-2 安装工程专业汇总表　　　　　表 22-7

金额单位：元

| 序号 | 工程或费用名称 | 安装工程费 | | | 设备购置费 | 合计 |
|---|---|---|---|---|---|---|
| | | 未计价材料费 | 安装费 | 小计 | | |
| | 安装工程 | 84258 | 128753 | 213011 | 298878 | 511888 |
| 四 | 控制及直流系统 | 3174 | 35427 | 38601 | 298878 | 337478 |
| 1 | 监控或监测系统 | | 10000 | 10000 | | 10000 |
| 1.1 | 计算机监控系统 | | 10000 | 10000 | | 10000 |
| 2 | 继电保护装置 | 3174 | 25427 | 28601 | 298878 | 327478 |
| 六 | 电缆防护设施 | 80925 | 59176 | 140102 | | 140102 |
| 1 | 电缆桥支架 | 79823 | 57685 | 137508 | | 137508 |
| 2 | 电缆防火 | 1102 | 1491 | 2593 | | 2593 |
| 七 | 全站接地 | 159 | | 159 | | 159 |
| 2 | 接地模块 | 159 | | 159 | | 159 |
| 九 | 调试 | | 34150 | 34150 | | 34150 |
| 1 | 分系统调试 | | 21927 | 21927 | | 21927 |
| 2 | 启动调试 | | 12223 | 12223 | | 12223 |
| | 合计 | 84258 | 128753 | 213011 | 298878 | 511888 |

典型方案 C2-2 其他费用概算表　　　　　表 22-8

金额单位：元

| 序号 | 工程或费用项目名称 | 编制依据及计算说明 | 合价 |
|---|---|---|---|
| 2 | 项目管理费 | | 22938 |
| 2.1 | 管理经费 | （建筑工程费+安装工程费+拆除工程费）×3.53% | 8305 |
| 2.2 | 招标费 | （建筑工程费+安装工程费+拆除工程费）×1.81% | 4258 |
| 2.3 | 工程监理费 | （建筑工程费+安装工程费+拆除工程费）×4.41% | 10375 |
| 3 | 项目技术服务费 | | 52449 |

续表

| 序号 | 工程或费用项目名称 | 编制依据及计算说明 | 合价 |
|---|---|---|---|
| 3.1 | 前期工作费 | (建筑工程费+安装工程费)×3.05% | 6497 |
| 3.3 | 工程勘察设计费 | | 42101 |
| 3.3.2 | 设计费 | (设计费)×100% | 42101 |
| 3.4 | 设计文件评审费 | | 2605 |
| 3.4.1 | 初步设计文件评审费 | (基本设计费)×3.5% | 1249 |
| 3.4.2 | 施工图文件评审费 | (基本设计费)×3.8% | 1356 |
| 3.5 | 施工过程造价咨询及竣工结算审核费 | (建筑工程费+安装工程费+拆除工程费)×0.53% | 1247 |
| | 合计 | | 75387 |

# 第23章 更换线路保护

**典型方案说明**

更换线路保护典型方案共两个：包含110kV、220kV线路保护更换方案。所有典型方案均为常规综自变电站内微机保护装置单独组屏单独更换，不考虑保护装置与测控装置同屏安装或配套更换的情况，也不考虑一次设备配合改造的情况。本典型方案不包含智能变电站内保护更换的方案。

## 23.1 C3-1 更换110kV线路保护

### 23.1.1 典型方案的主要内容

本典型方案为更换1组110kV线路保护，内容包括：原保护屏拆除和二次电缆拆除、新保护屏安装、屏柜接地、屏顶小母线敷设、二次线缆（含低压电力电缆、控制电缆、通信线缆）敷设、二次接线、综自系统和故障信息子站相关参数设置与修改、保护调试。不包括二次电缆沟新增和修整、屏柜基础修整，不包括二次接地网改造。

### 23.1.2 典型方案概算书

概算书如表23-1～表23-4所示。

典型方案C3-1设备材料表　　　　　　　　表23-1

金额单位：元

| 编码 | 设备材料名称 | 规格及型号 | 单位 | 设计用量 |
|---|---|---|---|---|
|  | 线路保护 | AC110kV | 套 | 1 |
|  | 紫铜棒 | φ8 | kg | 2 |
|  | 屏蔽双绞线电缆 |  | m | 200 |
|  | 超五类网络通信线 |  | m | 200 |
| BZ903 | 110kV变电站控制电缆 |  | km | 2 |
| N03020103 | 电缆防火涂料 | PDFT-1型 | t | 0.02 |
| N03030107 | 电缆防火堵料 | 有机DFD型 | t | 0.02 |
| ZC0211033 | 布电线 | BV 2.5 1芯 | m | 20 |
| ZC0211042 | 布电线 | BVR 120 1芯 | m | 2 |
| ZC0211050 | 布电线 | BVR 4 1芯 | m | 20 |

**典型方案 C3-1 总概算汇总表**　　　　　　　　　　　　　　　表 23-2

金额单位：万元

| 序号 | 工程或费用名称 | 金额 | 占工程投资的比例（%） |
|---|---|---|---|
| 一 | 建筑工程费 |  |  |
| 二 | 安装工程费 | 9.68 | 50.65 |
| 三 | 拆除工程费 | 0.91 | 4.76 |
| 四 | 设备购置费 | 5.76 | 30.14 |
|  | 其中：编制基准期价差 | 0.1 | 0.52 |
| 五 | 小计 | 16.35 | 85.56 |
|  | 其中：甲供设备材料费 | 9.63 | 50.39 |
| 六 | 其他费用 | 2.76 | 14.44 |
| 七 | 基本预备费 |  |  |
| 八 | 特殊项目 |  |  |
| 九 | 工程投资合计 | 19.11 | 100 |
|  | 其中：可抵扣增值税金额 | 3.2 |  |
|  | 其中：施工费 | 6.72 | 35.16 |

**典型方案 C3-1 安装工程专业汇总表**　　　　　　　　　　　　表 23-3

金额单位：元

| 序号 | 工程或费用名称 | 安装工程费 | | | 设备购置费 | 合计 |
|---|---|---|---|---|---|---|
|  |  | 未计价材料费 | 安装费 | 小计 | | |
|  | 安装工程 | 38718 | 58101 | 96819 | 57600 | 154419 |
| 四 | 控制及直流系统 | 38119 | 46658 | 84776 | 57600 | 142376 |
| 1 | 监控或监测系统 |  | 10000 | 10000 |  | 10000 |
| 1.1 | 计算机监控系统 |  | 10000 | 10000 |  | 10000 |
| 2 | 继电保护装置 | 38119 | 36658 | 74776 | 57600 | 132376 |
| 六 | 电缆防护设施 | 441 | 596 | 1037 |  | 1037 |
| 2 | 电缆防火 | 441 | 596 | 1037 |  | 1037 |
| 七 | 全站接地 | 159 |  | 159 |  | 159 |
| 1 | 接地网 | 159 |  | 159 |  | 159 |
| 九 | 调试 |  | 10847 | 10847 |  | 10847 |

续表

| 序号 | 工程或费用名称 | 安装工程费 | | | 设备购置费 | 合计 |
|---|---|---|---|---|---|---|
| | | 未计价材料费 | 安装费 | 小计 | | |
| 1 | 分系统调试 | | 8898 | 8898 | | 8898 |
| 2 | 启动调试 | | 1949 | 1949 | | 1949 |
| | 合计 | 38718 | 58101 | 96819 | 57600 | 154419 |

典型方案 C3-1 其他费用概算表　　　　　表 23-4

金额单位：元

| 序号 | 工程或费用项目名称 | 编制依据及计算说明 | 合价 |
|---|---|---|---|
| 2 | 项目管理费 | | 10330 |
| 2.1 | 管理经费 | （建筑工程费＋安装工程费＋拆除工程费）×3.53% | 3740 |
| 2.2 | 招标费 | （建筑工程费＋安装工程费＋拆除工程费）×1.81% | 1918 |
| 2.3 | 工程监理费 | （建筑工程费＋安装工程费＋拆除工程费）×4.41% | 4672 |
| 3 | 项目技术服务费 | | 17239 |
| 3.1 | 前期工作费 | （建筑工程费＋安装工程费）×3.05% | 2953 |
| 3.3 | 工程勘察设计费 | | 12700 |
| 3.3.2 | 设计费 | （设计费）×100% | 12700 |
| 3.4 | 设计文件评审费 | | 786 |
| 3.4.1 | 初步设计文件评审费 | （基本设计费）×3.5% | 377 |
| 3.4.2 | 施工图文件评审费 | （基本设计费）×3.8% | 409 |
| 3.5 | 施工过程造价咨询及竣工结算审核费 | （建筑工程费＋安装工程费＋拆除工程费）×0.53% | 800 |
| | 合计 | | 27569 |

## 23.2　C3-2　更换 220kV 线路保护

### 23.2.1　典型方案的主要内容

本典型方案为更换 1 组 220kV 线路保护，内容包括：原保护屏拆除和二次电缆拆除，新保护屏安装、屏柜接地、屏顶小母线敷设、二次线缆（含低压电力电缆、控制电缆、通信线缆）敷设、二次接线、综自系统和故障信息子站相关参数设置与修改、保护调试。不包括二次电缆沟新增和修整、屏柜基础修整，不包括二次接地网改造。

### 23.2.2 典型方案概算书

概算书如表 23-5～表 23-8 所示。

典型方案 C3-2 设备材料表　　　　　　　　　　表 23-5

金额单位：元

| 编码 | 设备材料名称 | 规格及型号 | 单位 | 设计用量 |
|---|---|---|---|---|
|  | 线路保护 | AC110kV | 套 | 2 |
|  | 紫铜棒 | ϕ8 | kg | 2 |
|  | 铠装单模光纤 |  | m | 150 |
|  | 同轴电缆 |  | m | 50 |
|  | 屏蔽双绞线电缆 |  | m | 200 |
|  | 超五类网络通信线 |  | m | 200 |
| BZ904 | 220kV 变电站控制电缆 |  | km | 3 |
| N03020103 | 电缆防火涂料 | PDFT-1 型 | t | 0.03 |
| N03030107 | 电缆防火堵料 | 有机 DFD 型 | t | 0.03 |
| ZC0211033 | 布电线 | BV2.5 1 芯 | m | 20 |
| ZC0211042 | 布电线 | BVR 120 1 芯 | m | 2 |
| ZC0211050 | 布电线 | BVR 4 1 芯 | m | 20 |

典型方案 C3-2 总概算汇总表　　　　　　　　　表 23-6

金额单位：万元

| 序号 | 工程或费用名称 | 金额 | 占工程投资的比例（%） |
|---|---|---|---|
| 一 | 建筑工程费 |  |  |
| 二 | 安装工程费 | 14.67 | 31.22 |
| 三 | 拆除工程费 | 1.43 | 3.04 |
| 四 | 设备购置费 | 25.3 | 53.84 |
|  | 其中：编制基准期价差 | 0.17 | 0.36 |
| 五 | 小计 | 41.4 | 88.1 |
|  | 其中：甲供设备材料费 | 31.09 | 66.16 |
| 六 | 其他费用 | 5.59 | 11.9 |
| 七 | 基本预备费 |  |  |

续表

| 序号 | 工程或费用名称 | 金额 | 占工程投资的比例（%） |
|---|---|---|---|
| 八 | 特殊项目 | | |
| 九 | 工程投资合计 | 46.99 | 100 |
| | 其中：可抵扣增值税金额 | 6.12 | |
| | 其中：施工费 | 10.3 | 21.92 |

典型方案 C3-2 安装工程专业汇总表　　　　表 23-7

金额单位：元

| 序号 | 工程或费用名称 | 安装工程费 | | | 设备购置费 | 合计 |
|---|---|---|---|---|---|---|
| | | 未计价材料费 | 安装费 | 小计 | | |
| | 安装工程 | 57924 | 88768 | 146691 | 252958 | 399650 |
| 四 | 控制及直流系统 | 9210 | 36681 | 45891 | 252958 | 298849 |
| 1 | 监控或监测系统 | | 10000 | 10000 | | 10000 |
| 1.1 | 计算机监控系统 | | 10000 | 10000 | | 10000 |
| 2 | 继电保护装置 | 9210 | 26681 | 35891 | 252958 | 288849 |
| 六 | 电缆防护设施 | 48555 | 35506 | 84061 | | 84061 |
| 1 | 电缆桥支架 | 47894 | 34611 | 82505 | | 82505 |
| 2 | 电缆防火 | 661 | 895 | 1556 | | 1556 |
| 七 | 全站接地 | 159 | | 159 | | 159 |
| 2 | 接地模块 | 159 | | 159 | | 159 |
| 九 | 调试 | | 16581 | 16581 | | 16581 |
| 1 | 分系统调试 | | 13800 | 13800 | | 13800 |
| 2 | 启动调试 | | 2780 | 2780 | | 2780 |
| | 合计 | 57924 | 88768 | 146691 | 252958 | 399650 |

典型方案 C3-2 其他费用概算表　　　　表 23-8

金额单位：元

| 序号 | 工程或费用项目名称 | 编制依据及计算说明 | 合价 |
|---|---|---|---|
| 2 | 项目管理费 | | 15694 |
| 2.1 | 管理经费 | （建筑工程费＋安装工程费＋拆除工程费）×3.53% | 5682 |

续表

| 序号 | 工程或费用项目名称 | 编制依据及计算说明 | 合价 |
|---|---|---|---|
| 2.2 | 招标费 | (建筑工程费+安装工程费+拆除工程费)×1.81% | 2913 |
| 2.3 | 工程监理费 | (建筑工程费+安装工程费+拆除工程费)×4.41% | 7098 |
| 3 | 项目技术服务费 |  | 40230 |
| 3.1 | 前期工作费 | (建筑工程费+安装工程费)×3.05% | 4474 |
| 3.3 | 工程勘察设计费 |  | 32870 |
| 3.3.2 | 设计费 | (设计费)×100% | 32870 |
| 3.4 | 设计文件评审费 |  | 2033 |
| 3.4.1 | 初步设计文件评审费 | (基本设计费)×3.5% | 975 |
| 3.4.2 | 施工图文件评审费 | (基本设计费)×3.8% | 1059 |
| 3.5 | 施工过程造价咨询及竣工结算审核费 | (建筑工程费+安装工程费+拆除工程费)×0.53% | 853 |
|  | 合计 |  | 55924 |

# 第 24 章 更换断路器保护

**典型方案说明**

更换断路器保护典型方案共 2 个：包含 110kV、220kV 断路器保护更换。所有典型方案均为常规综自变电站内微机保护装置更换，布置方式均为室内集中布置，不考虑线路保护装置、独立的备自投装置或测控装置同步更换的情况，也不考虑一次设备配合改造的情况。本典型方案不包含智能变电站内保护更换的方案。

## 24.1 C4-1 更换 110kV 断路器保护

### 24.1.1 典型方案的主要内容

本典型方案为更换 1 个间隔的 110kV 断路器保护，内容包括：原保护屏拆除和二次电缆拆除、新保护屏安装、屏柜接地、屏顶小母线敷设、二次线缆（含低压电力电缆、控制电缆、通信线缆）敷设、二次接线、综自系统和故障信息子站相关参数设置与修改、保护调试。不包括二次电缆沟新增和修整、屏柜基础修整，不包括二次接地网改造，不包括断路器本体非全相保护继电器更换。

### 24.1.2 典型方案概算书

概算书如表 24-1～表 24-4 所示。

典型方案 C4-1 设备材料表　　　　表 24-1

金额单位：元

| 编码 | 设备材料名称 | 规格及型号 | 单位 | 设计用量 |
|---|---|---|---|---|
|  | 断路器保护 | AC110kV | 套 | 1 |
|  | 屏蔽双绞线电缆 |  | m | 200 |
| BZ904 | 220kV 变电站控制电缆 |  | km | 1.5 |
| N03020103 | 电缆防火涂料 | PDFT-1 型 | t | 0.02 |
| N03030107 | 电缆防火堵料 | 有机 DFD 型 | t | 0.02 |
| ZC0211033 | 布电线 | BV 2.5 1 芯 | m | 20 |
| ZC0211042 | 布电线 | BVR 120 1 芯 | m | 2 |
| ZC0211050 | 布电线 | BVR 4 1 芯 | m | 20 |

典型方案 C4-1 总概算汇总表　　　　　　　　　表 24-2

金额单位：万元

| 序号 | 工程或费用名称 | 金额 | 占工程投资的比例（%） |
|---|---|---|---|
| 一 | 建筑工程费 | | |
| 二 | 安装工程费 | 6.93 | 33.67 |
| 三 | 拆除工程费 | 1.03 | 5 |
| 四 | 设备购置费 | 10.07 | 48.93 |
| | 其中：编制基准期价差 | 0.09 | 0.44 |
| 五 | 小计 | 18.03 | 87.61 |
| | 其中：甲供设备材料费 | 12.83 | 62.34 |
| 六 | 其他费用 | 2.55 | 12.39 |
| 七 | 基本预备费 | | |
| 八 | 特殊项目 | | |
| 九 | 工程投资合计 | 20.58 | 100 |
| | 其中：可抵扣增值税金额 | 2.5 | |
| | 其中：施工费 | 5.2 | 25.27 |

典型方案 C4-1 安装工程专业汇总表　　　　　　表 24-3

金额单位：元

| 序号 | 工程或费用名称 | 安装工程费 | | | 设备购置费 | 合计 |
|---|---|---|---|---|---|---|
| | | 未计价材料费 | 安装费 | 小计 | | |
| | 安装工程 | 27640 | 41708 | 69347 | 100700 | 170047 |
| 四 | 控制及直流系统 | | 7339 | 7339 | 100700 | 108039 |
| 2 | 继电保护装置 | | 7339 | 7339 | 100700 | 108039 |
| 六 | 电缆防护设施 | 27481 | 23522 | 51003 | | 51003 |
| 1 | 电缆桥支架 | 27040 | 22926 | 49966 | | 49966 |
| 2 | 电缆防火 | 441 | 596 | 1037 | | 1037 |
| 七 | 全站接地 | 159 | | 159 | | 159 |
| 2 | 接地模块 | 159 | | 159 | | 159 |
| 九 | 调试 | | 10847 | 10847 | | 10847 |
| 1 | 分系统调试 | | 8898 | 8898 | | 8898 |

续表

| 序号 | 工程或费用名称 | 安装工程费 | | | 设备购置费 | 合计 |
|---|---|---|---|---|---|---|
| | | 未计价材料费 | 安装费 | 小计 | | |
| 2 | 启动调试 | | 1949 | 1949 | | 1949 |
| | 合计 | 27640 | 41708 | 69347 | 100700 | 170047 |

典型方案 C4-1 其他费用概算表　　　表 24-4

金额单位：元

| 序号 | 工程或费用项目名称 | 编制依据及计算说明 | 合价 |
|---|---|---|---|
| 2 | 项目管理费 | | 7764 |
| 2.1 | 管理经费 | （建筑工程费＋安装工程费＋拆除工程费）×3.53% | 2811 |
| 2.2 | 招标费 | （建筑工程费＋安装工程费＋拆除工程费）×1.81% | 1441 |
| 2.3 | 工程监理费 | （建筑工程费＋安装工程费＋拆除工程费）×4.41% | 3512 |
| 3 | 项目技术服务费 | | 17766 |
| 3.1 | 前期工作费 | （建筑工程费＋安装工程费）×3.05% | 2115 |
| 3.3 | 工程勘察设计费 | | 13986 |
| 3.3.2 | 设计费 | （设计费）×100% | 13986 |
| 3.4 | 设计文件评审费 | | 865 |
| 3.4.1 | 初步设计文件评审费 | （基本设计费）×3.5% | 415 |
| 3.4.2 | 施工图文件评审费 | （基本设计费）×3.8% | 450 |
| 3.5 | 施工过程造价咨询及竣工结算审核费 | （建筑工程费＋安装工程费＋拆除工程费）×0.53% | 800 |
| | 合计 | | 25530 |

## 24.2　C4-2　更换 220kV 断路器保护

### 24.2.1　典型方案的主要内容

本典型方案为更换 1 个间隔的 220kV 断路器保护，内容包括：原保护屏拆除和二次电缆拆除、新保护屏安装、屏柜接地、屏顶小母线敷设、二次线缆（含低压电力电缆、控制电缆、通信线缆）敷设、二次接线、综自系统和故障信息子站相关参数设置与修改、保护调试。不包括二次电缆沟新增和修整、屏柜基础修整，不包括二次接地网改造，不包括断路器本体非全相保护继电器更换。

### 24.2.2 典型方案概算书

概算书如表 24-5～表 24-8 所示。

典型方案 C4-2 设备材料表　　　　　表 24-5

金额单位：元

| 编码 | 设备材料名称 | 规格及型号 | 单位 | 设计用量 |
|---|---|---|---|---|
|  | 断路器保护 | AC220kV | 套 | 1 |
|  | 屏蔽双绞线电缆 |  | m | 300 |
| BZ904 | 220kV 变电站控制电缆 |  | km | 2 |
| N03020103 | 电缆防火涂料 | PDFT-1 型 | t | 0.02 |
| N03030107 | 电缆防火堵料 | 有机 DFD 型 | t | 0.02 |
| ZC0211033 | 布电线 | BV 2.5 1芯 | m | 20 |
| ZC0211042 | 布电线 | BVR 120 1芯 | m | 2 |
| ZC0211050 | 布电线 | BVR 4 1芯 | m | 20 |

典型方案 C4-2 总概算汇总表　　　　　表 24-6

金额单位：万元

| 序号 | 工程或费用名称 | 金额 | 占工程投资的比例（%） |
|---|---|---|---|
| 一 | 建筑工程费 |  |  |
| 二 | 安装工程费 | 9.32 | 37.37 |
| 三 | 拆除工程费 | 1.03 | 4.13 |
| 四 | 设备购置费 | 11.41 | 45.75 |
|  | 其中：编制基准期价差 | 0.12 | 0.48 |
| 五 | 小计 | 21.76 | 87.25 |
|  | 其中：甲供设备材料费 | 15.12 | 60.63 |
| 六 | 其他费用 | 3.18 | 12.75 |
| 七 | 基本预备费 |  |  |
| 八 | 特殊项目 |  |  |
| 九 | 工程投资合计 | 24.94 | 100 |
|  | 其中：可抵扣增值税金额 | 2.92 |  |
|  | 其中：施工费 | 6.64 | 26.62 |

典型方案 C4-2 安装工程专业汇总表　　　　　　　表 24-7

金额单位：元

| 序号 | 工程或费用名称 | 安装工程费 | | | 设备购置费 | 合计 |
|---|---|---|---|---|---|---|
| | | 未计价材料费 | 安装费 | 小计 | | |
| | 安装工程 | 37131 | 56092 | 93223 | 114093 | 207316 |
| 四 | 控制及直流系统 | | 9900 | 9900 | 114093 | 123993 |
| 2 | 继电保护装置 | | 9900 | 9900 | 114093 | 123993 |
| 六 | 电缆防护设施 | 36972 | 29611 | 66583 | | 66583 |
| 1 | 电缆桥支架 | 36531 | 29014 | 65546 | | 65546 |
| 2 | 电缆防火 | 441 | 596 | 1037 | | 1037 |
| 七 | 全站接地 | 159 | | 159 | | 159 |
| 2 | 接地模块 | 159 | | 159 | | 159 |
| 九 | 调试 | | 16581 | 16581 | | 16581 |
| 1 | 分系统调试 | | 13800 | 13800 | | 13800 |
| 2 | 启动调试 | | 2780 | 2780 | | 2780 |
| | 合计 | 37131 | 56092 | 93223 | 114093 | 207316 |

典型方案 C4-2 其他费用概算表　　　　　　　表 24-8

金额单位：元

| 序号 | 工程或费用项目名称 | 编制依据及计算说明 | 合价 |
|---|---|---|---|
| 2 | 项目管理费 | | 10092 |
| 2.1 | 管理经费 | （建筑工程费＋安装工程费＋拆除工程费）×3.53% | 3654 |
| 2.2 | 招标费 | （建筑工程费＋安装工程费＋拆除工程费）×1.81% | 1873 |
| 2.3 | 工程监理费 | （建筑工程费＋安装工程费＋拆除工程费）×4.41% | 4565 |
| 3 | 项目技术服务费 | | 21749 |
| 3.1 | 前期工作费 | （建筑工程费＋安装工程费）×3.05% | 2843 |
| 3.3 | 工程勘察设计费 | | 17051 |
| 3.3.2 | 设计费 | （设计费）×100% | 17051 |
| 3.4 | 设计文件评审费 | | 1055 |
| 3.4.1 | 初步设计文件评审费 | （基本设计费）×3.5% | 506 |
| 3.4.2 | 施工图文件评审费 | （基本设计费）×3.8% | 549 |

续表

| 序号 | 工程或费用项目名称 | 编制依据及计算说明 | 合价 |
|---|---|---|---|
| 3.5 | 施工过程造价咨询及竣工结算审核费 | (建筑工程费+安装工程费+拆除工程费)×0.53% | 800 |
|  | 合计 |  | 31841 |

# 第25章 更换变电站综合自动化系统

**典型方案说明**

综合自动化典型方案共3个：包含35kV、110kV、220kV变电站全站综合自动化系统改造。所有典型方案均为常规综自系统更换，包括站内主变压器保护同步改造工作，但不含其他单独配置的保护装置改造的情况，也不考虑一次设备配合改造的情况，布置方式均为室内集中布置。本典型方案不包含智能变电站内保护更换的方案。

## 25.1 C5-1 更换35kV变电站综合自动化系统

### 25.1.1 典型方案的主要内容

本典型方案为更换1套全站自动化设备，内容包括：配套增加时间同步系统，全站主变压器保护更换，站内电源系统更换为一体化电源。不考虑拆除旧屏，不考虑新增屏柜基础，均按现场具备新屏位考虑。不考虑新增电缆沟，所有线缆均按在现有沟道内新敷设考虑。不考虑站内其他保护装置更换，不考虑二次安防设备更换，不考虑故障录波器及故障信息子站更换，不考虑端子箱更换。

### 25.1.2 典型方案概算书

概算书如表25-1～表25-4所示。

典型方案C5-1设备材料表　　　　表25-1

金额单位：元

| 编码 | 设备材料名称 | 规格及型号 | 单位 | 设计用量 |
|---|---|---|---|---|
|  | 变电站监控系统 | AC35kV | 套 | 1 |
|  | 时间同步装置 | AC35kV | 套 | 1 |
|  | 变压器保护 | AC35kV | 套 | 2 |
|  | 一体化电源系统 | DC220V，50A | 台 | 1 |
|  | 端子 | DC220V，塑料，单相 | 个 | 50 |
|  | 紫铜棒 | $\phi 8$ | kg | 10 |
|  | 接地铜缆 | $100mm^2$ | m | 40 |
|  | 屏蔽双绞线电缆 |  | m | 300 |
|  | 超五类网络通信线 |  | m | 600 |
| BZ801 | 35kV变电站电力电缆 |  | km | 1 |

续表

| 编码 | 设备材料名称 | 规格及型号 | 单位 | 设计用量 |
|---|---|---|---|---|
| BZ901 | 35kV 变电站控制电缆 |  | km | 4 |
| N03020103 | 电缆防火涂料 | PDFT-1 型 | t | 0.07 |
| N03030107 | 电缆防火堵料 | 有机 DFD 型 | t | 0.14 |
| ZC0211033 | 布电线 | BV 2.5 1芯 | m | 200 |
| ZC0211050 | 布电线 | BVR 4 1芯 | m | 100 |

典型方案 C5-1 总概算汇总表　　表 25-2

金额单位：万元

| 序号 | 工程或费用名称 | 金额 | 占工程投资的比例（%） |
|---|---|---|---|
| 一 | 建筑工程费 |  |  |
| 二 | 安装工程费 | 40.65 | 24.54 |
| 三 | 拆除工程费 | 1.6 | 0.97 |
| 四 | 设备购置费 | 105.97 | 63.97 |
|  | 其中：编制基准期价差 | 0.56 | 0.34 |
| 五 | 小计 | 148.22 | 89.48 |
|  | 其中：甲供设备材料费 | 117.77 | 71.1 |
| 六 | 其他费用 | 17.43 | 10.52 |
| 七 | 基本预备费 |  |  |
| 八 | 特殊项目 |  |  |
| 九 | 工程投资合计 | 165.65 | 100 |
|  | 其中：可抵扣增值税金额 | 17.03 |  |
|  | 其中：施工费 | 30.44 | 18.38 |

典型方案 C5-1 安装工程专业汇总表　　表 25-3

金额单位：元

| 序号 | 工程或费用名称 | 安装工程费 | | | 设备购置费 | 合计 |
|---|---|---|---|---|---|---|
|  |  | 未计价材料费 | 安装费 | 小计 |  |  |
|  | 安装工程 | 117994 | 288477 | 406471 | 1059666 | 1466137 |
| 四 | 控制及直流系统 | 116137 | 187620 | 303758 | 1059666 | 1363424 |
| 1 | 监控或监测系统 | 116137 | 140490 | 256627 | 717689 | 974316 |

续表

| 序号 | 工程或费用名称 | 安装工程费 | | | 设备购置费 | 合计 |
|---|---|---|---|---|---|---|
| | | 未计价材料费 | 安装费 | 小计 | | |
| 1.1 | 计算机监控系统 | 116137 | 140490 | 256627 | 717689 | 974316 |
| 2 | 继电保护装置 | | 23646 | 23646 | 49947 | 73593 |
| 3 | 直流系统 | | 23485 | 23485 | 292030 | 315515 |
| 3.1 | 直流盘柜 | | 23485 | 23485 | 292030 | 315515 |
| 六 | 电缆防护设施 | 1856 | 2481 | 4337 | | 4337 |
| 2 | 电缆防火 | 1856 | 2481 | 4337 | | 4337 |
| 九 | 调试 | | 98376 | 98376 | | 98376 |
| 1 | 分系统调试 | | 60897 | 60897 | | 60897 |
| 2 | 启动调试 | | 37479 | 37479 | | 37479 |
| | 合计 | 117994 | 288477 | 406471 | 1059666 | 1466137 |

**典型方案 C5-1 其他费用概算表**　　　　　　　　表 25-4

金额单位：元

| 序号 | 工程或费用项目名称 | 编制依据及计算说明 | 合价 |
|---|---|---|---|
| 2 | 项目管理费 | | 41186 |
| 2.1 | 管理经费 | （建筑工程费＋安装工程费＋拆除工程费）×3.53% | 14912 |
| 2.2 | 招标费 | （建筑工程费＋安装工程费＋拆除工程费）×1.81% | 7646 |
| 2.3 | 工程监理费 | （建筑工程费＋安装工程费＋拆除工程费）×4.41% | 10629 |
| 3 | 项目技术服务费 | | 133127 |
| 3.1 | 前期工作费 | （建筑工程费＋安装工程费）×3.05% | 12397 |
| 3.3 | 工程勘察设计费 | | 111588 |
| 3.3.2 | 设计费 | （设计费）×100% | 111588 |
| 3.4 | 设计文件评审费 | | 6903 |
| 3.4.1 | 初步设计文件评审费 | （基本设计费）×3.5% | 3310 |
| 3.4.2 | 施工图文件评审费 | （基本设计费）×3.8% | 3594 |
| 3.5 | 施工过程造价咨询及竣工结算审核费 | （建筑工程费＋安装工程费＋拆除工程费）×0.53% | 2239 |
| | 合计 | | 174314 |

## 25.2 C5-2 更换110kV变电站综合自动化系统

### 25.2.1 典型方案的主要内容

本典型方案为更换1套全站自动化设备，内容包括：配套增加时间同步系统，全站主变压器保护更换，站内电源系统更换为一体化电源。不考虑拆除旧屏，不考虑新增屏柜基础，均按现场具备新屏位考虑。不考虑新增电缆沟，所有线缆均按在现有沟道内新敷设考虑。不考虑站内其他保护装置更换，不考虑二次安防设备更换，不考虑故障录波器及故障信息子站更换，不考虑端子箱更换。

### 25.2.2 典型方案概算书

概算书如表25-5～表25-8所示。

典型方案C5-2设备材料表　　　　表25-5

金额单位：元

| 编码 | 设备材料名称 | 规格及型号 | 单位 | 设计用量 |
|---|---|---|---|---|
|  | 变电站监控系统 | AC110kV | 套 | 1 |
|  | 时间同步装置 | AC110kV | 套 | 2 |
|  | 变压器保护 | AC110kV | 套 | 4 |
|  | 一体化电源系统 | DC220V，50A | 台 | 1 |
|  | 端子 | DC220V，塑料，单相 | 个 | 100 |
|  | 紫铜棒 | $\phi 8$ | kg | 18 |
|  | 接地铜缆 | $100mm^2$ | m | 50 |
|  | 屏蔽双绞线电缆 |  | m | 500 |
|  | 超五类网络通信线 |  | m | 1200 |
| BZ803 | 110kV变电站电力电缆 |  | km | 2 |
| BZ903 | 110kV变电站控制电缆 |  | km | 15 |
| N03020103 | 电缆防火涂料 | PDFT-1型 | t | 0.15 |
| N03030107 | 电缆防火堵料 | 有机DFD型 | t | 0.19 |
| ZC0211033 | 布电线 | BV 2.5 1芯 | m | 300 |
| ZC0211050 | 布电线 | BVR 4 1芯 | m | 300 |

典型方案C5-2总概算汇总表　　　　表25-6

金额单位：万元

| 序号 | 工程或费用名称 | 金额 | 占工程投资的比例（％） |
|---|---|---|---|
| 一 | 建筑工程费 |  |  |

续表

| 序号 | 工程或费用名称 | 金额 | 占工程投资的比例（%） |
|---|---|---|---|
| 二 | 安装工程费 | 89.4 | 26.05 |
| 三 | 拆除工程费 | 5.98 | 1.74 |
| 四 | 设备购置费 | 214.61 | 62.54 |
|  | 其中：编制基准期价差 | 1.14 | 0.33 |
| 五 | 小计 | 309.99 | 90.34 |
|  | 其中：甲供设备材料费 | 249.31 | 72.66 |
| 六 | 其他费用 | 33.14 | 9.66 |
| 七 | 基本预备费 |  |  |
| 八 | 特殊项目 |  |  |
| 九 | 工程投资合计 | 343.13 | 100 |
|  | 其中：可抵扣增值税金额 | 35.52 |  |
|  | 其中：施工费 | 60.69 | 17.69 |

**典型方案C5-2 安装工程专业汇总表**　　　　表25-7

金额单位：元

| 序号 | 工程或费用名称 | 安装工程费 | | | 设备购置费 | 合计 |
|---|---|---|---|---|---|---|
|  |  | 未计价材料费 | 安装费 | 小计 |  |  |
|  | 安装工程 | 346992 | 547042 | 894034 | 2146118 | 3040153 |
| 四 | 控制及直流系统 | 343506 | 381414 | 724921 | 2146118 | 2871039 |
| 1 | 监控或监测系统 | 343506 | 315057 | 658563 | 1482304 | 2140867 |
| 1.1 | 计算机监控系统 | 343506 | 315057 | 658563 | 1482304 | 2140867 |
| 2 | 继电保护装置 |  | 29354 | 29354 | 341574 | 370928 |
| 3 | 直流系统 |  | 37003 | 37003 | 322240 | 359243 |
| 3.1 | 直流盘柜 |  | 37003 | 37003 | 322240 | 359243 |
| 六 | 电缆防护设施 | 3486 | 4698 | 8184 |  | 8184 |
| 2 | 电缆防火 | 3486 | 4698 | 8184 |  | 8184 |
| 九 | 调试 |  | 160930 | 160930 |  | 160930 |
| 1 | 分系统调试 |  | 103727 | 103727 |  | 103727 |
| 2 | 启动调试 |  | 57203 | 57203 |  | 57203 |
|  | 合计 | 346992 | 547042 | 894034 | 2146118 | 3040153 |

**典型方案 C5-2 其他费用概算表**　　表 25-8

金额单位：元

| 序号 | 工程或费用项目名称 | 编制依据及计算说明 | 合价 |
|---|---|---|---|
| 2 | 项目管理费 | | 93001 |
| 2.1 | 管理经费 | （建筑工程费＋安装工程费＋拆除工程费）×3.53% | 33671 |
| 2.2 | 招标费 | （建筑工程费＋安装工程费＋拆除工程费）×1.81% | 17265 |
| 2.3 | 工程监理费 | （建筑工程费＋安装工程费＋拆除工程费）×4.41% | 42065 |
| 3 | 项目技术服务费 | | 238407 |
| 3.1 | 前期工作费 | （建筑工程费＋安装工程费）×3.05% | 27268 |
| 3.3 | 工程勘察设计费 | | 194077 |
| 3.3.2 | 设计费 | （设计费）×100% | 194077 |
| 3.4 | 设计文件评审费 | | 12006 |
| 3.4.1 | 初步设计文件评审费 | （基本设计费）×3.5% | 5757 |
| 3.4.2 | 施工图文件评审费 | （基本设计费）×3.8% | 6250 |
| 3.5 | 施工过程造价咨询及竣工结算审核费 | （建筑工程费＋安装工程费＋拆除工程费）×0.53% | 5055 |
| | 合计 | | 331408 |

## 25.3　C5-3　更换 220kV 变电站综合自动化系统

### 25.3.1　典型方案的主要内容

本典型方案为更换 1 套全站自动化设备，内容包括：配套增加时间同步系统，全站主变压器保护更换，站内电源系统更换为一体化电源。不考虑拆除旧屏、不考虑新增屏柜基础，均按现场具备新屏位考虑。不考虑新增电缆沟，所有线缆均按在现有沟道内新敷设考虑。不考虑站内其他保护装置更换，不考虑二次安防设备更换，不考虑故障录波器及故障信息子站更换，不考虑端子箱更换。

### 25.3.2　典型方案概算书

概算书如表 25-9～表 25-12 所示。

**典型方案 C5-3 设备材料表**　　表 25-9

金额单位：元

| 编码 | 设备材料名称 | 规格及型号 | 单位 | 设计用量 |
|---|---|---|---|---|
| | 变电站监控系统 | AC220kV | 套 | 1 |

续表

| 编码 | 设备材料名称 | 规格及型号 | 单位 | 设计用量 |
|---|---|---|---|---|
| | 时间同步装置 | AC220kV | 套 | 2 |
| | 变压器保护 | AC220kV | 套 | 6 |
| | 一体化电源系统 | DC220V，50A | 台 | 1 |
| | 端子 | DC220V，塑料，单相 | 个 | 100 |
| | 紫铜棒 | φ8 | kg | 135 |
| | 接地铜缆 | 100mm² | m | 100 |
| | 屏蔽双绞线电缆 | | m | 2000 |
| | 超五类网络通信线 | | m | 4000 |
| BZ804 | 220kV 变电站电力电缆 | | km | 3 |
| BZ904 | 220kV 变电站控制电缆 | | km | 40 |
| N03020103 | 电缆防火涂料 | PDFT-1 型 | t | 0.3 |
| N03030107 | 电缆防火堵料 | 有机 DFD 型 | t | 0.5 |
| ZC0211033 | 布电线 | BV 2.5 1 芯 | m | 400 |
| ZC0211050 | 布电线 | BVR 4 1 芯 | m | 400 |

典型方案 C5-3 总概算汇总表　　　表 25-10

金额单位：万元

| 序号 | 工程或费用名称 | 金额 | 占工程投资的比例（%） |
|---|---|---|---|
| 一 | 建筑工程费 | | |
| 二 | 安装工程费 | 222.74 | 32.25 |
| 三 | 拆除工程费 | 15.95 | 2.31 |
| 四 | 设备购置费 | 384.19 | 55.63 |
| | 其中：编制基准期价差 | 2.89 | 0.42 |
| 五 | 小计 | 622.88 | 90.2 |
| | 其中：甲供设备材料费 | 471.48 | 68.28 |
| 六 | 其他费用 | 67.68 | 9.8 |
| 七 | 基本预备费 | | |
| 八 | 特殊项目 | | |
| 九 | 工程投资合计 | 690.56 | 100 |

续表

| 序号 | 工程或费用名称 | 金额 | 占工程投资的比例（%） |
|---|---|---|---|
| | 其中：可抵扣增值税金额 | 70.49 | |
| | 其中：施工费 | 151.4 | 21.92 |

**典型方案 C5-3 安装工程专业汇总表**　　　表 25-11

金额单位：元

| 序号 | 工程或费用名称 | 安装工程费 | | | 设备购置费 | 合计 |
|---|---|---|---|---|---|---|
| | | 未计价材料费 | 安装费 | 小计 | | |
| | 安装工程 | 872908 | 1354470 | 2227378 | 3841906 | 6069284 |
| 四 | 控制及直流系统 | 865400 | 942232 | 1807632 | 3841906 | 5649538 |
| 1 | 监控或监测系统 | 865400 | 822496 | 1687896 | 2277834 | 3965730 |
| 1.1 | 计算机监控系统 | 865400 | 822496 | 1687896 | 2277834 | 3965730 |
| 2 | 继电保护装置 | | 59401 | 59401 | 889382 | 948784 |
| 3 | 直流系统 | | 60335 | 60335 | 674690 | 735025 |
| 3.1 | 直流盘柜 | | 60335 | 60335 | 674690 | 735025 |
| 六 | 电缆防护设施 | 7508 | 10071 | 17580 | | 17580 |
| 2 | 电缆防火 | 7508 | 10071 | 17580 | | 17580 |
| 九 | 调试 | | 402167 | 402167 | | 402167 |
| 1 | 分系统调试 | | 247263 | 247263 | | 247263 |
| 2 | 启动调试 | | 154903 | 154903 | | 154903 |
| | 合计 | 872908 | 1354470 | 2227378 | 3841906 | 6069284 |

**典型方案 C5-3 其他费用概算表**　　　表 25-12

金额单位：元

| 序号 | 工程或费用项目名称 | 编制依据及计算说明 | 合价 |
|---|---|---|---|
| 2 | 项目管理费 | | 232724 |
| 2.1 | 管理经费 | （建筑工程费＋安装工程费＋拆除工程费）×3.53% | 84258 |
| 2.2 | 招标费 | （建筑工程费＋安装工程费＋拆除工程费）×1.81% | 43203 |
| 2.3 | 工程监理费 | （建筑工程费＋安装工程费＋拆除工程费）×4.41% | 105263 |
| 3 | 项目技术服务费 | | 444096 |
| 3.1 | 前期工作费 | （建筑工程费＋安装工程费）×3.05% | 67935 |

续表

| 序号 | 工程或费用项目名称 | 编制依据及计算说明 | 合价 |
|---|---|---|---|
| 3.3 | 工程勘察设计费 | | 342332 |
| 3.3.2 | 设计费 | （设计费）×100% | 342332 |
| 3.4 | 设计文件评审费 | | 21178 |
| 3.4.1 | 初步设计文件评审费 | （基本设计费）×3.5% | 10154 |
| 3.4.2 | 施工图文件评审费 | （基本设计费）×3.8% | 11024 |
| 3.5 | 施工过程造价咨询及竣工结算审核费 | （建筑工程费＋安装工程费＋拆除工程费）×0.53% | 12651 |
| | 合计 | | 676819 |

# 第26章 更换交直流系统

**典型方案说明**

更换交直流系统典型方案共 3 个：包含 35kV、110kV、220kV 交直流系统更换方案。

## 26.1 C6-1 更换 35kV 交直流系统

### 26.1.1 典型方案的主要内容

更换 1 项 35kV 交直流系统。

### 26.1.2 典型方案概算书

概算书如表 26-1～表 26-4 所示。

典型方案 C6-1 设备材料表　　　　　　　表 26-1

金额单位：元

| 编码 | 设备材料名称 | 规格及型号 | 单位 | 设计用量 |
|---|---|---|---|---|
|  | 交流电源系统 | AC35kV | 套 | 1 |
|  | 直流电源系统 | AC35kV | 套 | 1 |
|  | 超五类屏蔽网线 |  | m | 500 |
| BZ801 | 35kV 变电站电力电缆 |  | km | 0.25 |
| BZ901 | 35kV 变电站控制电缆 |  | km | 0.2 |
| N03030107 | 电缆防火堵料 | 有机 DFD 型 | t | 0.1 |

典型方案 C6-1 总概算汇总表　　　　　　表 26-2

金额单位：万元

| 序号 | 工程或费用名称 | 金额 | 占工程投资的比例（%） |
|---|---|---|---|
| 一 | 建筑工程费 |  |  |
| 二 | 安装工程费 | 6.76 | 30.33 |
| 三 | 拆除工程费 | 0.28 | 1.26 |
| 四 | 设备购置费 | 12.59 | 56.48 |
|  | 其中：编制基准期价差 | 0.1 | 0.45 |
| 五 | 小计 | 19.63 | 88.07 |
|  | 其中：甲供设备材料费 | 13.54 | 60.74 |

续表

| 序号 | 工程或费用名称 | 金额 | 占工程投资的比例（%） |
|---|---|---|---|
| 六 | 其他费用 | 2.66 | 11.93 |
| 七 | 基本预备费 | | |
| 八 | 特殊项目 | | |
| 九 | 工程投资合计 | 22.29 | 100 |
| | 其中：可抵扣增值税金额 | 2.21 | |
| | 其中：施工费 | 6.08 | 27.28 |

典型方案 C6-1 安装工程专业汇总表　　　　表 26-3

金额单位：元

| 序号 | 工程或费用名称 | 安装工程费 | | | 设备购置费 | 合计 |
|---|---|---|---|---|---|---|
| | | 未计价材料费 | 安装费 | 小计 | | |
| | 安装工程 | 11770 | 55845 | 67614 | 125875 | 193489 |
| 四 | 控制及直流系统 | | 9042 | 9042 | 125875 | 134917 |
| 3 | 直流系统 | | 9042 | 9042 | 125875 | 134917 |
| 3.1 | 直流盘柜 | | 9042 | 9042 | 125875 | 134917 |
| 六 | 电缆防护设施 | 11770 | 6064 | 17833 | | 17833 |
| 1 | 电缆桥支架 | 11322 | 5501 | 16824 | | 16824 |
| 2 | 电缆防火 | 447 | 563 | 1010 | | 1010 |
| 九 | 调试 | | 40739 | 40739 | | 40739 |
| 1 | 分系统调试 | 11770 | 40739 | 40739 | | 40739 |
| | 合计 | 11770 | 55845 | 67614 | 125875 | 193489 |

典型方案 C6-1 其他费用概算表　　　　表 26-4

金额单位：元

| 序号 | 工程或费用项目名称 | 编制依据及计算说明 | 合价 |
|---|---|---|---|
| 2 | 项目管理费 | | 6861 |
| 2.1 | 管理经费 | （建筑工程费＋安装工程费＋拆除工程费）×3.53% | 2484 |
| 2.2 | 招标费 | （建筑工程费＋安装工程费＋拆除工程费）×1.81% | 1274 |
| 2.3 | 工程监理费 | （建筑工程费＋安装工程费＋拆除工程费）×4.41% | 3103 |
| 3 | 项目技术服务费 | | 19760 |

续表

| 序号 | 工程或费用项目名称 | 编制依据及计算说明 | 合价 |
|---|---|---|---|
| 3.1 | 前期工作费 | （建筑工程费＋安装工程费）×3.05% | 2062 |
| 3.3 | 工程勘察设计费 | | 15914 |
| 3.3.2 | 设计费 | （设计费）×100% | 15914 |
| 3.4 | 设计文件评审费 | | 985 |
| 3.4.1 | 初步设计文件评审费 | （基本设计费）×3.5% | 472 |
| 3.4.2 | 施工图文件评审费 | （基本设计费）×3.8% | 512 |
| 3.5 | 施工过程造价咨询及竣工结算审核费 | （建筑工程费＋安装工程费＋拆除工程费）×0.53% | 800 |
| | 合计 | | 26621 |

## 26.2 C6-2 更换110kV交直流系统

### 26.2.1 典型方案的主要内容

更换1项110kV交直流系统。

### 26.2.2 典型方案概算书

概算书如表26-5～表26-8所示。

典型方案C6-2设备材料表　　　表26-5

金额单位：元

| 编码 | 设备材料名称 | 规格及型号 | 单位 | 设计用量 |
|---|---|---|---|---|
| | 交流电源系统 | AC110kV | 套 | 1 |
| | 直流电源系统 | AC110kV | 套 | 1 |
| BZ803 | 110kV变电站电力电缆 | | km | 1.5 |
| BZ903 | 110kV变电站控制电缆 | | km | 0.35 |
| N03030107 | 电缆防火堵料 | 有机DFD型 | t | 0.5 |

典型方案C6-2总概算汇总表　　　表26-6

金额单位：万元

| 序号 | 工程或费用名称 | 金额 | 占工程投资的比例（%） |
|---|---|---|---|
| 一 | 建筑工程费 | | |
| 二 | 安装工程费 | 16.99 | 41 |

续表

| 序号 | 工程或费用名称 | 金额 | 占工程投资的比例（%） |
|---|---|---|---|
| 三 | 拆除工程费 | 1.4 | 3.38 |
| 四 | 设备购置费 | 17.62 | 42.52 |
|  | 其中：编制基准期价差 | 0.21 | 0.51 |
| 五 | 小计 | 36.01 | 86.9 |
|  | 其中：甲供设备材料费 | 23.89 | 57.65 |
| 六 | 其他费用 | 5.43 | 13.1 |
| 七 | 基本预备费 |  |  |
| 八 | 特殊项目 |  |  |
| 九 | 工程投资合计 | 41.44 | 100 |
|  | 其中：可抵扣增值税金额 | 4.02 |  |
|  | 其中：施工费 | 12.12 | 29.25 |

**典型方案 C6-2 安装工程专业汇总表**　　　表 26-7

金额单位：元

| 序号 | 工程或费用名称 | 安装工程费 | | | 设备购置费 | 合计 |
|---|---|---|---|---|---|---|
|  |  | 未计价材料费 | 安装费 | 小计 |  |  |
|  | 安装工程 | 62661 | 107239 | 169900 | 176225 | 346125 |
| 四 | 控制及直流系统 |  | 22783 | 22783 | 176225 | 199008 |
| 1 | 监控或监测系统 |  | 5000 | 5000 |  | 5000 |
| 1.1 | 计算机监控系统 |  | 5000 | 5000 |  | 5000 |
| 3 | 直流系统 |  | 17783 | 17783 | 176225 | 194008 |
| 3.1 | 直流盘柜 |  | 17783 | 17783 | 176225 | 194008 |
| 六 | 电缆防护设施 | 62661 | 24823 | 87484 |  | 87484 |
| 1 | 电缆桥支架 | 60424 | 22010 | 82434 |  | 82434 |
| 2 | 电缆防火 | 2237 | 2813 | 5049 |  | 5049 |
| 九 | 调试 |  | 59633 | 59633 |  | 59633 |
| 1 | 分系统调试 |  | 59633 | 59633 |  | 59633 |
|  | 合计 | 62661 | 107239 | 169900 | 176225 | 346125 |

**典型方案 C6-2 其他费用概算表**　　　表 26-8

金额单位：元

| 序号 | 工程或费用项目名称 | 编制依据及计算说明 | 合价 |
|---|---|---|---|
| 2 | 项目管理费 | | 17929 |
| 2.1 | 管理经费 | （建筑工程费＋安装工程费＋拆除工程费）×3.53% | 6491 |
| 2.2 | 招标费 | （建筑工程费＋安装工程费＋拆除工程费）×1.81% | 3328 |
| 2.3 | 工程监理费 | （建筑工程费＋安装工程费＋拆除工程费）×4.41% | 8109 |
| 3 | 项目技术服务费 | | 36385 |
| 3.1 | 前期工作费 | （建筑工程费＋安装工程费）×3.05% | 5182 |
| 3.3 | 工程勘察设计费 | | 28467 |
| 3.3.2 | 设计费 | （设计费）×100% | 28467 |
| 3.4 | 设计文件评审费 | | 1761 |
| 3.4.1 | 初步设计文件评审费 | （基本设计费）×3.5% | 844 |
| 3.4.2 | 施工图文件评审费 | （基本设计费）×3.8% | 917 |
| 3.5 | 施工过程造价咨询及竣工结算审核费 | （建筑工程费＋安装工程费＋拆除工程费）×0.53% | 975 |
| | 合计 | | 54314 |

## 26.3　C6-3　更换 220kV 交直流系统

### 26.3.1　典型方案的主要内容

更换 1 项 220kV 交直流系统。

### 26.3.2　典型方案概算书

概算书如表 26-9～表 26-12 所示。

**典型方案 C6-3 设备材料表**　　　表 26-9

金额单位：元

| 编码 | 设备材料名称 | 规格及型号 | 单位 | 设计用量 |
|---|---|---|---|---|
| | 交流电源系统 | AC220kV | 套 | 1 |
| | 直流电源系统 | AC220kV | 套 | 1 |
| | 裸铜线 | 120mm² | m | 30 |
| BZ804 | 220kV 变电站电力电缆 | | km | 6.3 |

续表

| 编码 | 设备材料名称 | 规格及型号 | 单位 | 设计用量 |
|---|---|---|---|---|
| BZ904 | 220kV 变电站控制电缆 |  | km | 0.8 |
| N03030107 | 电缆防火堵料 | 有机 DFD 型 | t | 0.7 |

典型方案 C6-3 总概算汇总表　　　　表 26-10

金额单位：万元

| 序号 | 工程或费用名称 | 金额 | 占工程投资的比例（%） |
|---|---|---|---|
| 一 | 建筑工程费 |  |  |
| 二 | 安装工程费 | 42.47 | 49.86 |
| 三 | 拆除工程费 | 4.41 | 5.18 |
| 四 | 设备购置费 | 26.18 | 30.74 |
|  | 其中：编制基准期价差 | 0.37 | 0.43 |
| 五 | 小计 | 73.06 | 85.78 |
|  | 其中：甲供设备材料费 | 53.78 | 63.14 |
| 六 | 其他费用 | 12.11 | 14.22 |
| 七 | 基本预备费 |  |  |
| 八 | 特殊项目 |  |  |
| 九 | 工程投资合计 | 85.17 | 100 |
|  | 其中：可抵扣增值税金额 | 8.46 |  |
|  | 其中：施工费 | 19.29 | 22.65 |

典型方案 C6-3 安装工程专业汇总表　　　　表 26-11

金额单位：元

| 序号 | 工程或费用名称 | 安装工程费 | | | 设备购置费 | 合计 |
|---|---|---|---|---|---|---|
|  |  | 未计价材料费 | 安装费 | 小计 |  |  |
|  | 安装工程 | 275968 | 148749 | 424717 | 261820 | 686537 |
| 四 | 控制及直流系统 |  | 20350 | 20350 | 261820 | 282170 |
| 3 | 直流系统 |  | 20350 | 20350 | 261820 | 282170 |
| 3.1 | 直流盘柜 |  | 20350 | 20350 | 261820 | 282170 |
| 六 | 电缆防护设施 | 273725 | 88692 | 362417 |  | 362417 |
| 1 | 电缆桥支架 | 270593 | 84754 | 355348 |  | 355348 |

续表

| 序号 | 工程或费用名称 | 安装工程费 | | | 设备购置费 | 合计 |
|---|---|---|---|---|---|---|
| | | 未计价材料费 | 安装费 | 小计 | | |
| 2 | 电缆防火 | 3132 | 3938 | 7069 | | 7069 |
| 七 | 全站接地 | 2243 | 1806 | 4049 | | 4049 |
| 1 | 接地网 | 2243 | 1806 | 4049 | | 4049 |
| 九 | 调试 | | 37901 | 37901 | | 37901 |
| 1 | 分系统调试 | | 37901 | 37901 | | 37901 |
| | | 275968 | 148749 | 424717 | 261820 | 686537 | 275968 |

典型方案 C6-3 其他费用概算表　　　　表 26-12

金额单位：元

| 序号 | 工程或费用项目名称 | 编制依据及计算说明 | 合价 |
|---|---|---|---|
| 2 | 项目管理费 | | 45710 |
| 2.1 | 管理经费 | （建筑工程费＋安装工程费＋拆除工程费）×3.53% | 16549 |
| 2.2 | 招标费 | （建筑工程费＋安装工程费＋拆除工程费）×1.81% | 8486 |
| 2.3 | 工程监理费 | （建筑工程费＋安装工程费＋拆除工程费）×4.41% | 20675 |
| 3 | 项目技术服务费 | | 75397 |
| 3.1 | 前期工作费 | （建筑工程费＋安装工程费）×3.05% | 12954 |
| 3.3 | 工程勘察设计费 | | 56465 |
| 3.3.2 | 设计费 | （设计费）×100% | 56465 |
| 3.4 | 设计文件评审费 | | 3493 |
| 3.4.1 | 初步设计文件评审费 | （基本设计费）×3.5% | 1675 |
| 3.4.2 | 施工图文件评审费 | （基本设计费）×3.8% | 1818 |
| 3.5 | 施工过程造价咨询及竣工结算审核费 | （建筑工程费＋安装工程费＋拆除工程费）×0.53% | 2485 |
| | 合计 | | 121107 |